Lindauer Texte

Texte zur psychotherapeutischen Fort- und Weiterbildung

Herausgeber:
P. Buchheim M. Cierpka Th. Seifert

Springer
Berlin
Heidelberg
New York
Barcelona
Budapest
Hongkong
London
Mailand
Paris
Santa Clara
Singapur
Tokio

P. Buchheim M. Cierpka Th. Seifert (Hrsg.)

Teil 1 Spiel und Zusammenspiel in der Psychotherapie

Teil 2 Erinnern und Entwerfen im psychotherapeutischen Handeln

Teil 3 Operationalisierte Psychodynamische Diagnostik

Teil 4 Qualitätssicherung

Unter Mitwirkung von:

H. Ambühl, F. Beese, P. Buchheim, M. Cierpka, B. Diepold, H. Eibach, H. Enke, H. J. Freyberger, G. Frevert, P. Haerlin, S. O. Hoffmann, R. Hohage, H. Kächele, L. Luborsky, W. Lutz, T. Moser, H. Remmler, H. E. Richter, A. Riehl-Emde, G. Rudolf, W. Schneider, G. Schüssler, A. Seifert, C. Sies. H. v. Uslar, U. Wirtz

Springer

Herausgeber

Prof. Dr. med. Peter Buchheim
Institut und Poliklinik für Psychosomatische Medizin
und Psychotherapie der Technischen Universität München
Klinikum rechts der Isar
Langerstr. 3
81675 München

Prof. Dr. Manfred Cierpka
Georg-August-Universität Göttingen
Abt. Psychosomatik und Psychotherapie
- Schwerpunkt Familientherapie

Humboldtallee 38
D-37073 Göttingen

Dr. Theodor Seifert
Mörikestraße 54
D-71299 Wimsheim

ISBN 3-540-61021-9 Springer-Verlag Berlin Heidelberg New York

Satz: Reproduktionsfertige Vorlagen von den Herausgebern

Herstellung: Druckerei Henrich, Frankfurt a. M.
SPIN: 10529585 26/3134 - 5 4 3 2 1 0 - Gedruckt auf säurefreiem Papier

Vorwort

In diesem Jahr können wir den Teilnehmerinnen und Teilnehmern den 6. Band der *Lindauer Texte* überreichen, der ein Nachlesen der meisten Vorträge der 45. Lindauer Psychotherapiewochen ermöglicht und zur Qualitätssicherung in der psychotherapeutischen Fort- und Weiterbildung beitragen soll.

Das Thema "Spiel und Zusammenspiel in der Psychotherapie" (Teil 1) fokussiert nicht nur die therapeutische Allianz als wesentliches Element einer erfolgreichen Therapeut-Patient-Beziehung, sondern auch die vielfältigen spielerischen Elemente der Psychotherapie. Das Spiel vereint spontanes Handeln und klare Übereinkünfte. Sein Reiz liegt in der Verbindung von rational überschaubaren Situationen und irrationalen, unvorhergesehenen Ereignissen, wobei Vorausschau und Intuition in gleicher Weise gefordert sind. In der Psychotherapie lassen sich Elemente des Spiels wie klare Übereinkünfte und unvorhersehbare Situationen, rituelle Formen und das freie Spiel der Kräfte wiederfinden. Die in den Band aufgenommenen Beiträge wollen dazu anregen, sich auf beide Lebensbereiche, Ratio und Intuition, Berechenbares und Irrationales, Regel und Zufall einzulassen, eine entsprechende therapeutische Haltung und innere Sicherheit zu entwickeln.

Teil 2 des Bandes befaßt sich mit "Erinnern und Entwerfen im psychotherapeutischen Handeln". In den verschiedenen Beiträgen wird davon ausgegangen, daß jeder von uns eine Lebensgeschichte hat, eine Art innerer Erzählung, deren Gehalt und Kontinuität unser Leben ist. Mit den subjektiv gefärbten Erinnerungen und dem Geschichtenerzählen entdecken und gestalten wir unser Selbst. Jeder konstruiert seine "Geschichte" und entwirft sie in den Beziehungen immer wieder neu. Dabei geht es also um erinnerte Biographien, Narrative und die Erzählung als Rekonstruktion der subjektiven Wirklichkeit des Patienten sowie die Konstruktion und Rekonstruktion im therapeutischen Prozeß. Erinnert werden wir auch an die Neuanfänge der Psychotherapie in Deutschland nach Kriegsende.

In Teil 3 wird anhand von 5 Beiträgen eine Einführung in einen neuen psychoanalytisch orientierten Ansatz zur "Operationalisierten Psychodynamischen Diagnostik" gegeben, mit dem die rein deskriptive ICD-10-Klassifikation psychischer und psychosomatischer Störungen auf den psychodynamisch bedeutsamen Ebenen wie Krankheitsverhalten, Beziehung, Konflikt und Struktur erweitert wird.

In diesem Band werden in Teil 4 im Rahmen der Qualitätssicherung der psychotherapeutischen Weiterbildung die Ergebnisse des Evaluationsprojekts zur Einschätzung der Veranstaltungen der Lindauer Psychotherapiewochen durch die Teilnehmerinnen und Teilnehmer berichtet, die von der Forschungsstelle für Psychotherapie in Stuttgart ausgewertet und interpretiert wurden.

Wir danken den Autorinnen und Autoren für ihr großes Interesse und ihre hilfreiche Mitwirkung bei der Zusammenstellung dieses Bandes. Wie in den Vorjahren bedanken wir uns ganz besonders bei Frau Dipl.-Psych. Anna Buchheim für die engagierte Organisation, für die Textverarbeitung der Beiträge bis zur druckreifen Herstellung des Bandes sowie für die zuverlässige redaktionelle Bearbeitung, bei der ihr dankenswerter Weise Frau Regine Karcher-Reiners mit viel Geduld und Sachverstand zur Seite stand.

April 1996

Peter Buchheim, München
Manfred Cierpka, Göttingen
Theodor Seifert, Wimsheim

Inhaltsverzeichnis

Teil 1 Spiel und Zusammenspiel in der Psychotherapie

Teil 2 Erinnern und Entwerfen im psychotherapeutischen Handeln

Teil 3 Operationalisierte Psychodynamische Diagnostik

Teil 4 Qualitätssicherung

Mitarbeiterverzeichnis

Hansruedi Ambühl, Dr. phil.
Steingrubenweg 93, CH-3095 Spiegel

Friedrich Beese, Prof. Dr. med.
Leinsteige 11, D-72160 Horb (Mühringen)

Manfred Cierpka, Prof. Dr. med.
Humboldtallee 38, D-37073 Göttingen

Barbara Diepold, Dr. phil.
Schildweg 20, D-37085 Göttingen

Hannelore Eibach, Dr. med.
Rohnsweg 78, D-37085 Göttingen

Helmut Enke, Prof. Dr. med.
Johannes Krämer-Straße 51, D-70597 Stuttgart

Gabriele Frevert, Dr. biol. hum.
Am Hochsträß 8, D-89081 Ulm

Harald J . Freyberger, PD Dr. med.
Sigmund-Freud-Straße 25, D-53127 Bonn

Peter Haerlin, Priv. Doz. Dr. phil.
Wehnerstraße 23, D-81243 München

Sven Olaf Hoffmann, Prof. Dr. med.
Untere Zahlbacher Straße 8, D-55131 Mainz

Roderich Hohage, Priv. Doz. Dr. med.
Ingeborg-Bachmann-Straße 5, D-89134 Blaustein

Horst Kächele, Prof. Dr. med.
Am Hochsträß 8, D-89081 Ulm

Lester Luborsky, Ph. D.
524 Spruce Street, Philadelphia, PA 19106, USA

Wolfgang Lutz, Dipl. Psych.
Christian-Belser-Straße 79a, D-70597 Stuttgart

Tilmann Moser, Dr. phil.
Aumattenweg 3, 79117 D-Freiburg

Helmut Remmler
Johannes-Scharrer-Straße 13, D-80686 München

Horst Eberhard Richter, Prof. Dr. phil. Dr. med.
Myliusstraße 20, 60323 D-Frankfurt

Astrid Riehl-Emde, Dr. phil.
Culmannstraße 8, CH-8091 Zürich

Gerd Rudolf, Prof. Dr. med.
Thibautstraße 2, 69115 D-Heidelberg

Wolfgang Schneider, Prof. Dr. med. Dr. rer. nat.
Gehlsheimer Straße 23, D-18055 Rostock

Gerhard Schüßler, Prof. Dr. med.
Sonnenburgstraße 9, A-6020 Insbruck

Angela Seifert
Mörikestraße 54, D-71299 Wimsheim

Claudia Sies, Dr. med.
Wehler Dorfstraße 32a, D-41472 Neuss

Detlev von Uslar, Prof. Dr. phil.
Am Oeschbrig 27, CH-8053 Zürich

Ursula Wirtz, Dr. phil.
Belsitosstraße 9, CH-8044 Zürich

Das Spiel in seiner Bedeutung für den Menschen

Detlev von Uslar

Unser Thema heißt: "Das Spiel in seiner Bedeutung für den Menschen." Es geht also bei diesem Thema um eine Betrachtung des Menschen als eines spielenden Wesens.

Man hat ja den Menschen im Laufe der Philosophiegeschichte vor allem durch zwei Dinge bestimmt, nämlich durch die Sprache und durch die Vernunft. Aristoteles nennt ihn das "zoon logon echon", was, wenn man es wörtlich übersetzt, heißt: "Das Tier, das das Wort hat." In der lateinischen Übersetzung ist daraus das "animal rationale", das vernünftige Tier, geworden. Eine andere Bestimmung bezeichnet den Menschen als "homo faber", also eigentlich: Der Mensch als Schmied. Es ist der "homo technicus".

Nun sind die Regeln der Vernunft und die Zwecke der Technik ja etwas, was uns auch einengt. Deswegen ist eine ganz andere Bestimmung des Menschen, die von dem holländischen Kulturphilosophen Johan Huizinga stammt, eigentlich wie eine Erleichterung gegenüber diesen anderen Definitionen. Er hat den Menschen bestimmt als "Homo ludens", als den "spielenden Menschen." Er sieht also den Menschen gerade als das spielende Wesen.

Heute, in unserer Gegenwart, spielt die Beschäftigung mit dem Spiel eine große Rolle in der hermeneutischen Philosophie von Hans-Georg Gadamer, von der ich mich hier vor allem anregen lassen möchte. Hermeneutik ist die Lehre vom Auslegen, Deuten und Verstehen, also etwas, was uns auch hier im Rahmen der Psychotherapie unmittelbar angeht. Es ist auch sehr interessant, sich zu fragen, wie eigentlich diese inzwischen ja sehr berühmt gewordene Philosophie Gadamers auf die psychotherapeutische Situation angewendet werden kann.

Was ist eigentlich das Spiel? Sehr häufig wird ja das Spiel dem Ernst gegenüber gesetzt, dem Ernst des Lebens sozusagen, von dem es eine Erholung bietet. Aber das wird dem Wesen des Spiels eigentlich nicht gerecht, denn das Spiel hat seinen eigenen heiligen Ernst. Es ist eine in sich - *als* Spiel - sehr ernste Sache. Und nur, wer das Spiel wirklich ernst nimmt, kann richtig spielen. In diesem heiligen Ernst des Spiels liegt im Grunde die Bedeutung des Spiels für den Menschen, die ja hier unser Thema bildet, begründet.

Ein Beispiel, an dem man diesen Ernst des Spiels besonders schön sehen kann, ist das *Kinderspiel.* In der Entwicklungspsychologie hat man eine bestimmte Epoche der Kindheit, das Alter um etwa vier Jahre herum, als "Ernstspielalter" bezeichnet. Für diese Epoche ist es besonders charakteristisch, daß das Kind mit hingebungsvollem Ernst spielt. Wie sehr es das tut, das merkt man ja, wenn man ein Kind zum Essen ruft, und es einem antwortet: "Ich kann nicht, ich muß erst zu Ende spielen".

Mit diesem Ernst vollzieht das Kind das Spielgeschehen auch in Dingen, die von außen gesehen vielleicht nicht ernst aussehen: Wenn es zum Beispiel in Karos und Figuren hüpft, die es mit Kreide auf die Straße gemalt hat, oder wenn es nach Regeln einen Ball an die Wand wirft und ihn wieder auffängt. Aber mit dem selben hingebungsvollen Ernst spielt es auch, wenn es eine *Rolle* spielt, wie zum Beispiel die des Vaters, oder die Rolle des Weltraumfahrers - oder in früheren Zeiten des Lokomotivführers -, oder die Rollen der Mutter und des Kindes, die ja Kinder eigentlich immer mitspielen, wenn sie mit Puppen spielen.

Man hat nun oft gesagt, daß das Kind in diesem Rollenspiel eigentlich gleichsam den späteren Ernst des Lebens einübt. Das kann man natürlich auch in vielfältiger Weise so sehen: Daß zum Beispiel das Spiel mit Autos, das bei kleinen Jungen eine so große Bedeutung hat, irgendwie den Umgang mit der Technik vorbereitet. Daß das Spiel mit Puppen den Umgang mit Babies und überhaupt die familiäre Situation vorbereitet. Oder daß Spiele, die es mit sozialen Rollen zu tun haben, gleichsam schon die spätere soziale Rolle und Situation einüben, so zum Beispiel "Kaufen und Verkaufen", wenn man mit einem Kaufmannsladen spielt. Es gibt ja sehr viele solche Beispiele, die wir alle bei unseren Kindern und Enkelkindern oder bei fremden Kindern beobachten können.

Also, sicher ist es von außen gesehen richtig, zu sagen, daß das Kind im Spiel sich sozusagen für das Leben übt. Aber das ist ja wirklich nur von außen gesehen. Es trifft eben nicht das *Wesen* des Spiels. Sondern das Wesen des Spiels ist, daß es Sinn und Zweck ganz und gar in sich selber hat, daß es eben nur um seiner selbst willen gespielt wird. Das gilt auch vom Spiel der Erwachsenen. Überall, wo wir *wirklich* spielen, geht es einfach um das *Spiel* und um das Spielen des Spiels. Darin liegt ja auch die ungeheuer befreiende Wirkung, die das Spielen für uns haben kann.

Hans Georg Gadamer, den ich ja vorhin schon zitiert habe, hat sich, um das *Wesen* des Spiels zu verstehen, gefragt: "Was ist eigentlich das *Subjekt* des Spiels?" Die Antwort auf diese Frage scheint uns zunächst leicht und naheliegend. Es ist doch naheliegend, zu sagen: "Das bin eben *ich*, der da spielt", oder: "Das sind wir, die zusammen spielen." Deswegen ist Gadamers Antwort, die eine zentrale Bedeutung in seiner Philosophie hat, zunächst verblüffend, denn er sagt: Eigentlich sind eben nicht die spielenden Personen, oder ich als der Spielende, das Subjekt des Spiels, sondern *das Spiel selbst.* - Es wird gespielt. Das *Spiel* wird gespielt. Und wir werden ins Spiel hineingezogen. Wir sind nur die *Mit*spieler. Und Mitspieler sein, heißt: Dabei sein.

Ich glaube, das ist eine sehr zutreffende Betrachtung. Es trifft wirklich das Wesen und die Natur des Spiels. Das können wir, glaube ich, auch alle nachvollziehen, wenn wir uns auf eigenes Spielen besinnen, oder auch an die Spiele unserer Kindheit und Jugendzeit erinnern. Es geht um das Spiel und es geht *um* des Spiels willen. Wir spielen eben *wegen* des Spiels.

Das Spiel folgt dabei seinen *eigenen* Regeln und Gesetzen. Es gibt ja bei sehr vielen Spielen festgelegte Spielregeln, bei sportlichen Spielen, oder bei Versteckspielen, oder was auch immer es sein mag. Aber auch wenn wir sozusagen improvisiert spielen, wenn wir Spiele frei erfinden, dann entfaltet sich *in* unserem Erfinden und, indem wir spielen, ja das Spiel *selbst* und entwickelt seine Regeln. Man könnte sagen, es entwickelt sie aus dem Unbewußten. Und immer ist es so, daß wir an diesem Spielgeschehen *teilnehmen*. Es geschieht sozusagen durch uns.

Ein Beispiel, an dem diese Eigenständigkeit des Spiels besonders gut zu sehen ist, und an dem Gadamer sie zeigt, ist das *religiöse* Spiel, das Kultspiel, aber auch das Feiern eines Festes. Ein Kultspiel ist ja etwas, an dem wir teilhaben und in dem eine heilige Handlung vollzogen und wiederholt wird. Aber sie wird so dort vollzogen und so wiederholt, daß das Geschehen, das einstmals war und um das es geht, eben *hier und jetzt* sich ereignet. Und das bedeutet, daß das, was einstmals im Spiel war, jetzt und hier wieder ins Spiel kommen muß.

Das ist natürlich etwas, was überhaupt in das kultische Geschehen in einem weiten Rahmen hineinreicht. Auch in jeder Liturgie ist es ja so, daß in ihr eine heilige Handlung wiederholt wird, so daß der Sinn der Sache sich jetzt und hier ereignet. Es kommt also an auf den Vollzug in der Gegenwart.

Sehr interessant ist nun, daß das ja auch von der Kunst gilt. Auch hier möchte ich noch weiter den Ideen von Gadamer folgen. Er fragt sich in seiner Philosophie der Deutung und Auslegung, zu der ja auch die Deutung und das Verstehen der Kunst gehört, nach dem *Wesen* der Kunst und geht dabei - auch wieder überraschend - nicht zuerst vom künstlerischen *Gebilde* aus, also zum Beispiel vom Gemälde, vom architektonischen Raum, sondern: Er geht aus von derjenigen Art von Kunstwerken, die, um zu existieren, *gespielt* werden müssen. Das gilt also von der Musik und vom Bühnenspiel, vom Theaterspiel. Dieses Kunstwerk existiert ja eigentlich und wirklich nur in dem Moment, wo es gespielt wird. Das können wir alle ja fast täglich am Beispiel der Musik erfahren. Auch wenn diese Musik oder dieses Schauspiel aus einer weit zurückliegenden Vergangenheit stammt, wie zum Beispiel die "Brandenburgischen Konzerte" von Bach, oder die Opern von Monteverdi, oder auch die Musik der Wiener Klassik, auch wenn es aus einer weit zurückliegenden Vergangenheit stammt, so muß es doch jetzt und hier da sein im Moment, wo es gespielt wird. Es muß also das, was irgendwie im Spiel war, als das Werk geschaffen wurde, als der Komponist es komponiert hat, oder bei einem Bühnenstück: als der Dichter es geschrieben hat: Es muß das jetzt und hier wieder ins Spiel kommen, und zwar so, daß es uns jetzt und hier angeht. Und deswegen sind die Zuschauer und Zuhörer bei diesem Spiel eigentlich nicht nur passive Rezipienten, sondern sie gehören mit dazu, sie sind ein Teil des Spiels als Zeugen des Geschehens.

Das Kunstwerk, gerade das musikalische Kunstwerk, existiert ja in der Aufführung, wozu auch gehört, daß wir es *hören*. Das ist ja klar: Erklingen und Hören gehören immer zusammen. Und es wandelt dabei - das sieht man ja gerade an dem Beispiel der musikalischen Aufführungen - sich ständig in seinem Stil. Dieser Stil-Wandel in der Wiederholung der Aufführung gehört mit zum Wesen des Kunstwerks, und eben zum Wesen des Spiels, weil ja hier die Kunst eben das ist, was *gespielt* wird.

Aber das Selbe, was man hier am gespielten Kunstwerk sieht, gilt dann natürlich auch von der bildenden Kunst - denn das Bild wird ja zum Bild in dem Moment, wo ich davor trete und es ansehe, wo ich sozusagen, wenn es ein perspektivisches Bild aus der Malerei der Neuzeit ist, mich so diesem Bild gegenüber bringe, daß sich mir dieser Raum erschließt, daß ich sozusagen in ihm bin. Oder, wenn es ein unperspektivisches Bild der Gegenwart ist, wie zum Beispiel von Rothko oder Tapiès, daß ich mich sozusagen in das Gegenüber dieses Bildes bringe und das Bild dabei mich verändert.

Aber das Selbe, was hier vom Kunstwerk gilt, gilt nun auch ganz allgemein vom Verstehen und Wiederbeleben von Zeugnissen der Vergangenheit überhaupt. Es ist ja die Grundfrage der Hermeneutik seit jeher. - Es gibt schon eine theologische und juristische Hermeneutik. - Es geht immer um die Frage: Wie können wir eigentlich *heute* das verstehen, was vor einer so langen Zeit entstanden ist? Wie können wir heute die Werke von Aristoteles, oder Dantes Göttliche Komödie, oder die Matthäuspassion von Bach, oder Goethes Faust wirklich verstehen? Wie überbrücken wir den Zeitenabstand?

Die Antwort, die Gadamer in seiner Hermeneutik erarbeitet hat, ist die: Das gelingt eben *nur*, wenn das, was damals im Spiel war, als das Werk entstand, sich jetzt und hier wieder ins Spiel bringt. Das bedeutet also - und das hat natürlich sehr erhebliche Konsequenzen auch für die Geisteswissenschaften -, es bedeutet, daß nicht eine bloß historische Rekonstruktion uns wirklich das Werk oder das Zeugnis der Vergangenheit vermittelt, sondern: Es muß sozusagen ein Sinngeschehen, das in der Erschaffung dieses Werkes im Spiel war, jetzt und hier wieder ins Spiel kommen.

Der Mensch erscheint hier gerade in seinem geschichtlichen Zusammenhang als ein *Mitspieler*, dem sich Sinn zuspielt. Das Spiel in seinem Sich-Wiederholen ist also hier das Modell für das Sinnverstehen in der Geschichte. Das gilt nicht nur von der Kulturgeschichte und der Geistesgeschichte, sondern auch von der politischen Geschichte, von der Art, wie wir die Vergangenheit auffassen und erfassen.

Nun finde ich es hier in unserem Zusammenhang besonders interessant, daß dieser Gedanke sich im Grunde auch auf die *Lebensgeschichte*, und damit auf die Psychotherapie, übertragen läßt.

Die Psychotherapie - vor allem zunächst in der Form, die Sigmund Freud ihr gegeben hat - ist doch weitgehend eine Beschäftigung mit der bewußten, und eben vor allem mit der *un*bewußten, Vergangenheit unserer Lebensgeschichte, die in der Analyse zum Vorschein und ans Tageslicht gebracht wird. Aber man kann sagen - und das ist, finde ich, durchaus im Sinne Freuds: Diese Beschäftigung mit der unbewußten Vergangenheit hat ja nur Sinn, wenn dabei das, was damals in dieser Vergangenheit im Spiel war - und häufig von dem, bei dem es im Spiel war, nicht einmal wahrgenommen oder eben verdrängt wurde -, wenn das sich jetzt und hier wieder ereignet, wenn es wirklich wieder ins Spiel kommt.

Das ist ja Sigmund Freuds große Entdeckung, die er mit dem Namen der *Übertragung* verbunden hat, daß eben in der Übertragung auf den Therapeuten in der analytischen Situation jetzt und hier wieder ins Spiel kommen kann, was damals nicht zu Ende gelebt wurde und was deswegen sozusagen querliegt im Unbewußten und Konflikte erzeugt und was letzten Endes das ist, was den Menschen neurotisch macht. Es kommt wieder ins Spiel in der Übertragungsbeziehung, weil eben der Analysand in der entspannten Situation der Analyse, wenn er seinen Einfällen folgt, und darüber spricht, die Beziehungen, um die es damals ging - zu seinen Eltern, zu früheren Partnern im Leben -, jetzt und hier auf den Analytiker *übertragen* kann.

Natürlich ist diese Übertragung in der analytischen Situation künstlich hergestellt - und das hat Freud ja auch sehr betont. Aber trotzdem ist es eine echte Beziehung, eben eine deutende Beziehung. Nur deswegen, glaube ich, so kann man sagen -: nur deswegen kann es *heilend* wirken. Wir spielen sozusagen deutend und wiederholend das Spiel des Lebens. Aber dabei kommt *es*, das Leben, selbst ins Spiel.

Besonders interessant an diesem Begriff der Übertragung ist es ja, daß es sich dabei um etwas handelt, was Freud zwar speziell in der analytischen und therapeutischen Situation entdeckt hat, was aber ein ganz allgemeines Gesetz des Lebens ist, und überall wirksam, wo wir Beziehungen zu andern Menschen eingehen, oder auch abbrechen.

Ich glaube, man kann sagen, daß wir in allen unseren Begegnungen - gerade in den absolut einmaligen und intensiven, die uns gleichsam *überfallen* - doch immer etwas wiederholen aus früheren Beziehungen und früheren Begegnungen, und daß unsere Begegnungsgeschichte eine Übertragungsgeschichte ist. Ebenso, wie man auch sagen kann, daß unsere Lebensgeschichte überhaupt eine *Begegnungsgeschichte* ist.

Nun darf man aber daraus nicht die Konsequenz ziehen, daß eine Beziehung und Begegnung, die aus einer Übertragung entstanden ist, darum eine unechte sei, so daß man erst einmal diese Projektionen abbauen muß, damit man dem Anderen wirklich gerecht werden kann. Das gilt natürlich oft da, wo Beziehungen konflikthaft sind, wo sie in neurotische Verstrickungen verwickelt sind. Aber im Leben überhaupt scheint es mir so, daß wir ja auch das Glück haben können, daß der Partner, dem wir begegnen, wirklich dem *entspricht*, was wir auf ihn projizieren, und umgekehrt, und daß es so zu einer echten *Antwort* kommt. Es gibt ein Spiel, das sich im Lauf des Lebens in der Geschichte unserer Beziehungen gleichsam fortspielt.

Martin Buber, der sich in seiner Schrift "Ich und Du" ganz intensiv mit dem Wesen der Beziehung beschäftigt hat, hat einmal gesagt: In jeder einzelnen irdischen Begegnung, wenn sie eine echte intensive Begegnung ist, begegnen wir dem absoluten Du, also gleichsam der Gottheit. Das scheint zunächst nun etwas zu sein, was weit entfernt ist von Gedankengängen wie denen der Psychoanalyse. Aber ich finde, daß es nicht so weit entfernt ist. Denn wir übertragen ja gerade diese Absolutheit von *einer* Beziehung auf die *andere*. Es ist die Teilnahme an etwas Absolutem, die sich in Beziehungen und Begegnungen ereignet, und die Götter sind dabei immer mit im Spiel.

Ich erinnere mich sehr lebhaft an ein Gespräch, das ich als Student mit Victor v. Weizsäcker über das Thema Begegnung hatte, etwa im Anfang der fünfziger Jahre. Nachdem ich ein bißchen gesagt hatte, was mich da beschäftigte, rief er plötzlich aus: Wo bleibt aber eigentlich die Übertragung! Die ist das wesentliche Moment der Begegnung. Und in jeder Begegnung begegnen wir eigentlich dem Gott. - Er hat also eigentlich hier schon Gedanken von Buber mit denen von Freud verbunden. Die Götter sind sozusagen mit im Spiel in der Begegnung.

Was ich also hier versucht habe, ist - ausgehend von Gadamers Gedankengängen, in denen das Spiel zum Modell des Verstehens der Geschichte wird - nun hier das Spiel als Modell des Verstehens der *Lebensgeschichte* in der Psychotherapie zu sehen. Dabei geht es also um das Spiel als Wiederholung in seiner Bedeutung für das Verstehen und die Deutung in der Therapie.

Ebenso wichtig ist aber auch die Beziehung des Spiels zur *Zukunft* und zur *Gegenwart*. Die Beziehung des Spiels zu Gegenwart bringt uns nun in eine Berührung mit all denjenigen Schulen und Therapieformen, die wie die humanistische Psychologie, also wie Rogers und Perls, vor allem das Jetzt und Hier, den Augenblick, betonen, und die diese Betonung des Jetzt und Hier zum Teil auch abgegrenzt haben gegen die intensive Beschäftigung mit der Vergangenheit in der Psychoanalyse.

Gerade das Jetzt und Hier - daß jetzt und hier sich das Entscheidende abspielt - ist ja etwas, was zum Wesen des Spiels gehört. Nur so kann es eine Wiederholung sein. Deswegen sehe ich auch keinen so großen Gegensatz zwischen diesen Theorien von Rogers und denjenigen von Freud, denn auch für Freud war es ja klar, daß jetzt und hier sich das Entscheidende abspielen muß.

Ebenso wichtig ist nun aber auch die Beziehung des Spiels zur *Zukunft*. Gerade weil das Spiel ganz seinen eigenen Regeln folgt und seinem eigenen heiligen Ernst, gerade deswegen löst es uns aus der Verflechtung der Zwecke des alltäglichen Lebens, auch aus dem Eingebundensein in die komplizierte Verflechtung der Zwecke, die das technische Zeitalter kennzeichnet, in dem wir leben. Das Spiel ist deswegen ein Raum der Offenheit und der Freiheit. Das können wir ja alle erfahren, wenn wir wirklich ernsthaft spielen und dabei einfach woanders sind, wenn plötzlich eben das Spiel die Wirklichkeit ist und die anderen Dinge, die uns Sorgen machen und in denen wir uns vielleicht nicht mehr zurechtfinden, dabei wirklich zurücktreten.

Damit sieht man natürlich auch sofort, worin gerade die therapeutische Wirkung des Spiels liegen kann. Es ist gleichsam ein Symbol der Freiheit. Im Spielen, auch wenn wir uns nach den Regeln des Spiels richten - und eigentlich nur, wenn wir uns nach *seinen* Regeln richten -, sind wir absolut frei. Es gibt sozusagen eine Identität von Freiheit und Notwendigkeit, die für das Wesen des Spiels, aber natürlich auch für das Wesen des Menschen überhaupt, charakteristisch ist. Es ist ein Symbol der Freiheit, aber auch ein Symbol für die Offenheit der Zukunft. Es eröffnet gleichsam eine Zukunft als Horizont von Möglichkeiten. Im Spiel sind ganz andere Dinge möglich als in der alltäglichen Situation. Wir erfahren hier, daß die Zukunft offen ist.

Ich glaube, man kann sagen, daß viele neurotische Erkrankungen und Verstrickungen eigentlich darin bestehen, daß diese Offenheit der Zukunft schwindet. Ähnliches hat Ludwig Binswanger im Hinblick auf die Schizophrenie und auf den paranoiden Verfolgungswahn gesagt: Daß es für den Patienten charakteristisch ist, daß er die Offenheit der Zukunft, diesen Horizont von Möglichkeiten verliert, oder - wie Binswanger es in der Sprache Heideggers sagt: Daß das Dasein sich nicht mehr zeitigen kann.

Das Spiel ist sozusagen ein Raum, in dem sich die Offenheit der Zukunft wiederherstellt. Auch hier gibt es natürlich eine entscheidende Beziehung zur Psychotherapie, nämlich vor allem zu der Schule von Carl Gustav Jung, die ja durch die Betonung der Beziehung zur Zukunft gekennzeichnet ist, und durch das, was Jung meint, wenn er von der Finalität des Unbewußten spricht, oder von seiner prospektiven Funktion: Daß das Unbewußte eigentlich etwas ist, das einen Weg in die Zukunft immer wieder neu eröffnet und neu sucht. Es ist das, was Jung letzten Endes auch mit dem Begriff des Individuationsweges meint, der ja ein Weg zu einer Mitte zwischen dem Bewußtsein und dem Unbewußten ist. Diese Mitte ist für Jung mehr als das bloße Ich. Sie ist das, was wir selbst *sind*. In dieser Sicht sind auch Träume eigentlich stets so etwas wie ein Spiel mit Möglichkeiten der Zukunft. Sie eröffnen darum einen Weg und Perspektiven in das, was noch nicht ist.

Ich finde, daß die beiden grundlegenden und scheinbar einander entgegengesetzten Perspektiven der Traumdeutung bei Freud und Jung sehr wohl und sehr gut miteinander vereinbar sind. Man kann doch sehr gut sehen, daß ein Traum eigentlich ständig Dinge der Vergangenheit und des Gewesenen wieder-holt und wieder ins Spiel bringt, aber eben verwandelt - das ist ja gerade das Charakteristische des Traums - und daß er Vergangenheit und Zukunft in *der* Weise stets neu verknüpft, daß er dabei auch gerade Zukunft *eröffnet*. Die Träume haben ja, genau wie das Spiel, Sinn und Zweck ganz und gar in sich selbst und berühren die Heiterkeit und die Angst des Lebens ganz unmittelbar.

Es geht hier um ganz ähnliche Zusammenhänge wie beim Spiel. Auch das Spiel kann man ja im Hinblick auf seine *Zweckmäßigkeit* sehen, zum Beispiel für die Erholung vom Alltag, oder, beim Kinderspiel, als Einübung für die Zukunft. Aber wir haben uns ja klar gemacht, daß man dabei das *Wesen* des Spiels nicht erfaßt, in dem es nur um das Spiel selbst geht. Das Selbe gilt nun auch vom Traum. Er ist unendlich verknüpft mit unserem ganzen Leben und er wird in der Therapie sozusagen analysiert und verwoben mit diesem Leben, aber die heilende Kraft hat diese Beschäftigung mit dem Traum doch gerade, weil er ein freies Spiel ist, in das wir immer wieder eintauchen - natürlich nicht ein Spiel, das wir bewußt spielen, sondern eben ein Spiel unseres *Unbewußten*.

Auch das Spiel hat nun, ebenso wie der Traum es hat, eine Beziehung auch zum Negativen und zur Gefahr. Das hängt gerade damit zusammen, daß das Spiel ganz und gar Selbstzweck und Freiheit ist. Denn, weil es das ist, deswegen ist es immer auch Risiko. Das Spiel hat es ja mit einem Risiko zu tun, das wir geradezu eingehen, wenn wir spielen. Das zeigt sich auch in Formulierungen wie: "Etwas auf's Spiel setzen", oder: "Es steht etwas auf dem Spiel", wo dieses Risikohafte des Spiels in unsere alltägliche Sprache ganz selbstverständlich eingegangen ist.

Gerade im Wettspiel und im Kampfspiel ist es ja so, daß zum Spiel selber die Möglichkeit des Verlierens gehört. Im Spiel kann der Mensch lernen, ein guter Verlierer zu sein und eben auch in diesem Sinne das Leben als Spiel zu sehen und Verlust zu ertragen. Man kann das natürlich auch irgendwie umkehren: Ein Kind, das ein Spielverderber ist, oder auch ein Erwachsener, der ein Spielverderber ist, der aus dem Spiel springt in dem Moment, wo er verliert, oder mit der Faust auf das Spielbrett schlägt, daß alle Figuren durcheinander hüpfen, weil er eben im Begriff ist, zu verlieren - ein solcher Mensch kann eben nicht wirklich spielen. Und das ist natürlich auch ein Symptom dafür, daß er es auch *im Leben* nicht kann. Aber in diesem Risikocharakter des Spiels liegt sicher auch ein sehr starker Bezug zum Nichts und zur Gefahr und zum Tode, überhaupt zur Grenze.

Es gibt sicher auch einen Bezug des Spiels zur *Schuld*. Das zeigt sich zum Beispiel am, oder im, erotischen Spiel, das ja seiner Natur nach eigentlich ein Spiel mit dem Feuer sein kann und das uns in Konflikte stürzen kann - und immer wieder auch wirklich in Konflikte stürzt. Darüber muß man sich ja klar sein, daß, wenn auch die erotische Moral oder die Sexualmoral sich in diesem Jahrhundert ungeheuer geändert hat, das doch nicht heißt, daß es nicht weiterhin Spielregeln gibt, und daß nicht weiterhin Beziehung und Eros gleichsam auch ein Spiel mit dem Feuer und mit der Gefahr sind - und daß es einfach unmöglich ist, nicht in irgend einer Weise irgend einem Menschen gegenüber darin schuldig zu werden.

Es gibt auch eine dämonische Seite des Spiels, gleichsam einen Bezug zum "Deus absconditus", zum verborgenen Gott. Es werden ungeheure, auch abgründige, Kräfte im Spiel mobilisiert. Man könnte auch sagen, daß es eigentlich die Götter selbst sind, die mit dem Menschen spielen. Das ist natürlich eine gleichsam mythologische Betrachtung, aber ich glaube, wir verstehen das, obwohl wir aufgeklärte Menschen des zwanzigsten Jahrhunderts sind.

Der Bezug zum Sein und der Bezug zum Nichts gehören auch im Spiel ganz eng zusammen, so wie sie natürlich überall zusammengehören. Das ist ja eine der Grundeinsichten der Philosophie Martin Heideggers gewesen, weswegen auch die Beziehung zum Sein in seinem Buch "Sein und Zeit" gerade im "Sein zum Tode", in der Auseinandersetzung mit dem Nichts zum Vorschein kommt: Weil eben in der Begegnung mit dem Nichts, mit dem möglichen Nichts der eigenen Zukunft, aufleuchtet, was es heißt, *da* zu sein.

Ich glaube, man kann auch vom Spiel sagen, daß es letztlich ein Symbol des Lebens und des Seins ist. Ein Symbol des Lebens auf der Erde ist das Spiel gerade, weil es Sinn und Zweck nur in sich selber hat und nicht zu irgend etwas anderem nützt und nicht für etwas anderes da ist. Und das gilt ja auch, wenn man es wirklich zu Ende denkt, für das *Leben* auf der Erde, nicht nur für *unser* Leben, sondern für diese ganze unendlich vielfältige Entfaltung organischen Seins, das Leben der Tiere und Pflanzen. *Warum* gibt es das überhaupt? Auf diese Frage gibt es keine andere Antwort als die, daß das Leben eben um seiner selbst willen da ist. Das Wesen des Lebens ist, Selbstzweck zu sein. Es brauchte kein Leben zu geben, es brauchte keine Tiere zu geben und es brauchte auch uns nicht zu geben. In diesem Sinne ist es ein unglaublicher Zufall, wenn man so will, daß wir existieren. Auch daß wir gerade hier in diesem Saal existieren, gerade wir und nicht andere.

Und das Selbe, was man vom Leben sagen kann, daß man es eigentlich nicht von außen begründen kann - sondern es ist einfach da und schafft seinen Sinn dadurch, daß es da ist -, das Selbe gilt natürlich auch vom Sein überhaupt, von der Welt als ganzer. Der Philosoph Leibniz hat in seiner Schrift "Principes de la Nature et de la Grâce", die er am Ende seines Lebens im Jahr 1716 geschrieben hat, den Satz formuliert: Es muß ja eigentlich kein Sein geben. Das Nichts macht sich doch viel leichter. Eben deswegen fragt Leibniz auch: Was ist denn der Grund dafür, daß es überhaupt etwas gibt und nicht nichts, und daß es gerade diese Welt gibt und nicht eine andere?

Eigentlich ist es ja klar: Sein ist absolut um seiner selbst willen da. Es ist Selbstzweck. Es stiftet Sinn dadurch, daß es ist. Ich glaube, daß das eigentlich das ist, was wir auch im Spiel erfahren, und daß im Spiel sich Sein und Nichts und Leben ereignen, daß wir irgendwie in Berührung dazu kommen. In diesem Sinne ist das Menschsein das Sein eines Mitspielers.

Therapieformen, mit denen wir es ja hier bei den Lindauer Psychotherapiewochen zu tun haben, sind Rituale, die man als Spielformen sehen kann. Wenn man das so ausspricht, dann kann das natürlich sehr relativierend klingen: Irgendwelche Rituale werden da halt gemacht. Aber eigentlich ist es doch so, daß, *wenn* die Therapieformen Rituale sind, die man als Spielformen sehen kann, dann sind es eben Spielformen, in denen sich *Wesentliches* ereignen kann, weil es eben überhaupt so ist, daß Wesentliches sich im Spiel ereignet.

Das gilt nun sicher besonders von der Spieltherapie, wenn sie eben ein echtes Spiel ist und wenn in ihr die Macht des Spiels sich freisetzen kann. Und es ist natürlich so, daß in allen diesen Spielformen der Therapeut - auch wenn er objektivierende Mittel anwendet, wie zum Beispiel in der Verhaltenstherapie und verwandten Formen - *doch* ein Mitspieler ist, so wie überhaupt auch jeder Psychologe und auch jeder Arzt eben ein Mitspieler ist. Und man darf dieses Mitspieler-Sein nicht verleugnen.

Ich möchte mit etwas ganz anderem diesen Vortrag beschließen, aber ich finde, es paßt so schön hierher: Es gibt ein Gedicht von Hölderlin, in dem der ganz tiefsinnige Satz vorkommt: "Was Du suchest, es ist nahe, begegnet Dir schon". Und einige Zeilen später spricht Hölderlin, der mit dem Schiff über den Bodensee gefahren ist, die Stadt Lindau an als "Du, glückseliges Lindau. Eine der gastlichen Pforten des Landes ist dies". Ich wünsche Ihnen also viel Vergnügen am Spiel in dieser gastlichen Pforte.

Literatur

Binswanger L (1957) Schizophrenie. Neske, Pfullingen (teilweise neu abgedruckt in Binswanger L (1994) Der Mensch in der Psychiatrie. In: Holzhey-Kunz A (Hrsg) Ludwig Binswanger - Ausgewählte Werke, Bd 4. Asanger, Heidelberg)

Buber M (1983) Ich und Du, 11. Aufl. Schneider & Lambert, Heidelberg

Freud S (1976) Die Traumdeutung. GW Bde 2/3

Freud S (1979) Vorlesungen zur Einführung in die Psychoanalyse. GW Bd 11

Gadamer H G (1975) Wahrheit und Methode, 4. Aufl. Mohr, Tübingen

Heidegger M (1979) Sein und Zeit, 15. Aufl. Niemeyer, Tübingen

Hölderlin F (1971) Gedichte. Reclam, Stuttgart, S 13-117

Huizinga J (1987) Homo ludens. Rowohlt, Hamburg

Jung CG (1988) Allgemeine Gesichtspunkte zur Psychologie des Traumes, und: Vom Wesen der Träume. In: Grundwerk, Bd 1, 2. Aufl. Walter, Olten

Jung CG (1989) Die Beziehungen zwischen dem Ich und dem Unbewußten. GW Bd 7. Walter, Olten

Leibniz GW (1982) Vernunftprinzipien der Natur und der Gnade, und: Monadologie, Philosophische Bibliothek, Bd 253, 2. Aufl. Meiner, Hamburg

Perls F (1986) Gestalttherapie in Aktion, 4. Aufl. Klett, Stuttgart

Reichlin U (1975) Der Spielende in der Rolle des Spielers und des Spielverderbers. Dissertation, Zürich

Remplein H (1971) Die seelische Entwicklung des Menschen im Kindes- und Jugendalter, Studienausgabe, 17. Aufl. Reinhardt, München Basel

Rogers CR (1991) Entwicklung der Persönlichkeit, 8. Aufl. Klett-Cotta, Stuttgart

Uslar D v (1990) Der Traum als Welt. Sein und Deutung des Traums, 3. Aufl. Hirzel, Stuttgart

Uslar D v (1991-1994) Sein und Deutung. Hirzel, Stuttgart (Bd 1, Grundfragen der Psychologie, 3. Aufl. 1992; Bd 2, Das Bild des Menschen in der Psychologie, 2. Aufl. 1992; Bd 3, Mensch und Sein, 1991; Bd 4, Traum, Begegnung, Deutung, 1994)

Die Psychotherapie und die Psychotherapierenden - gesehen aus der Perspektive der Lebensform des Spiels

Helmut Enke

Lebensform

Panem et circenses - Homo ludens

Herr von Uslar hat (s. hier im Band) in umfassender Weise gezeigt, wie Spiel und Spielen geeignet sind, das Wesen des bewegt Lebendigen, des Menschen zu erreichen. In diesem Zusammenhang pflegt Friedrich Schiller, in dessen ästhetischem Idealismus der "Spieltrieb" das Movens nicht nur für das Schöne, das Ästhetische, sondern auch für das Sittliche ist, zitiert zu werden: "Der *Mensch* spielt nur, wo er in voller Bedeutung des Wortes Mensch ist, und er ist nur da ganz Mensch, wo er spielt." - Doch es gehört dazu: "Das *Tier* arbeitet, wenn ein Mangel die Triebfeder seiner Tätigkeit ist, und es spielt, wenn der Reichtum der Kraft diese Triebfeder ist, wenn das überflüssige Leben sich selbst zur Tätigkeit stachelt." (1793).

Für Tier (s. Groos 1896) und Mensch (Übergangsobjekte, Übergangsphänomene, Winnicott 1976) ist das Spielen eine Lebens- und Überlebensnotwendigkeit, modern gewendet: eines der "biopsychosozialen" Lebensfundamente. Entsprechend weit und (zumal sprachlich) schwer abgrenzbar ist das Terrain der *Lebensform des Spiels*.

Merkmale könnten sein: Die Verwendung überschüssiger Energie, den "Überschwang" (Jean Paul), die oft allerdings sehr mittelbar werdende Lust-Bindung, die freilich nur relative Freiheit von den Realitätszwängen und hiermit im Zusammenhang den Unterbezirk des "l'art pour l'art". Es gibt diese und andere Merkmale; doch ist eine eindeutig markierende und eingrenzende Definition dessen, was Spiel und spielen ist, kaum möglich. Dies war eine der Konklusionen der denkwürdigen *Freiburger-Dies-Universitatis-Vorträge* des Jahres 1966 über das Spiel (Marx 1967), auf die ich mich in diesem Beitrag häufiger beziehen werde. Doch war es tröstlich und ermutigend, als vom philosophischen Standpunkt aus Werner Marx vermerkte, es gäbe zweifellos eine situative Evidenz: Im gegebenen Augenblick wisse man einfach, ob gespielt wird, wieviel gespielt wird.

Psychotherapieren

Um selbst den Eingang zur Psychotherapie, dem psychotherapeutischen Handeln zu finden, stellte ich mir die simple Frage, wann eigentlich ich in der Praxis die Wörter "Spiel" oder "Spiel - Regeln" gebrauche und stellte - es zum ersten Mal reflektierend! - fest, daß ich dies regelmäßig im Zuge der Konstituierung einer geschlossenen Gruppe tue, sei es eine Therapiegruppe oder auch eine Selbsterfahrungsgruppe. Im Beginn einer solchen Gruppe teile ich, wie das - gut begründet - üblich ist, bestimmte *Regeln* mit: Als erstes wird die "Gruppen-Schweige-Pflicht" verkündet und zwar als ehernes *Gesetz*, dessen Nichtbefolgung automatisch Sanktionen, den Ausschluß, nach sich zieht. Sodann wird auf die freie Interaktionsregel (nach Heigl) hingewiesen, auch auf die TZI-Regel: "Störungen haben Vorrang". Im weiteren wird betont, daß gewisse Konventionen, auch Höflichkeitsformen, Verhaltenszwänge des alltäglichen Lebens relativiert oder sogar aufgehoben sind: Man kann, man muß auch über Abwesende sprechen. Der Leiter, der Therapeut darf und muß "unhöflich" sein, er braucht auf Fragen nicht zu antworten. Und schließlich folgt noch jener Hinweis, in dem Wörter "Spiel" und "Spielregeln" vorzukommen pflegen, der variiert wörtlich so lautet: "Und gibt es noch eine andere Regel, die für unsere Arbeit sehr nützlich sein kann: Wir sollten uns darauf verständigen, ein *Spiel* zu spielen, welches heißt: "Nichts ist Zufall". Wir sollten uns gestatten, alles, was sich ereignet, zu hinterfragen. Ich unterstreiche: Dabei handelt es sich um eine für unsere Arbeit sehr sinnvolle und nützliche *Spielregel*, die ähnlich willkürlich ist, wie die Spielregeln anderer Spiele, denn selbstverständlich wissen wir, daß es schicksalhafte Ereignisse, Fügungen gibt, denen gegenüber wir Demut und Respekt behalten. Doch nichts kann uns hindern, ein für unsere Arbeit nützliches und förderliches *"Spiel zu spielen"*.

Diese Einführung findet, wie leicht erkennbar ist, in *drei* Stufen statt: Auf der ersten Stufe - Schweigepflicht - wird in die Gruppe etwas eingeführt, was schwerlich "Spiel" genannt werden kann, ein Gesetz, dessen Nichtbefolgung aus den "Spiel - Raum" der Gruppe hinausweist: Ausschluß. Auf der zweiten Stufe werden bereits Alltagszwänge suspendiert, nur der Gruppenarbeit dienende, besondere Regeln eingeführt, alles bereits Merkmale des Spielens. Auf der dritten Stufe ("nichts ist Zufall") dienen die Begriffe Spiel und Spielregeln zur Gewinnung eines Freiheitsraums und zu seiner Abschottung gegenüber den Mächten des Schicksals. Kontrapunktisch kommt die "Heiligkeit des Spiels" im Sinne v. Uslars (a. a. O.) zum Vorschein.

Im Zusammenhang mit der Reminiszenz an die Gruppen-Beginn-Usancen bat ich einen jungen, intelligenten Freund, der nichts mit unserem Fach zu tun hat, um ein kleines Assoziationsexperiment: Er sollte ohne jedes Nachdenken schnell sagen, was ihm zu den Begriffen: Gesetz, Regel, Spielregel einfällt. Er assoziierte: "Gesetz - Strafe", "Regel: muß man einhalten", "Spielregel (kurzes Stutzen, dann:) *Fairneß*".

Der Begriff Fairneß ist *das* Ethikum der Spiel-Lebensform. In den Enzyklopädien pflegt zu seiner (eher hilflosen) Erläuterung der "Anständigkeit" die *"Ritterlichkeit"* hinzugefügt zu werden. - Seine "psychoanalytische Alltagsethik" betitelte Strotzka (1983) mit "Fairneß - Verantwortung - Fantasie." Die Ethik der Spiel-Lebensform ist bei ihm eingefangen. Sie wiegt schwer: Psychotherapeutinnen und Psychotherapeuten, die mit ihren Patientinnen und Patienten zu ihrer Befriedigung alltägliche Beziehungen eingehen, verstoßen auch gegen das "heilige" (s. o.) Gebot der Fairneß.

Psychotherapierende

Vor geraumer Zeit hatte ich versucht, die Besonderheiten, auch die "déformations professionelles" unseres "unmöglichen Berufes" (Freud 1937) professions-sozialtiefenpsychologisch zu bedenken. Dabei gerieten zwei Bereiche in den Vordergrund: *Erstens* die Folgen einer relativen professionellen Unspezifität [1] und *zweitens* die Auswirkungen einer berufsspezifischen, konstanten Unsicherheit [2]

---

[1] Geringe Handlungsspezifität: Die Psychotherapie gehört nicht zu jenen Berufen, die sich durch *qualitativ besondere* Handlungen definieren wie z. B. der Beruf des Lokomotivführers oder in der Medizin der des Chirurgen, Röntgenologen usw. Die vom Alltäglichen klar abgehobene Handlungsspezifität vermittelt den Angehörigen dieser Berufe eine ganz selbstverständliche, sichere, professionelle Identität. Die Psychotherapie, in der es um Kommunikationsgestaltung, Einfühlen und Sprechen geht, gehört zu jener anderen Gruppe von Berufen, die sich nicht durch qualitative Behandlungsbesonderheiten leicht definieren können, sondern nur über die Perfektionierung, Verfeinerung und Schulung gewissermaßen gewöhnlicher, alltäglicher Verhaltensweisen. Identität wird in solchen Berufen (etwa auch im professionellen Sport) durch besondere Betonung der Ausbildung (des Trainings), durch *quantitative* Abhebungen erleichtert. Ich wies auf die Identität gebende Bedeutung der Länge der Lehranalysen, der Schulzugehörigkeiten, auf Freuds Betonung des Nicht-Alltäglichen und die geläufige Überschätzung der einzelnen Techniken und Methoden (als vergleichsweise "spezifischere" Handlungen) hin

[2] Unsicherheit; Ungewißheit: Die Unmöglichkeit, klar und eindeutig zu bestimmen, was "richtig" und was "falsch" ist, kann zu einer latenten, indes permanenten Ängstigung führen. Sicherheit geben enges kollegiales Miteinander in den Ausbildungsinstituten, in deren unmittelbarem Umfeld sich ja die meisten Psychotherapierenden (versorgungspolitisch leider) niederlassen, und die Schulbindungen

(Ungewißheit). Die seinerzeitigen "professions-sozialpsychologischen" Überlegungen seien jetzt um die *Perspektive der Spiel-Lebensform* ergänzt.

Nach Huizinga ist bekanntlich das Miteinander-Wetteifern eine der Grundlagen des sozialen Lebens überhaupt, unabhängig von Zweckmäßigkeitsgesichtspunkten. Zwischen allen sich irgendwie definieren könnenden sozialen Gesellungen entfaltet sich ein immerwährendes Kompetitionsspiel. So sind Spieltrieb und Spielbedürfnis Determinanten jeglichen vormenschlichen und menschlichen Gesellungsverhaltens. Selbstverständlich fließt dieses kompetitive Dauerspiel auch in das Gesellungsverhalten der Psychotherapierenden ein. Es ist nichts Spezifisches für Psychotherapie; Psychotherapie-spezifisch aber könnte oder sollte es sein, diesen Bereich zu reflektieren und "Ich-gerecht" zu akzeptieren. In der Konkurrenz der (fälschlich so genannten) "Fachgesellschaften", der Konkurrenz der Schulen, der Methoden, ist auch ein spielerischer Selbstzweck zu spüren, wenngleich das Wetteifern - ebenso wie oft das Spiel des Kindes - sehr ernsthaft, auch gelegentlich verbittert stattfindet. Wie viele andere hatte auch Freud vermerkt, daß der Gegensatz zum Spiel nicht der Ernst sei (1907, S. 214).

Doch bleibt, wie bei genauem Hinsehen immer wieder erkennbar wird, "Überschwang" mit von der Partie und auch die Bindung an das Lustprinzip geht nicht verloren.

Wetteifer promoviert den Fortschritt: Es wird nicht gespielt, weil etwa der Fortschritt als "Realitätszwang" dazu drängen würde. Im Gegenteil: Der Fortschritt, die Mehrung der Erkenntnis sind Folgen des Spielens, genau wie beim Spielen des Kindes.

Kreativität

So sehr wir dazu neigen, die einzelnen psychotherapeutischen Methoden, die Verfahren um der besagten professionellen Identitätserleichterung willen zum Angelpunkt unseres Gesellungsverhaltens zu machen (Psychoanalytiker, Verhaltenstherapeuten usw.), so wissen wir doch mit aller Selbstverständlichkeit und in jedem Moment unseres Berufslebens auch dieses: Allen Methoden sind vorgelagert und bleiben unterlagert die allgemeinen Wirkfaktoren im psychotherapeutischen Kommunikationsvorgang, wie die Therapeutenvariable, Empathie und ... Sympathie, Authentizität, Beziehungsformung und Staunenkönnen, Staunen bewirken. Die hohe Bedeutung der allgemeinen Wirkfaktoren ist durch die empirische Psychotherapieforschung belegt und z. B. im "Orlinsky-Modell" gut abgebildet. Die nicht enden wollende und wohl auch nicht enden könnende Diskussion zur Frage, wieviel therapeutische Wirksamkeit kommt von den allgemeinen und wieviel von den speziellen methodisch gebundenen Wirkfaktoren, sei hier nicht aufgegriffen.

Entscheidend ist, daß die allgemeine Beziehungsgestaltung, die therapeutische Optimierung der Kommunikation von allen Psychotherapierenden ständig abgefordert wird und das bedeutet auch: Es gibt nie gleiche, sich wiederholende Situationen, jede therapeutische Situation ist eine immer wieder essentiell neue. Unter professions-sozialpsychologischer Sicht wurde hieraus die permanente Ambiguität, die Ungewißheit: richtig/falsch und die damit verbundene Ängstigung abgeleitet.

Aus der Spielperspektive folgt nun ein anderer, erfreulicherer und auch erleichternder Gesichtspunkt: Immer neue Situationen zu verstehen, zu bewältigen, zu gestalten, kann nur gelingen durch eine pausenlose Aneinanderreihung schöpferischer Akte, durch immerwährende *Kreativität.*
Wohl alle Denker, die sich mit dem Spiel beschäftigt haben, sind sich mit Friedrich Schiller darin einig, daß der Spieltrieb und das Spielen obligate, unbedingte Voraussetzungen von Kreativität, von Schöpfertum sind.

Alexander hat in seinem bemerkenswerten Aufsatz "Über das Spiel" aus dem Jahre 1956 Spiel und adaptives Verhalten unterschieden und vermerkt: "Das schöpferische Wesen des Spieles beruht auf seiner größeren Freiheit der Wahl, im Gegensatz zum adaptiven Verhalten" (S. 26). Es kommt sodann zu einem spannenden Vergleich: "Man ist versucht, die Beziehung zwischen adaptivem Verhalten und Spiel mit der Beziehung zwischen der natürlichen Auslese und der Mutation zu vergleichen. Man könnte die Mutation als freies, spielerisches Experimentieren der Natur mit neuen, manchmal bizarren Kombinationen ansehen, Kombinationen, die selbst nicht adaptiv sind, aber Varianten der Spezies hervorbringen können, von denen sich manche zufällig als brauchbar im Daseinskampf erweisen." Bei Erich Fromm (1980) findet sich der Hinweis auf eine vergleichende tierexperimentelle Untersuchung: Spielen förderte bei Ratten das Gehirnwachstum (S. 234).

Um in unserem Beruf die unabdingbar notwendige permanente Kreativität zu realisieren, *müssen wir* spielen, spielen können und dürfen. Die "Welt der Psychotherapie" ist (unendlich) weit und vielschichtig: Deuten, Träumen, Phantasie (s. Strotzka 1983).

Im Zuge der Vorbereitungen für dieses Referat war mir daran gelegen gewesen, mich auch über die berühmte, von v. Neumann und Morgenstern in Princeton 1943 inaugurierte Spieltheorie der Volkswirtschaftler, der Nationalökonomen kundig zu machen. Dies mißlang weitgehend, denn die komplexe Mathematik der Spieltheorie blieb mir unweigerlich verschlossen. Ich suchte aber ein Gespräch mit einem Nationalökonomen, einem Ökonometriker, dem sie nicht verschlossen ist: Harald Enke, meinen Bruder, und fragte ihn naiv, ob denn die Spieltheorie möglicherweise dazu diene, sich aus den Begrenzungen der Wirklichkeit zu befreien. Weit gefehlt. Ich wurde belehrt: Das Gegenteil sei der Fall: Die Spieltheorie diene dazu, die Wirklichkeit umfassend herzustellen. Und dann lag - ausgerechnet ausgehend von der mathematischen Spieltheorie - die Assoziation nahe zum Theater, zum Schauspiel, zu den "Brettern, die die Welt bedeuten".

Der Germanist Baumann wandelte in jener Freiburger *Dies-Reihe Goethe* wie folgt ab: "Niemand kann ganz aus seiner Welt ... man verknüpft sich nicht sicherer mit der Welt als durch das Spiel und man weicht der Welt nicht sicherer aus als durch das Spiel."

Um in der *"Psychotherapie-Welt"* zu bestehen, sie nicht zu verleugnen, unerträglich zu simplifizieren oder auch nicht in ihr unterzugehen, müssen wir spielen, spielen können, spielen dürfen.

Eros - Kind

Franz Alexander war in besonderer Weise ambitioniert, die innigen Beziehungen von Sexualität, Erotik und Spiel zu beschreiben und herauszuarbeiten. Die meisten, wie er sagt, "sexuellen Phänomene" seien "Manifestationen eines Überschusses", sie vollzögen sich nicht "im Rahmen einer Zielstruktur", sondern um ihrer selbst willen. Auch bei Tieren, - Beispiel eines mit erigiertem Penis Federspiel treibenden Delphins - ist die Beziehung zwischen sexuellen Phänomenen und Spiel immer wieder zu sehen.

Doch Alexander geht noch weiter: Eros ist sowohl der Gott der Liebe wie der Gott des Spiels. Und Eros pflegt als Kind dargestellt zu werden. Man könnte ihn als eine der Inkarnationen des Archetypus des "göttlichen Kindes" sehen. Da tauchen Fragen auf wie: "Kann man sich einen ganz und gar erwachsenen, einen wirklich sehr reifen Menschen beglückt spielend vorstellen? Müssen wir Psychotherapierende nicht auch Kind bleiben können, damit wir um der Kreativität und des Bestehens in unseren Welten willen spielen können? Vielleicht will man das allerdings nicht wahr haben. Es ist nicht auszuschließen, daß der *psychoanalytische Reifungs-Rigorismus* sich als kontraphobisches Abwehrmanöver entlarven könnte.

Die Perspektive der Spiel-Lebensform erschließt ein mildes Bild: Das Auch-Noch-Kind-Sein-Müssen der Psychotherapierenden macht manches verstehbar: Die Tendenz zur Einrichtung von Abhängigkeitsverhältnissen, innerhalb der Institute, innerhalb der Schulen, den Versuch, die Herkunftsfamilien zu erhalten, auch über Generationen (Freud). Es gibt - mit vielleicht einer Ausnahme - keine Profession, in der der Begriff *"Schule"* so häufig und unverdrossen gebraucht wird, wie in der unsrigen, oft zum eigenen Schaden. Die Institute sind oder werden “Mutterinstitute”, man bleibt ihnen verbunden und sucht ihre Nähe. Das ist übrigens wahrscheinlich nicht ein diskriminierendes Kennzeichen der psychoanalytischen Institute. Die Verhaltenstherapie ist im Zuge ihrer versorgungspolitischen Etablierung auf dem besten Wege, Gleiches zu tun. Und das muß wohl auch so sein, wenn die Verhaltenstherapierenden “richtige” Psychotherapierende sind, also Spielende und Kreative. Doch diese unübersehbare und zum Schmunzeln anregende Entwicklung mögen und können manche Forscher nicht wahrnehmen.

Von Zeit zu Zeit kommen strenge Gestalten und verteilen Noten, Zensuren. Eysenck tat es. Grawe tut es. Diese werden dann, um ein schiefes, aber schönes Bild zu gebrauchen, erlebt wie Schiedsrichter, die gar nicht selbst auf dem Spielfeld sind und die *eigentlichen* Spielregeln nicht kennen und leben. Da auch für uns Forschung sehr wichtig ist und wir selbstverständlich auch die Wirksamkeit dessen, was wir tun, auf den Prüfstand stellen müssen, sollten wir die Ausgrenzung (aus dem Spielfeld) nicht akzeptieren, sondern diese Schiedsrichter zum Mitspielen einladen. Sie werden dann einbezogen in den Umgang mit dem immer wieder Neuen, der kreativen Gestaltfindung, der Entelechie, zu der im Seelenleben ja auch die Sinnerfüllung gehört. Sie, die sog. Schiedsrichter, brauchen - dessen bin ich sicher - keine Furcht haben, im Mitspielen den Boden unter den Füßen zu verlieren. Im Gegenteil: Sie werden - um noch einmal Goethe zu variieren - das sinnvollerweise Erforschbare klarer erkennen können.

Mit der professionellen Kindschaft vermag auch das politische, speziell berufspolitische “Ungeschick” zusammenhängen, dessen wir uns selbst so gern bezichtigen, das wohl aber auch eine Realität ist. Die Familienbande behindern vernünftige Koalitionsbildungen und die Entwicklung übergreifender und dadurch effektiverer Strategien. Doch könnte es sein, daß wir für dieses Geschäft wirklich nicht geeignet sind und hierfür - z. T. ist dies ja auch schon geschehen - in anderer Weise professionelle Helfende brauchen.

Im Zusammenhang mit der Vorliebe, das Wörtchen "Schule" zu gebrauchen, war eine "Ausnahme" für möglich gehalten worden: Die Künstler, die sich über Kreativität, das Schöpfertum, den zugrundeliegenden Spieltrieb sozusagen “offiziell” definieren können. Wir Psychotherapierende können dies nicht, wenngleich auch unser Handeln dadurch determiniert ist. Doch ließe sich der Horizont unserer Selbstbestimmung erweitern. In seinen Betrachtungen über die psychoanalytische Ausbildung hat Kernberg (1994) etwas beklagt, was auf den besagten kontraphobischen Reifungs-Rigorismus der Psychoanalyse zurückgeführt werden könnte. Kernberg schreibt wörtlich:

“Während die Ausbilder der Psychoanalyse das zu vermitteln glauben, was zugleich eine Kunst und eine Wissenschaft ist, haben sie die Institute so strukturiert, daß diese möglichst genau einer Verbindung von Technikschule und Religionsseminar entsprechen. Ein

Verwaltungsmodell, das die Eigenschaften einer Kunstschule (sic!) und eines College an der Universität verbindet, käme dem ausdrücklichen Ziel der Psychoanalyseausbildung ... näher" (S. 502).

Die Verhaltenstherapeuten sind - schon jetzt begründeterweise - zu warnen: Principiis obstat. Die Künstler erwarten von der Gesellschaft besondere, erweiterte Freiräume, sie brauchen nicht "normal" zu sein und die Gesellschaft gewährt ihnen auch gewiß in Grenzen diese Freiräume. Obwohl uns Psychotherapierenden solches auch zustehen würde, können wir kaum darauf hoffen. Doch es mag erleichternd sein, von diesem eigentlichen Recht zu wissen.

Begrenzungen

Die Unvollständigkeit der erfolgten Überlegungen ist offenkundig und auch mir bewußt. Nicht betrachtet wurden der Vogelgesang (s. d. Koehler 1967) und die Musik, nicht das Rollenspielen und auch nicht die Kampfspiele sowie die Aggressivität. Das sind Bereiche, die ihre eigene, gesondert abzuleitende Thematik haben. Dies gilt besonders für die Kampfspiele, die eine fundierte und ausführliche Einschaltung in die gewichtige und bis heute offene Diskussion über die "Kriegs-Spiele" unumgänglich gemacht hätten.

Eine Perspektive ist eingenommen worden: Selbstverständlich *ist* Psychotherapie nicht etwa nur Spiel und auch nicht nur Kunst. Sie ist auch Wissenschaft und insbesondere hat sie ihren Auftrag und unterliegt dem *Realitätszwang* des "salus aegroti suprema lex". Einem Gesetz, einem kategorischen Imperativ also. Das ist der Wert. Das ist der Schatz. Und so sei mit Schiller (wem sonst) geschlossen: "Das Spiel des Lebens sieht sich heiter an, wenn man den sichern Schatz im Herzen trägt."

Literatur

Alexander F (1956/1957) Über das Spiel. Psyche 10: 11 - 28

Baumann G (1967) Ich-Spiel und Großes Welttheater. In: Marx W (Hrsg) Das Spiel Wirklichkeit und Methode. Freiburger Dies Universitatis. Bd 13, Schulz, Freiburg, S 35 - 50

Enke H (1977) Werte der Psychotherapie, Soziale Lebensform und wissenschaftlicher Standort. Psychother Med Psychol 27: 85 - 100

Enke H, Walter HJ (1976) Die Identität des Psychoanalytikers und die psychoanalytischen Schulen. Gruppendyn 7: 120 - 132

Freud S (1907) Der Dichter und das Phantasieren. GW Bd 7

Freud S (1937) Die endliche und die unendliche Analyse. GW Bd 16

Fromm E (1980) In: Funk R (Hrsg) Gesamtausgabe. Bd 7: Aggressionstheorie. DVA, Stuttgart

Groos K (1896) Die Spiele der Thiere. Fischer, Jena

Huizinga J (1939) Homo Ludens. Pantheon, Amsterdam

Huizinga J (1987) Homo Ludens. Vom Ursprung der Kultur im Spiel. Nachwort von Andreas Flitner. Rowohlt Taschenbuchverlag, Reinbek

Kernberg OF (1994) Der gegenwärtige Stand der Psychoanalyse. Psyche 48: 483 - 508

Koehler O (1967) Vom Spiel bei Tieren. In: Marx W (Hrsg) Das Spiel Wirklichkeit und Methode. Freiburger Dies Universitatis, Bd 13. Schulz, Freiburg, S 79-108

Marx W (Hrsg) (1967) Das Spiel Wirklichkeit und Methode. Freiburger Dies Universitatis, Bd 13. Schulz, Freiburg

Neumann J v, Morgenstern O (1967) Spieltheorie und wirtschaftliches Verhalten, 2. Aufl. Physica, Würzburg

Schiller F v (1793) Über die ästhetische Erziehung des Menschen, 15. und 27. Brief

Strotzka H (1983) Fairness Verantwortung Fantasie. Eine psychoanalytische Alltagsethik. Deuticke, Wien

Winnicott DW (1976) Von der Kinderheilkunde zur Psychoanalyse. Kindler, München

Über das "Zusammenspiel", das für eine therapeutische Allianz und ein gutes Therapieergebnis notwendig ist*

Lester Luborsky

Während der ersten 50 Jahre nach Einführung des Konzepts der therapeutischen Allianz (Freud 1912) schienen lediglich die klinischen Methoden ausreichenden Erklärungsgehalt für dieses Konzept bieten zu können. Während der nächsten 30 Jahre und darunter wiederum besonders während der letzten 15 Jahre haben die klinisch-quantitativen Methoden Schritt für Schritt einen zunehmend größeren Erklärungsbeitrag leisten können.

Heute liegen in ausreichendem Umfang Studien über die therapeutische Allianz vor, um den vorliegenden Überblick zu rechtfertigen. Die Ziele dieses Überblicks sind:

- auf die enorme Anzahl von Studien über Maße einer therapeutischen Allianz, die mit dem Therapieergebnis korreliert wurden, hinzuweisen,
- einen Überblick über den Einfluß der unterschiedlichen Faktoren auf die prädiktive Validität der Maße für die therapeutische Allianz, z. B. die Art der Meßmethode und die Art der Behandlung, auf die es angewandt wird, zu geben,
- zu versuchen, dem Leser eine Grundlage für die Trends innerhalb der Allianz-Ergebnis-Forschung zu vermitteln. Diese Interpretation, die sich gewissermaßen geistiger Akrobatik bedient, geschieht vor dem Hintergrund der in der dynamischen Psychotherapie wirksamen Mechanismen.

Der vorliegende Überblick konzentriert sich aus gutem Grund auf den Zeitraum nach 1976: Bis dahin wurde in den zahlreichen Studien ein noch sehr vorläufiger Fragebogen verwandt, das *Relationship Inventory* von Barrett-Lennard (1962) für Patienten- und Therapeutenurteile über die Beziehung. 26 von diesen Studien sind bei Gurman (1977) zusammengefaßt. Mit dem Beginn meiner Forschung im Jahr 1976 wurde eine zweite Methode geboren: die direkte Erfassung der Sitzung über operationale Maße der therapeutischen Allianz. Im folgenden erschienen eine Vielzahl solcher Methoden: sowohl unterschiedliche Arten von Fragebögen als

* Übersetzung von Dipl. Psych. Dieter Benninghoven, Göttingen

auch unterschiedliche Ratingverfahren über die Sitzungen. Man kann sagen, eine neue kreative Phase der Forschung auf diesem Gebiet war geboren.

Meine Vorbereitungen auf ein frühes Panel zum Thema der therapeutischen Allianz, das von Bordin (1975) einberufen worden war, führte zu der Entwicklung eines operationalen Maßes der Allianz: Zu der *Helping Alliance Counting Signs-Method* (Luborsky 1976; Morgan et al. 1982). Die *Helping Alliance* ist definiert als Ausdruck einer positiven Bindung zwischen Patient und Therapeut, in der der letztere als hilfreiche und unterstützende Person wahrgenommen wird. Das Maß basiert auf zwei Typisierungen therapeutischer Sitzungen: Typ 1 ist die helfende Beziehung, die davon abhängt, ob der Patient den Therapeuten als hilfreich und unterstützend erlebt, und Typ 2 ist die helfende Beziehung mit dem Ziel, zusammenzuarbeiten, im gemeinsamen Kampf gegen alles, was den Patienten behindert.

Es wurden sechs Merkmale für *Typ 1* definiert:

1. der Patient fühlt Wärme und Unterstützung durch den Therapeuten,
2. der Patient glaubt, daß der Therapeut hilfreich ist,
3. der Patient fühlt sich verändert durch die Behandlung,
4. der Patient fühlt sich in Harmonie mit dem Therapeuten,
5. der Patient fühlt, daß der Therapeut ihn respektiert und wertschätzt,
6. der Patient vermittelt den Glauben an die Werte des Behandlungsprozesses.

Typ 2 umfaßt vier Merkmale:

1. der Patient erfährt die Beziehung so als ob man wirklich zusammenarbeitet,
2. der Patient hat ähnliche Annahmen über die Ursache der Probleme,
3. der Patient bringt die Überzeugung zum Ausdruck, daß er zunehmend zur Kooperation mit dem Therapeuten in der Lage ist.,
4. der Patient beginnt, die Fähigkeit des Verstehens des Therapeuten zu übernehmen.

In der Folge entwickelten wir eine verwandte Methode, die auf die gleichen Merkmale aufbaut. Sie gibt dem Therapeuten aber die Möglichkeit, die Merkmale in einem Global-Rating zusammenzufassen. Es handelt sich dabei um die *Helping-Alliance-Global-Method* (Luborsky et al. 1983). Darüber hinaus konstruierten wir eine dritte Methode, bei der wir die gleichen Merkmale in eine Fragebogenform fügten - die *Helping-Alliance-Questionaire-Method* (Luborsky et al. 1985). Das Gesamtkonzept der therapeutischen Allianz entwickelte sich bei der Durchführung empirischer Untersuchungen, in denen alle drei Methoden angewandt wurden.

Der prädiktive Gehalt der therapeutischen Allianz

Bei allen Studien wurde der prädiktive Gehalt der Allianz, unabhängig davon, welches Maß zum Einsatz gekommen war, überprüft. Es wurden 24 Stichproben in 18 Studien ausgemacht. Jede dieser Studien wurde kurz auf der Grundlage ihres jeweiligen Signifikanzniveaus zusammengefaßt: Ein "+" wurde vergeben, wenn das Ergebnis einer Studie signifikant in die Richtung des Haupttrends ging; eine "0" wurde vergeben, wenn das Ergebnis nicht signifikant war, und "-", wenn das Ergebnis signifikant negativ war. Auf diese Art konnten wir eine Aussage darüber treffen, wie gut die Qualität der therapeutischen Allianz mit dem Therapieergebnis übereinstimmte. Wir fanden, daß in 19 von 24 Studien dieser Stichprobe das jeweilige Maß für die Allianz signifikant positiven Vorhersagegehalt hatte - ein eindrucksvolles Ergebnis (s. hierzu Tabelle 1).

Tabelle 1. Fragebögen zur therapeutischen Allianz als Prädiktoren für den Behandlungserfolg (seit 1976)

	Zahl der Studien	Zahl der Signifikanzen
Fragebögen über die Therapeutische Allianz	18	14
Fremdbeobachtung der Sitzung (Audio oder Video)	6	5
Insgesamt	24	19

(14 der 26 Studien mit dem *Barrett-Lennard Relationship Inventory* erfaßten die Beziehung zu einem frühen Zeitpunkt der Behandlung. Damit konnte auch in diesen 14 Studien der Vorhersagegehalt überprüft werden - in 12 der 14 Studien stand die therapeutische Allianz in einem positiven Verhältnis zu dem jeweiligen Maß für das Therapieergebnis).

Faktoren, die den prädiktiven Gehalt der therapeutischen Allianz beeinflussen

In dem Bemühen, im Anschluß an diese Analyse weitere Informationen über die Wirksamkeit der therapeutischen Allianz zu gewinnen, überprüften wir jeden der 11 Faktoren, von denen wir annahmen, daß sie den prädiktiven Gehalt in jeder Stichprobe beeinflussen könnten.

Alle Allianzmaße sagen das Therapieergebnis vorher

Das Hauptergebnis bei dem Vergleich des relativen Vorhersagegehalts der zwei Methoden war nicht überraschend - es gibt keinen Hinweis darauf, daß eines der beiden Maße dem anderen überlegen ist. Sogar jene zwei Maße, die auf Fremdbeobachtungen der Sitzungen beruhen *(Global Ratings* und *Counting Signs)* erbrachten Korrelationen vergleichbarer Stärke (Alexander u. Luborsky 1986; Luborsky et al. 1988).

Überrascht waren wir jedoch von der unterschiedlichen Anzahl der Studien, in denen diese Methoden eingesetzt worden waren. Wir hatten zu Beginn mit einer viel größeren Zahl von Studien gerechnet, die eine Fremdbeurteilungsmethode einsetzten. Von den 24 Stichproben entsprachen allerdings nur 6 diesem Kriterium.

Der relative Vorzug der Fragebogenverfahren hat wahrscheinlich mit der Einfachheit ihrer Anwendung zu tun (Fragebogenverfahren machen die Transkribierung von Texten und die nochmalige Bearbeitung von Sitzungen unnötig). Es sei jedoch darauf hingewiesen, daß der häufigere Einsatz von Fragebogenverfahren nicht auf der Annahme beruhte, daß beide Methoden miteinander korrelierten.

Einige Studien befaßten sich gerade mit diesem Sachverhalt. Es wurde festgestellt, daß einige spezifische Maße sich hinsichtlich dessen, was sie messen, überschneiden. Bei den Fremdbeurteilungsverfahren fanden wir bei drei Maßen einen Überschneidungsbereich: Bei der *California Psychotherapy Alliance Scale* (CALPAS; Marmar et al. 1989), der *Vanderbilt Therapeutic Alliance Scale* (VTAS; Hartley u. Strupp 1983) und dem *Working Alliance Inventory-O* (Horvath u. Greenberg 1986). Das *Penn Helping Alliance Rating Measure* (Morgan et al. 1982) stand dagegen nur mit dem *Working Alliance Inventory-O* in Zusammenhang. Weitere Studien über die Zusammenhänge zwischen den einzelnen Maßen sind z. Z. in Arbeit (MacKenzie 1989; Bachelor 1990; Hatcher et al. 1990).

*Die Qualität der therapeutischen Allianz sagt das Ergebnis **aller** psychotherapeutischen Behandlungsarten vorher*

Ein Faktor, der am meisten der Untersuchung bedarf, ist die Art der Behandlung. Da das Konzept der hilfreichen therapeutischen Allianz von der psychodynamischen Theorie abgeleitet ist, könnte man vermuten, daß es bei den psychodynamischen Therapien einen besonderen Vorhersagegehalt hat.

Tatsächlich müssen wir davon ausgehen, daß dieses Konzept auch für andere Therapieformen einen statistisch bedeutsamen Vorhersagegehalt hat. Marmar et al. (1989) überprüften den prädiktiven Gehalt der Allianz für dynamische, kognitive und Verhaltenstherapien. Ich weise beispielhaft auf das folgende mit Hilfe des Beck Depression Inventory (BDI) als Maß für den Therapieerfolg erhobene Ergebnis hin: Auf dem für die *Therapeuten* konstruierten Allianzfragebogen ergab sich eine mittlere Korrelation von .64 für die kognitive Therapie. Bei der Verhaltenstherapie lag diese Korrelation bei .21 und bei der dynamischen Therapie bei .37. Die Ergebnisse der *Patientenversion* lauten wie folgt: Verhaltenstherapie .40, kognitive Therapie .36 und dynamische Therapie .19. Die aus der Studie gezogenen Schlüsse legen für die *Therapeutenversion* nahe, daß die Ergebnisse kognitiver Therapien gut vorhergesagt, Ergebnisse der dynamischen Therapien mittelmäßig gut vorhergesagt, während die Ergebnisse der Verhaltenstherapien nur wenig erfolgreich vorhergesagt werden können. Auf der Grundlage der *Version für Patienten* konnte auch der Erfolg von psychodynamischen Therapien nur wenig erfolgreich vorhergesagt werden. Dabei sollte beachtet werden, daß die in dieser Studie eingesetzte CALPAS eine Fragebogenmethode ist, die in der Tradition des *Barrett-Lennard Relationship Inventory* steht. Für die hier vorgestellten Ergebnisse gelten weiterhin folgende Einschränkungen: Der CALPAS-Fragebogen wurde zu drei Zeitpunkten während der insgesamt 16 bis 20 Sitzungen dauernden Therapie gegeben (Sitzung 5, 10 und 15). Dann aber wurde ein Mittelwert gebildet und dieser wurde benutzt, um das Ergebnis vorherzusagen. Eigentlich sollten solche Vorhersagen jedoch getrennt für die verschiedenen Meßzeitpunkte berechnet werden, damit man sich einen Eindruck über die prädiktiven Korrelationen der ersten Sitzungen verschaffen kann.

Der *Penn Helping Alliance Questionaire* wurde zuerst in einer Studie mit opiatabhängigen Patienten eingesetzt (Luborsky et al. 1985). Der Fragebogen wurde von den Patienten und den Therapeuten am Ende der dritten Sitzung in drei verschiedenen Gruppen ausgefüllt: dynamische (supportiv-expressive Therapie), kognitive Therapie und Drogenberatung. Über alle drei Gruppen zusammen ergab sich eine signifikante prädiktive Korrelation (.65). Die Korrelationen innerhalb der einzelnen Gruppen waren nicht signifikant.

In einer Studie über kognitive Therapien (DeRubeis u. Feely 1990) ergab die Korrelation zwischen der *Penn Helping Alliance Rating Scale* (Morgan et al. 1982) und dem Therapieergebnis kein signifikantes Ergebnis (das Ergebnis wurde gemessen als Veränderung auf dem Beck Depression Inventory). In dieser Studie wurden die Ergebnisse nur auf die Einschätzung der Allianz nach einer frühen Sitzung bezogen.

Die Sicht des Patienten hat einen höheren Vorhersagegehalt als die Sicht des Therapeuten oder eines Fremdbeobachters

Dieses Ergebnis zeigt sich am besten bei der Fragebogenmethode, bei der die Einschätzung des Patienten über die therapeutische Allianz den Erfolg der Therapie besser vorhersagt als die Einschätzung des Therapeuten. Es weisen jedoch nicht alle Studien diesen Trend auf. Tichenor u. Hill (1989) fanden eine geringe Übereinstimmung zwischen der Einschätzung der Klienten, der Therapeuten und der Beobachter, wenn sie eine Sitzung beurteilen sollten. Dabei waren die Beobachter jedoch die einzigen, die eine Sitzung direkt einschätzten, während die Klienten und die Therapeuten einen Fragebogen beantworteten.

Eine positive Allianz hat einen höheren Vorhersagegehalt als eine negative

Luborsky et al. (1983) konnten zeigen, daß eine positive therapeutische Allianz einen höheren Vorhersagegehalt aufweist als eine negative. Dieses Ergebnis konnte von Marziali (1984) repliziert werden: Die positiven Beiträge des Patienten korrelierten zu .43; die negativen Beiträge des Patienten korrelierten zu -.29. Für die Therapeuten ergaben sich ähnliche Ergebnisse: Die positiven Beiträge des Therapeuten korrelierten zu .28, die negativen zu -.06.

Die Maße zur Einschätzung der Allianz und des Ergebnisses überschneiden sich unter Umständen

Der prädiktive Gehalt der therapeutischen Allianz könnte vielleicht von der teilweisen Überschneidung mit den Ergebnismaßen profitieren. Die Überschneidung ist aber wahrscheinlich nur gering (s. hierzu auch die Diskussion bei Luborsky et al. 1988), weil die Ergebnismaße zusammengesetzt sind aus einem breiten Spektrum unterschiedlicher Informationen, d. h. aus den Angaben der Patienten, der Beobachter und der Therapeuten. Die Verbesserungen, die in den Aussagen zur *Helping Alliance* während der ersten Sitzungen dokumentiert werden, sind ebenfalls nur geringfügig im Vergleich mit den substantiellen Verbesserungen am Behandlungsende.

Diese Vermutungen bedürfen natürlich der empirischen Überprüfung. Eine Möglichkeit wäre z. B., die Items über die *frühen Verbesserungen* mit denjenigen, die die Allianz allein betreffen, hinsichtlich ihres prädiktiven Gehalts zu vergleichen.

Wenn man die Qualität der Allianz mit einem Therapeuten beurteilen soll, wäre diese Einschätzung natürlich von den Erfolgen, die man bis dahin mit diesem Therapeuten errungen hat, beeinflußt. Die Frage wäre nur wie sehr? Wenn der Therapieerfolg gerade eingesetzt hätte, dann könnte man einen Teil dieses Fortschritts der positiven Allianz zuschreiben. Oder es wurde vielleicht noch nicht so viel erreicht, aber man fühlt bereits, daß die Allianz gut ist und man kann somit zukünftige Verbesserungen erwarten. Wir würden also erwarten, daß die Einschätzung der Qualität der therapeutischen Allianz bis zu einem gewissen Grad mit den vorausgegangen Erfolgen in der Therapie korreliert ist.

Gaston et al. (1988) gingen dieser Frage nach. Bei einer Stichprobe depressiver Patienten identifizierten sie den Schweregrad der Symptomatik zu Beginn der Therapie, die Verbesserungen bis zu dem Zeitpunkt, zu dem die Qualität der Allianz gemessen wurde sowie die CALPAS-Werte der Patienten und Therapeuten. Zum Zeitpunkt der fünften Sitzung beispielsweise konnten die Allianzwerte 19%-57% der Ergebnisvarianz aufklären. Die Qualität der Allianz trug zur Varianz der Ergebnisse unmittelbar nach Beendigung der Therapie und zur Varianz der Symptomveränderung während der Behandlung bei.

Auch DeRubeis u. Feely (1990) überprüften diese Frage. In einer frühen Sitzung (Sitzung 2 oder 3) einer 12 Sitzungen dauernden kognitiven Therapie korrelierte die Subskala *Vorausgegangene Veränderungen* zu .28 (nicht signifikant) mit den BDI-Werten. Die Korrelation der *nachfolgenden Veränderungen* betrug nur noch .10. Die Autoren kamen zu dem Schluß, daß der Zusammenhang zwischen der Qualität der Allianz und den *vorausgegangenen Veränderungen* (nicht signifikant) größer war als jener zwischen der Allianz und *nachfolgenden Veränderungen.*

Das Verhalten des Therapeuten kann die Allianz fördern

Oft mag der Zustand der Allianz keine besondere Aufmerksamkeit benötigen, wenn dies jedoch der Fall sein sollte, kann die Qualität durch spezifische Verhaltensweisen des Therapeuten gefördert werden. Zwei Verfahren zur Erfassung dieses unterstützenden Therapeutenverhaltens mit einer mittleren Reliabilität (ein Ratingverfahren und eine Auszählmethode) wurden konstruiert, um diese Annahme zu prüfen (Luborsky et al. 1988). Das Maß für das unterstützende Therapeutenverhalten *(TFB, Therapist Facilitating Behavior)* zeigte Übereinstimmungen mit der helfenden Allianz. Dies legt nahe, daß das unterstützende Therapeutenverhalten die Entwicklung einer positiven helfenden Allianz fördert.

Das unterstützende Verhalten selbst war jedoch gewöhnlich nicht signifikant mit den Ergebnismessungen korreliert. Die einzige Ausnahme bildet die Ratingform des TFB. Dieses Maß korrelierte zu .45 ($p < .05$) mit den Ratings für den Therapieerfolg.

Die systematische Erforschung der Art und Weise, wie Therapeuten die Allianz des Patienten am besten beeinflussen können, wie man z. B. mit Abbrüchen in der Allianz umgeht, steckt noch in ihren Anfängen. Foreman u. Marmar (1985) untersuchten die Entwicklung von sechs Patienten in psychodynamischer Therapie. Alle sechs Patienten hatten wenig zufriedenstellende therapeutische Allianzen mit ihren Therapeuten zu Beginn der Therapie. Bei 3 Patienten änderte sich dies jedoch. Ihre therapeutischen Allianzen verbesserten sich und sie erreichten ein gutes Therapieergebnis. Die anderen drei jedoch konnten ihre Allianzen nicht verbessern und schlossen mit einem schlechten Therapieergebnis ab. Die am häufigsten eingesetzten Techniken der Therapeuten bei den Patienten, die sich besserten, waren der Umgang mit der Abwehr, der Schuld und den Gefühlen der Patienten gegenüber ihrem Therapeuten. In einer weiteren Studie von Gaston et al. (1989) wurden fünf Patienten in kognitiver Therapie, die ebenfalls die Therapie mit einer schlechten Allianz begonnen hatten, untersucht. Hier war die häufigste Intervention der Therapeuten bei den Patienten, bei denen sich die Allianz verbesserte, das Fokussieren problematischer Beziehungen der Patienten mit anderen Schlüsselpersonen in ihrem Leben. Im Falle der nicht verbesserten Allianzen hatten die Therapeuten lediglich das Problemlöseverhalten in kritischen Situationen fokussiert.

All diese Hinweise, daß Therapeuten Möglichkeiten haben, die Allianz zu verbessern, bestärken uns, daß ein Zusammenhang zwischen der therapeutischen Allianz, dem Therapieverlauf und ihrem Ergebnis besteht. Es liegen allerdings noch weitere Hinweise vor: Therapeuten könnten sich interindividuell unterscheiden hinsichtlich ihrer Fähigkeit, eine Allianz herzustellen. Die Korrelationen zwischen a) dem Behandlungserfolg einzelner Therapeuten und b) den Ratings ihrer Patienten im Fragebogen zur therapeutischen Allianz legen solche individuellen Unterschiede bei den Therapeuten nahe.

Die psychische Gesundheit des Patienten und die Qualität seiner Objektbeziehungen stehen in Zusammenhang zur therapeutischen Allianz

Da die psychische Gesundheit des Patienten mit der Fähigkeit, eine Allianz einzugehen korreliert ist, müssen wir diese Fähigkeit z. T. als eine Variable betrachten, die die Patienten zur Therapie mitbringen. Beispielsweise korreliert die *Health Sickness Rating Scale* (HSRS) zu .44 ($p < .05$) mit der Auszählmethode zur Bestimmung der positiven Allianz (*Positive Helping Alliance Counting Signs*). Es ergab sich jedoch keine signifikante Korrelation mit dem Global-Rating für die helfende Allianz.

Da die Qualität zwischenmenschlicher Beziehungen in einem sehr hohen Zusammenhang zu psychischer Gesundheit zu stehen scheint (Luborsky 1962), möchte ich an dieser Stelle kurz auf dieses Phänomen eingehen. Piper et al. (1991) konnten mit Hilfe einer Interviewmethode zeigen, daß die Qualität der zwischenmenschlichen Beziehungen den besten Prädiktor für das Therapieergebnis darstellte. Außerdem stand diese Variable in einem signifikanten Zusammenhang zu der von Patienten und Therapeuten eingeschätzten Qualität der therapeutischen Allianz. Alle diese Variablen wiesen einen Zusammenhang zur

Symptomverbesserung und zu den Verbesserungen bei den fokussierten Beschwerden auf.

Grundlegende Ähnlichkeiten zwischen Patient und Therapeut fördern die Qualität der Allianz

Ähnlichkeiten zwischen Patient und Therapeut bzgl. einiger grundlegender demographischer Charakteristika könnten einen Faktor darstellen, der den Aufbau einer therapeutischen Allianz einleitet. Bei der Penn Psychotherapy Studie (Luborsky et al. 1983) waren die Ähnlichkeiten zwischen Patient und Therapeut (berechnet für die Extremgruppen der 10 erfolgreicheren und der 10 weniger erfolgreichen Patienten) signifikant sowohl mit der Rating Methode als auch mit der Auszählmethode zur Qualität der Allianz korreliert. Die Ähnlichkeitswerte basierten auf 10 grundlegenden demographischen Variablen: Alter, Familienstand, Kinder, Religion, religiöse Aktivität, Eltern ausländischer Herkunft, gemeinsame institutionelle Zugehörigkeit (mit der University of Pennsylvania), kognitiver Stil, Erziehung, und Beruf. Für jede tatsächliche Gemeinsamkeit wurde ein Punkt vergeben. Der Summenwert korrelierte zu .60 ($p < .01$) mit den positiven Hinweisen für eine gute Allianz, gemessen mit der Auszählmethode, zu .62 ($p < .01$) mit der Differenz zwischen positiven und negativen Hinweisen und zu .53 ($p < .05$) mit der Ratingmethode. Die Items für Alter und religiöse Aktivität trugen am meisten zu diesen Korrelationen bei. Diese Ähnlichkeitswerte und verwandte Maße sollten weiter untersucht werden, da die korrelativen Ergebnisse darauf hinweisen, daß gewisse grundlegende Ähnlichkeiten zwischen Therapeut und Patient die Entwicklung einer guten therapeutischen Allianz fördern.

Wahrscheinlich kann man in der frühen Phase einer Behandlung das Ergebnis über die Qualität der Allianz am besten vorhersagen

Es liegen noch keine ausreichenden Hinweise über den Zeitverlauf der therapeutischen Allianz und den Zusammenhang zum Therapieergebnis vor. In den meisten Studien dienten die frühen Sitzungen als Prädiktoren. In einigen Untersuchungen wurden auch Mittelwerte über alle Sitzungen als Prädiktoren berechnet (z.B. Marmar et al. 1989). Hartley u. Strupp (1983) mittelten die Werte für die Allianz über alle Sitzungen. Sie fanden lediglich *einen* signifikant prädiktiven Zeitpunkt - den Zeitpunkt nach Ablauf von 25% der gesamten Therapie. Ein vergleichbares Ergebnis erhielten DeRubeis u. Feely (1990) - nur die frühen Sitzungen hatten prädiktiven Gehalt.

Man braucht eine angemessene Stichprobe von Sitzungen, um mittels der therapeutischen Allianz das Therapieergebnis vorhersagen zu können

Es ist wahrscheinlich schwierig, mit einer kleinen Zahl von Sitzungen eine signifikante Vorhersage zu treffen. Diese Begrenztheit wurde uns deutlich, als wir die

Helping Alliance Counting Signs zur Einschätzung der Allianz in zwei Sitzungen zugrunde legten (Luborsky et al. 1983) - eine zusätzliche dritte oder vierte Sitzung hätte wahrscheinlich validere Werte erbracht und hätte dadurch auch einen höheren prädiktiven Gehalt ergeben. Dieser Punkt wurde bisher in der Forschung zu diesem Thema noch nicht ausreichend beachtet.

Die Variationen in der Qualität der Allianz können weitreichend und sehr bedeutsam sein. Es kommt sogar vor, daß die Allianz so schwerwiegend gestört wird, daß die Behandlung vorzeitig beendet wird (Safran et al. 1990). Solche Abbrüche treten auf, wenn die Übertragungskonflikte aktiviert werden, die für die Irritationen in der Beziehung zwischen Patient und Therapeut verantwortlich zu machen sind.

Interpretation der Zusammenhänge zwischen Allianz und Therapieergebnis

Die Psychotherapieforschung hat in den letzten 15 Jahren enorme Fortschritte gemacht, was das Wissen über die therapeutische Allianz anbelangt. Betrachtet man die Anzahl der Studien, in denen das Therapieergebnis in einem signifikanten Zusammenhang zur Qualität der therapeutischen Allianz steht, so darf man wohl behaupten, daß die therapeutische Allianz den *bedeutendsten Wirkfaktor* in der Behandlung darstellt. Der einzige Faktor, über den mehr Studien publiziert wurden, ist die psychische Gesundheit des Patienten vor der Behandlung.

Die Hauptaussage dieser Studien ist, daß diese Maße generell das Therapieergebnis vorhersagen: in 24 Patientenstichproben (aus 18 verschiedenen Studien seit 1976) lag der prädiktive Gehalt in einem Bereich von .20 bis .45).

Zusammenfassend kann man davon ausgehen, daß 11 Faktoren die Höhe der Korrelationen zwischen der Qualität der Allianz und dem Therapieergebnis beeinflussen (s. hierzu auch Tabelle 2):

Tabelle 2. Faktoren, die das Verhältnis von therapeutischer Allianz und Therapieergebnis beeinflussen

Faktoren	Grad des Einflusses
Art der Meßmethode	wenig bis gar nicht
Art der Behandlung	wenig bis gar nicht
Perspektive des Patienten, des Therapeuten oder des Fremdbeobachters	moderat für alle Perspektiven, besonders der des Patienten
positive vs. negative Allianz	positiv, hat den größten prädiktiven Gehalt
Überschneidung zwischen Allianz- und Ergebnismaßen	gering
Überschneidung zwischen Allianz und aktuellen Verbesserungen in der Therapie	gering
Verstärkung durch das Therapeutenverhalten	sehr
Verstärkung durch psychische Gesundheit des Patienten	gering
Verstärkung durch Ähnlichkeiten zwischen Patient und Therapeut	gering
Verlauf der Behandlung	unklar
Stichprobengröße	mehr als eine Sitzung

- Die Meßmethode - ob Fragebogen oder Fremdbeobachtung - beeinflußt den prädiktiven Gehalt kaum.
- Die Therapieform scheint ebenfalls keinen großen Einfluß zu haben. Allerdings beziehen sich die meisten Studien auf psychodynamische Behandlungen. Die therapeutische Allianz ist auch in anderen Therapieformen wirksam. Besonders im Bereich der kognitiven und der interpersonellen Therapien sind weitere Studien notwendig.
- Alle Perspektiven, die des Patienten, des Therapeuten und die des Fremdbeobachters haben prädiktiven Gehalt. Die Sicht des Patienten ist dabei die valideste.
- Die Beziehungsressourcen des Patienten bieten den Grundstein für die Allianz. Eine positive Allianz hat einen größeren prädiktiven Gehalt als eine negative. Dieses Ergebnis überrascht uns nicht, da eine positive Allianz therapeutisch wünschenswert ist. Wenn sie also hergestellt ist, geht sie mit einem positiven Therapieergebnis einher. Bei einer negativen Allianz dagegen erreichen wir u. U. nach zusätzlichen therapeutischen Bemühungen doch noch eine etwas

positivere Allianz und damit eine größere Wahrscheinlichkeit für ein gutes Therapieergebnis.

- Es gibt nur eine geringe Überschneidung zwischen den Allianz- und den Ergebnismaßen.
- Es gibt Hinweise auf eine Überschneidung zwischen den Maßen für die Allianz und aktuellen Verbesserungen beim Patienten. Diese Überschneidung ist nicht überraschend. Je mehr ein Patient in der Therapie profitieren kann, desto größer ist die Wahrscheinlichkeit, daß eine therapeutische Allianz entsteht; und je weiter sich diese Allianz entwickelt, desto größer ist wiederum die Wahrscheinlichkeit für eine erfolgreiche Therapie.
- Der Therapeut kann die therapeutische Allianz fördern. Über das klinische Alltagswissen hinaus können wir sagen, daß es eine Korrelation zwischen dem fördernden Verhalten des Therapeuten und der Qualität der Allianz gibt. Weitere Unterstützung kann auch von seiten der Patienten kommen. Gesündere Patienten können vielleicht eher eine Allianz eingehen. Zusätzliche Unterstützung beruht auf den Ähnlichkeiten hinsichtlich grundlegender demographischer Charakteristika zwischen Therapeut und Patient.
- Der Zusammenhang zwischen psychischer Gesundheit und der Allianz legt nahe, daß psychische Gesundheit den Aufbau einer Allianz fördert.
- Die Korrelationen zwischen der Allianz und den Ähnlichkeiten von Patient und Therapeut (Luborsky et al. 1988) weisen darauf hin, daß solche Ähnlichkeiten den Aufbau einer Allianz fördern.
- Veränderungen im Verlauf der Allianz bewirken inkonsistente Vorhersagen.
- Veränderungen bzgl. der Größe der Datengrundlage zur Erfassung der Qualität der Allianz machen die Vorhersage schwierig. In einigen Studien wurden wahrscheinlich zu kleine Stichproben verwandt. Mit einer größeren Stichprobe kann man u. U. höhere Korrelationen erreichen.

Erweiterter Ausblick

Es ist nun an der Zeit, mit etwas Abstand die Entwicklung zwischen therapeutischer Allianz und Therapieergebnis noch einmal zu betrachten. Aus dieser erweiterten Perspektive betrachtet ist es ein wesentlicher Fortschritt, daß die Korrelationen zwischen Allianz und Ergebnis nicht nur für dieses spezielle Maß gelten. Einen vergleichbaren Trend finden wir auch für andere Merkmale einer positiven Beziehung und zwar besonders aus der Sicht des Patienten. Eine weitere Bestätigung dieser Beobachtungen bietet der Überblick über weitere Merkmale einer positiven Beziehung (Luborsky et al. 1988, S. 350f.). Von 10 Studien hatte lediglich eine keinen signifikanten prädiktiven Gehalt für das Therapieergebnis. Solche signifikant positiven Beziehungsmerkmale waren: eine *vorteilhafte Patient-Therapeut-Beziehung* (Parloff 1961), *sich vom Therapeuten verstanden fühlen* (Feitel 1968) oder *weniger Widerstand spüren* (Crowder 1972). Das Konzept der Allianz ist somit nur *ein* Beispiel für Merkmale einer positiven Beziehung. Auch die Ausprägung der anderen Merkmale korrelieren positiv mit dem Therapieergebnis.

Seit den frühen Versuchen, operationale Maße für das Allianzkonzept aus der Dokumentation einer Sitzung zu entwickeln (Luborsky 1976), sah man die Allianz nur als eine Komponente eines umfassenderen Konzepts. Dieses umfassendere Konzept erkannte man schließlich als das der Übertragungsmuster. Die therapeutische Allianz ist der Teil der Beziehungsmuster, der mit dem Therapeuten und mit der positiven Bindung an ihn zu tun hat. Weitere Forschung über die Allianz und das Zentrale Beziehungskonflikt Thema (ZBKT) ergab, daß Patienten, die von der Behandlung profitieren, mehr positive Erwartungen von anderen wahrnehmen und selbst mehr positive Reaktionen zeigen. Die therapeutische Allianz spiegelt die positive Bindung an den Therapeuten. Diese Bindungen variieren zusammen mit den positiven Erwartungen von anderen.

Vergrößern wir den Abstand bei der Betrachtung unseres Gegenstands ein weiteres Mal, so erhalten wir einen weiteren enormen Zugewinn. Aus dieser noch einmal erweiterten Perspektive erhalten wir weiteren Einblick in die kurativen Faktoren, die in der psychodynamischen Therapie wirksam werden. Wir sollten drei kurative Faktoren zusammenfassen (Luborsky 1990).

- Die Notwendigkeit, eine zumindest in Teilen positive Beziehung zum Therapeuten aufzubauen.
- Der Patient muß seine Konflikte ausdrücken und Wege der Bewältigung zusammen mit dem Therapeuten erarbeiten.
- Eine Stabilisierung des Therapiegewinns während der Behandlung, die auch über das Ende der Behandlung hinaus aufrechterhalten wird.

Der erste Faktor steht im Einklang mit den Forschungsergebnissen zur Allianz. Dieser erste Faktor, der Aufbau einer zumindest teilweise positiven Allianz zum Therapeuten, wurde in diesem Review deutlich empirisch belegt. In der Tat wird dieser Faktor durch weit mehr Forschungsergebnisse unterstützt als die beiden anderen.

Die Allianz dient dem Patienten als "Übergangsobjekt" - als eine unterstützende und helfende Person, die Erfahrung damit hat, Hilfe zur Erreichung der Ziele des Patienten zu leisten und dies auch gegenwärtig tut. Gestützt wird diese Auffassung durch die Ergebnisse von Orlinsky u. Geller (1993) über die Zunahme der Repräsentanz des Therapeuten während der Therapie. Die hier zusammengetragenen Ergebnisse unterstützen die Erkenntnis, daß ein Therapeut eine wenigstens teilweise positive Allianz aufbauen kann. Er erfüllt damit eine wesentliche Voraussetzung für das benötigte Wachstum des Patienten, das während oder nach der Therapie eintreten soll. Die zweite wesentliche Voraussetzung ist das Wachstum, das durch das Durcharbeiten der Beziehungsprobleme angeregt wird, und mit der ersten Voraussetzung in Beziehung steht. Die positive Allianz ist letztlich ein essentiell notwendiger kurativer Faktor, der einen Teil des Wachstums in einer therapeutischen Umgebung, wie in einem Gewächshaus, zu erklären vermag.

Literatur

Alexander L, Luborsky L (1986) Research on the helping alliance. In: Greenberg L, Pinsof W (eds) The psychotherapeutic process: A research handbook. Guilford, New York, pp 325 - 366

Bachelor A (1990) Comparison and relationship to outcome of diverse dimenions of the Helping Alliance as seen by client and therapist. Paper at the meeting of the Society for Psychotherapy Research. Wintergreen VA

Barrett-Lennard G (1962) Dimensions of the client's experience of his therapist with personality change. Genetic Psychol Monographs 76 (Monograph 43)

Bordin E (1975) The working alliance and bases for a general theory of psychotherapy. Paper given at the annual meeting of the American Psychological Association, Washington DC

Crits-Christoph P, Cooper A, Luborsky L (1988) The accuracy of therapists' interpretations and the outcome of dynamic psychotherapy. J Consult Clin Psychol 56: 490- 495

Crowder JE (1972) Relationships between therapist and client interpersonal behaviors and psychotherapy outcome. J Counseling Psychol 19: 68 75

DeRubeis R, Feeley M (1990) Determinants of change in cognitive therapy for depression. Cogn Ther Res 14: 469 - 482

Feitel B (1968) Feeling understood as a function of a variety of therapist activity. Unpublished Ph D thesis. Teacher's College, Columbia University

Foreman S, Marmar CR (1985) Therapist actions that address initially poor therapeutic alliances in psychotherapy. Am J Psychiatry 142: 922 - 926

Frank A, Gunderson J (in press) The role of the therapeutic alliance in the treatment of schizophrenia: Effects on course and outcome.

Freud S (1912/1958) The dynamics of the transference. In: Strachey J (ed and trans) The standard edition of the complete psychological works of Sigmund Freud, vol 12. Hogarth, London, pp 99-108

Gaston L, Marmar C, Ring J (1989) Engaging the difficult patient in Cognitive Therapy: Actions developing the therapeutic alliance. Paper given to the annual meeting of the Society for Psychotherapy Research. Toronto, Canada

Gaston L, Marmar CR, Thompson LW, Gallagher D (1988) Relation of patient pretreatment characteristics to the therapeutic alliance in diverse psychotherapies. J Consult Clin Psychol 56: 483 - 489

Gurman A (1977) The patient's perception of the therapeutic relationship. In: Gurman A, Razin A (eds) Effective Psychotherapy - A Handbook of Research. Pergamon, Oxford, pp 503 - 543

Gurman A, Razin A (eds) (1977) Effective psychotherapy. Pergamon, Oxford

Hatcher R, Hansell J, Barends A, Leary K, Stuart J, White, K (1990) Comparison of psychotherapy alliance measures. Paper presented at the annual meeting of the Society for Psychotherapy Research. Wintergreen VA

Hartley D, Strupp H (1983) The therapeutic alliance: Its relationship to outcome in brief psychotherapy. In: Masling J (ed) Empirical studies of psychoanalytic theories, vol 1. Erlbaum, Hillsdale NJ, pp 1 - 27

Horvath D, Greenberg L (1986) The development of the Working Alliance Inventory. In: Greenberg LS, Pinsof WM (eds) The psychotherapeutic process: A research handbook. Guilford, New York, pp 367 - 390

Luborsky L (1962) Clinicians' judgments of mental health: A proposed scale. Arch Gen Psychiatry 7: 407 - 417

Luborsky L (1975) Clinicians' judgments of mental health: Specimen case descriptions and forms for the Health-Sickness Rating Scale. Bull Menninger Clinic 35: 448 - 480

Luborsky L (1976) Helping alliances in psychotherapy: The groundwork for a study of their relationship to its outcome. In: Claghorn JL (ed) Successful psychotherapy. Brunner & Mazel, New York, pp 92 - 116

Luborsky L (1990) Theory and technique in dynamic psychotherapy - Curative factors and training therapists to maximize them. Psychother Psychosom 53: 50 - 57

Luborsky L, Crits-Christoph P, Alexander L, Margolis M, Cohen M (1983) Two helping alliance methods for predicting outcomes of psychotherapy: A counting signs versus a global rating method. J Nerv Ment Dis 171: 480 - 492

Luborsky L, Crits-Christoph P, Mintz J, Auerbach A (1988) Who will benefit from psychotherapy? Basic Books, New York

Luborsky L, Diguer L, Luborsky E, McLellan AT, Woody G, Alexander L (1993) Psychological health as a predictor of the outcomes in dynamic and other psychotherapies. J Consult Clin Psychol 61: 542 - 548

Luborsky L, McLellan AT, Woody GE, O'Brien CP, Auerbach A (1985) Therapist success and its determinants. Arch Gen Psychiatry 42: 602 - 611

MacKenzie R (1989) Comparing methods to assess patients for therapy. Paper presented at the meeting of the American Psychiatric Association, San Francisco

Marmar CR, Gaston L, Gallagher D, Thompson LW (1989) Alliance and outcome in late-life depression. J Ment Nerv Dis 171: 597 - 603

Marmar CR, Weiss DS, Gaston L (1989) Toward the validation of the California Therapeutic Alliance Rating System. Psychological Assessment. J Con Clin Psychol 1: 46 - 52

Marziali E (1984) Three viewpoints on the therapeutic alliance: Similarities, differences, and associations with psychotherapy outcome. J Nerv Ment Dis 172: 417 - 423

Miller N, Luborsky L, Docherty J, Barber J (eds) (1993) Psychodynamic Treatment Research: A handbook for clinical practice. Basic Books, New York

Morgan R, Luborsky L, Crits-Christoph P, Curtis H, Solomon J (1982) Predicting the outcomes of psychotherapy by the Penn Helping Alliance method. Arch Gen Psychiat 39: 397 - 402

Orlinsky D, Geller J (1993) Patients' representations of their therapists and therapy: A new focus of research. In: Miller N, Luborsky L, Barber J, Docherty J (eds) Psychodynamic treatment research - A handbook for clinical practice. Basic Books, New York

Parlof M (1961) Patient-therapist relationships and outcome of psychotherapy. J Consult Psychol 25: 29 - 38

Piper W, Azim HF, Joyce AS, McCallum M (1991) Quality of object relations vs. interpersonal functioning as predictors of therapeutic alliance and psychotherapy outcome. J Nervous Mental Disease 179: 432 - 438

Safran J, Crocker P, McMain S, Murray P (1990) The therapeutic alliance rupture as a therapy event for empirical investigation. Psychother 27: 154 - 165

Tichenor V, Hill CE (1989) Working alliance: A comparison of the validity and reliability of several measures. Manuscript submitted for publication

Das therapeutische Zusammenspiel mißglückt [1]

Horst Kächele und Roderich Hohage [2]

A: Lieber Freund und Kollege, warum sprechen wir so selten und ungern über mißglückte Therapien?

Z: Dumme Frage, - weil wir in der Mehrzahl keine Masochisten sind und lieber über unsere Erfolge als über die Mißerfolge sprechen.

A: Für dumme Fragen bin ich auch zuständig! Über Mißglücken einer therapeutischen Beziehung zu sprechen, gehört also zu den unangenehmen Pflichten.

Z: Natürlich hast Du recht: wir sollten öfter darüber reden. Schließlich beschäftigt unsere Arbeit uns ununterbrochen mit der Frage, warum die Gestaltung von zwischenmenschlichen Beziehungen so gründlich mißglücken kann, daß therapeutische Hilfe in Form einer neuen Erfahrung gesucht werden muß.

A: Doch diese ist täglich vom Scheitern bedroht, sie kann glücken, aber sie muß es nicht. Gilt das denn für alle Psychotherapieformen, oder ist dies eine spezielle psychoanalytische Perspektive der therapeutischen Beziehung?

Z: Nein, scheitern können alle Formen von Psychotherapie. Vielleicht hat die Psychoanalyse einen besonderen theoretischen Zugang zum Verständnis des Scheiterns, weil sie so stark an dem konflikthaften Element in den Beziehungen interessiert ist. Konflikt ist ja in der Psychoanalyse nicht ein Störfaktor, den man durch kluges Verhalten vermeiden könnte.

A: Konflikt, also im weitesten Sinne Nicht-Zusammenpassen, ist ein wesentlicher Aspekt unserer menschlichen Existenz. Deshalb will die Psychoanalyse ja auch

---

[1] Zur Erinnerung an einen fruchtbaren Dialog mit Klaus Grawe anläßlich der Salzburger Verhaltenstherapiewochen 1984 über "Mißerfolge in der Psychotherapie"

[2] Der Text wurde gemeinsam verfaßt; Dialogregie von Horst Kächele

keine Konfliktfreiheit erreichen, sondern einen erträglichen Umgang mit Konflikten ermöglichen.

Z: Entsprechend bescheiden gab sich Freud, wenn er von den Erfolgen der psychoanalytischen Kur redete: "Die psychoanalytische Therapie ist an dauernd existenzunfähigen Kranken und für solche geschaffen worden, und ihr Triumph ist es, daß sie eine befriedigende Anzahl von solchen dauernd existenzfähig macht" (Freud 1905).

A: Also eher der Sieg in der Niederlage als der echte Triumph? Dann hat auf den ersten Blick die Psychoanalyse natürlich weniger zu bieten als die Verhaltenstherapie, die Störfaktoren ausschalten möchte ...

Z: So weit auseinander liegen die Schulen gar nicht, wie häufig behauptet wird. Klaus Grawe schrieb in einem wenig bekannten Aufsatz im Jahre 1984: "... die Erfahrung des Scheiterns haben die Verhaltenstherapeuten inzwischen reichlich gemacht" (S. 223). Es könnte ja hilfreich sein, wenn wir das Scheitern genauer analysieren und uns dabei näher kommen, anstatt uns über die Erfolgsraten zu streiten.

A: Immerhin gibt es inzwischen ausführliche Berichte, auch von betroffenen Patienten und Patientinnen, über gescheiterte Therapien. Was muß denn passieren, daß eine Therapie mißglückt? Was ist dort anders als in geglückten Therapien?

Z: Nach heutiger Auffassung bilden sich in der therapeutischen Situation auch wesentliche Elemente früherer Beziehungen, insbesondere von Eltern-Kind-Beziehungen wieder ab. Mißglückte Therapien dürften also nach einem ähnlichen Strickmuster ablaufen wie mißglückende Eltern-Kind-Beziehungen.

A: Na, das klingt ja heiter! Wenn ich mir Mütter mit Kindern im Supermarkt, im Wartezimmer oder im Zug anschaue, dann stolpere ich ununterbrochen über mißglückte Beziehungen, über Streit, Gejammer und über faule Kompromisse zur Konfliktvermeidung! Wenn die Psychotherapie nicht bessere Erfahrungen zu bieten hat als solche Erfahrungen: wie will sie dann noch helfen?

Z: Das ist ja gerade die spannende Frage, die wir Therapeuten untersuchen sollten. Man sieht soviel mißglückte Interaktion zwischen Eltern und Kind und dennoch klappt anscheinend in vielen Fällen das Zusammenspiel! Es scheint einen Mechanismus zu geben, der Zusammenfinden möglich macht, und das muß für Eltern-Kind-Beziehungen ebenso gelten wie für therapeutische Beziehungen. Wenn man als Therapeut die eigene Therapie aufnimmt auf Tonband oder auf Video, dann staunt man, wie miserabel das Zusammenspiel mit dem Patienten oft zu klappen scheint: Was hätte man nicht alles besser machen wollen. Aber wenn man sich dann das Ergebnis der Therapie anschaut, dann war das häufig doch ganz akzeptabel.

A: Na, und was ist dieser geheime Mechanismus, der für das Zusammenspiel sorgt statt für Disharmonie?

Z: Ich denke, es ist das Auftreten von emotionalen Signalen, die man auch als Symptome bezeichnen kann. Kinder reagieren auf ein mißglücktes Zusammenspiel mit solchen Signalen. Eltern wissen oft nicht, was sie falsch gemacht haben oder was sie besser machen sollten, aber sie verstehen im günstigen Fall die Signale und geben dem Kind die Möglichkeit, sich auffangen zu lassen. Weinen ist so ein Signal, aber auch ein Wutanfall, oder ein regressiver Schritt, z. B. in vermehrte fordernde Abhängigkeit. Im günstigen Fall unterläßt die Mutter aus einem instinktiven Wissen heraus in solchen Fällen den sonst üblichen Verweis oder eine Strafaktion und läßt dem Kind ein Stück freien Raum für sein Verhalten. Kurze Zeit später läßt das Kind sich einfach in den Arm nehmen, und plötzlich klappt das Zusammenspiel wieder.

A: Na, das klingt mir aber sehr nach den Grundsätzen der Gesprächspsychotherapie, nach denen Verständnis und Wärme ausreichen, um alle Wunden zu heilen.

Z: Im Prinzip ist da ja auch etwas dran - aber nur im Prinzip. Man kann daraus gerade nicht ein Patentrezept machen und den Eltern ein grundsätzliches Verstehenmüssen predigen. Dann werden sich nämlich die Wutanfälle der Kinder häufen, wann immer es ein Interesse durchzusetzen gilt. Die Kunst der Erzieher bleibt es, an der richtigen Stelle konsequent zu bleiben und trotzdem zu erkennen, wenn affektive Reaktionen des Kindes den Charakter von Notsignalen bekommen. Und im Grundsatz gilt das gleiche für das Zusammenspiel von Therapeut und Patient.

A: Theoretisch klingt das ja alles sehr schön, aber praktisch ...

Z: Wollen wir die Probe aufs Exempel machen? Nehmen wir die Anfangsphase einer erfolgreich abgeschlossenen Psychoanalyse, die in Ulm sehr gründlich empirisch untersucht wurde (Thomä u. Kächele 1988). Frau Amalie X suchte Hilfe wegen einer schweren Beeinträchtigung ihres Selbstgefühls: Sie litt unter multiplen Ängsten und unter einer Tendenz zu selbstkritischem Grübeln, die durchaus zwangsneurotische Züge hatte. Im sexuellen Bereich gab es erhebliche Probleme. Wir haben insbesondere die Anfangsphase und die Schlußphase dieser auf Tonband aufgezeichneten Analyse mit verschiedenen Methoden untersucht, u. a. mit einem Instrument zur Kennzeichnung von Übertragungsvorgängen (Gill u. Hoffmann 1982; Herold 1995).

A: Das gibt es? Du machst mich staunen?

Z: Außerdem haben wir sie mit einem Instrument zur Bestimmung von emotionaler Einsicht untersucht (Hohage u. Kübler 1987). Dabei sind wir darauf gestoßen, daß am Beginn dieser Behandlung, die am Ende erfolgreich war, das Zusammenspiel zwischen Therapeut und Patientin durchaus nicht optimal geglückt schien. Also keine Rede von einem erfolgreichen Beginn. Dennoch hat sich auf die Dauer eine sehr gute therapeutische Beziehung entwickelt.

A: Was ist denn am Anfang so mißglückt?

Z: Es ist gar nichts Gravierendes schief gelaufen. Aber am Ende der ersten Stunde hat die Patientin Amalie X verstohlen auf die Uhr geschaut und war vom Therapeut darauf aufmerksam gemacht worden. Im Gespräch ergab sich, daß sie vermeiden wollte, vom Therapeut hinauskomplimentiert zu werden und deshalb die Stunde innerlich vorzeitig abschloß. Es war von einer Art Stolz in ihrer Haltung die Rede.

A: Kann ich gut verstehen!

Z: Die nächste Stunde beginnt die Patientin mit einem Bericht über den Besuch von Bekannten, die über Gebühr lange blieben. Ihr seien solche Situationen peinlich, weil sie nicht unhöflich sein wolle.

A: Das Thema der Vorstunde "Hinauswerfen" oder "Lästig-Fallen" setzte sich also fort.

Z: Du sagst es. Es folgt eine Passage mit viel Selbstkritik, ja Selbstentwertung. Es tritt ein längeres Schweigen ein, und die Patientin fragt schließlich: "Ich möchte wissen, wie ich das wohl sehen soll?"

A: Eine gute Frage!

Z: Der Therapeut ist wohl eher überrascht von ihrer Frage und antwortet ausweichend unter Wiederholung ihrer früheren Aussagen. Daraufhin setzt die Patientin ihre Selbstkritik fort. Der Therapeut interessiert sich nun für Einzelheiten.

A: Das hätte er nicht tun sollen!

Z: Die Patientin wirkt in ihrem Bericht immer weniger emotional. Dann schaut sie wie schon in der Vorstunde auf die Uhr.

A: Es wird ja richtig spannend!

Z: Der Therapeut greift diesen Blick auf und deutet ihn im Zusammenhang mit der Tendenz, eher besorgt als ärgerlich zu sein, was sich ja auch am Umgang mit den Freunden zeige. Die Patientin antwortet mit einer langen grüblerischen Schilderung ihrer Skrupel und Hemmungen. Sie ist emotional sehr weit weg und schweigt schließlich.

A: Wundert Dich das? Mich nicht!

Z: Auf Nachfrage des Therapeuten sagt sie schließlich: *"Ich überleg´ schon so in Klammern, warum ich hier liege und nicht sitze. Ich soll wohl Ihre Reaktion nicht sehen, ich weiß es nicht. Weil, das ist irgendwo so, irgendwo so verunsichernd"*. Der Therapeut fragt weiter nach und die Patientin bringt Vermutungen über den Sinn der Anordnung im Liegen und über die Gründe, warum der Therapeut nicht direkt antwortet.

A: Schon beim Zuhören bekomme ich Mitleid mit der Patientin.

Z: Na ja, laß mich doch erst mal die Entwicklung der therapeutischen Beziehung in dieser Stunde zu beschreiben!

A: Nun gut!

Z: Zunächst bleibt diese Beziehung im Hintergrund der Aufmerksamkeit, und in der Beschäftigung mit dem eigenen Erleben erscheint die Patientin als produktiv. Die erste Konfrontation mit dem Blick auf die Uhr rückt bereits die therapeutische Beziehung in den Mittelpunkt der gemeinsamen Aufmerksamkeit. Zwar folgt die Patientin dem Therapeuten bereitwillig und spricht über ihre Vorstellungen von der Beziehung und zum Setting; aber die Auswertungen der Tonbandprotokolle zeigen, daß der emotionale Zugang zum Erleben und die Einsicht der Patientin eher zurückgehen, die Selbstkritik dagegen verstärkt wird.

A: Also dieses Beispiel zeigt, daß im Verlauf der Stunde sich in der therapeutischen Beziehung ein leiser Mißklang einschleicht; kann es sein, daß er durch die allzu aufdringliche "Deutungskunst" des Therapeuten schon in der Vorstunde getriggert wurde?

Z: Man kann es so sehen. Es spricht viel dafür, daß die Patientin sich in dieser Anfangsphase enorm verunsichert fühlte. Zum einen sah sie sich bezüglich des Blicks auf die Uhr kritisiert. Darüber hinaus hat sie an zwei Stellen den Therapeuten gefragt, wie dieser sie denn beurteile. Der jedoch hat ihre Fragen eher zurückhaltend und defensiv beantwortet. Es ist bezeichnend, wie die Patientin ihre Enttäuschung verarbeitet: Sie verteidigt wenig später ein vorsichtiges Lavieren bei Konflikten und sagt: Ich fühle mich manchmal verletzt, wenn jemand so knallhart seine Meinung sagt.

A: Diesen Satz muß ich wiederholen: "Wenn jemand so knallhart seine Meinung sagt" - mir scheint, wir vergessen, wie präzise unsere Patientinnen und Patienten uns darauf hinweisen, daß wir gemeint sind, wenn das Subjekt "jemand" gebraucht wird. Vielleicht sollten wir doch in der Ausbildung ein bißchen mehr linguistisches Wissen, so eine Art Sprach-Knigge einbauen?

Z: Ja, nur hat sie selbst den Therapeuten auf der manifesten Ebene sogar verteidigt, indem sie seine Vorsicht lobte. Nur im Betrieb, da konnte sie etwas von ihrem Zorn unterbringen; in der Sitzung war viel vom Hinauswerfen eines ungeeigneten Lehrlings die Rede.

A: Darf ich einwenden, daß die Patientin doch ganz konsequent die Probleme und Konflikte präsentiert hat, wegen derer sie therapeutische Hilfe sucht ...

Z: Das ist es ja gerade! Es ist natürlich *auch* relevantes Konfliktmaterial. Es ist aber auch ein Minisymptom in der Beziehung: Die Patientin verlagert die aggressive Thematik nach außen; sie wagt nicht, den Therapeuten wegen seiner Zurückhaltung zu kritisieren.

A: Statt dessen kritisiert die Patientin sich selbst.

Z: In der Tat. Der Therapeut versteht dieses Minisymptom nicht, statt dessen nimmt er die Selbstkritik der Patientin positiv auf. Fazit: Das Zusammenspiel klappt nicht.

A: Und was passiert nun?

Z: Das, was in allen vergleichbaren Beziehungen passiert: Das Minisymptom verstärkt sich. Die Patientin verstärkt im Verlauf der nächsten Sitzungen ihre grüblerische Selbstkritik, dabei tritt das emotionale Mitschwingen immer mehr zurück. Sie thematisiert auch die Beziehung zum Therapeuten nicht mehr direkt, und wieder passiert das gleiche: Der Therapeut begreift die Selbstkritik dieser skrupulösen Patientin nicht als Verstärkung ihrer Symptomatik, sondern er nimmt sie zunächst als Einsicht.

A: Was ist denn da überhaupt noch zu retten, wenn der Zug in die falsche Richtung fährt?

Z: Das ist die Gretchenfrage, und die Therapie von Amalie X gibt darauf eine gute Antwort. Zwischen Sitzung 7 und Sitzung 8 gibt es eine kleine Explosion. Amalie X läßt ihre aufgestaute Wut und Enttäuschung ziemlich unkontrolliert an ihren Lehrlingen aus. Natürlich kommt sie mit schweren Schuldgefühlen in die nächste Stunde; zugleich ist sie immer noch voller Anklage gegen die böse Welt, die sie so sehr in die Enge treibt.

A: Was für ein Dilemma!

Z: Und nun passiert nicht das, was eigentlich zu erwarten wäre. Der Therapeut hebt nicht den Zeigefinger und ermahnt die Patientin mehr oder weniger verdeckt, sie solle doch nicht so unkontrolliert wütend sein. Aber er macht auch nicht das Gegenteil, indem er der Patientin in ihren Vorwürfen recht gibt. Er versteht offenbar ...

A: ... wenigstens etwas!

Z: ..., daß es sich hier um einen Wutanfall als einem Symptom handelt. Er bemüht sich, die Patientin emotional aufzufangen. In dieser Sitzung steigen die Einstufungswerte für Einsicht, und die Patientin erzählt jetzt einen Traum, den sie zuvor verschwiegen hatte.

A: Und daraus soll ich schließen, daß dieses Auffangen in der 8. Sitzung die ganze Therapie gerettet hat?

Z: Natürlich nicht. Wir reden hier von Mikroepisoden mit Mikroergebnissen, aber das scheint mir wieder sehr ähnlich zu sein, wie beim menschlichen Zusammenspiel außerhalb der Analyse. Viele kleine Episoden bewirken einen immer stärker werdenden Prozeß bzw. eine langfristige Entwicklung. Ich bin überzeugt: Wiederholt sich die beschriebene negative Beziehungserfahrung, und wäre diese Wiederholung oft genug passiert, dann wäre diese Therapie den Bach hinunter gegangen.

A: Also einmal ist keinmal, aber viele "einmals" führen dann doch zum unerfreulichen Ausgang.

Z: Ja, eine einmalige Abkühlung des therapeutischen Klimas zieht in der Regel keine längerfristigen schädlichen Auswirkungen nach sich, aber wiederholte "kleine Ursachen" können durchaus große Wirkungen haben.

A: Was alles bewirkt eine Abkühlung, eine Verschnupfung, eine Mißstimmung, die am fatalen Ende "Blumen auf Granit" [3] wachsen läßt?

Z: Das ist die 1000-Dollarfrage! Lester Luborsky hat uns über die alles überragende Bedeutung der therapeutischen Allianz aufgeklärt. Die meisten von uns könnten dies aus eigener klinischer Erfahrung durchaus wissen, aber selten schenken wir diesem Faktor genügend systematische Aufmerksamkeit.

A: Ich vermute, daß wir alle doch zu sehr zwischen Patient und Therapeut trennen, eben nicht das Zusammenspiel ausreichend im Auge behalten.

Z: Die umfangreiche Literatur zur Bedeutung prognostischer Faktoren belegt zunächst, daß ihr Erklärungswert vor dem Beginn einer Behandlung wesentlich geringer zu veranschlagen ist, als dies unsere Standardlehrtexte reklamieren. Offensichtlich können wir allein aus den vorausgegangenen negativen Erfahrungen nur begrenzt etwas über die Prognose aussagen. Vor allem können wir aus dem Fehlen schwerer Traumatisierungen noch keine gute Prognose ableiten.

A: Also wozu dann der große Aufwand für Erstgespräche?

Z: Erstgespräche sollten v. a. dazu dienen, gemeinsam die Richtung zu ermitteln, in die eine Behandlung gehen kann. Dann sollten sie dazu helfen, in Absprache mit dem Patienten eine Behandlung zu initiieren.

A: Läuft das darauf hinaus, daß man sich als Therapeut darauf beschränken kann, dem Angebot des Patienten empathisch zu folgen?

Z: Nein, das heißt es sicherlich nicht. Der Therapeut braucht eine schlüssige Therapiekonzeption, wenn er erfolgreich arbeiten will. Er kann seine Konzeption aber nicht auf seinem eigenen Planeten unterbringen, während der Patient ganz woanders sitzt. Das Zusammenspiel muß sich bewähren, indem das Konzept des

---

[3] Dörte von Drigalski (1970) verdanken wir diesen ansprechenden Titel einer "Irr- und Lehrfahrt", die mit einem gründlichen Mißerfolg endete; s. a. Strupp (1982)

Therapeuten und das Angebot bzw. das subjektive Wissen des Patienten miteinander abgesprochen werden.

A: Das heißt, der Therapeut muß sich in der Art und Weise, wie er günstige Bedingungen schafft und Anstöße setzt, den Einschränkungen und Möglichkeiten des Patienten und den Besonderheiten der jeweiligen Situation anpassen.

Z: Er darf nicht einfach eine oder nur seine Methode zur Therapie anbieten und damit basta.

A: Ja, und was hat das mit den mißglückten Beziehungen zu tun?

Z: Sehr viel. Das Gelingen dieser Absprache zu Beginn einer Therapie setzt eine positive Einstellung zum Therapeuten voraus. Zugleich ist die Absprache die Voraussetzung für das weitere Gelingen. Wir haben es hier also mit einem Kreisprozeß zu tun. Die Problematik des Patienten kann nun aber gerade darin bestehen, daß solche Absprachen nicht funktionieren.

A: Ich kenne das, und ich bin skeptisch. Wenn eine Therapie unbefriedigend läuft, dann heißt es ganz rasch: Der Patient ist nicht richtig motiviert - im Klartext - er wollte gar nicht wirklich eine Therapie. Damit liegt der schwarze Peter wieder sehr bequem beim Patienten.

Z: Da bin ich allerdings auch skeptisch. Die wiederholten Erfahrungen mißglükkender Beziehungen sind für den Patienten der eigentliche Anlaß zur Psychotherapie. Deswegen stellen wir uns ja im Erstinterview die Frage: Warum gerade jetzt und nicht dann und damals?

A: Für das Scheitern kann man also nicht einfach die früheren Beziehungserfahrungen verantwortlich machen.

Z: Die Wahrscheinlichkeit, daß der Patient eine Wiederholung negativer Erfahrungen auch in der therapeutischen Beziehung anstrebt, mag theoretisch plausibel klingen, ist aber nach den empirischen Befunden nicht so simpel zu lesen (Frank 1981).

A: Was heißt das für den Kliniker?

Z: Das heißt, der Patient sucht mit großer Wahrscheinlichkeit zunächst eine positive Erfahrung in der Therapie, keine negative, und er sucht auch nicht vordringlich den Konflikt. Aber ob er diese positive Erfahrung in der Therapie auch wirklich findet, das hängt ganz wesentlich von seinen vorausgegangenen Erfahrungen ab. Die wichtigsten Motivationen eines Menschen betreffen die Gestaltung zwischenmenschlicher Beziehungen.

A: Dies ist doch die Grundlage der diversen ursprünglich psychoanalytisch inspirierten, heute auf breiter Basis akzeptierten interaktionellen Therapietheorien (z. B. Anchin u. Kiesler 1982; Grawe 1992).

Z: Ja, der Patient braucht ein Gegenüber, mit dem er trotz offensichtlicher Beziehungsprobleme noch Absprachen treffen und die Richtung der Therapie festlegen kann, sonst nützt alle Sehnsucht nach einer guten Erfahrung nichts!

A: Also geht es nur darum, einen geeigneten Therapeuten zu finden. Sollten wir nun darauf bauen, daß jeder Therapeut für alle Probleme offen ist, und daß jeder Patient den für ihn passenden Therapeuten finden kann? Ist das noch eine sinnvolle Utopie oder schon ein grandioser Wahn?

Z: Leider ist es gut begründet und belegt, daß ein mißglücktes therapeutisches Zusammenspiel um so eher zu erwarten ist, je stärker Patienten schwere Störungen - psychotischer Art oder von Borderlineform - aufweisen. Seitdem es eine systematische Literatur über den Verschlechterungseffekt gibt (Bergin 1963), müssen wir damit leben, daß Psychotherapie jedweder Provenienz weit davon entfernt ist, eine Panazee zu sein. Je schwerer die Störung, desto weniger Erfolg ist uns beschieden - da beißt die Maus keinen Faden ab. Es wird also mit zunehmender Störung die Wahrscheinlichkeit immer geringer, daß ein geeigneter Therapeut gefunden wird.

A: Das läuft aber nicht darauf hinaus, daß es bei schweren Störungen schon fast egal ist, wer denn nun der Therapeut ist! Oder doch?!

Z: Nein, das Gegenteil scheint der Fall zu sein! Es gibt bei schwerer gestörten Patienten besonders eindeutige Belege dafür, daß es Unterschiede gibt; Unterschiede in der therapeutischen Kompetenz von Therapeuten.

A: Davon hört man selten!

Z: Laß Dir von einem dramatischen Ergebnis berichten (Ricks 1974; Lambert u. Bergin 1994). Für zwei Therapeuten, die beide eine vergleichbare Gruppe adoleszenter Patienten psychotherapeutisch behandelten, wurden keine signifikanten Unterschiede im Langzeitergebnis bei neurotischen Störungen gefunden. Bei den schwerer gestörten Jugendlichen hatte Therapeut A nur 27% negative Langzeitverläufe, hingegen hatte Therapeut B 88% negative Langzeitverläufe.

A: Ist das ein Einzelfall?

Z: Nein, eine sehr gründliche Studie (Sachs 1983) identifizierte technische Fehler verschiedenster Art bei der Durchführung von Kurztherapien. Der wichtigste unter ihnen war das Versagen, die Sitzungen zu strukturieren oder zu fokussieren. Aus der von Hans Strupp durchgeführten Studien zur zeitlich limitierten dynamischen Therapie haben wir auch überzeugende Belege dafür, daß schlechte Therapieverläufe sich in der Interaktion durch mehr passiv-abhängiges, vermeidendes Verhalten auf seiten der Patienten auszeichnen. Auf der Seite des Therapeuten demonstrierte die Vanderbilt-Studie vermehrtes "blaming and belittling", also kränkendes und entwertendes Verhalten (Henry et al. 1993; Strupp 1995).

A: Jetzt klingt es schon sehr nach einem Lotteriespiel auf beiden Seiten: Die Möglichkeiten zur prognostischen Beurteilung sind anfangs gering wie wir hörten, weiß der Therapeut anfangs gar nicht recht, ob er oder sie die oder der richtige ist, und was auf sie oder ihn zukommt. Jetzt hören wir, daß auch der Patient nicht wissen kann, ob er einen Therapeuten gefunden hat, der mit seinen schweren Störungen überhaupt zurecht kommt.

Z: Da ist schon etwas dran; nur unterstreicht das noch die Bedeutung der ersten klärenden Gespräche, in denen sowohl jeder der beiden potentiellen Partner seine eigenen Aufgaben zu erledigen hat als auch eine gemeinsame Linie entwickelt werden sollte. Dazu gehört, daß der Patient oder die Patientin sehr rasch das Gefühl haben sollte, an der richtigen Stelle zu sein.

A: Was bei schwerer gestörten Patienten nun alles andere als nahe liegt.

Z: Dazu gehört, daß die Therapeutin oder der Therapeut ein Modell von der Patientin und ihrer bzw. seiner Therapie entwickelt, das den Gegebenheiten gerecht wird. Wenn die ersten Schritte zu einer guten Übereinstimmung führen werden, dann steigen die Chancen selbst bei schweren Störungen.

A: Dann hätten also jene Therapeuten doch recht, die sich ganz auf ihr Gespür verlassen und nur die oder den Patienten in Therapie nehmen, mit dem sie gut können bzw. die schon beim ersten Telephonkontakt wissen: Nein, mit der oder dem nicht?

Z: Diese Therapeuten überbewerten das subjektive Element und vernachlässigen die Arbeit an der Therapiekonzeption. Ich zweifle, ob sie damit besonders erfolgreich sind. Die unbefriedigendsten Ergebnisse habe ich gerade bei Patienten erzielt, bei denen der subjektive Faktor zu unreflektiert in die Therapie eingegangen ist.

A: Kannst Du darüber Konkreteres berichten?

Z: Na ja, ich denke an eine Langzeittherapie mit hoher Frequenz bei einer Journalistin Ende zwanzig. Sie berichtete im Erstinterview über eine recht erfolgreiche Laufbahn bei einem Zeitschriftenverlag, obwohl sie keinen qualifizierteren Schulabschluß hatte. Jetzt allerdings hatte sie ihren Arbeitsplatz im Zuge von verlagsinternen Auseinandersetzungen verloren; sie hatte darüber hinaus die Beziehung zu einem Freund nach 10jähriger Dauer abgebrochen, und sie hatte sich obendrein bei einem Autounfall ein Schleudertrauma zugezogen, das vielfältige Beschwerden machte.

A: Da kam ja einiges zusammen!

Z: Schon im Erstgespräch wurde mir deutlich, daß diese Beschwerden einer dissoziativen Symptomatik entsprachen. Diese wurde aber von Internisten, Orthopäden und Neurologen mit allen möglichen organischen Krankheiten in Verbindung gebracht. Für eine hysterische Störung sprachen die Beziehungsprobleme: Der Freund der Patientin war zugleich ihr Vorgesetzter gewesen.

A: Also stand der Verlust des Arbeitsplatzes im Zusammenhang mit dem Verlust der Beziehung!

Z: In der Tat. Sie klagte über eine erhebliche Selbstunsicherheit im sexuellen wie im beruflichen Bereich. Ihre Kindheit in einem sehr pietistischen Elternhaus schilderte sie schlicht als trostlos.

A: Mhm.

Z: Ich ließ mich bei den Anfangsgesprächen von der Tüchtigkeit und der Tapferkeit dieser Patientin beeindrucken, und unerfahren wie ich damals war, beeinflußte mich auch der spröde Charme, der mit viel Hilfsbedürftigkeit gepaart war.

A: Das war also eine mißverstandene "subjektive Indikation" zur Therapie. In der Tat, Anfänger tun sich schwer, das subtile psychoanalytische Konzept der subjektiven an der langjährigen Erfahrung kontrollierten Bewertung der Eröffnungssituation zu handhaben. Um so eifriger lesen sie die "Kunst des Erstinterviews" oder ähnliches. Autorinnen solcher Bücher sind natürlich nicht für diese raschen Identifikationsprozesse verantwortlich.

Z: So ist es. Schon in den ersten Stunden dieser Therapie passierte mir aber ähnliches wie dem Therapeuten im ersten Beispiel: Die Patientin fühlte sich durch meine Zurückhaltung in der Therapie sowie durch meine Deutungen enttäuscht und überfordert.

A: Au wei!

Z: Und sie entwickelte in Reaktion darauf neue Verhaltensweisen: Sie führte jetzt alle Beschwerden auf den damaligen Autounfall zurück und begann eine Reihe von Schadensersatzprozessen anzustrengen.

A: Vermutlich ging es ihr unbewußt um das Gefühl, zu kurz gekommen zu sein, und diese Kränkung wollte sie ausgleichen.

Z: Nur habe ich dieses Verhalten nicht als Reaktion auf eine angespannte Interaktion aufgreifen können. Statt dessen war ich meinerseits enttäuscht von der Patientin. Diese Enttäuschung setzte ich zunehmend in konfrontierende Deutungen um, die die Patientin noch mehr in die Symptomatik hineintrieben. Es lief genau so, wie es nicht hätte laufen dürfen.

A: Und was heißt das; es lief genau so, wie ...

Z: Das Klima der Sitzungen war zunehmend geprägt von einer Atmosphäre gegenseitiger Vorwürfe. Erst später begriff ich, daß ich mit meinem interaktiven Verhalten Mitspieler in einer Übertragung geworden war: Meine Enttäuschung an der Unfähigkeit der Patientin, meine Hilfe anzunehmen, entsprach genau diesem Element vorwurfsvoller Enttäuschung, welches die internalisierte Beziehung zur Mutter charakterisierte.

A: Willst Du sagen: Also doch ein Beispiel für die Tendenz der Patientin und aller Patienten, traumatische Erfahrungen in der therapeutischen Beziehung zu wiederholen?

Z: Aber kein Beispiel für die Behauptung, die Patienten wollten unbewußt diese Erfahrungen wiederholen. Diese Patientin wünschte sich bewußt und wohl auch unbewußt eine andere, eine gegenteilige Erfahrung. Erst das Mißlingen unserer Beziehung in der Anfangsphase hat die traumatische Erfahrung von früher aktiviert und peu à peu dazu beigetragen, daß sich eine chronifizierende negative Übertragung als Grundmuster herausgebildet hat.

A: Also behauptest Du, daß auch bei diesem, im weiteren Verlauf sich sehr unglücklich entwickelnden Kasus, ein ausreichend glücklicher Beginn zu einem guten Ende geführt hätte?

Z: Nein, das könnte ich so nicht sagen. Ein geglückter Beginn hätte lediglich die Chance offengehalten, daß der Wunsch nach einer positiven therapeutischen Erfahrung mit größerer Wahrscheinlichkeit in Erfüllung gegangen wäre als bei einem weniger geglückten Auftakt.

A: Ihr hättet eine bessere Chance gehabt, mehr nicht. Psychotherapie hat mit dem wirklichen Leben verdammt viel Ähnlichkeiten, um mal eine richtige Platitüde von mir zu geben.

Z: Wir sprechen über Wahrscheinlichkeiten, wenn wir so richtig klug über technische Probleme reden. Wenn alles gut geht, können wir dazu beitragen, daß die Wahrscheinlichkeit für die Bewältigung anstehender Lebenskrisen größer wird und nicht durch Rückgriff auf unteroptimale Strategien unteroptimal gelöst wird.

A: Also zurück zu der Patientin, wie groß wäre die Chance gewesen?

Z: Nun, inzwischen denke ich, sie war angesichts der Störung dieser Patientin nicht sehr groß. Wahrscheinlich wäre die Patientin irgendwann später aus einer konflikthaften Interaktion heraus abgeglitten in jene Attitüde von querulatorischer Attacke und verbittertem Vorwurf, die mich zur Verzweiflung gebracht hat.

A: Das klingt jetzt verdammt doch so, als ob das Scheitern nachträglich durch die Pathologie der Patientin gerechtfertigt würde.

Z: Ja sicher, das ist bei allen nachträglichen Aufarbeitungen eine Gefahr, zumal wir als Therapeuten genau wie andere Menschen das Bedürfnis haben, unser Versagen zu rechtfertigen.

A: Also wären wir gut beraten, diese Begründungen unabhängigen Dritten zu überlassen.

Z: Nun ja, mein Pessimismus einen rührt aus meiner eigenen klinischen Erfahrung: Auch als ich mit Hilfe von viel Supervision meine Art der Beteiligung erkannt hatte und mich umzustellen bemühte, ließ sich die negativistisch-vorwurfsvolle Grundhaltung der Patientin nicht mehr verändern.

A: Da hatte sie Dich längst in der Zange.

Z: Zwar fühlte sie sich von mir mehr akzeptiert und ernst genommen; sie zeigte mir aber immer wieder aufs neue, daß die Therapie nutzlos wäre und daß nichts ihr helfen konnte. Obwohl sie - im Sinne ihrer Lebensziele - sogar während der Therapie geheiratet hat und Mutter geworden ist, waren auch diese Ereignisse letztlich nur neue Beweise für mein universelles Versagen als Therapeut.

A: Nun ja, um unser psychoanalytischen Wissen über unbewußte Abläufe zu nutzen - schließlich hast Du sie nicht geheiratet und ihr ein Kind gemacht!

Z: Ich frage mich manchmal, gibt es ein Recht auf eine eigene Überzeugung in Rilkescher Manier, auch wenn das Leben dann unglücklich verläuft oder sind wir nach wie vor angehalten, theoretisch und praktisch, mit alternativen Therapieansätzen - wie es Klaus Grawe vorschlägt - das Glück der Patienten erneut zu suchen?

A: Wir sehen an unserer Ulmer Ambulanz, je größer und vielfältiger das Therapieangebot wird, eine wachsende Zahl von Repetetur-Patienten - um jenes Balintsche Konzept auch auf die Verschreibung von Psychotherapie anzuwenden- , und ich bin mir nicht sehr sicher, ob die wachsende Zahl von Therapieversuchen weniger Patienten zu rechtfertigen ist.

Z: Die Schwierigkeit ist ja wohl, daß eingespielte Interaktionsmuster ihre schrecklich negative Gültigkeit behalten, selbst wenn einer der Beteiligten daraus auszusteigen versucht. Es könnte sein, daß selbst Supervision nicht mehr helfen kann.

A: Das Konzept "Sicherheit" vor "Befriedigung" erklärt theoretisch die Stabilität von negativen Beziehungserfahrungen, in dem Sinne: Geschieht meiner Mutter grad recht, wenn es mich an der Hand friert. Weit besser als dies der Freudsche Todestrieb zu leisten vermag, stellt der Identitätswiderstand (Thomä u. Kächele 1985) die Quelle für solche leidvollen Situationen dar.

Z: Stimmt. Es spricht auch vieles dafür, daß auch ich immer wieder von den alten Mustern eingefangen wurde. Aber es gibt noch einen anderen Grund für meinen Pessimismus: In diesem Fall gibt es eine Katamnese von über 10 Jahren nach Therapieende. Vor kurzem sprach mich eine Kollegin auf die Patientin an, weil diese erneut um therapeutische Hilfe gebeten hatte. So kam ich indirekt zu einer Katamnese, wenn auch zu einer traurigen.

A: Besser die traurige Wahrheit als keine!

Z: Ich erfuhr, daß die Patientin noch zweimal eine Psychotherapie, darunter eine behaviorale und eine psychodynamische, wohlgemerkt mit zwei Therapeutinnen, gemacht hatte, und daß die Patientin pauschal alle vergangenen Psychotherapien als erfolglos und insuffizient bezeichnete. Auch meine Kolleginnen fanden sich ganz schnell in fast der gleichen Position wieder, in der ich mich seinerzeit befunden habe. Es muß bei der Patientin schon eine sehr starke Tendenz zum Vorwurf und zu destruktiven Formen von Beziehung geben.

A: Also muß man hier doch von einem hoffnungslosen Fall reden?

Z: Man muß nun von einer fragwürdigen weiteren Prognose ausgehen, die möglicherweise nach jedem gescheiterten Therapieversuch noch fragwürdiger wird. Aber keine Therapie ist von vornherein ganz aussichtslos.

A: Was müßte denn ein Therapeut in so einem Fall tun, um doch noch halbwegs erfolgreich zu sein?

Z: Ich weiß nicht, wie die Situation sich heute darstellen würde; ich weiß nur, wie sie sich damals dargestellt hat, und wo meine Fehler lagen. Dabei war die mißglückte Interaktion am Anfang nur ein Teil des Problems. Entscheidend war wohl eine Konzeption von der Patientin, die allzu stark von subjektiver Sympathie diktiert war. Deshalb war meine Enttäuschung wohl unvermeidlich; ich hätte sie bestenfalls besser verstecken können.

A: Das sagt sich auch leichter als es getan ist!

Z: Wahrscheinlich hat die Patientin sich selbst und mir etwas vormachen wollen, was ihre Fähigkeiten und Erfolge anbelangte. Die beruflichen Erfolge beruhten mehr auf der privaten Verbindung zum Chef als auf eigener Leistung; die Ablösung von den Eltern war nicht wirklich vollzogen, und die Fähigkeit für engere partnerschaftliche Beziehungen war stark begrenzt.

A: Und das hätte man von vornherein sehen können?

Z: Die Patientin hatte wohl gehofft, durch Psychotherapie diese eigenen Schwierigkeiten besser überspielen zu können. Die therapeutische Arbeit hätte aber dort ansetzen müssen, wo die Vergeblichkeit ihrer Hoffnungen offensichtlich wurde. Diese bitteren Erkenntnisse hätten am Anfang der Therapie stehen und die Basis für die künftige Arbeit abgeben müssen.

A: Das verweist doch auf die überragende Bedeutung einer klaren Therapiekonzeption als Basis der Therapie. So sehr wir uns Therapie als Spiel wünschen - wo das Zusammenspiel spielerisch bleibt - die Spielmetapher hat auch ihre Grenzen, nämlich dort, wo das Spiel blutiger Ernst wird.

Z: Ist dies nun eine Kritik am Tagungsthema?

A: Wenn das Spiel um seiner selbst willen gespielt werden soll, dann scheint mir manchmal, daß wir unser Konzept von Therapie idealisieren. Für die Mehrzahl der Patienten dürfte diese Metapher wenig Einladungscharakter haben.

Z: Das sehe ich auch so; wir verwechseln manchmal diese Selbsterfahrungswelten, die deshalb auch als "Spiele für Erwachsene" zählen, mit den klinischen Erfahrungen, mit denen unsere schwerer gestörten Patienten ringen.

A: Lieber Freund und Kollege, wir gehören offensichtlich zu der schwerblütigen Sorte, denn wir teilen die Ansicht, daß die Kunst heiter sein möge, und Psychotherapie als Spiel ab und zu heiter sein darf.

Z: Die technischen und theoretischen Probleme, vor die uns manche Patientinnen und Patienten stellen, eignen sich weniger gut zum Konzept des Spiels.

A: Vielleicht tun sich manche, die gerne spielen, auch deshalb ein bißchen schwer mit der ernsten Wissenschaft?

Z: Vergleichen wir den wissenschaftlichen Aufwand, mit dem für die Behandlung von hämatologischen Systemerkrankungen - z. B. Leukämien - die Methode der Knochenmarktransplantation entwickelt wurde, - nach zehnjähriger Kooperation mit Hämatologen darf ich das sagen - mit unseren bisherigen wissenschaftlichen, empirischen Bemühungen um das theoretische und praktische Verständnis der Behandlungen schwerer Störungen, die notorisch Schwierigkeiten des Zusammenspiels auslösen, dann haben wir noch viel Arbeit vor uns.

A: Das Zusammenspiel hat m. E. weitaus mehr Technizität als die darin enthaltene Spielmetapher uns glauben macht.

Z: Die Biologie stellt das Überleben der Spezies auch nicht auf das Spiel, sondern auf das Zusammenspiel von Mutter und Kind ab. So beruht auch das therapeutische Zusammenspiel auf dem Wunsch der Patienten nach Veränderung, Beeinflussung, Einsicht und was auch immer *und* auf der Grundlage von klinischem Wissen und von persönlicher klinischer Erfahrung, die der Therapeut als Ausdruck seiner Professionalität mitbringt.

A: Das Zusammenspiel kann mißglücken aus einer Vielfalt von Gründen. Der Wunsch der Patientin kann sich als nicht erfüllbar erweisen.

Z: Und der Therapeut kann der Patientin seine Sichtweise nicht aufzwingen.

A: Als der Klügere wird er im Zweifelsfall schon nachgeben müssen, was bleibt ihm auch anderes übrig. Als der Klügere darf er aber auch die Richtung des ganzen Unternehmens nicht aus dem Auge verlieren, sonst irrt er genauso im Dickicht herum wie seine Patientin.

Z: Fazit? Psychotherapie hängt also an der Bereitschaft zum Zusammenspiel, manchmal darf es ein Spiel werden, manchmal ist es schwere, wirklich sehr schwere Arbeit für beide.

A: Einverstanden!

Literatur

Anchin JC, Kiesler DJ (eds) (1982) Handbook of Interpersonal Psychotherapy. Pergamon, New York

Bergin A (1963) The effects of psychotherapy: Negative results revisted. J Counsel Psychol 10: 244-250

Drigalski D v (1979) Blumen auf Granit. Eine Irr- und Lehrfahrt durch die deutsche Psychoanalyse. Ullstein, Frankfurt aM Berlin Wien

Frank JD (1973, dt. 1981) Persuasion and healing. Johns Hopkins University Press, Baltimore (dt. Die Heiler: Wirkungsweisen psychotherapeutischer Beeinflussung; vom Schamanismus bis zu den modernen Therapien. Klett-Cotta, Stuttgart Baltimore)

Freud S (1905) Bruchstück einer Hysterieanalyse. GW Bd 5, S 161-286

Gill MM, Hoffman IZ (1982) A method for studying the analysis of aspects of the patient's experience in psychoanalysis and psychotherapy. J Am Psychoanal Assoc 30: 137-167

Grawe K (1984) Mißerfolg in der Psychotherapie aus verhaltenstherapeutischer Sicht. Verhaltensmodifikation 3: 219-234

Grawe K (1992) Komplementäre Beziehungsgestaltung als Mittel zur Herstellung einer guten Therapiebeziehung. In: Margraf J, Brengelmann JC (Hrsg) Die Therapeut-Patient-Beziehung in der Verhaltenstherapie. Röttger, München, S 215-244

Henry W, Strupp H, Schacht T, Binder J, Butler S (1993) The effects of training in time-limited, dynamic psychotherapy: Changes in therapeutic outcome. J Consult Clin Psychol 61

Herold R (1995) Beziehungserfragung in Psychoanalysen. Psychol Dissertation, Universität Tübingen

Hohage R, Kächele H (1986) Emotionale Erfahrung und Übertragung - zur Bedeutung von veränderungsrelevanten Mikroereignissen. Unveröff Manuskript, Universität Ulm

Hohage R, Kübler C (1987) Die Veränderung von emotionaler Einsicht im Verlauf einer Psychoanalyse. Z Psychosom Med Psychoanal 33: 145-154

Lambert M, Bergin A (1994) The effectiveness of psychotherapy. In: Bergin A, Garfield S (eds) Handbook of Psychotherapy and Behavior Change. Wiley & Sons, New York

Luborsky L (1988) Einführung in die analytische Psychotherapie. Springer, Berlin Heidelberg New York

Ricks D (1974) Supershrink: Methods of a therapist judged successful on the basis of adult outcome of adolescent patients. In: Ricks D, Roff M, Thomas A (eds) Life history research in psychopathology. Univ Minnesota Press, Minneapolis

Sachs J (1983) Negative factors in brief psychotherapy: An empirical assessment. J Consult Clin Psychol 51: 557-564

Strupp HH (1982) Psychoanalytic failure. Reflections on an autobiographical account. Contemp Psychoanal 18: 23 -258

Strupp H H (1995) Frequenz, Dauer, Setting in der psychodynamischen Therapie - Ist 1 Jahr genug? In: Buchheim P, Cierpka M, Seifert Th (Hrsg) Lindauer Texte. Springer, Berlin Heidelberg New York

Thomä H, Kächele H (1985) Lehrbuch der psychoanalytischen Therapie, Bd 1: Grundlagen. Springer, Berlin Heidelberg New York

Thomä H, Kächele H (1988) Lehrbuch der psychoanalytischen Therapie, Bd 2: Praxis. Springer, Berlin Heidelberg New York

Psychotherapie als rituelles Spiel

Peter Haerlin

Der Titel meines Beitrags mag Zweifel in Ihnen wecken. Einmal am Begriff "Spiel": Wir wissen doch, daß Therapie Arbeit ist. Wir haben zum Patienten eine Arbeitsbeziehung mit einem Arbeitsbündnis, wir bearbeiten seine Widerstände, arbeiten Ängste mit ihm durch, machen Körperarbeit und allerlei Übungen mit ihm, veranlassen ihn zu Trauerarbeit, und am Ende unserer Liebesmühe ist er wieder arbeitsfähig. Und "rituell": Ist die Psychotherapie nicht gerade das Ende aller Ritualisierung? Unsere schamanischen Kollegen trugen oder tragen Ritualgewänder. Wir nicht. Wir stellen keine hölzernen Bilder von Schutzfiguren um die Couch herum auf. Ist nicht etwa das Spontane der freien Assoziation der Gegensatz zu starren Beicht-, Gebets- und anderen Ritualformeln? Ist nicht unser individuelles und lebendiges Akzeptieren der Patienten der Gegensatz zu Absolutionsformeln?

Natürlich gibt es in der Psychotherapie vernünftige Regeln, und man mag sie "Spielregeln" und "Rituale" nennen. Um diese Regeln geht es mir im folgenden nicht. Ich möchte mit dem Begriff des rituellen Spiels - ohne unnötige Feierlichkeit und ohne zu mystifizieren - ein Grundelement der Psychotherapie einfangen: Sie wäre nicht möglich ohne die *Ritualisierungsfunktion* des Selbst.

Ich beginne mit dem Begriff des Rituals. Der Erfahrungshintergrund der folgenden Überlegungen ist die langfristige psychoanalytische Therapie, wobei ich methodenliberal, also nicht nur etwa verbal arbeite. Als Psychoanalytiker glaube ich nicht, daß von hundert therapeutischen Sitzungen in jedem Fall 90 zuviel sind. Wenn eine Therapie 150 oder auch 300 Stunden dauert, und wir halten diese Stunden neben die Lebensstundenzahl eines Patienten, so stehen wir immer noch vor der erstaunlichen Tatsache, daß ein Mensch, der Therapeut, mit seinen geringen privaten Mitteln Veränderungen mitbewirkt, die mit diesen Mitteln gar nicht zu erzielen sind. Schon Freud, denke ich, hatte dies im Auge, wenn er einen alten französischen Chirurgen zitiert: "Ich habe den Patienten verbunden, Gott hat ihn geheilt." Unsere Wirkungsweise "mit wenig viel" wird uns in bestimmten Situationen deutlich spürbar. So wenn ein sehr einsamer, sehr verzweifelter, von sich und der Menschenwelt abgekehrter Patient in einer Stunde plötzlich zu sich und in die Menschenwelt zurückkehrt, mit Tränen und Dankbarkeit und einem langen, offenen Blick in die Augen seines Therapeuten. Wir haben dann eher das Gefühl, ehrfürchtiger Zeuge als an diesem inneren Schritt ursächlich Beteiligter zu sein. Oder denken Sie an die Macht einer kurzen Körperberührung. Eine bekannte Therapeutin sagte einmal von einer Therapie: "Sie kam erst in Gang, nachdem ich die Patientin umarmt hatte". Was gibt einer kleinen Körperberührung solche Kraft? Gerade der Körpertherapeut steht ja oft vor dem "Wunder der leeren Hände" und vor der Tatsache, "daß man etwas schenken kann, was man selbst nicht besitzt", wie Bernanos vom Priester sagt.

Leere, fast leere Hände, die doch mit Heilkraft aufgeladen sind: wir sind keine Priester, keine "Gott-Behälter", wie auf den Cook-Inseln die Priester genannt wurden. Der Priester ist nach seinem Glauben Stellvertreter Gottes, Gott spricht und wirkt aus ihm. Wir sind aber auch Stellverteter, Behälter. In der psychoanalytischen Theorie gibt es den von Bion stammenden Begriff des Psychoanalytikers als Container (Mertens 1991). Danach ist der Psychotherapeut eine Deponie, eine Entgiftungs- und Transformationsbox für Gefühle und Seelenlagen des Patienten, die der Verwandlung bedürfen. Ich denke nun, der Patient würde in uns als Privatpersonen nicht so konsequent so viel hineinlegen, wie er es in einer gut laufenden Therapie tut. Er legt etwas in uns hinein, weil er uns als Ritualfiguren oder Amtsträger sieht und anerkennt. Ein Amtsträger ist eine Instanz, die etwas repräsentiert, das sie selbst nicht oder nicht in dem Maß ist, in dem sie es darstellt. Ein Amtsträger spricht und handelt "im Namen von ...". Ein Botschafter etwa spricht im Namen und als Sprachrohr seines Landes, ein Richter im Namen der Gerechtigkeit und des Volkes (daher trägt er eine Robe), ein Geistlicher im Zeremonialgewand im Namen Gottes, ein Arzt, der nicht nur als Gesundheitstechniker gesehen wird, handelt im Namen des Gesundheitswillens des Patienten, der diesem in Gestalt des Arztes entgegentritt (insofern trägt auch er zu Recht ein weißes Zeremonialgewand). Die Eltern sind für das frühe Kind nicht etwa nur Individuen in der Welt, zwei von Milliarden Menschen. Sie sind vielmehr Behälter und Stellvertreter der Welt und des Selbst. Wie die Mutter, wie der Vater, so ist das Universum, so sind die Götter, so sind die Frauen, so sind die Männer, so bin ich. Die Eltern abstrahieren sich zu Welt- und Objektschablonen, eingelagert in sie, in ihre allgegenwärtige Güte oder in ihre allgegenwärtige Unzuverlässigkeit, wird alles spätere Weltliche erfahren. Die Eltern sind Stellvertreter der Moral, sie haben die Macht, mit dem stärksten aller Urteile zu schaffen, zu erheben, zu vernichten, mit dem Urteil über Gut und Böse. Wäre der Vater nur ein beliebiges Individuum unter anderen und nicht Instanz, Amtsträger, so würden nicht ganze Lebensläufe davon bestimmt, seine Anerkennung zu gewinnen oder seine Ablehnung aus dem seelischen Organismus herauszuarbeiten.

Der Liebende kehrt zu der ritualisierenden Wahrnehmungsform der Kinder zurück, wenn er zur Geliebten sagt: "Du bist die Welt für mich", wenn er durch sie hindurch die ganze Welt umarmt und als umarmenswert erlebt. In all diesen

Fällen übernimmt ein Mensch für andere die Funktion, die Welt, den menschlichen Kosmos im ganzen oder in Teilen darzustellen, wir können auch sagen zu spielen. Durch solches Spiel depersonalisiert sich die "Kultfigur". Sein Ich, seine Individualität tritt hinter dem Repräsentierten zurück.

Magische, präsentative, informelle Rituale

Zu den Worten "Kultspiel," "Ritus" fallen uns die urtümlichen Rituale der Menschheit ein: In ihnen wurde der äußere und innere Kosmos sowohl vergegenwärtigt - das *präsentative* Element des Ritus - als auch *magisch* miterhalten. Ein Maori-Häuptling sagte: "Wenn wir aufhören, unseren Göttern zu opfern, dann sterben sie - und wir mit ihnen." Denken Sie an die der Sonne und ihrer regelmäßigen Wiederkehr dargebrachten Menschenopfer der Azteken oder an das Ritual der Heiligen Hochzeit. In ihr wurde die weltschaffende geschlechtliche Vereinigung des Götterpaares rituell nacherlebt und magisch mitvollzogen. Sie war eine kosmische Heilshandlung, etwa so wie wenn von den Oberammergauer Passionsspielen die Gesundheit und Vermehrung der Menschen, das Wachstum der Pflanzen und Ernten, das Wohlergehen des ganzen Alls abhingen und dieses ohne die Spiele buchstäblich ins Nichts versänke. Magische Riten gab es nicht nur auf der globalen, kosmischen Ebene, sondern auch für Partialziele, etwa Jagdriten. In Rußland gab es einen Brauch, die Hochzeitsnacht in der Vorratskammer zu verbringen, um die Fruchtbarkeit der Ehe zu sichern.

Wenn ich von der Psychotherapie als rituellem Spiel spreche, so habe ich nicht den magischen Ritus im Auge. Ich denke vielmehr an den präsentativen Charakter des Ritus. Der religiöse Ritus hat einen kognitiven, kosmologischen Aspekt. Das Kultspiel enthält Vorstellungen darüber, was die Welt "zusammenhält". Vor allem aber induziert das heilige Kultspiel Gefühle der Zugehörigkeit zum Kosmos oder dem Teilkosmos, dem es gilt. Es schafft Heimat, ist Einnistungsspiel. Es ist nicht in unser Belieben gestellt, daß wir das Bedürfnis haben, mit dem Kosmos auf gutem Fuß zu stehen. Ursprüngliche Völker artikulieren sich das kosmische Gesamtmilieu nach Mythologien, auf denen sich rituelle Handlungen aufbauen. Wir haben eher informelle, vorbewußte oder unbewußte Rituale. Im autogenen Training mag der "Atem im Körper" umschlagen zum "Körper, Ich im Atem": der tragende Atem wird dabei zur psychosomatischen, kosmologischen Metapher. Der sexuelle Akt kann ein latenter Ritualakt sein. Wir finden nicht so selten, daß Menschen danach das erlöste Gefühl haben "alles ist gut", "ich bin ein guter Teil des Ganzen". Die Sexualität ist nicht einfach ein Es-Trieb nach Lust, sondern ein Selbst-Bedürfnis, uns der Einheit mit dem besonderen Selbstobjekt, dem Partner, und durch ihn hindurch der Einheit mit dem universalen Selbstobjekt, dem Gesamtmilieu, zu vergewissern, und mit beiden Einheiten verknüpft der Einheit mit uns selbst. Der andere ist dann *informeller* Ritualpartner, ich liebe durch ihn hindurch das Weltall und lasse mich durch ihn hindurch vom Universum lieben. Er ist Stellvertreter, Behälter, Kanal. Im Tantrismus findet sich diese natürliche Ritualfunktion mythologisch und technisch kunstvoll ausgebaut. In der tantrisch-buddhistischen Kunst Tibets ist das Bild des in Yogahaltung sexuell vereinigten Paares das allgemeinste Symbol der geistigen Erfüllung und Einheit des Selbst mit sich und dem Ganzen.

Die Riten machen von der natürlichen Symbolkraft der in ihnen verwandten Elemente Gebrauch. So ruhen etwa auch Mythos und Ritus der Friedenspfeife auf dem natürlichen Wesen des Tabaks, "zueinanderzuführen" (wie auch die Werbung weiß), gemeinsames Rauchen mag so ein vorbewußtes Ritual sein. Ein weiteres Beispiel für ein vorbewußtes informelles Ritual: Wenn jemand um Geld spielt, um zu wissen, ob er von der Glücksmutter geliebt wird (so wie der Calvinist Reichtum erarbeitet, um sich der Gnadenwahl und des Akzeptiertseins vom Vatergott sicher zu sein), dann ist der Spieltisch ein Orakeltisch.

Das Prädikat "Gott" und das Ritual

Wir leben in einer Kultur, welche die Ritualisierungsfunktion des Selbst oft primitiv agieren läßt, wenig Begabung für kollektiv geltende, kunstvoll gestaltete rituelle Spiele hat. Diese Begabung und das Bedürfnis nach ihnen finden wir an eine bestimmte Erfahrung gebunden: Die Erfahrung des Göttlichen um und in uns. Ich meine damit nicht Götter im Sinn real existierender Machtträger, die ihre Macht für oder gegen den Menschen einsetzen können, sondern das Göttliche im Sinn des für die Ganzheit des Menschen Wesentlichen; oder umgekehrt die Erfahrung von Ganzheitselementen als göttlich. Dem ursprünglichen Bewußtsein ist sie natürlich. Daß z. B. die alten Griechen um und im Menschen zahlreiche Göttinnen und Götter, Halbgöttinnen und Halbgötter ansiedelten, ging ja nicht auf eine Inflation in der Vergabe des Prädikates "Gott", "göttlich" zurück, sondern auf die ergriffene Erfahrung von Luft, Wasser, Sonne, von Mut, Klugkeit, Eros als numinosen, d. h. für die menschliche Identität absolut notwendigen Elementen. Bei Euripides steht der schöne Satz: "So ist denn auch das Wiedersehen ein Gott." "Gott" in dem hier gemeinten Sinn ist ein Element, ohne das wir "nichts sind", im Sinn von "nichts wert", "leblos", "tot" oder auch "untot", d. h. weder lebendig noch tot, schattenhaft. Unser Lebensgefühl ist alltäglich von der Innigkeit, ein Erlebnis oder Objekt "göttlich" zu nennen, weit entfernt. Wir kennen aber auch

Zustände "himmlischen Friedens", "überirdischer Schönheit", "heiligen Zorns", der reinigt. In der Psychotherapie erleben wir regelmäßig Augenblicke der Ehrfurcht mit, wenn Patienten einen Neubeginn mit Elementen ihrer Ganzheit machen, die sie ernst, ergriffen, aber auch mit Furcht und Zittern erleben ("ich darf dieses Element nie mehr verlieren, wenn ich nicht wieder ins Elend, ins Nichts fallen will").

Drei weitere Formen von Ritualen

Formelle wie informelle Riten haben hinsichtlich des Ganzen drei Funktionen. Erstens erhalten und erneuern sie *das Gefühl der Zugehörigkeit* zum Gesamtmilieu. Dies ist etwa auch ein psychologisches Motiv für den rhythmisch wiederkehrenden Vollzug des Sexualakts. Zweitens werden sie an wichtigen Stationen auf dem Weg des Menschen zu seiner Ganzheit - wie Geburt, Pubertät, Eheschließung, Tod - vollzogen, auf welchen er eine neue Identitätsgestalt annimmt. Dem gelten die von van Gennep sog. *Übergangsriten* (van der Leeuw 1956, S. 210 f.). Auch heute spielen etwa offiziell ungeregelte Pubertätsriten eine wichtige Rolle. Dem neuaufgehenden Ganzheitselement werden "Opfer gebracht", Sicherheitsopfer etwa, bis hin zum Riskieren des Lebens (z.B. U-Bahn-Surfing), so wie die Sicherheit des Kindseins beim Eintritt ins Erwachsenenleben geopfert werden muß. Ein anderes Beispiel: Dort wo ich wohne, ist direkt am Zusammenfluß zweier sehr befahrener Straßen ein Gärtlein angelegt, so liebevoll inmitten des Lärms, daß es mich an Luthers Bäumchen erinnert, das er auch am Tag vor dem Weltuntergang pflanzen würde; es wirkt wie ein Ritualgärtlein für die "Göttin der Zuversicht".

Wenn die Ganzheit traumatisch und strukturell verloren ist, braucht es, drittens, *Heilrituale*. So kannten Stämme Rituale der emotionalen Reinigung von Kriegern, die gemordet hatten. Seelisch und psychosomatisch Kranke im alten Griechenland suchten die Traumrituale in den Kurtempeln des Asklepios auf. Nimmt das Über-Ich im Laufe des Jahres überhand, braucht es kompensatorische Rituale der Gesetzesübertretung wie Fastnacht. Die unterdrückte Vitalität wird in ritueller, zeitlicher Begrenzung freigesetzt, sie hat "Freigang", um dann wieder hinter die Gitter des Alltagslebens zu kommen.

Die Psychotherapie hat auf dem Gebiet der Heilungs-, aber auch der Übergangs- und Zugehörigkeitsriten wichtige Funktionen übernommen. Sie gibt zwar, z. B., dem Trauernden keine Klagetexte, -gesänge, -frauen, sie läßt dafür aber die Patienten ihre Trauerklagen individuell formulieren oder läßt sie auf die Traumformulierungen ihrer Trauer achten, ja Trauer überhaupt fühlen. Die

Psychotherapie stellt den Ritualpersonen, dem Therapeuten und dem Patienten, "Gefäße" zum "Einfangen" verlorengegangener Ganzheitselemente höherer oder niedriger Ordnung zur Verfügung. Wenn es um dieses Ziel geht, dürfen die freie Assoziation ein Bewußtseinsritual, Bewegung ein Tanzritual, ein Pinsel ein ritueller Gegenstand heißen. Rituell ist ein Akt dadurch, daß einem "Faktor" menschlicher Identität, einem uns erschaffenden Element ein Gefäß hingehalten wird. Die psychotherapeutischen Schulen haben dabei ihre globalen Anrufungsworte: Das Unbewußte, das Selbst, die Begegnung, der Körper, die Träume oder andere Heilinstanzen. Ihnen werden "Opfer dargebracht", Aufmerksamkeitsopfer in verschiedenen Medien. Erfüllt das angerufene Element das hingehaltene Aufmerksamkeitsgefäß, etwa Wut das Stampfen, Liebe die Farbe Rot, werden, in der religiösen Bildsprache gesprochen, gekreuzigte Götter lebendig, also Ganzheitsfaktoren, so ist der Ritus belebt. Ohne dieses "Gnadenelement" bleibt er tot. Wenn etwa "das Unbewußte schweigt", ist die freie Assoziation nur Geplapper. Wenn die Wut abgewehrt wird, ist das Stampfen ein leeres Psychoturnen. Übrig bleibt dann höchstens ein magisches Sichabstrampeln, der Versuch des Gefäßes, sich selbst zu füllen, aber kein Gefäß kann sich selbst füllen.

Die Psychotherapie ist ein Heilritual, in dem ein Mensch, der sich "nur noch als halber Mensch", oder "kaum mehr als Mensch", sondern etwa als "Leistungsmaschine" fühlt, "wieder ein Mensch wird". Dabei ist ihm ein anderer oder mehrere andere behilflich. Der Mensch wird nur durch den Menschen ein Mensch. Psychotherapie (im Gegensatz zu Spiritualität) ist Heilung des Menschen durch den Menschen, soweit dies eben geht und im Rahmen der Tatsache, daß die Fähigkeit des Menschen, Wunden zu schlagen, seine Fähigkeit, sie zu heilen, bei weitem übertrifft. Der Therapeut als Ritualfigur vertritt die Ganzheitsfaktoren des Patienten, er vertritt auch die "Göttlichkeit" des Menschen für den Menschen. Für viele Patienten ist der Mensch ja ein Tier, ein Wolf, ein Teufel, ein unwirklicher Traum oder gleichgültig geworden.

Ritual und Abstinenzregel

Betrachten wir das therapeutische Ritualamt etwas näher. Wie macht es überhaupt der Therapeut, sich aus einer Privatperson in eine Amtsperson zu verwandeln? In psychoanalytischer Terminologie: Er geht in die Einstellung der *Abstinenz*. Dieses Wort hat für manche nicht den besten Klang, es erinnert sie an den deutenden Psychoanalytiker, der nur ein "kalkulierender Leichnam" (Perls) ist, an die Psychoanalyse als an ein Experiment sozialer Deprivation ("Mein Analytiker hat 600 Stunden geschwiegen, das war zuviel", sagte mir neulich ein junger Mann.)

Der tiefste Sinn der Abstinenz aber liegt in Wahrheit darin, die Ritualverwandlung zu ermöglichen. Dabei bezeichnet das Wort den negativen Aspekt der therapeutischen Einstellung: Daß der Therapeut Verzichte leisten muß, wie auch der Patient. Was ist das Positive, das durch sie ermöglicht wird? Es ist die Empathie eines therapeutischen Menschwerdungsrituals. Das Herzstück dessen, was der Therapeut tut, ist engagierte Empathie geben. Das Herzstück dessen, was der Patient tut, ist die Assimilation dieser Empathie durch seinen kranken psychosomatischen Organismus. Die defizitären oder abgewehrten Elemente seiner Identität nehmen die ihnen geltende hellsichtige Akzeptanz des Therapeuten in sich auf. Ungesehen, entrechtet, verelendet, wie sie sind, nähren sie sich an seiner zugleich zärtlich-mütterlichen und väterlich-anwaltschaftlichen Fürsorge. Der Patient verwandelt die Empathie des Therapeuten teilweise in Eigenempathie, und sie ist dann in wachsender Selbstständigkeit die Trägerin seines neuen Lebens.

Der Therapeut ist empathisch nicht nur durch artikulierte empathische Akzeptanzoperationen, sondern auch durch das, was er vorgängig zu ihnen ist. Indem er etwa für einen hinsichtlich seiner männlichen Identität defizitären Patienten ein Mann ist, hat dieser die organismische Reaktion: "Ich fühle mich durch meinen Therapeuten, allein dadurch, daß er ein Mann ist, verstanden." Die Identifikation ermöglicht es dem Patienten, Zugehörigkeit zu sich als Mann und zur Männerwelt im ganzen aufzubauen.

Die Abstinenz des Therapeuten bedeutet zentral, daß er sich innerlich ganz auf die Bedürfnisse des Patienten "zuspitzt" und die eigenen im hohen Maß methodisch zurückstellt. (Jedes Amt hat seine spezifischen Amtszurückhaltungen, ist durch seine ihm eigenen Abstinenzen mitdefiniert.) Daß dieses Zurückstellen konsequent und zuverlässig ist, hat seine Bedingungen, die des Ortes, der Zeit, des Geldes, der Psychohygiene des Therapeuten, der Motivation des Patienten, etc. Die "Zuspitzung" der amtlichen Interaktionspersönlichkeit des Therapeuten ermöglicht dem Patienten eine auf seine Bedürfnis-, Leidens-, Konfliktlage zugeschnittene, außerordentliche Einbettung in einen anderen. Ihr Naturmodell ist die asymmetrische Menschwerdungsbeziehung des Kindes zu guten Eltern. In der Therapie steht diese freilich unter der spezifischen Anforderung, daß der Therapeut nicht eine primäre, sondern eine sekundäre und alternative Elternposition hat, aus der heraus er den Kampf gegen die in den Patienten-Organismus eingedrungenen primären Eltern-, etwa Über-Ich-Fremdkörper, oder Elternabwesenheiten aufnehmen muß. Für diesen Kampf hat er eine Chance allein als Ritualperson. Wäre er Privatmensch, hätte er von Anfang an gegen die enorme Wucht der traumatischen Prägungen und seelischen "Frühimplantate" verloren, die den Patienten strukturieren und deren Maschinerie an Übertragungen, Abwehrvorgängen, Idolisierungen etc. ihn ebenso in sich hineinfräße wie die Menschen der Lebenswelt des Patienten. Der Therapeut muß mit alternativer Elternkraft aufgeladenes Objekt, "unzerstörbares Element" (Balint), "idealisiertes Selbstobjekt"

(Kohut), "ideale Mutter", "idealer Vater" (Pesso) sein. Die rituelle Idealisierung des Therapeuten hat ihre religionsgeschichtliche Parallele. Etwa: "Der König ist die Sonne, das Königtum ist die Verbildlichung des Sonnenlaufs. Sein ganzes Leben spielt der König 'Sonne', um schließlich auch das Los der Sonne zu erleiden: Sein eigenes Volk bringt ihn in rituellen Formen ums Leben" (Huizinga 1991, S. 25). Der König kann Sonne, der Therapeut "idealer Mensch" spielen, weil sich beiden gegenüber die kindliche Idealisierungsfunktion belebt. Das heißt aber: Wie der ekstatische Schamane oder der Priester sich aus der Kraft der Götter heraus tätig fühlen, so arbeitet oder spielt der Therapeut mit Kräften, die er nur z. T. aus sich, z. T. aber - nicht von den Göttern, sondern - vom Patienten erborgt hat. Wir brauchen uns dieser erborgten Kräfte nicht zu schämen, nicht dafür zu schämen, daß der Patient sich von uns in höherem Maß bedingungslos akzeptiert, verstanden, freigelassen fühlt und als ein real existierender Mensch einen anderen akzeptieren, verstehen, freilassen kann. Der Therapeut übt sein Ritualamt des bedingungslosen Akzeptierens ja, wie gesagt, auch unter klaren Bedingungen aus.

Abstinenz und Präsenz

Einiges von dem idealen Menschen muß der Therapeut freilich real sein und haben. Die Ämter unterscheiden sich stark hinsichtlich des notwendigen Zusammenspiels von Amts- und privater Persönlichkeit. In keinem Amt vermutlich ist die erfolgreiche Amtsführung so abhängig von den empathischen Kompetenzen, der Ausstrahlung der Privatperson wie in unserem. Während die persönlichen Emotionen und Phantasien eines Richters bei der Urteilsverkündung ziemlich gleichgültig sind, schlagen sie im Falle des Therapeuten Wellen ins Unbewußte oder Bewußte von Patienten mit sehr offenen Ichgrenzen hinein, Wellen von großer Bedeutung. Bei solchen Patienten ist es auch entscheidend, welches reale Ich, welche realen Ichfunktionen ein Therapeut ihnen "ausleihen" (und nicht ausleihen) kann (während die Idealisierungsfunktion gesünderer Patienten sich über die Mängel der realen Therapeutenpersönlichkeit leichter hinwegspielt).

Die persönliche *Präsenz* des Therapeuten - seine individuelle Art, Mann oder Frau zu sein, seine ihm eigene Mischung aus Ernst und Humor, etc. - ist das notwendige Ergänzungsstück zur Amtszurückhaltung. In jedem Augenblick gibt der Therapeut dem Patienten eine Amtsbeziehung, die durchtränkt ist von einer Beziehung "von Mensch zu Mensch", wobei beide Elemente in nach Patient und Situation sehr verschiedener möglicher Dosierung dasein können. Immer aber ist das eine nichts ohne das andere. Der reine Privatmensch wäre so hilflos wie die reine Ritualfigur leer bliebe. Es gibt keinen Amtsautomatismus wie nach katholischem Glauben beim Priester, der durch keine private Inkompetenz sein Amt der Transsubstantiation oder Sündenlossprechung verliert. Der bayerische Bauer aber, der mit dem Satz zitiert wird "Unser Pfarrer is a Lump - abg'seh'n von der heiligen Weih" würde, wenn er zum Psychotherapeuten gehen und feststellen würde, der ist auch ein Lump, nicht die Freundlichkeit haben hinzuzufügen "abg'seh'n von der heiligen Weih".

Abstinenz braucht kompetente Präsenz. So sehr "Abstinenz" einerseits besagt "außer Kraft gesetzter Alltagskontakt", so wenig besagt sie Kontaktlosigkeit oder gar ideologisierte, schizoide, emotionale Berührungsscheu. Abstinenter Kontakt ist ein anders, durch einen Ritualrahmen, definierter Kontakt. Die Abstinenzregel wird auch als Verbot realer Bedürfnisbefriedigungen verstanden. So viel daran richtig ist, einiges ist doch falsch. Bereits das reale Akzeptiertwerden enthält ein hohes Maß an Befriedigung, das höchste sogar, das ein Mensch einem anderen geben kann. Freilich ist Akzeptieren etwas anderes als "Deutungen und Einsichten geben", eine Aktivität, die für den Patienten in der Tat keine Befriedigung, oder so gut wie keine enthält. Außerdem ist die Abstinenzregel durchaus mit dem Faktor der therapeutischen *Modellbefriedigung* vereinbar. Ich möchte hier nur einen einzigen Aspekt erwähnen: den der Körperberührung. Körperberührung ist in Heilungsritualen normal. Denken Sie an die religiösen Wundergeschichten, in denen etwa das Handauflegen - ritueller Nachfolger der biochemische Glücksstoffe erzeugenden wechselseitigen Körperpflege von Primaten - eine wichtige Rolle spielt. In den schamanischen Heilritualen gibt es Körperberührungen. Auch die Könige hatten das Recht heilenden Berührens. "Auf dem Totenbett unterweist Philipp der Schöne seinen Sohn in der Kunst, Kranke 'zu berühren' und bei Ausführung dieses Vorrechtes die heiligen Worte zu sprechen. Dabei müssen jedes Mal 'Gewissen und Hände gereinigt' sein. Der letzte König des ancient régime hat diese Heilkunst noch gekannt und getrieben: 'Der König berührt Dich, Gott heilt Dich'" (van der Leeuw 1956, S. 118). Die Einwände gegen Körperberührung in der Therapie haben als eine Quelle die Vorstellung, es sei die Privatperson des Therapeuten, die den Patienten berühre. Es ist aber diese und die Ritualperson, wobei die private Person "Gewissen und Hände gereinigt" haben muß.

Das reparative Identitätsspiel

"Abstinenz" heißt auch: Der Therapeut muß sich darauf verstehen, sich mit seiner vollen, realen Persönlichkeit kunstvoll abstrakt zu halten. Dies sichert seine Kraft. Es schließt sich an die in der Geschichte der Rituale üblichen *Tabueinrichtungen* an, die den Zweck haben, die gute Macht der Ritualfigur daran zu hindern, auszurinnen oder in üble Macht umzuschlagen. Die Schutztabus waren nicht selten qualvoll und machten die Ritualfigur zum Gefangenen. So verbrachte der Priesterkönig eines afrikanischen Stammes sein Leben auf einem Sessel im Walde (dem Analytiker vergleichbar), dem man sich nur auf Knien nähern durfte, selbst schlafen mußte er im Sitzen, würde er sich niederlegen, gäbe es Sturm und Unwetter.

Ein wichtiger Aspekt ist die Tabuisierung der Informationen über das Privatleben der Ritualperson. Neulich sagte ein englischer "Mann von der Straße" im Fernsehen, die Berichte und Filme über das englische Königshaus seien nicht gut: "das Mystische geht verloren". Antigonos, den jemand Sonnensohn und Gott nannte, erwiderte: "Davon weiß mein Nachttopfträger nichts". Wenn eine Nation eine Nachttopfträgerperspektive auf den König hat, so mag seine Fähigkeit, die nationale Identität zu verkörpern, verloren gehen. Hätte sie der Patient, so würde seine Beziehung zum Therapeuten in die Nähe einer Selbsterfahrungsgruppe zu zweit, einer Hänsel-und-Gretel-zu-zweit-allein-im-Wald-Beziehung rücken, durch die der Patient neu belastet und traumatisiert würde. Die Heilkraft des Therapeuten wäre dahin.

Indem dieser abstrakt bleibt, schützt er den Patienten vor sich. Der Behälter muß auch abstrakt, ausreichend leer sein, damit die Ritualisierungsfunktion des Patienten in ihn hineinlegen kann, was dieser braucht. Die Heilkraft des Therapeuten-Gefäßes liegt sowohl in den persönlichen Kompetenzen des Therapeuten wie in dem, was der Patient in es hineingibt: an guten Selbstanteilen durch Projektion, an guten Introjekten, inneren Figuren durch Übertragung. Beide bilden (schamanisch gesprochen) die "Hilfsgeister" des Therapeuten. In dem Maß, in dem sie nur fragmentarisch und schattenhaft ausgebildet sind, trinken sie dadurch, daß der Therapeut ihre "Inkarnation" ist, von seinem Fleisch und Blut, verstärken und amplifizieren sich und werden erst dadurch wirklich lebendig.

Auf der Subjektstufe, sofern die Repräsentanz des Therapeuten durch positive projektive Identifizierungen des Patienten aufgebaut wird, repräsentiert und "spielt" der Therapeut etwa das Ichideal, die Aufrichtigkeit, den Lebenswillen, die Risikobereitschaft, die Sexualität oder Partnerfähigkeit des Patienten. Die Empathie, die Akzeptanzoperationen des Therapeuten sind wirksam nicht nur als Äußerungen eines privaten Menschen. Solche hat der Patient vielleicht oft gehört, ohne daß sie ausreichend etwas ausgerichtet hätten. Sie wirken vielmehr voll nur rituell aufgeladen, d. h. der Therapeut wird gehört als befugter Sprecher eigener, wenngleich exkommunizierter Glaubenssätze, Identitätseinsichten, Berechtigungsüberzeugungen des Patienten. Ohne Anwalt bleiben sie unfruchtbar, wie wiederum dieser ohne sie unfruchtbar bliebe. Wir finden hier einen Bedingungszirkel.

Auf der Objektstufe wird der Therapeut durch das Spiel der positiven Übertragungen und das reparative Phantasiespiel ("du bist der Vater, den ich nie hatte", "du bist probeweise mein Mann") sozusagen zeremoniell eingekleidet. Das reparative Spiel ist so ernst wie die Menschwerdungsspiele der Kinder. Wenn etwa das Kind das ödipale Spiel "ich heirate den Papi", "ich heirate die Mami" spielt, so erwirbt es dadurch Geschlechtsidentität und Initiative. Später wird es real, was es jetzt am Modellobjekt noch spielt: Ehemann, Ehefrau. Die Abstinenzregel hat ein Motiv darin, daß der Therapeut sich für die phasenspezifisch im Identitätsgang des Patienten andrängenden Rollenzuschreibungen offen hält. Er ähnelt insofern dem Teddybär des Kindes, den dieses, je nach Affektlage, bald als traurigen kleinen Bruder, der beschützt werden muß, gebraucht - und so erwirbt es die Fähigkeit zu bemuttern -, bald als Schutzbär, mit dem es einschläft; und so erwirbt es die Fähigkeit der Selbstbemutterung mit Hilfe imaginärer Figuren. Das Spiel mit dem Teddy ist so kein Unterhaltungs-, sondern ein Identitätsspiel. Der Teddybär hat ein vages Gesicht, und ein solches braucht auch der Therapeut als Ritualfigur. Mit ihr, die etwas von "allen alles sein" hat, sind den Patienten alle Interaktionsspiele, die das Menschsein ausmachen, Verschmelzungs-, Ablösungs-, Kampf- und Liebesspiele möglich. Er spielt sie in der Form ritueller Nachahmung, Einübung, Probe. In den Einübungsspielen wird entweder der Ernstfall simuliert und geprobt, oder es werden alltags- und konsequenzentlastet, Lösungs- und Beziehungsmöglichkeiten durchgespielt, bis der Patient sich zu einem aktuell überzeugenden Identitätsentwurf hingespielt hat.

In allen Spielen ist der Therapeut bald Mitspieler, bald Gegenspieler, aber in einer Metaposition auch Spielkommentator, Moderator im Auseinandersetzungsspiel der inneren Konfliktparteien, Schiedsrichter, Entlarver von "Spielchen". Als Spielpartner hat der Therapeut seine Spieltrance, ein spezifisches Ausgelöschtsein als eigene Person, sein Zustand ähnelt insofern dem eines Schauspielers. Er spielt dabei nicht in dem Sinn, daß er "nur so tut". Die Rollen nehmen von ihm Besitz. Wenn Vergil die Pythia ein "von Gott gerittenes Pferd" nennt, so können wir den Therapeuten ein von den inneren Göttern des Patienten, die sich entwickeln wollen, gerittenes Pferd nennen. Dabei haben die notwendigen Spiele reale Charaktereigenschaften des Therapeuten zur Grundlage, das Vaterspiel etwa reale Vaterpotenz. Der Therapeut ist zwar nicht so persönlich Vater des Patienten wie seiner eigenen Kinder, aber im rituellen Vaterspiel, wenn es mit ernstgemeinter väterlicher Empathie geübt wird, ist die strukturelle Wirksamkeit vergleichbar.

Das *reparative Identitätsspiel* ist eine geheimnisvolle Fähigkeit des Menschen. Es lebt von der Illusion im Sinn der inlusio, d. h. Einspielung. In real existierende Objekte hinein werden in einem veränderten Bewußtseinszustand, dem Spielbewußtsein, der Spielstimmung, Einspielungen der Phantasie gemacht, in welchen die Spieler sowohl ganz aufgehen, als sie auch vorbewußt wissen, daß das Spiel Spiel ist. Zieht der Patient Einspielungen zurück, suspendiert er seine therapeutische Illusionierungsfähigkeit, sagt er etwa "Ich weiß nicht, ob, was Sie tun und sagen, nicht nur Technik, nur gespielt ist: Sie sind ja nicht wirklich meine Mutter, mein Vater, mein Mann", so sitzt der Therapeut da wie ein begossener Teddy und muß seine Induktionskunst spielen oder arbeiten lassen, um das therapeutische Spiel wieder in Gang zu setzen.

Was wir der Illusionierungs- und Ritualisierungsfunktion des Patienten verdanken, merken wir z. B., wenn er uns - zurecht oder nicht - außerspielerisch entwertet und nur noch ein privates Häuflein Untauglichkeit von uns übrigläßt. Wir bemerken es auch bei starker Übertragungsliebe, die ihren Spielcharakter verliert. Die Patientin besteht dann darauf, allein durch die Liebe des Therapeuten als Privatperson gesund werden zu können, wenn sie sie nicht bekomme, gehe alles verzweifelt aus. Es kommt vor, daß Patientinnen und Patienten erst Abschied von solcher Liebe nehmen müssen, ihn ernst und traurig nehmen - wie es ja auch sonst im Leben notwendig ist, wenn Liebe nicht erwidert wird -, um ihre Liebe und Liebeshoffnung im rituellen Rahmen, emotional abstinenter, spielerischer, in irgendwie anderer Tonart, die den feinen Unterschied ausmacht, wiederzugewinnen; ein Vorgang, den das "reale Leben" so kaum kennt, es sieht im gegebenen Fall meistens die Trennung vor.

Ein besondere Sphäre des therapeutischen Spiels ist das Durchspielen und Durcharbeiten der malignen Selbstanteile und inneren Objekte des Patienten. Zu einer Heilzeremonie gehört, daß etwa der böse Geist vorgeführt wird, der Zeremonienmeister sich ihm stellt und ihn seiner Magie durch eine Gegenmagie, etwa durch die Kraft seiner magischen Pfeife beraubt, worauf der Geist gedemütigt und verspottet zum Dorf hinaus gejagt wird. Tritt der Dämon in der Therapie durch Projektion oder Übertragung auf, so muß der Therapeut ein Doppelspiel spielen: Repräsentant des Dämons und Beschützer des Patienten vor dem Dämon zugleich sein. Beschützer heißt: Er ist ein Dämonenbehälter, der größer ist als der Dämon; dieser wird in eine Dämonentransformationsbox gesteckt.

Der Patient muß mitspielen, bei allem Haß z. B wissen, "es ist nicht so gemeint, es ist Psychodrama" (sofern es sich um Übertragungshaß, nicht um berechtigten Zorn auf den Therapeuten handelt). Sein Haß muß ein ritueller Haß, Spielhaß sein, gerichtet auf ein Durchgangsobjekt, einen Stellvertreter des ursprünglichen und verinnerlichten Adressaten des Hasses. Dieser soll durch das konstruktive Zornelement des Hasses aus dem psychosomatischen Organismus des Patienten herausgeeitert werden. So gesehen ist das Zornspiel oft ein Spiel auf Leben und Tod.

Die Achtsamkeit und das Lebensspiel

Die Einstellung, die das therapeutische Ritualspiel ermöglicht, wird auch *therapeutische Ichspaltung* genannt. Sie läßt die therapeutische Beziehung alle Wechselfälle und entwicklungspsychologisch notwendigen Durchgangsstationen überleben. Sie macht es möglich, daß der Patient sich mit seinen jeweiligen Gefühlen und inneren Situationen identifiziert und, gleichzeitig oder sukzessive, diese Identifikation auflöst. Die therapeutische Ichspaltung entsteht zentral durch Achtsamkeit. Wenn wir etwas in die Achtsamkeit nehmen, zum Beobachter werden, so verwandeln wir das Beobachtete in ein Bühnenspiel. Wer zuschaut, stellt das, was er sieht, auf eine Bühne. Achtsamkeit ist ein spielschaffender Faktor. Beobachten wir etwa unseren Haß, so verwandelt sich eine ernste Emotion in ein Emotionsspiel, wie leidenschaftlich immer es bleiben mag.

Die Achtsamkeit ist falsch verstanden, wenn sie reines Registrieren von Emotionen genannt wird. Therapeutische Achtsamkeit verändert, verflüssigt; nur registrierendes Bewußtsein aber verändert seine Objekte nicht. Mutative Aufmerksamkeit, mit der die therapeutische Ichspaltung gegeben ist, ist eigentlich eine konstruktive Persönlichkeitsspaltung. Etwa: Ich achte auf meine innere Angst. Wenn sie dadurch abnimmt, ist der Vorgang nicht der, daß die Angst gewissermaßen innerlich abphotographiert wird, sondern der, daß meine mutige Erwachsenenpersönlichkeit das ängstliche Kind in mir beruhigend anschaut, an der Hand nimmt; dadurch verringert sich dessen Angst.

Wir sagen dem Patienten: "Gib dem Gefühl Aufmerksamkeit und schau zu, was passiert". Die Veränderungen treten dann "wie von selbst" auf. Auch dieses "es geht wie von selbst" ist ein Aspekt des Spielerischen. Der Patient tut nicht Trauerarbeit, sondern er befindet sich im Zustand des "Trauer-Spiels", wenn er einem Augenschmerz Achtsamkeit gibt und dieser wie von selbst in Tränen übergeht.

Die Technik des freien Einfalls ist eine Spieltechnik. Wir lassen die Gefühle ihr Spiel mit uns treiben. Wenn der Patient fähig ist, aus dem Unbewußten oder dem Selbst heraus sich spielen zu lassen, so sind es letzten Endes die Ganzheitsfaktoren oder Durchgangsfaktoren, deren heilsamem Spiel er sich übergibt.

Das Gegenteil von Spiel, Arbeit, ist das Leben, wenn nichts von selbst geht, wir uns alles abzwingen müssen. Arbeit wird etwas, weil wir es gegen uns tun, erleben, sind. Wenn wir uns etwa bewegen, der Organismus aber will schlafen; wenn wir schlafen, er aber will sich bewegen. Auf diese Weise wird sogar der Schlaf zur Arbeit, zum Arbeitsschlaf. Unser Leben wird zum Lebensspiel, wenn wir mit dem Organismus gehen, in ihm nicht einen - wie uns scheint - permanent, etwa psychosomatisch, fowlenden Gegenspieler haben.

Zum Lebensspiel gehört ein zweites. Der Mensch ist nur dann ganz Mensch, wenn er spielt, sagt Schiller. Das heißt: wenn er, was er tut, um seiner selbst willen tut, erlebt, ist. Wenn ich schlafe, um zu schlafen - es macht einfach Freude - so schlafe ich spielerisch. Arbeit unter diesem Aspekt heißt: Etwas tun, das nicht Selbstzweck, sondern nur Mittel zum Zweck ist. Schlafe ich nur als Mittel zur besseren Leistungsfähigkeit am nächsten Morgen, so tue ich Schlafarbeit. Es ist ein Ziel des rituellen therapeutischen Spiels, den Patienten nicht nur arbeitsfähig, sondern auch spielfähiger zu machen. Ich ende mit zwei Zitaten.

"Es gibt eine eigenartige, höchst interessante Redeweise im Japanischen, die in einer ganz besonderen Art des höflichen, aristokratischen Sprechens 'Spielsprache ..' genannt wird. Anstatt etwa zu jemandem zu sagen: 'Ihr kommt in Tokio an', würde man diese Feststellung mit dem Satz 'Ihr spielt Ankunft in Tokio' ausdrücken. Man geht hierbei davon aus, daß die angeredete Person ihr Leben und ihre Kräfte so in der Gewalt hat, daß für sie alles ein Spiel ist. Dieser Gedanke wird sogar soweit geführt, daß man nicht zu jemanden sagt: 'Ich habe erfahren, daß Euer Vater gestorben ist', sondern vielmehr: 'Ich habe vernommen, daß Euer Herr Vater Sterben gespielt hat'" (Campbell 1985, S. 135).

Huizinga (1991, S. 44) schreibt dazu:

"Diese Ausdrucksweise steht, wenn ich recht sehe, der deutschen nahe: 'Seine Majestät haben geruht' ... Der Hochgestellte wird in einer Erhabenheit gesehen, in der nur freiwilliges Geruhen zum Handeln bewegt."

Ich habe zu zeigen versucht, daß die Psychotherapie in den Begriffen einer Spielsprache zu verstehen ist, freilich in einer anderen Wortbedeutung. Der Zweck des therapeutischen Ritualspiels, das natürlich mit vielerlei Arbeit verknüpft ist, die eine gleichzeitige Arbeitssprache notwendig macht, liegt auf dem Weg zu dem Ziel unseres Lebens überhaupt: Die Verwandlung unseres Lebens in ein Spiel, das eine endgültige Spielsprache hat, wie die Zitate sie andeuten. Ich möchte hier auch erwähnen, daß das Bayerische den Ausdruck "sich spielen" kennt; etwa "ich spiele mich gut mit dieser Idee, diesem Plan".

So hoffe ich, Sie spielen sich gut mit einigen der dargestellten Gedanken und danke Ihnen dafür, daß Sie Lesen gespielt haben.

Literatur

Campell J (1985) Lebendiger Mythos. Trikont, München

Drewermann E (1984/1985) Tiefenpsychologie und Exegese I und II. Walter, Olten

Huizinga J (1991) Homo Ludens. Rowohlts Enzyklopädie 435, Reinbek

Leeuw van der G (1956) Phänomenologie der Religion. Mohr, Tübingen

Mertens W (1991) Einführung in die psychoanalytische Therapie, Bd 3. Kohlhammer, Stuttgart

Winnicott DW (1979) Vom Spiel zur Kreativität. Klett-Cotta, Stuttgart

Die Liebe ist ein seltsames Spiel

Helmut Remmler

"Freudvoll und leidvoll, gedankenvoll sein,
Hangen und Bangen in schwebender Pein.
Himmelhoch jauchzend, zu Tode betrübt,
glücklich allein ist die Seele, die liebt."
J. W. Goethe, "Egmont"

Damit wäre eigentlich bereits alles gesagt. - Aber was ist gemeint mit "glücklich allein ist die Seele, die liebt"?

Liebe Liebenden, liebe Geliebten, liebe Verliebten, liebe an der Liebe Leidenden! Ich habe mit einem Zitat von Goethe aus "Egmont" begonnen. Glücklich sein bedeutet für mich nicht ein Zustand von selbstzufriedener Problemlosigkeit, sondern das Im-Einklang-Sein mit mir selbst, mit der Partnerin oder dem Partner und mit der Beziehung. Das kann ich auch sein in leidvollen Situationen, beim Hangen und Bangen in schwebender Pein und selbst, wenn ich zu Tode betrübt bin. Was nun die Seele ist bzw. was wir glauben, was sie ist, pflegt man leichtsinnigerweise im Kreise von Psychotherapeuten als bekannt vorauszusetzen.

Aber was heißt hier Liebe? Was ist Liebe wirklich? Natürlich kann ich nicht alle möglichen Formen der Liebe wie z. B. auch Gottesliebe, Mutterliebe, Nächstenliebe, Feindesliebe usw. behandeln. Im Vordergrund soll stehen die Liebe als intensive Bezogenheit zwischen Weiblichem und Männlichem.

Ich könnte nun der Einfachheit halber die Definition der romantischen Liebe aus dem Buch "Verliebt fürs ganze Leben" von Branden (1982) übernehmen, nämlich als "eine leidenschaftliche, umfassend geistig-gefühlsmäßig-sexuelle Zuneigung zwischen Mann und Frau, die auf hoher Wertschätzung des Partners beruht", wobei es natürlich auch möglich ist, daß sich solche Liebe in der Ehe ereignet, doch das soll für unsere Erörterungen zunächst einmal unerheblich sein. Ich will nun aber doch nicht von einer solchen sachlichen Definition ausgehen, sondern vielmehr das Phänomen "Liebe" umkreisen und von verschiedenen Seiten aus beleuchten.

Die Liebe ist eine allgemeinmenschliche Erfahrung und dennoch läßt sie sich nur schwer beschreiben, man bzw. frau muß sie erfahren und erleiden, Liebe ereignet sich. Ich kann und will Sie nicht über die Liebe belehren und will mich ihr auch nicht von einem wissenschaftlichen Standpunkt aus nähern, sondern will ganz einfach versuchen, in einer manchmal recht subjektiven Betrachtungsweise einige Aspekte dieser Schicksalsmacht aufleuchten zu lassen, die Wandlungen der Liebe und die Wandlungen durch die Liebe ein wenig in den Blick zu bekommen.

Ich beziehe mich in meinen Ausführungen u. a. auch auf Texte aus Schlagern bzw. Chansons, aber auch auf Aussagen über die Liebe von bekannten Autoren, so daß hoffentlich ein vielfältiges und möglichst buntes Bild von der Liebe entsteht.

In den Schlagern ist oft die Rede von Verliebtsein und Liebe. Verliebtsein meint ein Sich-ergreifen-lassen von starken Gefühlen: "In meinen Adern welches Feuer! In meinem Herzen welche Glut!" heißt es bei Goethe. Man läßt sich von den Wogen des Gefühls tragen, während die Vernunft nicht gerade auf Hochtouren läuft, man kann in diesem Zustand so herrlich unvernünftig sein, das freie Kind-Ich der Transaktionsanalyse kommt reichlich auf seine Kosten, das autoritäre Eltern-Ich wird kurzerhand vor die Tür gesetzt, wo es allerdings in Lauerstellung verharrt, und das Erwachsenen-Ich verschiebt die Lösung der Realitätsprobleme in eleganter Manier auf morgen. Marie-Louise von Franz (1988) sagt dazu in "Spiegelungen der Seele": "Die Einsicht in die Projektionsformen von Animus und Anima verlangt Besonnenheit im Sinne von Weisheit und Menschlichkeit, weil jene Gestalten uns immer von der Wirklichkeit weg in ein Hingerissen- oder Versunkensein verführen wollen. Wer sich dem nicht hingeben kann, hat nie gelebt, und wer darin untergeht, hat nichts verstanden."

Sich verlieben verhält sich zum lieben ähnlich wie sich versprechen zum sprechen oder sich verlaufen zu laufen. Die Vorsilbe "ver-" weist auf eine gewisse Fehlfunktion des ursprünglichen Verbs hin. Wenn ich sage: "Ich verliebe mich", dann meine ich mich, erlebe mich dabei, doch wenn ich sage: "Ich liebe Dich", dann meine ich den anderen, habe das Du im Blick. Beim "Ich verliebe mich in Dich" bleibt dagegen das Schwergewicht zunächst noch bei mir, bei meinem Erfülltsein, auch wenn ich selbst es so erlebe, als sei ich nur noch ganz auf das Du hin gerichtet, während in Wirklichkeit das Geliebtsein, das Geliebtwerden die Intensität des Gefühls ausmachen. Ich könnte den Unterschied nicht besser ausdrücken als mit einem Zitat von Rilke: "Geliebtsein heißt Aufbrennen. Lieben ist Leuchten mit unerschöpflichem Öle." Merken Sie, wie bereits in der Wortmelodie und im Rhythmus der Unterschied unüberhörbar zum Ausdruck kommt? Geliebtsein *heißt* Aufbrennen, Lieben *ist* Leuchten. Im Aufbrennen werde ich mehr erleidend entflammt und ergriffen, aber man spürt gleichsam, wie das Aufflammen schon bald wieder in sich zusammenfällt, während im Leuchten das aktive Dasein für den anderen enthalten ist und das unerschöpfliche Öl auf das Dauern hinweist. Sicher ist Ihnen auch der Ausspruch von Goethe geläufig: "Und doch welch Glück, geliebt zu werden, und lieben, Götter, welch ein Glück!" Darin spiegelt sich auch die manchmal tragische Situation wider, daß einer der beiden

Partner mehr der Liebende (der Betreffende glaubt jedenfalls, daß es so ist) und der andere mehr der Geliebtwerdende ist, ohne daß er vielleicht von sich aus die Liebe des anderen voll annehmen und beantworten kann. Der eine übernimmt die Rolle des so viel mehr Gebenden, wodurch der andere sich dann oft ungewollt und unwillig in der Rolle des Nehmenden wiederfindet; der eine tut doch so viel mehr für den anderen, der sich dann zunehmend in seiner Aktivität blockiert und gelähmt fühlt. Diese Situation führt auf beiden Seiten zu schmerzlichen Erfahrungen, der eine ist immer wieder frustriert und der andere fühlt sich nicht wirklich verstanden und wird manchmal sogar unberechtigterweise in Schuldgefühle hineingedrängt.

Ich möchte jedoch noch einmal auf einen besonderen Aspekt des Unterschieds von Verliebtsein und Lieben eingehen. Der puer aeternus bzw. die puella aeterna können sich immer wieder nur an dieser ersten Phase der Verliebtheit erfreuen, und wenn diese dann natürlicherweise abklingt und in die Phase des Liebens übergehen will, ergreifen sie panikartig die Flucht und beginnen mit einem neuen Partner eine neue Phase vitalisierender Verliebtheit, ohne zu erkennen, wie sehr die erste Phase der Verliebtheit durch Projektionen mitbestimmt ist. Das ist ja auch ganz natürlich so und für diese Phase auch angemessen. Wie langweilig wäre schließlich das Leben ohne Projektionen, aber irgendwann müssen sie dann als solche erkannt und zurückgenommen werden. In der nächsten Phase, in der die Liebe erst wirklich zu tragen beginnt - vorher schwebt man in seligen Höhen - kommt es darauf an, den anderen in seiner Realität, d. h. auch in seiner ganzen Andersartigkeit erkennen, akzeptieren und lieben zu lernen, wie es in einem Chanson von Vicky Leandros heißt: "Bitte, nimm mich so, wie ich bin, denn ich kann keine andre für Dich sein ... Ich bin wie ich bin, nein Du kannst mich nicht ändern ..."

Eine wichtige polare Spannung ist die von Nähe und Distanz in der Liebe, im weiteren Sinne gehört auch die von Bindung und Freiheit dazu. Der Verschmelzungssehnsucht des einen Menschen mit depressiver Persönlichkeitsstruktur steht das Bedürfnis und Streben nach Unabhängigkeit eines anderen Menschen mit schizoider Persönlichkeitsstruktur gegenüber. Zur Veranschaulichung will ich kurze Ausschnitte von zwei Gedichten gegenüberstellen. In "Ich und Du" von Friedrich Hebbel (1977) heißt es:

> "Auf einer Lilie zittern
> Zwei Tropfen rein und rund,
> Zerfließen in eins und rollen
> Hinab in des Kelches Grund."

Und im "Requiem für eine Freundin" von Rilke (1966) heißt es:

"Denn *das* ist Schuld, wenn irgendeines Schuld ist:
Die Freiheit eines Lieben nicht vermehren
um alle Freiheit, die man in sich aufbringt.
Wir haben, wo wir lieben, ja nur dies:
einander lassen; denn daß wir uns halten,
das fällt uns leicht und ist nicht erst zu lernen."

Erwähnt sei noch die auf den ersten Blick paradox erscheinende Erfahrung von Erich Fried (1979):

"Wenn ich bei Dir bin,
ist vieles voller Abschied,
und wenn ich ohne Dich bin,
voller Nähe und Wärme von Dir."

Von der notwendigen Distanz, die gehalten und ausgehalten werden muß, spricht der arabische Schriftsteller Kahlil Gibran in "Der Prophet" (1982) mit sehr schönen Worten. Er sagt dort über die Beziehung in der Ehe:

"Wahrlich, ihr bleibt vereint selbst im Schweigen von Gottes Gedenken.
Doch lasset Raum zwischen eurem Beieinandersein,
und lasset Wind und Himmel tanzen zwischen euch.
Liebet einander, doch macht die Liebe nicht zur Fessel:
Schaffet eher daraus ein webendes Meer zwischen den Ufern eurer Seelen ...
Singet und tanzet zusammen und seid fröhlich, doch lasset jeden von euch allein sein.
Gleich wie die Saiten einer Laute allein sind, erbeben sie auch von derselben Musik ...
Und stehet beieinander, doch nicht zu nahe beieinander:
Denn die Säulen des Tempels stehen einzeln,
und Eichbaum und Zypresse wachsen nicht im gegenseit´gen Schatten."

Doch auf der einen Seite steht die Bindungsangst des Schizoiden, der auf die bohrenden Fragen des mehr depressiv strukturierten Partners "Liebst Du mich wirklich?" vielleicht vorsichtshalber sagt: "Ich mag Dich" oder "Ich hab Dich gern", und auf der anderen Seite die Verlustangst des Depressiven, die immer wieder eine neue Bestätigung erheischen will, wie es in einem Sonett von Elisabeth Barret-Browning (1959) sehr schön zum Ausdruck kommt:

"Sag immer wieder und noch einmal sag,
daß du mich liebst. Obwohl dies Wort vielleicht,
so wiederholt, dem Lied des Kuckucks gleicht ...
Geliebter, da im Dunkel redet höhnend
ein Zweifelgeist mich an; ich möchte schrein:
'Sag wieder, daß du liebst'... Laß wiederkehren
den Kehrreim deiner Liebe.".

In einem Schlager wird von der Liebe als von einem seltsamen Spiel gesprochen. Hat die Liebe etwas Spielerisches, kann sie auch zur Spielerei werden? Macht es Spaß, mit der Liebe zu spielen, ein Liebesspiel zu machen? Oder spielt die Liebe mit uns oder spielt sie uns sogar arg mit? Wenn die Liebe ein Spiel ist, dann gibt es wohl auch Spielregeln, die dabei einzuhalten sind und die man verstehen lernen und sich aneignen kann. Wer aber glaubt, das Spiel der Liebe durch vollkommene Beherrschung der Spielregeln unter seine bewußte Kontrolle bekommen zu können, der hat wohl noch nie echt geliebt, ist noch nie "in Liebe gefallen", wie es im Englischen so treffend heißt. In der Liebe sind immer auch überpersönliche, schicksalhafte Kräfte im Spiel, die Griechen meinten, es seien die Götter, wir glauben vielleicht - und es ist letztendlich dasselbe - daß es archetypische Kräfte des kollektiven Unbewußten sind, die in uns und durch uns wirken. Je weniger wir das Spiel dieser Kräfte verstehen, um so eher haben wir öfters den Eindruck, von unheimlichen Mächten als Figuren auf dem Schachbrett des Lebens hin- und hergeschoben zu werden. Das ahnende Wissen um eine "höhere Macht", die da im Spiele ist, findet auch ihren Ausdruck im Liebeslied von Rilke (1966), dessen Schluß lautet:

"Doch alles, was uns anrührt, dich und mich,
nimmt uns zusammen wie ein Bogenstrich,
der aus zwei Saiten *eine* Stimme zieht.
Auf welches Instrument sind wir gespannt?
Und welcher Geiger hat uns in der Hand?
O süßes Lied."

Es geht wohl darum, wenigstens einen gewissen Einblick in die Regeln dieses uns übergreifenden Spiels zu bekommen, wenigstens in etwa den geheimen Spielplan, das Drehbuch zu erkennen, v. a. auch da zu erkennen, wo es um sog. Ränkespiele geht, die wir mit anderen oder andere mit uns treiben. Bilden wir uns aber nur ja nicht ein, wir könnten diesen Spielplan jemals vollkommen bewußt machen und unter die absolute Kontrolle des bewußten Ich bekommen. Wir müssen schon zufrieden sein, wenn uns immer wieder einmal ein neuer Aspekt unseres Drehbuchs aufgeht, der uns hilft, den Weg ins Ungewisse mit der Sicherheit des

Herzens wieder ein Stück weiter gehen zu können, wobei uns die Kraft der Bilder, z. B. eine bestimmte Leitfigur aus Märchen, Sage, Mythos oder Geschichte sehr hilfreich sein kann. Nur muß man sich hüten vor einer totalen Identifikation mit einer solchen Leitfigur.

Mehrere Schlager halten die Liebe für ein Wunder, während andere sie als eine naturhafte, menschliche Gegebenheit betrachten, die in den alltäglichen Lebensablauf gehört, um die man sich auch bemühen muß, die man allerdings auch kunstvoll gestalten kann - die Kunst des Liebens, Lieben eine lernbare Kunst. Auch hier geht es wiederum nicht um ein Entweder-oder, sondern um ein Sowohl-als-auch. Liebe ist wirklich ein Wunder, aber sie ist auch eine allgemeine menschliche Gegebenheit, die Liebe ist göttlich und menschlich zugleich. Liebe ist ein Zauberwort wie keines, Liebe aber auch ein Klischee wie keines. Marie-Louise von Franz (1980) sagt in ihrem Buch "Die Erlösung des Weiblichen im Manne":

"Die Menschen lassen sich entweder vom 'göttlichen' und romantischen Aspekt der Liebe berauschen oder verbleiben zynisch in ihrem banalen Aspekt. - Das Zusammenbringen des göttlichen, erhebenden, überpersönlichen und befreienden Aspektes des hieros gamos, des Motivs der Heiligen Hochzeit, mit der Unvollkommenheit, der enttäuschenden Enge und dem Schmutz menschlichen Lebens, ist noch heute eins der großen, ungelösten Probleme."

Und in "Spiegelungen der Seele" (1988) sagt sie:

"Wenn ein Mensch nicht das Ewige, das in der Liebe wohnt, ahnend erfaßt, so macht er leicht daraus eine persönliche Tragödie und dann ist wieder einmal 'ein Funke vom ewigen Feuer in einem Tümpel verloschen.'"

Was Marie-Louise von Franz mit dem Ewigen in der Liebe meint, verbindet sich in der Astrologie mit dem Planeten Neptun, dem grenzenauflösenden Prinzip, der auch als obere Oktave der Venus bezeichnet wird. Die obere Oktave ist in der Musik der gleiche Ton um eine Oktave höher, also das gleiche Prinzip auf einer höheren Ebene. Die Venus, der Beziehungsplanet, wird im Zusammenhang mit der liebenden Beziehung zwischen zwei Menschen gesehen, die füreinander da sind, vielleicht zusammen wohnen und den Alltag miteinander verbringen, zusammen in Urlaub fahren, gemeinsam Erfüllung in der Sexualität finden usw. Der Neptun aber steht für das Prinzip Liebe schlechthin, für eine Erfahrung, die weit über die Venusebene hinausweist und letztlich ein Verbundensein mit allen Menschen und mit dem Kosmos einschließt. Dadurch soll die Venusebene nicht etwa abgewertet werden, vielmehr geht es um die Verbindung der beiden Ebenen zu einer Einheit im Sinne der Vollständigkeit und Ganzheit, d. h., daß ich in der liebenden Beziehung zu einem Menschen erfahre, was Liebe und Hingabe überhaupt ist, es wird die Erfahrung auf einer persönlichen Ebene transzendiert und gleichzeitig auf einer überindividuellen Ebene erlebbar. Gerade darauf will eine weibliche Hauptdarstellerin in Paul Claudels *Villages* ihren Partner aufmerksam machen, wenn sie sagt: "Ich bin ein Versprechen, das nicht gehalten werden kann." Sie meint damit, daß er nicht am Ziel seiner Wünsche angelangt sei, wenn er sie besitze, sondern daß ihre Beziehung auch auf eine höhere Ebene hinweist, durch deren Einbezug die Venusebene erst ihre ganze Intensität und einen tieferen Sinn erhält.

Liebe ist aber immer auch ausgespannt zwischen die Dimensionen von Zeit und Ewigkeit, von Augenblick und Dauer. Wie heißt es doch in den Schlagern so hoffnungsvoll: "Die Liebe kam zu mir und nie soll sie vergehen", oder: "Wenn Du mich liebst, bist Du nie mehr allein", oder: "Wir werden niemals auseinandergehen", oder: "Unsere Liebe bricht nie mehr entzwei", und schließlich: "Es lebe die Liebe, sie darf nie vergehen". Und in der Zauberflöte singt Tamino, nachdem er lediglich das Bild der sonst noch unbekannten künftigen Geliebten gesehen hat: "Ich würde sie voll Entzücken an diesen heißen Busen drücken, und ewig wäre sie dann mein".

Andererseits heißt es in den Schlagern: "Frage nicht, was uns die Zukunft verspricht", oder: "Heute bin ich so verliebt, so war ich noch nie verliebt". Liebe im Hier und Jetzt des Augenblicks, die sich nicht der Zukunft, ja der Ewigkeit versichern will, die den Partner nicht festlegt auf das Versprechen ewiger Treue, sondern Liebe, die des Menschen Herz so sehr bewegt, daß er sich mit allen Fasern seines Wesens und mit der ganzen Glut seiner Leidenschaft in die Begegnung dieser Stunde hineingibt. Liebe kann ich nicht haben und festhalten wie einen Besitz, ich muß mich jeden Tag neu um sie bemühen, ich kann sie immer wieder froh und dankbar als Geschenk annehmen, immer wieder neu "for the time being", wie der Engländer sagt. For the time being - in diesem Gerundium liegt die ganze zitternde Verletzlichkeit und unwiederbringliche Süße des Augenblicks, der Gegenwärtigkeit. Und doch will alle Lust bekanntlich tiefe, tiefe Ewigkeit.

Doch auch Zeit ist nicht gleich Zeit. Es gibt verschiedene Qualitäten von Zeit, einmal die dem Chronos, also dem Saturn, zugeordnete Zeit, die vom Chronometer gemessen und in Sekunden, Minuten und Stunden unterteilt wird. Chronos ist der Herr der vergehenden Zeit, der begrenzten, befristeten Dauer und damit natürlich auch Herr über Leben und Tod. Aber da gibt es auch jene ganz andere Zeitqualität, die dem Uranus zugeordnet wird. Uranus ist das schöpferische Prinzip, der Herr über den fruchtbaren, schicksalsträchtigen Augenblick, von den Griechen auch "Kairos" genannt, jener Augenblick, in dem Gegenwart, Vergangenheit und Zukunft ineinander zusammenfallen, wodurch eine blitzartige Zusammenschau und Erfassung der Situation möglich wird, vor allem auch der Möglichkeiten, die in einer Situation enthalten sind. Auf unser Thema, die Liebe, bezogen, erscheint hier die Venus urania, die himmlische Liebe, im Gegensatz zur irdischen Liebe, der Venus pandemia. Venus urania, das ist die schaumgeborene

Aphrodite, die aus dem Glied des Uranus entstand, als es bei seiner Entmannung in den Ozean fiel. Diese Venus urania entflammt die Herzen zweier Menschen im jähen Augenblick mit unfaßbarer und unwiderstehlicher Liebe, erfüllt die Seele mit einer urweltlichen, totalen Ergriffenheit. Doch ist solche Liebe oft nicht von Dauer, da die himmlische Venus eben nicht von dieser Welt ist. Und dennoch kann das plötzliche Ergriffenwerden von einer derartigen schicksalhaften Liebe, die vielleicht nur von kurzer Dauer im Sinne des Chronos ist, aber mit der heftigen uranischen Intensität eines Blitzes das Herz durchzuckt, verändernd auf das ganze weitere Leben wirken und den Menschen so erfüllen, daß er das Gefühl hat, jetzt habe ich einmal wirklich gelebt, das Leben hat mir nichts mehr vorenthalten, jetzt könnte ich gelassen sterben. Solch ein unerwartetes, urplötzliches Ergriffenwerden von der Liebe im uranischen Sinne wird sehr lebendig dargestellt in einem Chanson von Daliah Lavi: "Liebeslied einer Sommernacht". Wen die schöpferische Kraft des Uranus berührt, dessen Leben wandelt sich, ob er will oder nicht, er selbst wird von einem oft schmerzlichen Wandlungsprozeß ergriffen. Wenn die Liebe auch ein Wunder ist, wenn sie auch göttlicher Natur ist, dann hat sie verwandelnde Kraft.

Wandlungen der Liebe und Wandlungen durch die Liebe. Hatten wir anfangs Verliebtsein und Lieben auf ihre Unterschiedlichkeit hin betrachtet, so können wir sie jetzt auch als zwei verschiedene Abschnitte eines Wandlungsprozesses sehen, dessen Phasen und Krisenmöglichkeiten Jean G. Lemaire (1980) in seinem Buch "Leben als Paar" unter psychoanalytischen Gesichtspunkten beschrieben hat. In der Phase des Verliebtseins spielen Projektionen eine große Rolle, es kommt zu einer Idealisierung des Liebesobjekts, auf welches das Ich-Ideal übertragen wird. Man kann natürlich auch sagen, daß der Mann seine Anima bzw. die Frau ihren Animus auf die Partnerin bzw. den Partner projiziert. "Liebe macht blind" sagt man, aber ich glaube eher, daß Liebe sehend macht. Doch könnte man wohl sagen: Verliebtheit blendet. Der Verliebte sieht den anderen als Lichtgestalt, gleichsam als Sonne, die ihn ob ihrer Leuchtkraft fasziniert, aber ihn zugleich auch so blendet, daß er einzelne Züge des anderen und der zu ihm gehörenden realen Umwelt kaum zu erkennen vermag. Vornehmlich sehe ich in ihm ohnehin zunächst einmal die mir z. T. noch unbewußten Züge meines Ich-Ideals oder meiner Anima bzw. meines Animus, wodurch diese Seiten auch in mir anfangen zu schwingen. Ich fühle mich verwandelt, sehe die Welt mit neuen Augen, und ein beglückendes, vielleicht sogar berauschendes Lebensgefühl durchdringt mich bis in die tiefsten Fasern meines Wesens. Aber dann kommt einmal der Tag, wo der traumschöne Zauber der Nacht von einer ernüchternden Realität des Alltags gestört wird und so die Wunder und die schwebenden Gedanken und der unendliche Traum auf den Boden der Tatsachen zurückgeholt werden. Die schöne Eindeutigkeit weicht einer verunsichernden Ambivalenz des Gefühls. Das pflegt dann mit einer Ent-Täuschung, also mit der Befreiung von einer Täuschung einherzugehen. Das Bild vom idealen Objekt bekommt erste Flecken und Risse. Die erste Krise der Beziehung meldet sich an. Die einfachste Lösung bestünde nun darin, daß einfach ein neues idealisiertes Objekt gesucht und gefunden wird. Wenn sich jedoch ein solcher Vorgang immer öfter wiederholt, kann es nicht zu einer Reifung der Liebesfähigkeit kommen, wir sprechen dann von einem puer aeternus bzw. von einer puella aeterna. Die sinnvolle Lösung der Krise beim Abbröckeln des Bildes vom idealisierten Objekt wäre nach Lemaire (1980), die Enttäuschung als etwas Positives anzunehmen, Trauerarbeit zu leisten, die dem Tod des idealisierten Objekts gilt.

"Nicht das Objekt als Ganzes in seiner äußeren Realität wurde ja verloren, sondern dessen psychische Realität, wie sie vom Subjekt im Inneren erlebt wird." Es geht darum, 'einen echten *Objektverlust* zu verarbeiten', indem, 'einerseits die negativen Aspekte des realen Objekts' akzeptiert werden, anderseits auf das idealisierte 'vollkommen gute' Bild desselben in der eigenen Seele" verzichtet wird ... "Zu akzeptieren, daß das Objekt *unvollkommen* ist und niemals alle Bedürfnisse des Subjekts zu befriedigen vermag, heißt gleichzeitig anerkennen, daß in der eigenen Brust ambivalente Gefühle herrschen, Zuneigung und feindselige Regungen nebeneinander bestehen".

Die Andersartigkeit des Partners wird akzeptiert und wirkt dann zugleich als Impuls, die bisherigen Lebenseinstellungen und Objektbeziehungen zu überprüfen und neu zu gestalten, so daß schließlich eine gemeinsame Welt des "Wir" entstehen kann, die beiden Partnern ein psychisches Gleichgewicht und die eigene Selbstverwirklichung ermöglicht. Natürlich ist es nicht mit einer einmaligen Krisenbewältigung getan, sondern miteinander in Liebe leben heißt, einander immer wieder neu zu sehen, bei auftretenden Schwierigkeiten einen für beide Teile annehmbaren Kompromiß zu finden und einfach zu wissen, daß das normale Leben in einer gemeinsamen Existenz geprägt ist von einem natürlichen Wechsel von beglückenden und krisenhaften Phasen. Unvollkommene Lösungen der Krise bestehen darin, die Liebesbeziehung systematisch auf einen Aspekt zu begrenzen, um dadurch die Idealisierung aufrechterhalten und mit dem Partner ohne größere innere Auseinandersetzung zusammenbleiben zu können. Oder aber es wird versucht, "den Aspekt, von dem die größte Gefahr droht, auszuschließen ... nämlich den der Tiefe und vor allem den der Dauer. Beides verbindet sich ja im Unbewußten mit dem Tod" (Lemaire 1980). In solchen Fällen wird nicht das Objekt selbst idealisiert, sondern vielmehr der Typus der Subjekt-Objekt-Beziehung, wobei dann möglichst die Realität des täglichen und sozialen Lebens ausgeschlossen wird. Eine weitere letztlich unbefriedigende Lösung mit relativ dauerhaftem Charakter besteht darin, daß beide Partner nach der ersten Phase der Verliebtheit, in der natürlich unbewußt bereits die Weichen für die spätere Entwicklung gestellt werden, sich in einer Kollusion - von Jürg Willi (1975) als ein unbewußtes Zusammenspiel mit verschiedenen Rollen in einem gemeinsamen unbewältigten Grundkonflikt beschrieben - die Aufrechterhaltung ihrer jeweiligen Grundproblematik und Abwehrsysteme ermöglichen. Man bleibt halt zusammen, auch, wenn man sich eigentlich auseinandergelebt hat.

Wenn wir von Wandlungen der Liebe sprechen, möchte ich auch jene Wandlungsprozesse nicht ausschließen, die dann letztendlich in Trennung bzw. im Falle der Ehe gegebenenfalls in Scheidung münden. Wenn es das auch gibt, daß zwei Menschen ein ganzes Leben lang Freude und Leid miteinander teilen und im gemeinsamen Reifwerden und Altwerden ihre Erfüllung finden - ich habe große Hochachtung davor - und wenn das auch immer wieder als Ideal angestrebt wird, so halte ich doch die Behauptung, es sei das Normale, zusammenzubleiben "bis daß der Tod Euch scheidet", für inhuman. In der Erzählung "Die Widmung" von Botho Strauß (1977) fand ich folgende Passage:

"Was das Normale ist, in seiner überwältigenden Macht, bekommt man vielleicht erst beim normalen Scheitern zu spüren, so physisch, so analytisch. Jeder, der einer Trennung oder Zerstörung ausgesetzt ist, erfährt dies als das Negative und als das Besondere, während ihm das Zusammenbleiben als das Positive und das Allgemeine erscheint. In Wahrheit liegen die Verhältnisse jedoch umgekehrt, und das Negative, das Scheitern, die Trennung, der Irrtum machen das Allgemeine aus, wofür allein schon Zahlen und Tatsachen sprechen".

Und C.G. Jung vertrat die Auffassung: "Der richtige Weg zur Ganzheit besteht aus schicksalsmäßigen Umwegen und Irrwegen". Leben heißt immer auch Wandlung, und so können sich auch unsere Gefühle wandeln, auch unsere Bedürfnisse, vielleicht erkennen wir diese auch erst in einem relativ späten Lebensalter richtig; und es kann sich auch die Art unserer Beziehungen wandeln. Und es kann auch die Liebe sterben, und es gibt auch Krisen, deren sinnvolle Lysis nicht im Zusammenbleiben besteht. Sonst können dann Beziehungen, die früher einmal im siebten Himmel begannen, in einer Hölle enden, aus der es kein Entrinnen mehr gibt, wie es von dem erfahrenen Eheberater Fritz Tanner in seinem Buch "Bis daß der Mord Euch scheidet" ausführlich beschrieben wird, in welchem er auch sagt, daß es verantwortungslos sein kann, "zusammenbleiben zu wollen, bis daß der Tod uns scheidet. Abgestorbene Ehen sind zu begraben." Beim verhängnisvollen Weiterführen zerrütteter Ehen muß nach Erich Fromm (1980), wie er in "Die Kunst des Liebens" schreibt, bei vielen Eltern das Argument herhalten, sie könnten sich nicht trennen, "weil sie die Kinder nicht der Segnungen eines intakten Elternhauses berauben wollen. Bei jeder genaueren Untersuchung würde sich jedoch herausstellen, daß die spannungsgeladene, unglückliche Atmosphäre einer solchen 'intakten' Familie den Kindern mehr schadet als ein offener Bruch, der sie wenigstens lehrt, daß der Mensch in der Lage ist, eine unerträgliche Situation durch einen mutigen Entschluß zu beenden." In

Amerika gibt es inzwischen den Begriff "friendly divorce" d. h. freundliche oder freundschaftliche Scheidung, und das Buch "Kreative Scheidung" (Krantzler 1977) will dabei helfen, aus dem "Scheidungsschock" herauszufinden, damit Trennung und Scheidung nicht nur als trostloses Ende einer Partnerschaft erlebt werden, sondern auch als Chance eines Neubeginns. Dabei kann durchaus das, was schön war in der früheren Beziehung und doch sterben mußte in der äußeren Realität, in uns weiterleben, nicht in der Atmosphäre sentimentalen Selbstmitleids oder die Wunden ständig neu aufreißender, zergrübelnder Erinnerung, sondern in dem Sinne, daß die Aspekte und Züge, die in einer Liebesbeziehung in mir aufgeblüht sind und sich entfaltet haben, in mein Leben integriert werden und in mir weiterleben. Erfreulicherweise gibt es zunehmend mehr Partner, denen es gelingt, auch nach den schmerzlichen Erfahrungen einer Trennung eine freundschaftliche und einander wohlwollende Beziehung zu pflegen. Lassen Sie mich noch einige ganz persönliche Ansichten über Voraussetzungen zu einer reifen Liebe erläutern:

1. *Selbstliebe*: Ich bin zu reifer Liebe nur dann fähig, wenn ich gelernt habe, mich selbst zu lieben. Wie könnte ich mich auch dem anderen als Liebesobjekt anbieten, wenn ich nicht liebenswert wäre. Ich muß allerdings bereit sein, neben meinen starken Seiten auch meine Schwächen, meine Schattenseiten, zu lieben oder zumindest zu akzeptieren. Das christliche Gebot "Liebe deinen Nächsten wie dich selbst!" kann ohne weiteres auch in umgekehrter Richtung gelesen werden: "Liebe dich selbst wie deinen Nächsten!" Es besteht hier eine vollkommene Gleichwertigkeit. Menschen mit übertriebenem Altruismus sind oftmals nur schwer zu ertragen. Meister Eckehart (1979) sagt: "Hast Du Dich selbst lieb, so hast Du alle Menschen lieb wie Dich selbst." Dabei darf Selbstliebe nicht verwechselt werden mit der Eigenliebe des Egoisten. Es geht nicht um eine Selbstverwirklichung im Sinne eines rücksichtslosen, totalen, unreflektierten Sichauslebens, sondern um ein Sich-ausrichten auf das eigene Selbst und zugleich auf den Partner.

2. *Alleinsein-können*: Wer nicht gelernt hat, mit sich allein zu sein, ist nicht fähig zu einer reifen Liebesbeziehung. Dabei ist Alleinsein nicht gemeint als anzustrebender Endzustand in einer narzißtischen Isolation, sondern als notwendige Durchgangsphase, um in den Belastungen, die jede Partnerschaft mit sich bringt, einander ein wirklicher Halt und ein in sich ruhender Gegenpol sein zu können. Es ist nur scheinbar ein Paradox, daß von demjenigen, der mit sich allein sein kann, eine starke Anziehungskraft auf mögliche Partner ausgeht. Allerdings glaube ich auch, daß nur derjenige die ganze Schmerzlichkeit des Alleinseins erfahren und fruchtbar machen kann, der einmal als Liebender verlassen und dann in die Hölle der Einsamkeit gestürzt wurde. Wenn ich dann nicht in sentimentales Selbstmitleid verfalle und die harte Klarheit echter Trauer aushalte, dann wird die zunächst unfruchtbar und sinnlos erscheinende Leere sich mir eröffnen als unendliche

Weite der Seele, die sich mit neuem Leben füllt. Wenn ich das Alleinsein annehme, komme ich wieder in Einklang mit mir und meinem Selbst.

3. *Bereitschaft zum Leiden*: Bei allen Freuden, die die Liebe uns immer wieder schenkt, gilt auch, was C. G. Jung gesagt hat: "Das Problem der Liebe gehört zu den großen Leiden der Menschheit, und niemand sollte sich der Tatsache schämen, daß er seinen Tribut daran zu zahlen hat." Und Goethe zieht das Resüme: "Wunderlichstes Buch der Bücher ist das Buch der Liebe; aufmerksam hab ich's gelesen: Wenig Blätter Freuden, ganze Hefte Leiden; einen Abschnitt macht die Trennung. Wiedersehn! Ein kleins Kapitel, fragmentarisch. Bände Kummers mit Erklärungen verlängert, endlos, ohne Maß." Schließlich noch ein Zitat von Marie-Louise von Franz (1980): "Die Liebe mit ihrer Leidenschaft und ihren Schmerzen treibt die Entwicklung zur Individuation voran, denn es gibt keinen wirklichen Individuationsprozeß ohne Liebeserfahrung. Liebe quält und reinigt die Seele." In einem alten magischen Text findet sich ein Gebet, das an den großen Gott Eros gerichtet ist, der in der Antike "Reiniger der Seele" (Preisendanz 1973) genannt wurde:

> "Du erzeugst das unsichtbare Feuer, indem Du alles Beseelte berührst, es ohne zu ermüden, quälend, doch mit Lust, durch schmerzliches Entzücken, seitdem das All besteht. Du bringst auch Leid durch Deine Gegenwart, bald besonnen, bald ohne Vernunft, Du, dem zuliebe die Menschen in kühner Tat die Pflicht verletzen, bei dem sie dann, dem Dunklen, Zuflucht suchen."

In "Der Prophet" sagt Kahlil Gibran (1982) über das Leiden durch die Liebe:

> "Winkt dir die Liebe, so folge ihr,
> sind auch ihre Wege hart und steil.
> Und umfahn dich ihre Flügel, so ergib dich ihr,
> mag auch das unterm Gefieder verborgne Schwert dich verwunden ...
> Denn gleich wie die Liebe dich krönt, so wird sie dich kreuzigen,
> wie sie deinen Lebensbaum entfaltet, so wird sie ihn beschneiden ...
> Gleich Garben von Korn rafft sie dich an sich.
> Sie drischt dich, um dich zu entblößen.
> Sie siebt dich, um dich von Spreu zu befrein.
> Sie zermalmt dich, bis du weiß wirst.
> Sie knetet dich, bis du geschmeidig bist ...
> Doch suchest du in deiner Angst nur der Liebe Ruh' und der Liebe Lust,
> dann tätest du besser, deine Nacktheit zu verhüllen
> und der Liebe Tenne zu entfliehn,
> in die schale Welt, wo du wirst lachen, doch nicht dein ganzes Lachen,
> und weinen, doch nicht all deine Tränen."

4. *Offenheit für den anderen:* Ich selbst bin nicht Mittelpunkt und Maßstab dieser Welt und muß in einer Partnerschaft bereit sein, zu lernen und in die Liebe hineinzuwachsen und den Mut zu neuen Erfahrungen haben. In echter Aufgeschlossenheit für die "Andersartigkeit" des Partners werde ich verstehen lernen, daß es auch ganz andere Art und Weisen gibt, die Welt und die Menschen zu sehen und zu erleben, als ich es gewohnt bin. Dann werde ich mich hüten, alle Menschen und v. a. den Partner über den Leisten meiner eigenen Typologie zu schlagen, wobei eine gute Prise Humor und Selbstironie sehr hilfreich ist. In vielen Beziehungen wird in langwierigen Machtkämpfen versucht, oft in subtiler Form und den beiden unbewußt, die eigene Typologie als verbindliche Richtschnur für das gemeinsame Leben durchzusetzen. Martin Buber (1965) sagt in "Das dialogische Prinzip":

"Dieser Mensch ist anders, wesenhaft anders als ich, und diese seine Andersheit meine ich, weil ich ihn meine, ich bestätige sie, ich will sein Anderssein, weil ich sein Sosein will; das ist der Grund-Satz der Ehe, und von diesem ihrem Grunde aus führt sie, gerade wenn sie es wirklich ist, zur Einsicht in das Recht und die Rechtmäßigkeit des Andersseins und damit zu jener vitalen Anerkennung der vielgesichtigen Andersheit ..."

5. *Mit Trennung leben lernen*: Denn "Liebe ist Trennung". Dieser auf den ersten Blick paradox erscheinende Satz aus dem Buch "Die Trennung der Liebenden" von Igor A. Caruso (1974) wollte mir früher gar nicht recht einleuchten. Später habe ich ihn dann doch verstanden. Trennung ist in jeder Liebesbeziehung ebenso gegenwärtig, wie der Tod in unserem Leben gegenwärtig ist. Tod ist Trennung in ihrer letzten und höchsten Form. Der Tod, das ist nach Rilke (1966) die Frucht in uns, um die sich alles dreht, eine Vorstellung, daß der Tod nicht eine von außen herkommende, uns hinwegraffende Schicksalsmacht ist, sondern eine Frucht, die in uns und mit uns wächst und reift, und wenn sie ganz reif ist, dann ist die Zeit der Ernte und Erfüllung gekommen. Trennung und Tod gehören zusammen. Partir c'est mourir un peu - jeder Abschied ist ein bißchen Sterben. Und so ist Trennung in aller Nähe der Liebe als zur Ganzheit gehörender Gegenpol schon immer enthalten, sie wächst und reift mit der Liebe und macht sie um so kostbarer. Und wie ein Mensch erst dann sich ganz dem Leben hingeben kann, wenn er den Tod akzeptiert und in sein Leben hineingenommen hat: "Wer sein Leben gewinnen will, der wird es verlieren, und wer es verliert, der wird es gewinnen" - so wird sich auch meiner Liebe eine tiefere Dimension eröffnen, wenn ich die in ihr enthaltene Trennung annehme. Die innerlich vollzogene Loslösung läßt die äußere Trennung dann oft nicht mehr notwendig werden. So hat Josef Duss von Werdt (1984) von der Ehe als von einer Kette von eheinternen Scheidungen gesprochen.

Sie sehen: "Liebhaben von Mensch zu Mensch: Das ist vielleicht das Schwerste, was uns aufgegeben ist, das äußerste, die letzte Probe und Prüfung, die Arbeit, für die alle andere Arbeit nur Vorbereitung ist", wie Rilke (1981) an einen jungen Dichter schrieb. Ich will meine Reflexionen über die Liebe nicht abschließen mit einem Happy end-artigen Ausblick, sondern möchte den sehr persönlichen und intimen Raum der Liebe zwischen zwei Menschen öffnen und ausweiten auf den Hintergrund der Zeit, in der wir leben und lieben. Denn Individuation schließt nach C. G. Jung die Welt nicht aus, sondern ein, und echte Liebe wird nach einer vielleicht notwendigen ersten Phase der Weltverlorenheit den Liebenden auch Kraft geben, sich der Mitwelt als Aufgabe mitgestaltend zuzuwenden.

Literatur

Barrett-Browning E (1959) Sonette. Insel, Frankfurt aM

Branden N (1982) Verliebt fürs ganze Leben. Rowohlt, Reinbek

Buber M (1965) Das dialogische Prinzip. Lambert Schneider, Heidelberg

Caruso IA (1974) Die Trennung der Liebenden. Kindler, München

Duss v. Werdt J (1984) In: Pflüger PM (Hrsg) Trennung und Abschied - Chance zu einem neuen Leben. Bonz, Fellbach-Oeffingen

Franz ML v (1988) Spiegelungen der Seele. Kösel, München

Franz ML v (1980) Die Erlösung des Weiblichen im Manne. Insel, Frankfurt aM

Fried E (1979) Liebesgedichte. Wagenbach, Berlin

Fromm E (1980) Die Kunst des Liebens. Ullstein, Frankfurt aM

Gibran K (1982) Der Prophet. Walter, Olten

Hebbel F (1977) Gedichte. Eine Auswahl. Reclam, Stuttgart

Kranzler M (1977) Kreative Scheidung. Rowohlt, Reinbek

Lemaire JG (1980) Leben als Paar . Walter, Olten

Meister E (1979) Deutsche Predigten und Traktate. Diogenes, Zürich

Preisendanz K (1973) Papyri Graecae Magicae, Bd 1. Teubner, Stuttgart

Rilke RM (1966) Werke in drei Bänden, Bd 1. Insel, Frankfurt aM

Strauß B (1977) Die Widmung. Hauser, München

Tanner F (1981) Bis daß der Mord Euch scheidet. Walter, Olten

Willi J (1975) Die Zweierbeziehung. Rowohlt, Reinbek

Spiele der Erwachsenen

Angela Seifert

Spiele, wie Eric Berne, der Begründer der Transaktionsanalyse, sie beobachtet und beschrieben hat, sind einerseits eine durchaus ernste Angelegenheit, denn immerhin kann exzessives Spielen den Betreffenden gesundheitlich, sozial und finanziell ruinieren oder sogar zum Selbstmord treiben. Doch sie sind andererseits in den allermeisten Fällen auch wieder nicht *so* ernst, daß man nicht über sie schmunzeln könnte. Dies schon deshalb, weil wir alle potentielle oder auch aktive Spieler sind, weil niemand von sich mit hundertprozentiger Sicherheit sagen kann, er/sie würde niemals zu einem Spiel einladen oder auf ein Spiel "hereinfallen". Es sei denn, er oder sie ist erleuchtet.

Ich gehe einfach mal davon aus, daß wir hier heute noch nicht erleuchtet sind, sondern noch vieles wollen, auf das meiste emotional reagieren und nicht vorbehaltlos absolute Nähe zum anderen zulassen können oder wollen. Davor schützen uns die Psychospiele. Jeder von uns hat so seine Lieblingsspiele, die seinem Typus entsprechen, sei es, daß er/sie diese einst im Elternhaus erlernt oder im Laufe seiner frühkindlichen Erfahrungen erworben hat.

Spiele bauen das Skript auf

Falls das Maß an liebevoller Zuwendung und Bestätigung nicht so hoch ist, wie es das Kind benötigt, um körperlich wachsen und v. a. seelisch gedeihen zu können, sucht es sich Möglichkeiten, die Menschen seiner Umgebung derart zu manipulieren, daß es erhält, was es braucht. Dazu verwendet es seine ihm angeborenen und erlernten Fähigkeiten. Es muß also kreativ werden, um für sein bestmögliches Wohlbefinden zu sorgen. Es beginnt zu "spielen". Nicht nur mit seinen Bauklötzen und Puppen, sondern mit seinen Gefühlen und denen der anderen. Es entwickelt mit nachtwandlerischer Sicherheit und einem psychologischen Scharfblick für die Schwächen der anderen ein subtil manipulatives - transaktionsanalytisch spielträchtiges - Verhalten. Da Papa und Mama natürlich ihre eigenen

Spiele spielen, findet bald ein mehr oder weniger aufregendes Zusammenspiel der jeweils Beteiligten statt. Aus diesem Ablauf - Spiel um Spiel, Ansammeln der Spielgewinne, wie Aktien oder Bargeld im Sparstrumpf - entsteht das "Lebensdrehbuch" oder "Skript".

Um es nochmals ganz deutlich zu sagen: Die Skriptentscheidung, also der Entschluß des Kindes für ein ganz bestimmtes Verhalten, das gleichzeitig die Art seiner "Spiele" bedingt, ist ein notwendiger, kreativer Akt, wir nennen diesen auch "Überlebensschlußfolgerung".

Folgendes Beispiel zeigt, wie bereits das Kind Mittel findet, sich die Zuwendung der Mutter zu sichern:

Ein vierjähriges Mädchen soll sich rasch anziehen, weil die Mutter mit ihm und dem zweijährigen Bruder zum Einkaufen gehen möchte. Obwohl die Kleine sich schon recht gut alleine anziehen kann, will sie es heute nicht tun, weil sie erstens nicht gerne in das Gewühle des Supermarkts geht, wo sie sich stets so verloren vorkommt, und weil sie zweitens eifersüchtig auf den Bruder ist, der von der Mutter angezogen wird. Zuerst versucht sie auf direktem Wege, das ihr Unangenehme loszuwerden und sagt, daß sie sich nicht anziehen will. Die Mutter besteht jedoch ungeduldig darauf.

Am liebsten würde die Kleine jetzt wütend brüllen, daß sie keine Lust hat mitzugehen und daß ihr überhaupt das übertriebene Getue mit "Mamas Liebling" gewaltig stinkt, doch sie verdrängt ganz schnell ihren Zorn, weil sie Angst hat, dann Mamas Zuneigung vollends zu verlieren. Tapfer holt sie also ihre Sachen und versucht, so gut es eben geht, sich anzukleiden. Sie macht dies jedoch - unbewußt - so langsam und umständlich, daß sie längst nicht fertig ist, als Mutter nach einer Weile kommt. Mit hochrotem Kopf, sichtlich angestrengt, den Schuhen verkehrt an den Füßen, steht die Kleine da - ein Bild zum Erbarmen. Flehentlich schaut sie die Mutter an, mit einem Blick, der sagt: "Ich gebe mir doch die größte Mühe!" Damit besiegt sie nicht nur den Ärger, sie provoziert auch Mitleid und Schuldgefühle in der Mutter (die natürlich ihrerseits dafür "anfällig" ist) und wird jetzt von Mama fertig angezogen.

Psychodynamisch gesehen, hat die Kleine nun die ersehnte Zuwendung der Mutter erhalten, überdies ist sie frei von aggressiver Schuld (sie war ja eigentlich wütend auf Mutter und Bruder). Und sie schuf sich einen kleinen Freiraum vor künftigen Verpflichtungen, denn Mutter sieht ja jetzt, daß sie doch noch recht klein ist und wird ihr nicht so schnell wieder etwas aufladen, was das Kind vermeintlich anstrengt.

Wenn dieses Mädchen zur erwachsenen Frau herangewachsen ist, wird sie höchstwahrscheinlich weiter nach diesem Muster leben, sich immer wieder mit scheinbar (!) schwierigen Situationen konfrontiert sehen, die in ihr auslösen: "Ich kann das nicht, ich bin hilflos". Statt sich positiv aggressiv mit der gestellten Aufgabe oder den Forderungen anderer auseinanderzusetzen, wird sie versuchen, die Situation mit passivem Widerstand so zu "entschärfen", daß sie sich nicht mit ihren wahren Gefühlen konfrontieren muß.

Und hiermit hat das damalige Kind, die jetzige Frau, auch ihre Grundposition im Leben festgelegt, die lautet: "ich bin nicht o.k." und je nach Situation wird sie hinzufügen: "du bist o.k." oder "du bist auch nicht o.k." Gelegentlich mag sie vielleicht auch mal feststellen "ich bin o.k. - du bist nicht o.k.". Die gesunde Grundeinstellung (der Erleuchteten), die allein zur absoluten Offenheit und Nähe, zum spielfreien Dasein befähigt, lautet: "ich bin o.k. - du bist o.k.". Oder - zeitgerecht formuliert - "we are one".

Das hört sich so einfach an und ist doch recht schwer zu erreichen. Irgend jemand - ich selbst, oder einer der anderen wird meist als nicht o.k. erlebt und schon beginnt das nächste Spiel, denn der Ausgangspunkt eines jeden Spiels ist immer eine Abwertung.

Ich fasse das bisher Ausgeführte zusammen: Es sind also einerseits das geringe bis schlechte Selbstwertgefühl, andererseits die Sehnsucht nach Angenommen- und Geachtetsein, die den Spielen der Erwachsenen, den "Psychospielen", zugrunde liegen. Oder anders gesagt: Ein Mensch, der nicht sehr viel von sich selbst hält, kann auch die anderen nicht in der o.k.-Position erleben, er leidet - bewußt oder unbewußt - unter dem Sich-unwert-fühlen, und es tritt - bewußt oder unbewußt - verstärkt das Bedürfnis nach Zuwendung auf, diese kann jedoch gar nicht angenommen werden, weil die/der Betreffende echte Nähe nie erlebt und deshalb Angst davor hat.

Er/sie versucht deshalb - dies dann unbewußt - die ersehnte Zuwendung auf versteckte Art zu erhalten. Er/sie traut sich nicht zu sagen: "Wende dich mir bitte zu. Ich möchte so gerne, daß du mich in den Arm nimmst oder mir einen Tee kochst oder einfach nur sagst "ich mag dich". Weil sie/er sich so unwert fühlt, kann sie/er dieses Bedürfnis nicht aussprechen. Nicht nur das, es ist ihm/ihr meist gar nicht bewußt. Es gibt da nur so ein diffuses Gefühl von Unzufriedensein, Mißmut oder Traurigkeit und aus diesem Gefühlszustand heraus wird dann wieder unbewußt ein "Spiel" inszeniert. Potentielle Mitspieler gibt es ja genug. Leider viel mehr als Spielverweigerer. Seelisch gesunde Menschen, d. h. solche, die über ein stabiles Selbstwertgefühl verfügen, aus dem heraus sie autonom und spontan handeln, fallen auf sog. Spielangebote nicht herein. Sie spüren meist ganz schnell, daß etwas nicht stimmt. Ihr gutes, gesundes Gefühl warnt sie. Das "gute" Gefühl ist immer das jeweils situationsangemessene. Es signalisiert ihnen die Abwertung, die in jedem Spielangebot steckt.

Das Ich-Zustands-Konzept

Wer erwachsene Menschen aufmerksam beobachtet, nicht nur genau hinschaut, sondern auch hinhört, kann feststellen, daß nicht immer nur Erwachsene, ganz im Hier und Jetzt, aufmerksam und wach, mitdenkend, mitfühlend, der jeweiligen Situation angemessen reagierend, miteinander kommunizieren.

Manchmal ist da auch ein Kind zu sehen, natürlich und frei oder angepaßt ängstlich, schmollend und hilflos, vielleicht auch rebellisch und widerspenstig. Ein anderes Mal kann es sein, daß man selbst sich von seinem Gegenüber eingeschüchtert fühlt, daß man ihn/sie als belehrend, besserwisserisch oder auch fürsorglich, verwöhnend erlebt, als hätte man einen Vater, eine Mutter oder eine Autoritätsperson vor sich.

Das heißt: Menschen verhalten, denken und fühlen nicht nur, wie es ihrem tatsächlichen Alter gemäß ist - Erwachsene also als Erwachsene - sie können sich auch verhalten, denken und fühlen, wie sie es getan haben, als sie noch ein Kind waren oder wie sie damals ihre Eltern und andere Erwachsene, v. a. Autoritätspersonen, erlebt haben.

In welchem Ich-Zustand sich jemand gerade befindet, ist sehr deutlich am äußeren Ausdruck (dem Schmollmund; den weit aufgerissenen, ängstlichen Augen; dem schüchternen Lächeln; dem schamvoll gesenkten Blick; der gerunzelten Stirn; dem erhobenen Zeigefinger; der geraden, strengen Haltung; der Piepsstimme oder dem schnarrenden Befehlston) wahrzunehmen.

Daß Menschen in entsprechenden Situationen mal den einen, mal den anderen Ich-Zustand die Hauptrolle spielen lassen, ist ganz normal. Auf dem Fußballplatz z. B. wird jeder Mann zum kleinen Jungen, ebenso auf dem Zahnarztstuhl oder in der Badewanne. In einer Boutique oder Parfümerie ist in jeder, sonst sehr vernünftigen, Frau das kleine, von vielen Wünschen erfüllte, Mädchen aktiviert, aber wenn Sie Ihren Patienten Mut und Trost zusprechen, Ihren Partner/Ihre Partnerin mal so richtig verwöhnen, befinden Sie sich - angemessenerweise - in Ihrem Eltern-Ich.

Das ist normal und es ist eindeutig. Darüber hinaus gibt es aber auch Transaktionen zwischen Menschen, die nicht eindeutig, sondern doppelbödig sind. Menschen kommunizieren also nicht nur oder nicht immer auf einer Ebene miteinander, sondern oft auf zwei verschiedenen, die sich - von der o.k.- o.k.-Erwachsenen-Position her gesehen - zu widersprechen scheinen.

Dies besagt die transaktionsanalytische Spieldefinition: Ein Spiel besteht aus einer fortlaufenden Folge verdeckter Komplementär-Transaktionen, die zu einem ganz bestimmten voraussagbaren Ergebnis führen.

Das Spiel "... ja - aber ..."

Ich lade Sie jetzt ein, an einer transaktionsanalytischen Gruppensitzung teilzunehmen. Stellen Sie sich eine Bühne vor, auf der diese Sitzung nun stattfindet:

Der Vorhang hebt sich, Sie sehen einen Raum, in dem 13 Stühle zu einem Kreis gestellt sind. Darauf sitzen zwölf Menschen, 8 Frauen und 4 Männer, auf dem dreizehnten Stuhl nimmt gerade die Psychotherapeutin Platz. (Sie können sie auch durch einen Therapeuten ersetzen.) In das anfängliche Schweigen hinein, fragt die Therapeutin: "Wer fängt an?"

Einer der Männer beginnt, er heißt Oskar. Bevor wir ihn aber sprechen lassen, stellen wir uns vor, daß aus dem Hintergrund der Bühne eine Gestalt auftaucht, die Oskar aufs Haar gleicht, und sich hinter Oskars Stuhl stellt. In einer realistischen Gruppe würde sie nicht hinter Oskars Stuhl stehen, sondern in ihm die entsprechende unbewußte Seite repräsentieren.

Oskar, der auf dem Stuhl sitzt, beginnt also: "Ich hab da ein Problem." Und Oskar 2, hinter dem Stuhl, fährt fort: "Bemühe dich um mich."

Die anderen Gruppenteilnehmer schauen Oskar hilflos an. Nein, halt, die Therapeutin schaut nicht hilflos. Sie weiß schon, wie es weitergehen wird. Da beißt auch prompt eine der Frauen auf den ausgelegten Köder an: "Laß mal hören."

Und wieder erscheint eine - imaginäre - Person aus dem Bühnenhintergrund, sie gleicht Hilde - so heißt die Frau - aufs Haar, stellt sich hinter deren Stuhl und flüstert beschwörend: "*Ich* kann dir helfen."

Oskar guckt sie einen Moment lang verdutzt an, dann antwortet er folgsam: "Ich komme mit einem Kollegen nicht zurecht - der unterdrückt mich ...". Und Oskar 2 fügt hinzu: "Sieh mal zu, ob du eine Lösung findest, die ich nicht aus irgendeinem Grund ablehnen kann."

Hilde, keck und selbstbewußt: "Du könntest doch mal mit ihm darüber sprechen". Hilde 2, hinter dem Stuhl, bestätigt dies: "Bin ich nicht toll, das Problem direkt anzugehen?!"

Oskar, ohne Gemütsregung: "Ja, das hab ich schon probiert, aber es nützt nichts." Und Oskar 2, ein bißchen mürrisch: "So toll bist du nicht."

Hilde zieht entschlossen die Augenbrauen zusammen und gibt ihm den nächsten guten Ratschlag: "Dann hau doch mal mit der Faust auf den Tisch!" Hilde 2 bekräftigt: "*Ich* hätte den Mut dazu!"

Oskar seufzt: "Ja, das wär´ toll, aber es geht nicht, sie würden mich rausschmeißen." Oskar 2, von oben herab: "Komm dir doch nicht so großartig vor."

Hildes Stimme wird ein bißchen leiser, aber noch gibt sie nicht auf: "Dann beschwer´ dich doch bei deinem Vorgesetzten." Hilde 2 sekundiert ein wenig ärgerlich: "Stell dich nicht so an, tu endlich was!"

Oskar legt eine kleine Pause ein - wie ein guter Erzähler, um die Spannung noch zu erhöhen. Dann sagt er, und es klingt ein wenig triumphierend: "Ja, ... (Pause) ... das hab ich mir auch schon überlegt, ... (Pause) ... aber die beiden sind befreundet." Oskar 2 lächelt: "Jetzt steigst du wohl von deinem hohen Roß herunter!"

Hilde fällt ein bißchen in sich zusammen, holt tief Luft und setzt zu einem letzten Rettungsversuch an: "Dann kündige!" Hilde 2 flüstert ihr kleinlaut zu: "Gib's auf!"

Was macht Oskar? Er sitzt jetzt kerzengerade, hochaufgerichtet auf seinem Stuhl, schaut wie ein Olympiasieger offen triumphierend in die Runde und spielt seinen Joker aus: "Bei der heutigen Arbeitsmarktlage? Du spinnst wohl"! Oskar 2 klopft ihm kameradschaftlich bekräftigend die Schulter und meint: "Da siehst du's doch, die kann dir auch nicht helfen. Du weißt doch, niemand kann dir helfen." Oskar nickt zufrieden und kann sogar ein wenig Mitleid für Hilde aufbringen, die ganz erschöpft und geknickt in ihrem Stuhl zu einem Häuflein Elend zusammengesunken ist.

Nun mischt sich die Therapeutin ein: "Wie geht es dir jetzt, Hilde?" Die Angesprochene rafft sich, ein wenig erstaunt darüber, daß sich jemand für sie interessiert, auf und antwortet: "Schlecht."

Therapeutin: "Wieso schlecht?"

Hilde: "Na, weil ich ihm doch helfen wollte und er ließ sich nicht helfen."

Therapeutin: "Woher wußtest du denn, daß Oskar Hilfe wollte?"

Hilde: "Na, er hat das doch gesagt, er hat doch um Hilfe gebeten."

Therapeutin: "So? Davon hab ich nichts gehört."

Hilde schaut sie mit großen Augen an: "Nicht? Hat er das nicht gesagt?"

Therapeutin: "Nein, das hat er nicht gesagt." Und zu Oskar gewandt. "Weißt du noch, wie du diese Sequenz eingeleitet hast?"

Oskar: "Nein, eh, ich, ich hab gesagt ... nein, ich weiß es nicht mehr."

"Ich weiß es", sagt einer der anderen Männer. "Er hat gesagt: ich hab da ein Problem."

"Ja, genau", bestätigt die Therapeutin, "er hat also lediglich eine Feststellung getroffen."

"Aber das weiß doch jeder, daß hinter so einer Aussage eine Bitte nach Hilfe steht", mischt sich jetzt eine andere Gruppenteilnehmerin ein.

"Ja, es stimmt", bestätigt die Therapeutin, "daß diese Art der Kommunikation gesellschaftlich weit verbreitet ist. Doch ihr seht, wo man damit landet - nämlich mitten im Kind-Ich, das sich hilflos gibt, damit jemand anderer die Initiative zur Hilfe ergreift und damit auch die Verantwortung übernimmt."

"Das heißt", fragt Oskar, "daß ich nicht selbst für die Lösung meines Problems verantwortlich sein wollte?"

Therapeutin: "Ja, das heißt es. Wenn du allerdings noch genauer hinschauen willst, dann stell doch mal fest, *ob* du wirklich ein Problem gelöst haben wolltest."

Oskar überlegt eine Weile und meint dann, ein wenig kleinlaut, aber auch wie erleichtert: "Nun, eigentlich ist dies gar nicht mein Problem ... eh ... beziehungsweise nicht eines, was sehr wichtig ist ...".

"Was ist dann wichtig?" fragt die Therapeutin. Jetzt wird Oskar ein bißchen rot. Er sieht richtig verlegen aus, aber auch ganz liebenswert. Alle können plötzlich den kleinen Jungen sehen, der er einmal war: ein wenig schüchtern, ein wenig pfiffig, so ein richtiger kleiner

Dreikäsehoch mit großen blauen Augen, Sommersprossen und rötlichen Haaren, die von seinem kleinen Kopf abstehen.

Die Gruppenteilnehmer beginnen zu lächeln, sehen auf einmal ganz offen aus und eine Atmosphäre von liebevoller Zuwendung erfüllt den Raum.

"Na?", ermutigt die Therapeutin Oskar.

"Ich ... ich ... ich wollte eigentlich nur gestreichelt werden. Also, ich wollte eigentlich nur, daß ihr euch mir zuwendet, daß ihr euch für mich interessiert, daß ihr nett zu mir seid."

Alle lachen und strahlen Oskar an. Jemand sagt: "Ich mag dich." Es klingt echt und Oskar strahlt zurück.

"Okay", meint die Therapeutin, "das ist in Ordnung. Und das nächste Mal, Oskar - oder wer auch immer - sagst du gleich, was du wirklich willst. Hier in der Gruppe kannst du das lernen. Ganz offen zu sagen, was du möchtest. Hier braucht ihr eure Spiele nicht. Es sei denn, um aus ihnen zu lernen, um zu erkennen, warum ihr sie spielt, beziehungsweise welches Bedürfnis ihr dahinter versteckt."

An diesem, "Ja-aber"-Spiel und dem dazugehörenden Komplementär-Spiel "Ich-versuche-ja-nur-dir-zu-helfen" wird recht deutlich, wie die Spielpartner von der Grundposition "ich bin nicht o.k. - du bist o.k." (so hat Oskar begonnen) und "ich bin o.k. - du bist nicht o.k." (damit fing Hilde an) zur Position "ich bin nicht o.k. - du bist nicht o.k." (dort landeten beide) gerutscht sind. Hätte Oskar im "ich bin o.k. - du bist o.k." sein können, wäre es ihm möglich gewesen, ganz offen zu sagen, daß er Zuwendung von den anderen möchte und Hilde hätte aus der gesunden o.k.-Position heraus - auch wenn Oskar zum Spiel eingeladen hätte - ihm zugetraut, verantwortlich für sich selbst sagen zu können, was er sich wünscht. Sie hätte dann nicht auf seine Aussage: "Ich hab da ein Problem" reagiert.

Das heißt, ein Mensch, der sich in der "ich o.k. - du o.k."-Grundeinstellung befindet, beißt nicht auf ausgelegte Spielköder an. Der "Köder" oder "Trick" kann nur dort verfangen, wo im potentiellen Mitspieler ein wunder Punkt, eine schwache Stelle vorhanden ist. Nur mit so einer schwachen Stelle kann ein Spiel in Gang kommen, sie bezeichnet eine innere Abwertung der eigenen oder anderen Person. Und diese Abwertung beinhaltet immer auch die Ablehnung der Selbstverantwortlichkeit. Wie kann ich denn für mich und meine Handlungen verantwortlich sein, wenn ich glaube, daß ich nicht o.k. bin? Wie kann ich verantwortlich sein, wenn ich mißtrauisch bis paranoid den anderen für unfähig, schwach, dumm, schlecht oder gar böse halte?

Das Drama-Dreieck

Aus der "nicht-o.k."-Position heraus kann ich weder vernünftig noch tolerant und schon gar nicht liebend handeln. Aus der "nicht-o.k."-Position heraus lande ich immer - ob ich will oder nicht - im (sog.) Drama-Dreieck.

An einer kurzen, eindrücklichen Spielsequenz (sie stammt von Eric Berne), die sich in Variationen nicht nur zwischen Arzt und Patient, sondern auch in anderen gesellschaftlichen und geschäftlichen Beziehungen abspielt, läßt sich die Dynamik des Drama-Dreiecks gut verdeutlichen:

Patientin: "Herr Doktor, meinen Sie, es wird mir je wieder besser gehen?" (Nur scheinbar kommt diese Frage aus dem Erwachsenen-Ich, *eigentlich* stellt sie das Kind-Ich).

Arzt: "Natürlich wird es Ihnen wieder besser gehen." (Auch hier antwortet nur scheinbar das Erwachsenen-Ich, es ist vielmehr das joviale, väterliche Eltern-Ich in Aktion).

Patientin, spitz: "Wieso glauben Sie eigentlich, Sie könnten alles wissen?" (Sie ist also vom Kind- zum Eltern-Ich gewechselt).

Dafür fühlt der Arzt sich nach einem kurzen Moment der Verblüffung hilflos in seinem Kind-Ich.

Aus dem Drama-Dreieck heraus betrachtet, beginnt die Patientin ihr (unbewußtes) Spiel aus der Opferposition, der Doktor nimmt die Retterrolle ein, die Patientin wechselt in die Verfolgerposition und er sitzt in der Opferfalle.

Das Spiel könnte noch weitergehen, wenn beispielsweise die Frau einlenkend, vielleicht auch ein bißchen kokett, ihn tröstet mit den Worten: "Aber, Herr Doktor, so hab ich das doch nicht gemeint" oder "hab ich Sie etwa gekränkt - das wollte ich nicht". Dann würde sie auch noch in die Retterrolle schlüpfen und er könnte sich überlegen, ob er sie nun verfolgen oder erneut retten soll, damit er wieder oben und sie unten ist.

Im Drama-Dreieck kann man sich also unbegrenzt lange aufhalten, es bietet immer neue Möglichkeiten, sich selbst, den anderen, die Situation abzuwerten; sich selbst, den anderen, die Situation anzuklagen; sich selbst, den anderen, die Situation im Gefühl der Omnipotenz wieder zu "retten" - um erneut im nächsten Tief zu landen und so fort.

Kein Spiel wäre gelaufen, wenn die Patientin den Arzt aus ihrem Erwachsenen-Ich um Informationen über den Heilungsprozeß gebeten, oder wenn er ihre Selbstabwertung, daß sie nicht für ihr Gesundwerden mitverantwortlich ist, erkannt hätte. Eine mögliche Antwort seinerseits hätte sein können: "Es kommt ganz darauf an, inwieweit Sie bereit sind, an Ihrer Gesundung mitzuarbeiten."

Warum ist er nicht darauf gekommen? Weil sein wunder Punkt, seine schwache Stelle, der Wunsch nach Omnipotenz ist.

Der Spielgewinn

An dieser Stelle drängt sich natürlich die Frage auf, warum so viele Menschen immer wieder Drama spielen. Was haben wir davon? Eine ganze Menge:

1. wird das psychische System stabilisiert oder wieder hergestellt (z. B. "da sieht man's ja wieder: Ich werde einfach nicht verstanden ...");
2. bestätigt es die einst getroffene Skriptentscheidung (z. B. "es stimmt also, daß ich nicht wichtig bin ...");
3. ermöglicht es, das vorherrschende Lebensgefühl, es ist inzwischen das Lieblingsgefühl, zu erzeugen (z. B. traurig, gekränkt, wütendsein);
4. kann man sich mit anderen Menschen austauschen, ohne echte, weil angsterzeugende, Nähe herzustellen;
5. wird die existentielle Position gefestigt ("Ich bin nicht o.k., du bist o.k. oder ich bin o.k. - du bist nicht o.k. oder ich bin nicht o.k., du bist nicht o.k.);
6. ermöglicht es, die Zeit zu strukturieren (man hat etwas, worüber man mit den Leuten reden kann, z. B. "ist es nicht schrecklich .... die Ehe der Mayers, die Kinder von Müllers, die Affären von XYZ usw.").

Schauplätze der Dramen

Nach dem bisher Ausgeführten scheint es also in der Menschheitswelt ohne Dramen nicht zu gehen. Wir alle sind geradezu süchtig nach einem "dramatischen" Leben. Wir suchen und spielen solche Dramen allüberall: In der Ehe beispielsweise mit dem Spiel "wenn du nicht wärst" ... dann hätte ich Karriere machen können ... oder würde mir ein Häuschen an der Costa Rica kaufen ...

Wir spielen in der Familie z. B. "Tumult". Das geht so: Samstagabend, die 15jährige Tochter ist auf einer Party. Vater bleibt auf und wartet, bis sie heimkommt - natürlich später als vereinbart. Vater tobt, Tochter brüllt zurück, schlägt die Tür ihres Zimmers so laut zu, daß Mutter aufwacht und sich lautstark an der Auseinandersetzung beteiligt, bis schließlich auch sie und dann er Türen knallend in den verschiedenen Zimmern verschwinden. Es herrscht Tumult. Warum? Weil alle ihre geheimen erotischen Phantasien nicht wahrnehmen wollen/dürfen, sondern diese mit dem erzeugten "Tumult" erfolgreich unterdrücken.

Am Arbeitsplatz ist "Kick me" oder "Jetzt hab ich dich endlich, du Schweinehund" ziemlich beliebt. "Kick me" ist ein masochistisches, "Jetzt hab ich dich endlich ..." ein sadistisches Spiel, beide gehören zusammen. "Ich laß mir was zuschulden kommen und du wirfst mich raus" oder "ich paß genau auf, ob du einen Fehler machst, damit mach ich dir dann das Leben schwer".

Im Freundeskreis hat sich "Schlemihl" bewährt. Das ist einer, dem immer irgend ein Malheur passiert, der sich dafür dann ganz zerknirscht entschuldigt, so daß ihm niemand wirklich böse sein kann, auch wenn er das neue Sofa ruiniert hat. Schlemihl braucht für sein seelisches Gleichgewicht die Entschuldigung. Er fühlt sich sonst im Leben ständig für irgend etwas schuldig. Dabei ist er ein liebenswertes "Unschuldslamm". Seine "Schuldgefühle" oder eigentlich seine verleugneten Aggressionen sind natürlich trotzdem da.

Menschen, denen nichts so recht gelingen will, sind ausgezeichnete "Holzbein"-Spieler. Sie begründen ihre Mißerfolge so: "Was kann man denn schon von jemandem mit einem Holzbein erwarten ...", d. h. der so eine üble Kindheit, die Schwiegermutter im Haus, oder streitsüchtige Nachbarn hat.

Wenn jemand keine "Holzbein"-Erklärungen für sein Unglück findet, dann bleibt ihm noch zu jammern: "Warum muß das immer wieder mir passieren ...?". Er beklagt resigniert sein hartes Schicksal, hält dabei aber wachsam Ausschau, ob nicht jemand kommt, der "ach, du Armer ..." zu ihm sagt und ihm damit vollends die Gewißheit gibt, daß er selbst keineswegs für seine Situation verantwortlich ist.

Das "göttliche Spiel"

Doch nicht genug damit, daß wir so virtuose Darsteller in unseren eigenen Spieldrehbüchern sind, wir laufen auch noch ins Kino und ins Theater oder setzen uns vor den Fernseher, um uns mit noch mehr Drama geradezu vollzusaugen.

Warum tun wir das, warum können wir nicht komplikationslos, offen, ehrlich und in Frieden miteinander leben? Warum kann nicht jeder einzelne schlicht die Verantwortung für sein Tun oder Nichttun übernehmen, für sein eigenes Wohl sorgen und die Heiterkeit des Selbstgenügsamen ausstrahlen? Warum bleiben wir nicht ganz einfach im Tao, aus dem wir einst in diese Welt getreten sind? Warum wollen wir keine Erleuchteten sein? Was soll das großartige Theater, das wir auf unserer Lebensbühne, letztlich auf der Weltenbühne veranstalten? Sind wir denn alle nur geboren, um Spieler zu werden?

In einem Interview der Zeitschrift *Spiegel*, das kürzlich zu lesen war, bezeichnete sich der französische Philosoph Jean Guitton als einen "Komödianten" und Papst Johannes Paul nannte er einen "genialen Komödianten".

Wenn ich das berühmte Foto von Albert Einstein sehe, auf dem er sich wie ein kleiner Junge mit herausgestreckter Zunge präsentiert, dann denke ich jedes Mal, er hat die Welt - auch! - zum Narren gehalten. Werden nicht die Weisen und die

Narren als sich sehr ähnlich beschrieben? Ja, und noch einen Bezugspunkt gibt es zu den Spielen: Wir finden ihn in der indischen Religion des Hinduismus. Dort gibt es die Vorstellung von Lila. Sie bedeutet das "göttliche Spiel". Aber dieses Spiel ist das Spiel der Täuschungen in Maya, der Erscheinungswelt, der Welt, wie wir sie kennen mit all den Erscheinungen, die wir mit unseren äußeren Augen sehen und von denen wir fälschlicherweise annehmen, sie existierten wirklich. Wir nehmen das an, weil wir gewohnt sind, überwiegend das Äußere, Stoffliche, und da auch zumeist nur das Grobstoffliche, wahrzunehmen.

Daß die Dinge, die wir meinen ganz real zu sehen, die wir anfassen können, eigentlich eine Täuschung sind, will uns, die wir nicht in der hinduistischen Tradition aufgewachsen sind, allerdings nicht so leicht in den Kopf. Haben denn nicht all die empirisch arbeitenden Wissenschaftler bewiesen, daß die Welt der Materie wirklich existiert? Ja und nein - sie existiert und sie existiert nicht. Spätestens bei der Heisenbergschen Unbestimmtheitsrelation wird uns klar, daß der Aufbau des Universums und damit auch unsere Welt nicht ganz so einfach, sicher und bestimmbar ist, wie wir es gerne glauben wollen.

Es geht eben den atomaren Teilchen wie den Menschen: Sie wollen sich nicht erwischen lassen. Sie wollen nicht, daß man gleich weiß, wo sie wann und wie anzutreffen sind. Und damit sind sie hervorragende Spieler. Man kennt zwar so in etwa ihr Spiel, man weiß auch in etwa, wie es verlaufen und ungefähr, was dabei rauskommen wird, aber ganz genau sind sie nicht zu bestimmen. Sie spielen Verstecken, wie die Kinder und wie wir Erwachsene mit unseren wahren Gefühlen und Absichten, die uns ja selbst nicht eindeutig bestimmbar und verständlich sind. Ist es da verwunderlich, daß der göttliche Krishna als ein spielendes Kind gesehen wird?

Also, der Stuhl und das Pult und all das andere in unserer Welt existiert als Bühnenbild. Wir bewegen uns auf einer wunderbaren Drehbühne, die wir Erde nennen und wir wissen, daß sie nur eine kleine, allerdings sehr zerbrechliche, ist, angesichts der vielen, vielen, die sich im gesamten Universum drehen.

Der gläubige Hindu weiß, daß die Lilamaya von Krishna benutzt wird, um alle Wesen durch seine Liebe anzuziehen und zur Befreiung zu führen.

"Befreiung" meint - und hier sind sich nicht nur der Hinduismus und Buddhismus, sondern auch unsere christliche Religion einig - das endgültige Herauslösen des Geistes aus der Materie, also das Eingehen in Gott, das Heimkehren in die göttliche Heimat.

Das Spiel - ein schöpferischer Akt

Und dieses, so könnten Sie jetzt schließen, soll nur gehen, wenn wir spielen? Ginge das nicht besser und auch schneller, wenn wir offen, ehrlich und in Frieden einander liebend wären? Ja, natürlich, wenn wir das schon wären. Aber wir sind's noch nicht. Können uns die Spiele dabei helfen, dieses Ziel zu erreichen? Sie können. Denn jedes Spiel ist - wie ich es eingangs schon betont habe - ein schöpferischer Akt, letztlich auch das Psychospiel. Das heißt, daß an jedem Spiel der Geist beteiligt, daß er da aktiv in Bewegung ist. Der Geist also ist der Stückeschreiber und der Regisseur - Krishna, der göttliche Schelm, der Spieler. Er benutzt die Lilamaya, um uns zurück in die geistige Heimat zu locken.

Es gibt eine wunderbare Geschichte der Navahos, die ich Ihnen zum Schluß nicht vorenthalten möchte:

"Die Navahos bauten einst einem ihrer bedeutenden Häuptlinge ein Haus, in dem er verborgen lebte, denn er besaß alle Perlen des Stammes. Der Sonnengott wurde auf seinen "großen Türkis" eifersüchtig, obwohl er selbst den "vollendeten Türkis" besaß. So zeugte er geheim mit einer Frau, der "Felsenfrau", einen Sohn und erzog diesen zu einem so vollendeten Spieler, daß er in allen Glücksspielen immer gewann. Dann ließ er ihn dem Häuptling alle seine Schätze im Spiel abnehmen, auch den "großen Türkis", den der Sonnengott begehrte. Als der Spieler ihn aber hatte, weigerte er sich, ihn dem Sonnengott weiter zu geben. Da wurde letzterer zornig und erschuf einen zweiten Spieler, der genau wie der erste aussah, er lehrte ihn spielen und mit Hilfe zahlreicher Tiere so gut zu betrügen, daß der den ersten Spieler besiegte und ihm allen Gewinn abnahm. Darauf zog sich der erste Spieler ins himmlische Jenseits zurück. Der zweite Spieler aber opferte den großen Türkis, den er gewonnen hatte, dem Sonnengott, der ihm dafür zu einem neuen Land verhalf" (v. Franz 1987, S. 45).

In dieser Geschichte erkennen wir, wie durch die Fähigkeit des Spielens das Bewußtsein geschult und weiter entwickelt wird. Jedes Kind lernt am besten im Spiel. Das spielerische Lernen, das spielerische Tun bringt auch Erwachsenen schnelle und andauernde Erfolge. Das Spiel weckt die Lebensgeister, d. h. es macht munter, spritzig, kreativ; während Langeweile, ödes Nichtstun oder graue Theorie schläfrig, schlaff und dumm macht.

Ist es da nicht besser, ein "Ja, aber"-, "ich Armer" oder "jetzt hab ich dich endlich"-Spiel zu inszenieren, abwechselnd in die Rollen des Opfers, Verfolgers und Retters zu schlüpfen und triumphierend den Spielgewinn des Gekränkt-, Beleidigt-, Empört- und Hilflos-Seins einzustreichen, um ihn alsbald wieder aufs "Spielfeld" zu werfen und zu hoffen: "Dieser Einsatz bringt bestimmt den großen Gewinn" (bei den Psychospielen gibt's ja keine Verlierer: Jeder Spieler kassiert am Ende sein begehrtes Lieblingsgefühl), als dumpf und teilnahmslos in einer Ecke zu sitzen und die Zeit der Entwicklung an sich wirkungslos vorüberziehen zu lassen?

Und wie lange währt unser Spielerdasein auf "den Brettern, die die Welt bedeuten" noch? Bis wir die Perfektion des zweiten Spielers, den der Sonnengott geschaffen hat, erreicht haben.

Auf die Psychospiele bezogen heißt dies, bis wir alle Frustrationen, allen Schmerz leid sind, daraus erwachen und erkennen, daß wir Menschen im tiefsten Grund unserer Seele gleich sind; daß wir alle die gleichen Schmerzen leiden - die einen mehr, die anderen weniger; daß wir alle die gleichen Träume träumen - die einen farbiger, die anderen eintöniger; daß wir alle auf die Erfüllung der gleichen Wünsche warten: Sich zeigen zu können, wie wir wirklich sind, gesehen zu werden in unseren Bemühen, das Leben so gut als möglich zu bestehen und angenommen zu werden in unserer Schönheit und in unserer Erbärmlichkeit.

Dann können wir einander einfach, offen und ehrlich begegnen, einander wirklich lieben und Hand in Hand "nach Hause" gehen.

Literatur

Berne E (1967) Spiele der Erwachsenen. Rowohlt, Reinbek

Franz M-L v (1987) Wissen aus der Tiefe. Kösel, München

Doktorspiele*

Claudia Sies

Erste Erfahrungen

"Als ich vier Jahre alt war", berichtet ein Mann, heute in den 60ern, "wollte ich den anderen Kindern zeigen, was ich gerade gelernt hatte: Fieber messen. Erwartungsvoll standen alle um mich herum. Ein Mädchen, so zwischen drei und vier Jahren, konnte überzeugt werden, das Höschen auszuziehen und auf ein Schränkchen zu klettern, damit auch alle Kinder die Prozedur sehen konnten. Das Mädchen hockte sich nach genauer Anweisung hin und streckte uns den Po entgegen. Ich begann nun, mein zu erwartendes Vorgehen zu erläutern und medizinisch zu begründen, gerade so, wie ich es dem Doktor abgeschaut hatte, als er bei meiner Schwester, die sich dabei allerdings bequem in ihrem Bett befand, das gleiche getan hatte. Mit großem Ernst und sehr behutsam wollte ich gerade das Thermometer, mit dem die gefährliche Krankheit gemessen werden sollte, in das dafür offenbar geeignete Löchlein einführen, als Marlies, die 19jährige Tochter des Hauses, in dem ich zu Gast weilte, ins Zimmer trat. Als sie sah, was wir da machten und mein Vorhaben begriff, riß sie mir mit einem Entsetzensschrei, heftigen Beschimpfungen, Strafandrohungen und Auslieferungsankündigungen an meine Eltern das Ding aus den Händen. Unser aller Schreck war groß. Er war um so größer, als weder ich noch die anderen auf Tadel oder Strafe vorbereitet gewesen waren. Wir hatten uns nichts dabei gedacht.

Hätten wir uns etwas dabei gedacht, dann wären wir mit unseren Erkundungen nicht in die Öffentlichkeit des Wohnzimmers gezogen. Der Schreck und die Beschämung sind mir heute noch gegenwärtig.".

Die Aufregung, die die Kinder beim Doktorspiel gespürt hatten, entsprang der Erwartung, eine Körperregion zu Gesicht zu bekommen, die sonst unsichtbar, deren Wichtigkeit aber jederzeit spürbar ist. Diese ursprünglich mit der Neugier verbundene Aufregung verknüpfte sich nun bewußt und unbewußt mit dem entsetzten Gezeter der erwachsenen Person mit ihren Beschimpfungen, Drohungen, narzißtischen Kränkungen und Entwertungen.

---

* Ich danke Gertrud Wendl-Kempmann für Diskussion und viele anregende Gedanken zu dem Thema

Ich-Spiele oder Es-Spiele?

Der kleine Mann hatte - in Identifikation mit dem von ihm bewunderten Doktor - für die Kinderschar die Verantwortung für den analen und genitalen Triebbereich übernommen. Er hatte sich für allwissend erklärt und sein Eindringen in den Mädchenkörper an analer Stelle wurde im Doktorspiel legitimiert durch den Wunsch, die böse Krankheit zu erforschen, um anschließend der armen kleinen Patientin helfen zu können, und durch den Wunsch, andere über diese unzugängliche Region und eine damit verbundene gewichtige Tätigkeit zu belehren und aufzuklären. Er tat es nicht zuletzt, um die Anerkennung und Bewunderung der Spielkameraden und -kameradinnen zu erlangen.

Unbewußt war zusätzlich zum Schutz vor Triebgefahr, sei es aggressive oder sexuelle, eine doppelte Hierarchiesicherung ins Spiel eingebaut: Einmal war da der Doktor und die Patientin, zum zweiten die Hierarchie zwischen dem belehrenden Doktor und den zuhörenden Schülern. Das schnelle Herstellen von Hierarchien gehört, wie übrigens auch Maturana beschreibt, zu unseren wichtigsten interpersonellen Schutzmechanismen, die sogar bis ins Biologische reichen (Maturana 1982).

Ernst Simmel, der eine der ganz wenigen Arbeiten über Doktorspiele geschrieben hat, beschreibt dies auch:

> "Es ist verständlich, daß zur Zeit, da die Strukturierungsvorgänge des infantilen Ich noch im Werden sind, der Doktor, der ja für das Kind auch die Es-Interessen noch ausgiebig vertritt, ein ganz besonders brauchbares Ich-Ideal abgibt. Der Arzt darf ja scheinbar aktiv all die Lustmechanismen betätigen, die dem Kind versagt werden. Er erkennt keine Kleidung an, keine Scham. Er darf alles sehen, alles hören, mit Urin und Kot sich straflos beschäftigen. Er weiß alle Geheimnisse der Geschlechtsunterschiede wie des Kinderkriegens und verfügt allmächtig - wie der Vater über die Mutter - über den Körper des Kranken" (Simmel 1975).

Unser Doktorspiel ist also auch der Versuch, anale und sexuelle Triebgeheimnisse zu erforschen, ihre Gefährlichkeit (hier ausgedrückt durch erhöhte Temperatur) zu ermessen und ihre Ausdehnung zu begrenzen, um exakt erkennen zu können, wo hört das Anale auf und wo fängt das Genitale an. D.h. auch die narzißtische Dimension, bei der es ja immer auch um Größenverhältnisse und Relationen geht, wird dabei gestaltet. *Wie exakt* man dabei vorgehen muß, wollte der kleine Doktor seinen Gefährten vermitteln, indem er ihnen zeigen wollte, wie sehr er aufpassen muß, um das *richtige* Loch zu treffen und wie *tief* er das Thermometer einführen muß, damit es richtig messen kann und wie er *nicht zu tief* eindringen darf, um nicht zu verletzen.

Diese Sorgfalt und Wißbegierde galt nicht nur dem After, sondern selbstverständlich und natürlich auch dem Geschlecht des Mädchens. Die Körperrepräsentationen von Anus und Scheide werden auch mit dem Auge und durch Handlung herausgebildet, bearbeitet und vervollständigt (s. a. Schuhrke 1995). Dazu gehört das Betrachten der unterschiedlichen Formen, ihrer Ausdehnung und das Ertasten ihrer Konsistenz. Auch die Relationen von Anus und Vagina zueinander werden erforscht. Und Erforschen, Messen und exakt Wahrnehmen sind wichtige Bausteine, um die Kastrationsangst einzugrenzen. Zusätzlich ging es bei diesem Spiel um die Entdeckung des Geschlechtsunterschieds.

Helen Ross (1969) führt in ihrer Arbeit *Das Schulspiel* aus:

"Obwohl das Doktorspiel den Zweck hat, die genitalen Geheimnisse der Erwachsenen zu entdecken, hat es auch starke anale Komponenten, gemäß dem fixierten Interesse des jeweiligen Kindes, wie es die analen Späße und Ausdrücke des kleinen Kindes verraten. Aus Neugier begonnen, bereitet es masturbatorische Lust, und die sonst verbotene Betätigung scheint jetzt erlaubt, weil es ja nur ein Spiel sei, obwohl dieses Spiel in Gegenwart der Erwachsenen nicht weitergespielt wird. Gewöhnlich ist einige Sublimierung damit verbunden: Es wird ein Patient untersucht, er wird durch eine "Krankenschwester" gepflegt, und es findet eine phantasierte Kur statt. Die Tracht der Schwester und der Doktorkittel sind häufige Attribute. Das Spiel befriedigt den Voyeurismus der phallischen Phase sowohl aktiv als auch passiv, und es versucht die Kastrationsängste bei Knaben und Mädchen zu beruhigen. Es wird ja auch gewöhnlich von Knaben und Mädchen gemeinsam gespielt. Aber diese Angst führt dazu, daß das Spiel eher wiederholt als aufgegeben wird. Elterliche Verbote bringen Schuldgefühle, was dazu führen kann, daß man den Spaß im Geheimen fortführt. Wenn auch solche Verbote das Bedürfnis durch Hinschauen zu lernen, selten völlig zu unterdrücken vermögen, können sie immerhin dazu führen, daß Lernen durch Hinschauen zu etwas Schlechtem wird, so daß eine Lernhemmung entsteht, besonders auf dem Gebiet des Lesens, wie klinisches Material beweist" (Ross 1968).

Alles in allem kann man fragen, sind Doktorspiele *Ich*-Spiele oder *Es*-Spiele? Und es wird *viel* davon abhängen, wofür es die Erwachsenen halten. Die erschrockene 19jährige jedenfalls hat es für ein *Es-Spiel* gehalten; für die verbotene *Erfüllung* von Triebwünschen, die unter allen Umständen unterbunden werden mußte, um eine gefährliche seelische Entwicklung aufzuhalten und körperliche Verletzungen zu verhindern, die die Kinder, wie sie glaubte, um der Triebbefriedigung willen in Kauf nehmen wollten.

In Wirklichkeit wird durch solches Vorgehen das komplexe Gebilde wichtiger seelischer Errungenschaften aus der Person ausgeschlossen. Scham- und Schuldgefühle werden brutal evoziert, statt daß sie sich schrittweise und altersangemessen entwickeln können, und sie gehen bizarre (evtl. perverse) Verbindungen mit der Regulierung des Selbstgefühls ein. Bei häufigen Eingriffen dieser Art können die Kinder zeitlebens von äußerer Führung abhängig bleiben. Die Nachahmung erwachsener Verhaltensweisen wie das Erforschen und Heilen des Körpers wird dann zu einer Anmaßung und ebenso wie die Neugier und der Wunsch, in Unbekanntes einzudringen - die ja eine der Grundlagen des Forscherdrangs sind - zu einer unanständigen, mit Verfolgung bedrohten Angelegenheit, die dadurch auch noch sexualisiert wird. Dieser Vorgang kann in Teilen bewußt bleiben, so wie die konflikthaften Ereignisse um die Doktorspiele herum seltsamerweise ja meist erinnert werden. Es gibt aber auch dabei ins Unbewußte abgedrängte Konflikte, die das genaue Hinsehen auf anale und sexuelle Bereiche und deren Funktionen, seien sie körperlicher oder seelischer Art behindern oder das Interesse darauf fixieren.

Der bestrafte Doktor oder die Doktorin kann sogar, wie Simmel sagt, an dem Organ erkranken, an dem er forschen, alias "sündigen" wollte (Simmel 1975). Erwachsen geworden, trug unser kleiner Herr Doktor später auf Reisen stets ein kleines Klistier bei sich, wie er berichtete.

Das Doktorspiel als Perversion beim Erwachsenen

Weniger harmlos waren die Folgen der Verdrängung sexueller Neugier mit narzißtischer Kränkung bei einem Doktor, der später Gynäkologe wurde und dem die beruflich erlaubte Sicht auf den weiblichen Genitalbereich nicht ausreichte, um seine Selbstregulation zu stabilisieren. Auch der Sexualverkehr mit seiner Frau genügte ihm dazu nicht mehr, denn der Reiz und die sexuelle Befriedigung waren an das verbotene Doktorspiel geknüpft, inzwischen pervertiert, weil der große Altersunterschied - die Kinder waren zwischen drei und acht Jahren - ihm übergroße Verfügungsgewalt über sie gaben.

Damit meine ich keinesfalls, daß Mißbrauch von Kindern und bestrafte Doktorspiele in einem geradlinig kausalen Zusammenhang stehen. Aber gerade an diesem Beispiel war die Ähnlichkeit mit den Doktorspielen, zumal er selbst Doktor geworden war, auffallend.

Dieser 36jährige Doktor konnte viele Kinder in seiner Umgebung mißbrauchen, weil er seinen Status, der mit Helfen, Heilen und Belehren verbunden war, dazu benutzen konnte, um sich an die Kinder heranzumachen und über sie Macht zu bekommen. Er verschreckte sie nicht gleich, weil er sie durch Zärtlichkeit und stundenlanges Vorlesen von Märchenbüchern an sich binden konnte. Anschließend setze er sie seinen urethralen, analen und genitalen Übergriffen aus und schüchterte sie mit Todesdrohungen so ein, daß sie sich nicht getrauten, ihn zu verraten.

Integration oder Exkommunikation der Sexualität in der Familie

Die Doktorspiele der Kindheit werden also erst dann gefährlich oder zu einem Problem, wenn sie in den verbotenen Bereich gedrängt werden und sie damit der eigenen Verantwortung nicht mehr zugänglich sind.

Wenn die Sexualität in der Familie nicht abgespalten ist, dann gehen Kinder, auch wenn sie erst 2-3 Jahre alt sind, nicht so weit miteinander, daß sie sich verletzen und außerdem sind die körperlichen Untersuchungen noch nicht geheim. Wenn zusätzlich eine breite Befriedigungsbasis für die Kinder auf vielen Gebieten besteht, dann interessieren sie sich zwar *auch für Sexualität*, aber nicht so betont und nicht zu früh in diese Richtung kanalisiert. Wenn in der Familie wenig Befriedigungsmöglichkeiten angeboten werden, dann kommt es leichter dazu, daß Sexualität schon in diesem Alter zu einem Hauptinteresse wird.

Winnicott (1985) beschreibt die vielfältigen affektiven Facetten des kindlichen Spiels, das als *eine Seite auch sexuelles Erleben* enthält:

"Alle Ideen sind an sich Begleiterscheinungen körperlicher Erfahrungen. Das normale Kinderspiel, d. h. ein Ausleben in der Phantasie ohne körperliche Erregung, bedeutet Seelenfreude, ebenso wie Belohnung und Triebentspannung. Vieles im normalen und gesunden Spiel des Kindes befaßt sich mit sexuellen Vorstellungen und Symbolen, und das bedeutet nicht, daß man behaupten wollte, spielende Kinder seien immer in sexueller Erregung. Spielende Kinder können in allgemeiner Weise erregt werden und die Erregung kann sich hin und wieder lokalisieren und dadurch offensichtlich sexuell werden, oder urethral-erotisch oder gierig, oder etwas anderes, was auf der Fähigkeit der Gewebe beruht, in Erregung zu geraten. Erregung verlangt einen Höhepunkt. Der für das Kind mögliche Ausweg ist ein Spiel mit Höhepunkt, in dem die Erregung zu einem Ziel führt, ein Pfand oder Preis zu gewinnen ist, jemand gefangen oder getötet wird, jemand gewonnen hat, usw." (Winnicott 1985).

Die Spielfähigkeit der Eltern sagt also auch etwas über ihre Integration sexueller Impulse und damit über ihren Reifegrad aus. Haben Eltern ihre Sexualität *nicht* integriert, können Kinder schon mit 2-3 Jahren in ihrem Erleben und in ihrem Tun in den Untergrund gehen oder in ihrer Spielfähigkeit verkümmern.

Die Geheimhaltung der Doktorspiele ist unterschiedlich und richtet sich nach dem Alter und dem Entwicklungsstand des Kindes. Z. B. in der ödipalen Zeit, wenn intensiveres Begehren zum Erleben hinzukommt, möchten die Kinder die Eltern bei ihren sexuellen Erkundungen lieber ausschalten. Sexualität gehört jetzt eher zu einer positiven Intimität und ein Dritter soll nicht dabeisein. Es nützt auch nichts, Kindern in diesem Alter Doktorspiele zu "erlauben". So scheitern Modellversuche, bei denen Zimmer in Kindergärten zur Verfügung gestellt werden, in denen sie ungestört sein können und sich zu Doktorspielen zurückziehen dürfen. Nur manchmal gehen Kinder da hinein, um Feuer zu machen.

Diese normale Entwicklung von Intimität und natürlicher Scham setzt sich im späteren Lebenslauf fort in der Fähigkeit, ein *Geheimnis für sich behalten* zu können oder eine *Intimität bewahren* zu können oder in sich selbst etwas verarbeiten zu können, ohne durch ein schlechtes Gewissen zum Verbergen gezwungen zu sein. Es kommt also entweder zu einer schrittweisen Entwicklung des Ich unter der Einbeziehung der Dynamik zwischen der Entfaltung von Sexualität und deren Begrenzung oder es kommt zu einer Es-Über-Ich-Schaukel, bei der das Es oder das sog. Triebhafte bei den Kindern bleibt und das Über-Ich oder das Gewissen an die Eltern abgegeben wird. Kinder spüren ganz genau, ob sie die Verantwortung haben für das, was sie erleben und tun oder ob diese bei den Eltern liegt.

Als ein Beispiel sei das Beichten erwähnt, bei dem die Erleichterung darin besteht, dem nach außen verlagerten Gewissen mitzuteilen, wie böse man ist. Die eigene Integration, die die Beichte überflüssig machen würde, ist nicht gefragt.

Bleibt die Verantwortung an die Eltern oder ein abstraktes Verbot abgegeben, dann können die Manipulationen tatsächlich zu weit gehen, weil sie nicht mehr durch ein eigenes, brauchbares Gewissen gebremst werden, denn dieses liegt ja außerhalb von ihnen. Diese Qualität: Wie weit darf ich gehen, wann muß ich halt machen, gehört zu einem gut funktionierenden Über-Ich. Diesen Vorgang kann man auch bei aggressiven Spielen der Kinder sehen. Diese werden viel vorsichtiger gesteuert, wenn kein Erwachsener in der Nähe ist, an den die Funktion, einen Schaden begrenzen zu können, delegiert werden kann.

Eine weitere Facette können wir an unserer speziellen Doktorspielszene entdecken, nämlich das grobe Muster der Urszenenphantasie; zumindest das Nachspielen und den Bewältigungsversuch der Rollenverteilung: Die Frau in der passiven, in die Position der zu entdeckenden und ausgelieferten Gebrachten; der Mann in der führenden, aktiv eindringenden, überlegen wissenden Position. Auch voyeuristische und exhibitionistische Impulse der Urszene hätten - ohne Störung des Spiels - verarbeitet, d. h. unter die Führung des Ich geraten können. Gerade diese prägenitalen Strebungen können durch Doktorspiele, wo es immer auch um Sich-Ausziehen, "Popo-Zeigen" und "Popo-Anschauen" geht, spielerisch in die seelischen und die Körperrepräsentanzen eingebaut werden.

Von einem vorwiegend von voyeuristischen und exhibitionistischen Interessen geprägten Doktorspiel berichtete mir ein Mann, der als 8jähriger ein ca. 13jähriges, wie er sagte, gutmütiges Mädchen dazu bewegen konnte, sich auszuziehen, sich hinzulegen und ihm ihr Genitale zu zeigen. Er erinnerte sich noch ganz genau, wie er hinschaute, weglief, wieder zurückkehrte, erstaunt war, daß sie unverändert liegengeblieben war, wieder hinschaute, sich zu schämen begann, wieder weglaufen mußte, und sie anschließend immer noch da war.

Als ein Grundmuster kann man diese Hin- und Wegbewegung Frauen gegenüber auch heute noch bei ihm sehen: 1-2 Tage ist er mit manchen Frauen zusammen, dann muß er weg, um nach 1 oder 2 Wochen sehnsüchtig zurückzukehren. Andere Frauen verläßt er in anderen Rhythmen. Gleichgeblieben ist die Flucht vor zu großer Erregung bei gleichzeitig erhaltengebliebenem Interesse für die Frau. Die Erregung ist mit zu großer Angst vor Kontrollverlust verbunden. Dazu kommt heutzutage noch die Angst, sich zu stark zu binden, weil er tiefer befürchtet, dann die Eigensteuerung aufgeben zu müssen, d. h. auf einer anderen Ebene zuviel von sich hergeben zu müssen. Diese Steuerung wird heute vom Über-Ich übernommen und heißt: Leider muß ich dich jetzt verlassen, weil ich Termine habe.

Dieser Vorgang - ich habe diesen Mann nicht analysiert, sondern nur beobachtet, kann vom Unbewußten her vielfältige Begründungen haben: Z. B. kann die ödipale Entwicklungszeit so anstrengend, konfliktreich und bedroht durch Objektverlust und Kastrationsangst verlaufen sein, daß das Über-Ich sich nicht genügend differenzieren konnte und Es-Impulse so begrenzen, daß es das Ich bei der Entwicklung der Fähigkeit, die eigene Erregbarkeit auszuhalten, nicht genügend unterstützen konnte. Daher konnte er sich der körperlichen Seite der Geschlechtsidentität und v. a. dem Geschlechtsunterschied erst jetzt in der Ruhe nach dem Sturm zuwenden. Aber auch mit 8 Jahren war der Nachhall der konfliktreichen ödipalen Zeit noch überwältigend. Zusätzlich kann dieses Überwältigtsein vom Anblick des weiblichen Genitale darauf hindeuten, daß die kindliche Neugier und die Phantasien den elterlichen Geschlechtsteilen gegenüber, das Erfassen ihrer unterschiedlichen Sensibilität, evtl. sogar ihrer Erregbarkeit, ausgefallen war und nun beim Nachholen von größerer, altersgemäßer Scham belastet war.

Doktorspiele sind meist Ich-Spiele. Daher treten sie am stärksten in der Latenzphase auf, in der Kinder intellektuelle Neugier entwickeln, wenn der Trieb etwas zurücktritt. In der ödipalen Zeit haben sie oft gar keine Zeit und viel zuviel Angst, da sie mit vielfältigen Konflikten, die ihre Existenz erschüttern, beschäftigt sind. Da ist das Genitale so gefährlich und sexuell triebhaft besetzt, daß sie oft gar nicht wissen wollen, wie das körperliche Substrat der unbewußten Phantasien aussieht.

Doktorspiele und die Aneignung von Sexualität

Neben Körperpflege und Aufklärung über die Geschlechtlichkeit ist das Spiel ein wichtiger Bereich, sich Sexualität anzueignen. Auch Winnicott (1985) meint, "daß das kindliche Spiel stark von sexuellen Ideen und Symbolen erfüllt ist, und wenn die Sexualität stark gehemmt wird, ist die Folge eine Hemmung der Spielfähigkeit" (S. 145).

Aber nicht nur die Spielfähigkeit wird gehemmt. Eine Frau berichtet über mögliche Zusammenhänge bestrafter Doktorspiele mit späteren Hemmungen:

"Ich spielte mit ca. 9 Jahren mit meiner Freundin, die mir die Mutter sogar beschafft hatte, auf einer Treppe in deren weitläufigem Haus. Es kam da sonst nie jemand vorbei, aber es war auch nicht sehr geheim. Wir zogen die Hosen runter und wollten unsere Geschlechtsteile angucken. Das diente der Neugier, dem Interesse und der Untersuchung, also dem Erkenntnishunger. Ausgerechnet da kam meine Mutter vorbei. Sie war so wütend darüber, daß sie mir sofort den Umgang mit dieser Freundin, die ich sehr liebte, verbot und es deren Mutter erzählte. Wir fühlten uns verurteilt und bloßgestellt. Als Kind habe ich dann später nie onaniert, dafür hatte ich aber Phantasien, bei denen ich ganz ruhig im Bett liege und jemand anders etwas mit mir macht. Bei mir hat das Verbot also gewirkt: Ich durfte nichts machen. Vielleicht bin ich durch den Schock auch nicht lesbisch geworden, obwohl ich so eine latente Vorliebe für Frauen spüre.

Außerdem glaube ich, daß mein Anti-Arzt-Komplex damit zu tun hat. Ich stelle mich schrecklich an. Das ganze Untersuchtwerden ist hoch sexuell besetzt. Heute gehe ich dann lieber zu Frauen.

Mit diesem plötzlichen Auftauchen der Mutter in dem Moment, wo wir uns mit unserem Genitale beschäftigen wollten, hängen auch Träume von mir im Studium zusammen, in denen ich meine Mutter als riesengroßen Geist sah, der durch Wände geht. Das war die Zeit, in der ich nun endlich, was Männer betraf, machen konnte, was ich wollte. Glaubte ich. Aber da hat die mich richtig verfolgt.

Es ist heute schwierig auseinanderzuhalten, was wohin gerutscht ist. Was von diesem Schock stammt, der mir heute noch gegenwärtig ist, oder auf die allgemeine Atmosphäre zu Hause. Meine Mutter war immer etwas "ete pe tete", was die Sexualität ihrer Töchter betraf. Sie selber war natürlich auf nix anderes aus als auf Sex.

Ich glaube, daß sich dieses sehnsuchtsvolle Warten bei mir in einen sexualisierten Erkenntnishunger verwandelt hat. Dazu muß irgendwie gehören, daß ich das ganz sichere Gefühl hatte: Wenn ich das erste Mal mit einem Mann ins Bett gehe, werde ich dumm. Selten war ich einer Sache so sicher, wie: wenn ich meine Unschuld verliere, dann verblöde ich auch, verliere meine geistigen Fähigkeiten.

Die gleiche Frau berichtete weiter: Später dann, so mit 11-12 Jahren, haben wir Mädchen uns so aufeinandergelegt und auf schöne Gefühle gewartet. Als keine kamen, haben wir beschlossen, auf die Jungen zu warten. Die gleichalten waren zu blöde, die älteren kamen noch nicht in Frage, mit denen hätten wir uns nicht getraut."

Eine heute 45jährige Frau berichtet Ähnliches. Zwischen 6 und 8 Jahren hatte sie sich mit einer Freundin in ein Versteck zurückgezogen, beide hatten sich ausgezogen und Oberschenkel, den Venusberg und die Pobacken untersucht. Sie benutzten dazu kleine Stöckchen, mit denen sie die Haut eindellten. Die Mutter, die alles unter Kontrolle hatte, fand die beiden im Kämmerchen, schrie sie an, verprügelte gleich beide und verriet anschließend die Freundin an deren Mutter. Der Umgang miteinander wurde wegen gegenseitiger "Ansteckungsgefahr" verboten.

Auch diese Frau brachte die Bestrafung der Doktorspiele damit in Verbindung, daß sie später die Erkenntnisfunktion sexualisierte. Sie fühlte sich in sich selbst weit nach oben getrieben. Vieles wächst bei ihr von oben nach unten, weil das Vertrauen in die eigenen Impulse, die von unten nach oben wachsen, versperrt war.

Apropos "schöne Gefühle". Kurz vor meiner Abreise zu diesem Vortrag nach Lindau, fragte ich in meiner Kneipe so am Tisch, wer mir noch etwas von Doktorspielen erzählen könnte. Der Malerfürst der Runde antwortete sofort:

"Ach, da habe ich mit 11 Jahren doch eine richtige Sprechstunde mit weißem Kittel eingerichtet. Für Mädchen, die einzeln vorgelassen wurden. Ich hatte Gehilfen, die im Wartezimmer, wo die Mädchen Schlange standen, für Ordnung sorgten. Ich war sehr autoritär. Sie mußten sich ausziehen und wurden für krank erklärt, dann genau untersucht und abgetastet. Es war "parasexuell "und ich weiß noch, daß es um "schöne Gefühle", ging aber noch nicht wirklich um Sexualität."

Bei der Vorbereitung des Beitrags waren mir nur Beispiele von Jungen, die Mädchen untersuchen und Mädchen, die Mädchen untersuchen zugänglich. Selbstverständlich untersuchen auch Mädchen ihre Brüder oder männliche Spielkameraden genauestens und die Jungen andere Jungen.

Doktorspiele in der Gruppe

In einer analytischen Selbsterfahrungsgruppe kamen folgende Vorgänge auf: Eine Teilnehmerin hatte ein männliches Gruppenmitglied angerufen, weil sie plötzlich sehr krank geworden war. Er bestellte sie in die Praxis und untersuchte sie körperlich. Schon beim ersten Anruf und erst recht bei der Untersuchung bemerkte er bei sich ein Gefühl sowie: "das ist nicht ganz normal". Aber er überspielte es. Er dachte, wenn dieses ältere Gruppenmitglied - er war noch neu in der Gruppe - das richtig findet, wird´s schon stimmen. Der zentrale Einfall in der Gruppensitzung war "Doktorspiele". Der Doktor spürte die Gefahr der Tabuübertretung bei der - in der Geschwisterübertragung verbotenen körperlichen Untersuchung -, weil sie im Unbewußten mit einer inzestuösen Beziehung zur Schwester gleichgesetzt wurde. Er rettete sich, wie vorhin angedeutet, durch Hierarchisierung aus der Affäre: "Sie ist die ältere Schwester und hat daher die Verantwortung für das, was wir hier miteinander machen". Zwei Gruppenmitglieder, eine Frau und ein Mann, pochten besonders stark auf Abstinenz, sonst könnte man sich in dieser Gruppe nicht sicher fühlen. Erst ein paar Minuten nach ihrer Attacke auf die "Doktorspieler" kam ihnen plötzlich in Erinnerung, daß gerade sie beide auch schon einmal miteinander spazieren waren.

Fazit

Doktorspiele sind eine wichtige Etappe in der Differenzierung und Integration von Sexualität, Forscherdrang und intellektuellem Mut. Doktorspiele werden meist nicht verdrängt, selbst wenn es zu heftigen und folgenschweren Konflikten mit Erwachsenen gekommen war.

Werden sie nicht gestört, dann kann man an ihnen, wie an den Jahresringen des Baumes, die Entwicklung der Aneignung sexuellen Wissens und Erfahrens entlang der kognitiv-affektiven Entwicklung ablesen, nämlich die Kenntnisnahme der eigenen und der elterlichen Genitalien, des Geschlechtsunterschieds, der Rollenverteilung bei der Erforschung. Man kann weiterhin die Entwicklung und Gestaltung von Intimität mit den dazugehörenden Scham- und Schuldgefühlen beobachten.

Ob die Eltern Doktorspiele für Ich- oder Es-Spiele halten, ist entscheidend für das weitere Schicksal der Sexualität, ihrer Einbindung in die Person oder ihrer Verbannung aus ihr.

So sind die Doktorspiele ein der verdrängten Sexualität abgenommener Grenzstreifen.

Literatur

Maturana HR (1982) Erkennen: Die Organisation und Verkörperung von Wirklichkeit. Vieweg

Ross H (1968) Das Schulespiel. Psyche 12: 606

Schuhrke B (1995) Kindliche sexuelle Neugier und deren Befriedigungsmöglichkeiten. Unveröfftlichtes Manuskript

Simmel E (1926) Doktorspiel, Kranksein und Arztberuf. Psyche 29: 665 - 676 (1975)

Winnicott DW (1985) Kind, Familie und Umwelt. Reinhardt, München Basel, S 147

Bewegung und Tanz

Hannelore Eibach

> "Könnte man nur den Deutschen, nach dem Vorbilde der Engländer, weniger Philosophie und mehr Tatkraft, weniger Theorie und mehr Praxis beibringen ... So kann ich zum Beispiel nicht billigen, daß man von den Studierenden, künftigen Staatsdienern gar zu viele theoretisch-gelehrte Kenntnisse verlangt, wodurch die jungen Leute vor der Zeit geistig, wie körperlich ruiniert werden. Dagegen aber, was sie am meisten bedurften, haben sie eingebüßt: Es fehlt ihnen die nötige geistige wie körperliche Energie, die bei einem tüchtigen Auftreten im praktischen Verkehr ganz unerläßlich ist. Wir wollen indes hoffen und erwarten, wie es etwa in einem Jahrhundert mit uns Deutschen aussieht, und ob wir es sodann dahin gebracht haben, nicht mehr abstrakte Gelehrte und Philosophen, sondern Menschen zu sein."
>
> *Goethe zu Eckermann, 12. 03. 1828*

Was würde Goethe wohl heute sagen, wenn er uns zuhören könnte? Er wäre gewiß von der Vielzahl der theoretischen Konzepte zur Integration des Körpers in die Psychotherapie beeindruckt. Doch beim Zuhören würde er erstaunt fragen: Ich höre Euch nun schon seit gut 40 Jahren darüber sprechen, warum handelt Ihr nicht? Warum kommt Ihr nicht in *Bewegung*, erprobt eure Konzepte? Wie Trauersäcke hängt Ihr herum! Achselzuckend müßten wir ihm beipflichten. Ja, es stimmt, wir widersetzen uns einer bewußten Körperlichkeit, sind froh, wenn unser Körper funktioniert, uns nichts Unnötiges abverlangt und wir ihn unter Kontrolle halten können.

Spontane Gefühlsregungen sind uns fremd geworden. Wir verwörtern uns lieber und reflektieren unser problematisches Verhältnis zum Körper, der mit Hirsch (1989) psychoanalytisch gesprochen, "einerseits als Träger, letztendlich biologisch verstandener Triebe, zentral wichtig ist, andererseits in der psychoanalytischen Metapsychologie der psychischen Instanzen überhaupt nicht mehr vorgesehen ist." Freuds Warnung an Schüler und Nachfolger (1947) "... Man möge vermeiden, sich mit dem Körper zu befassen ..." (so in einem Brief an Viktor von

Weizsäcker) ist in vielen Therapieschulen fest verankert und hält die Berührungsängste im Umgang mit dem Körper am Leben.

Dankenswerterweise haben die Veranstalter der Lindauer Psychotherapiewochen bei dem Thema "Spiel und Zusammenspiel in der Psychotherapie" Bewegung und Tanz einbezogen, so daß die Teilnehmer spielerisch Körpererfahrung für das Zusammenspiel in der Psychotherapie sammeln und den Ernst im Spiel entdecken können.

Warum fällt es uns überhaupt so schwer, im Spiel den Ernst zu spüren? Ich behaupte, weil wir uns zu Verwaltern des Mangels erklärt haben, zu Menschen, die nicht mehr wagen, etwas spielerisch, neugierig in Erfahrung zu bringen.

Das Leitthema der ersten Woche (Lindauer Psychotherapiewochen) bietet die Möglichkeit, Spiel und Ernst miteinander zu verbinden, um nach kreativen Lösungsmöglichkeiten für den in die Körperkrise geratenen Menschen zu suchen.

Mein Beitrag gliedert sich in zwei Teile. Ich bringe Gedanken zur Entfremdung des Körpers, um anschließend zu überlegen, ob Tanz und Bewegung zur Wiederaneignung des Körpers beitragen können.

Verlust von Körperlichkeit - entfremdetes Körpergefühl

Was mit Descartes im 16. Jahrhundert begann, nämlich eine überwiegend mechanisierte Weltsicht, ist zu einer uns alle prägenden Lebensform geworden, die der Mechanisierung des Körpers und seiner Funktionen Vorschub leistet und sich im Selbstverständnis der Medizin am deutlichsten widerspiegelt.

Mit der Einführung des neuen "Facharzt Psychotherapeutische Medizin" und der zu erwartenden gesetzlichen Regelung für psychologische Psychotherapeuten wird sich unser Aufgabenbereich verändern; wir werden uns verstärkt in die medizinische Versorgung einzugliedern haben. Damit wird auch, mehr als bisher, die Behandlung körperlich Kranker einbezogen. Das erfordert eine zunehmende Durchdringung der somatischen Medizin mit unserem Wissen, aber auch eine stärkere Auseinandersetzung mit somatischen Gegebenheiten.

Sind wir darauf eingestellt? Vielleicht kommen Ihnen Zweifel beim Anblick eines Körpers, der der High-Tech-Medizin als Projektionsfläche mobilisierter Größenphantasien dient (s. Abb. 1). Eines Körpers, der maschinengleich gewartet wird, und alles, was an dieser Körpermaschine nicht mehr funktioniert, kann repariert und ausgetauscht werden. Es ist nicht mehr sinnvoll, von Be-Hand-lung zu sprechen, denn die Hand des Arztes ist nur noch bedingt vonnöten. Die Technik hat den Körper in den Griff genommen und bekommen. Wie weitgehend diese mechanisierte Sichtweise des Körpers uns alle schon geprägt hat, verrät die

Alltagssprache. So ist es z. B. üblich geworden, sich einmal im Jahr durchchecken zu lassen, auf Nummer sicher zu gehen, daß der Motor noch reibungslos funktioniert, wie es Patienten wiederholt ausdrücken. In der Klinik treten an Stelle der Heilmittel "Geschosse", alle "im Einsatz", um der Krankheit den Kampf anzusagen. Unser Körper ist zum Kampfschauplatz geworden, in dem Sieg oder Niederlage ausgetragen werden. Die militante Sprache verrät, daß der Körper zu reiner Materie degradiert ist, nichts mehr von Selbstheilungskräften, von psychosomatischen Zusammenhängen weiß, vom vertrauensvollen Frage-Antwort-Spiel, aus dem sich unser frühes Körper-Ich entwickelt hat. Der gesammelte Erfahrungsschatz droht in einer Medizin, die ausschließlich auf "Defekte", "Defizite" und "auf Kampf" ausgerichtet ist, verloren zu gehen. Der Mensch in seiner Ganzheit als Erlebender, Erfahrender, als Geängstigter und Erleidender tritt nicht mehr in Erscheinung.

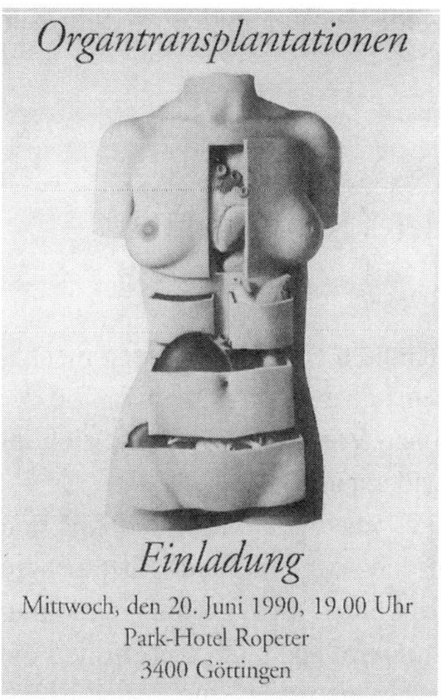

Abb. 1. Körperbild der Transplantations-Medizin

Wir haben uns als Therapeuten auf diese Körperrealität und das dahinterstehende Menschenbild einzustellen, zu bedenken, daß dies sehr konfliktträchtig ist und Schäden aufzeigen kann, die der Frühstörung vergleichbar sind, jedoch nicht mit dieser verwechselt werden darf[1]..

---

[1] Beobachtungen in der Transplantations- und Reproduktionsmedizin: Die entfremdeten Körperbilder korrelierten mit fragilen Selbstbildern

Wollen wir dieser Entwicklung entgegentreten, ihr Einhalt gebieten, so müssen wir in Gesundheit und Krankheit "Wohnrecht" in unserem Körper beanspruchen und uns für seine Belange verantwortlich fühlen. Nur so können wir unsere Patienten zu einer andersartigen Wahrnehmung ihres Körpers ermutigen. Wir bedürfen des Mutes zur Bewegung.

Mut zur Bewegung

Dies bedeutet das einfühlsame Ein-Wohnen in den Körper, dies bedarf der Schulung unserer Wahrnehmungsfähigkeit. Was wir mit allen Sinnen in Erfahrung bringen, weckt spielerische Neugier, drängt zum Austausch, eröffnet neue Erfahrungs- und Handlungsspielräume, die das erfahrungslose Reden über den Körper, den heillosen Reflektionskreislauf durchbrechen. Bewegung ist ein Weg, die mechanisierte Medizin zu humanisieren, unsere Menschlichkeit im Einklang von Körper und Seele zur Entfaltung zu bringen. Dieser Aufgabe widmet sich die Körperbewegungstherapie.

Sie läßt den Sich-Bewegenden sein Bewegt-Sein spüren, indem sie vermittelt, daß wir nicht nur einen Körper haben, sondern vielmehr, ob gesund oder krank, "ein Körper sind", der in ausdrucksstarker Weise unser Erleben, unser In-der-Welt-Sein widerspiegelt. Deshalb ist das Verstehen unseres körpersprachlichen Ausdrucks in der Bewegung so wichtig; alles, was wir verstehen, d. h. in Zusammenhänge stellen, können wir besser durchstehen, durchleiden, was letztendlich zu einem veränderten Selbstverständnis führt.

Gegensätzliches erleben wir in der Politik. Da wird das Aus-Sitzen (Bewegungslosigkeit) von Konflikten geübt, so daß keine Veränderung eintritt, alles beim Alten bleibt. Bewegung ist also nicht nur eine motivierende, sondern auch eine ängstigende Kraft, so daß wir sie aus vielerlei Gründen eher meiden als lustvoll erproben.

Gelingt es aber, etwas in Bewegung zu setzen, auf den Weg der Veränderung zu bringen, so weicht die Angst der Freude über "gelingendes Tun". Freude ist ein wichtiger Aspekt der Bewegung. So hat z. B. die zentrale Erfassungstelle für strahlengeschädigte Kinder in Minsk aufgrund einer groß angelegten Studie herausgefunden, daß Freude und wiederbelebte Hoffnung die Kinder nach ihrer Rückkehr (aus europäischen Urlaubsgebieten) soweit gestärkt hatten, daß sie 6- bis 8monatige Remissionen ihrer schweren strahlenbedingten Erkrankung (Leukämie, Schilddrüsenkrebs und Immunschwäche) erlebten.

Gehen wir der etymologischen Herkunft des Wortes Freude nach, so gehören die Aspekte frei und kühn zur Freude. Eigenschaften, die auf ein sich positiv entwickelndes Selbstgefühl in der Bewegung hindeuten. Wir können davon ausgehen, daß die zu weckende Freude in der Bewegung eine bedeutsame Energie und Heilquelle auf jedem Weg zur Besserung und Veränderung ist.

Orientierungssuche in der Bewegung

"Je tiefer ich in die Übung der Bewegung eingedrungen bin, mich als Bewegender erfahren habe, desto bewußter wurde mir, daß Leben Bewegung und Bewegung Leben ist, daß meine sinnenhaften Wahrnehmungen und Erfahrungen in mir Sinn stiften, daß ich über meine Sinne zu Sinn kommen kann" (Petzold 1985).

Sinn erwächst aus der Bewegung, aus leibhaftem Spüren, so beschreibt es Petzold (1985). Doch alle Sinnorientierungssuche will geerdet sein, spiegelt sich in der Frage nach unserem Bodenkontakt, dem Stand-Ort, Stand-Punkt, unserer Standfestigkeit wider und gipfelt in der Frage (im übertragenen Sinn): wo stehen wir eigentlich? In der Bewegung können wir "Füße mit Verstand" entwickeln, die hilfreich bei der Auf- und Ausrichtung, bei unserer Orientierungssuche sind. Wie sagten doch die Griechen? Nur wo wir gegründet sind (Grund unter den Füßen spüren), gelingt der Sprung ins Leben, in die Sinnhaftigkeit unserer Existenz.

Klagen wir zunehmend über die Orientierungs- und Maßlosigkeit unserer Zeit, die in vielen Krankheitsbildern ihren Niederschlag findet, so hilft die Bewegung im Gehen. Im Gehen können wir ein Maß, "ein eigenes Schritt-Maß" [2] finden, das uns beständige, nachvollziehbare erkenntnisfördende Erfahrungen und damit Orientierung vermittelt. Dies ganz im Sinne von Nietzsche, der davon ausging, daß nur "ergangene und bewegte Gedanken" wichtige Gedanken seien, die uns bleibend prägen. Was wir heutzutage "im Flug" erledigen, an Erfahrung "im Fahren" sammeln, ist für "die Schnelle" (fast food), prägt sich uns nicht mehr ein und stellt uns nicht mehr auf die eigenen Füße, stiftet keinen Sinn.

Von Brecht (1964) ist überliefert: "Übt ständig den aufrechten Gang!" Es ließe sich hinzufügen: "Das schafft Über-Blick, gewährt Ein-Blicke in Zusammenhänge". Unserer Zeit ist dieser Gedanke abhanden gekommen. Jeder Konflikt wird auf dem "Gipfel" ausgetragen und bleibt deshalb vielfach ohne Auswirkung auf der Erde.

Gipfel- und kopfträchtig verlaufen auch zahlreiche Therapien. Gerade in einer Zeit zunehmender Bewegungseinschränkung, wo die Wahrnehmung und Äußerung von Gefühlen erschwert ist, die mechanistische Sicht- und Behandlungs-

[2] Die Fußspur diente den Griechen als Maß beim Bau ihrer Tempel

weise des Körpers prägenden Einfluß auf das Körperbild nimmt, gilt es durch Bewegung andersartige Erfahrungen zu wecken, die das Körper- und damit das Selbstbewußtsein stärken.

Der Weg in der Be-Weg-ung

Wir haben bisher der Bewegung eine zentrale Bedeutung zugesprochen; das weckt die Frage, wie Menschen auf extreme Bewegungseinschränkungen reagieren.

Ich denke an die vielen tausend Kinder, die in den strahlenverseuchten Gebieten Weißrußlands aufwachsen und sich nur sehr begrenzt im Freien bewegen dürfen. Ihr Alltag ist von großer Bewegungsarmut geprägt. Was bedeutet dies für ihr Leben, für ihre körperlich-geistige Entwicklung? Darüber gibt es noch keine Untersuchung. Doch spontan gemalte Bilder betroffener Kinder lassen tiefgehende Auswirkungen auf ihr junges Leben befürchten. Ihre Bilder sprechen von großer Angst, von zunehmender Isolierung und Vereinsamung, sie thematisieren aber auch die Auswegslosigkeit. Wiederholt wählen die Kinder für ihre Aussagen das Bild des Weges, der von ihren Lebenserfahrungen seit Tschernobyl erzählt. Vielleicht gelingt es Ihnen die Bilder zu imaginieren, die ich jetzt in Hinblick auf das Thema *Bewegung* vorstellen möchte.

Da malt ein 10jähriger Junge einen breit angelegten Weg, der in alle Richtungen führt. Auf alle Wegstrecken ist ein mit großen Buchstaben gezeichnetes "nein" aufgetragen. Leer, menschenleer ist das ganze Blatt und obwohl der Junge zeigt, wie das Leben sich im Tag-Nacht- und jahreszeitlichen Rhythmus weiterbewegt (durch Sonne, Mond und Sterne) strahlt sein Bild eine Atmosphäre von totaler Leblosigkeit, von Stillstand aus, was gewiß auch sein inneres Erleben widerspiegelt. Auch seinen Freund, der schon beim Malen seinen motorischen Bewegungsdrang kaum bremsen kann, beschäftigt das Thema Bewegung. Er zeichnet ein Automobil, das nicht auf, sondern deutlich neben einem Weg steht und zwar in der rechten oberen Ecke seines Bildes in einem Bereich, der vielleicht für noch zu erhoffende Zukunft steht. In seinem Bild führt ein Weg vom Haus fort, doch schon bald verliert er sich im Ungewissen. So ist zu vermuten, daß dieser Junge (14 Jahre) befürchtet, seine Sehnsucht nach Bewegung führe in ferne, ungewisse Zukunft. Die Kinder, die in der zweiten, dritten und vierten Gefahrenzone um Tschernobyl leben, lassen in vielen Bildern Mutlosigkeit erkennen, als wollten sie sagen, wo Bewegung derart eingeschränkt ist, wird Leben sinnlos. Sie symbolisieren diese Befürchtung in Häusern, die zugleich für ihr beschädigtes Körper-Haus stehen. Fenster und Türen, als Ausdruck einer

Öffnung zum Nachbarn, zum Mitmenschen, zum Leben hin, sind verschlossen oder fehlen ganz. Auch Wege, Verbindungen zur Mitwelt gibt es nicht. Wege, dies wissen wir aus der Erfahrung, entstehen beim Gehen, und am Gehen werden diese Kinder nun schon seit 8 Jahren gehindert. Ein 8jähriges Mädchen bringt am Ende eines Gesprächs dies bedrückende Thema noch einmal bildhaft zum Ausdruck. Sie malt ein schwarzes Haus (das Haus, in dem sie lebt), das wie ein Gefängnis aussieht. Ein grüner Weg führt am Haus vorbei, zu dem sie, ihren Zeigefinger entlang führend, sagt: "Da möchte ich gehen". Die bildhafte Phantasie zeigt, welche Schrecken die Kinder für ihre Zukunft erwarten, für ihr Leben, das vom Bewegungsfluß abgeschnitten ist. Haus und Weg sind dabei die Bilder, in denen die Kinder ihre Befindlichkeit mitteilen. Nicht selten sind sie aufeinander bezogen, so als wollten die Kinder sagen, daß das Leben, das sie so sehr ersehnen, zwischen den Polaritäten von Behaust- und Unterwegs-Sein eingebunden ist, und beides erleben sie als bedroht. Nachhaltige Auswirkungen gebrochener Bewegungsmöglichkeit in frühester Kindheit möchte ich Ihnen anhand eines Bildes einer 55jährigen Jüdin beschreiben, die das sog. "Dritte Reich" in dunklen Verstecken überlebte. Der Fluchtimpuls, die Angst, ständig vor johlenden Stimmen und fliegenden Steinen fliehen zu müssen, war von ihr mit einem Totstellreflex beantwortet worden, der sich auch nach dem Krieg nur bedingt auflösen ließ. Bei dem Thema "Der Weg in der Begegnung", anläßlich einer Akademietagung, taucht vor ihr ein vages Bild vom Weg auf, den sie als schwarzen Strich, sich langsam verbreiternd, malt. Erst die Begegnung mit anderen Teilnehmern in der Bewegung (Tanz) ermöglicht ihr, lang zurückgehaltene Empfindungen zuzulassen. Sie malt diese Erfahrung als roten Halbkreis, aus dem ein roter, energiegeladener Streifen, den schmalen Weg begleitend, weiterfließt. Dadurch verbreitert sich die Wegspur nach oben, bis die Anspannung in ihr zu groß wird und sich in autoaggressiver Verarbeitung Luft schafft. Dennoch zeigt das Bild, daß "Begegnung in der Bewegung" Veränderung ermöglicht; nur war in diesem Falle die gemeinsame Wegstrecke für neuartige tragende Erfahrungen zu kurz. So war sie im Monat der 50jährigen Erinnerung an die Befreiung vom Nazismus noch nicht in der Lage, ein weiteres Tanz-Bewegungs-Seminar zu besuchen. Sie war, wie sie sagte, durch die verstärkt aufbrechenden Erinnerungen wie blockiert, auch gegenüber einer offeneren "Weltsicht". Wir sehen die Welt, entdecken sie im Gehen, und was ergangen oder nicht ergangen ist, prägt unsere Lebens- und Weltsicht. Verstehen wir zudem unser Leben als einen Weg, als einen Bewegungsablauf, als ein unaufhaltsames Fortschreiten auf einer imaginären Weg- und Zeitstrecke, so hält uns die Bewegung durch ein genaueres Erspüren unseres *Selbst*, der Welt und ihrer Probleme *im* Leben und nicht nur *am* Leben. So verdeutlicht gerade der Mangel an Bewegung die Fülle der Erfahrungsmöglichkeiten in der Bewegung, die unsere psychotherapeutischen Methoden durch Einbeziehung des Körpers und Bewegung erweitern und ergänzen könnten.

Bewegung - Tanz

Bewegung läßt sich steigern. Der Tanz ist die bewegteste und bewegendste Form der Bewegung, ist rhythmische Sprache in der Bewegung sowie Ausdruck bewegten Lebens, schöpferischer Tätigkeit. Der Tanz ganz allgemein bietet Entwicklung von Bewegungs-Spiel-Räumen an. Er ist Ausdruck von Raum-, von Ich-Du-Bezogenheit, er ist ein wohltuendes Gemeinschaftserlebnis. Um so erstaunlicher, daß er noch so wenig Raum in unserer therapeutischen Arbeit einnimmt, obwohl seine Wirkung von altersher als Therapeutikum beschrieben ist.

Werfen wir einen Blick in die Entstehungsgeschichte des Tanzes, so zeigt auch sie, daß der "frühe Mensch" physisch und psychisch in das Naturgeschehen und seinen jahreszeitlichen Ablauf eingebunden war. Naturbeobachtungen und damit verbundene Deutungsmuster halfen ihm, sich Strukturen zu schaffen (z. B. Kreis und Kreuz sind alte Ordnungszeichen am Horizont), in die er seine elementaren Empfindungen und Vorstellungen einzubetten wußte. Im Tanz konnte er seine Erfahrungen zum Ausdruck bringen, sich mit dem Geheimnis von Leben und Tod auseinandersetzen. Als ein Teil der Natur erlebte und durchlebte er im jahreszeitlichen Rhythmus seinen eigenen biologischen Rhythmus und lernte im Kosmos waltende Gesetze auch in sich selbst aufzuspüren und tänzerisch zu gestalten. Der Tanz war beseelte Handlung und wortlose Gebärde, er war ein kreativer Akt, in dem der Mensch sich mit seinen Ängsten, Hoffnungen und Zweifeln aufgehoben wußte.

Als Ausdruck eines menschlichen Grundbedürfnisses nach Orientierung und Eingebunden-Sein, half der Tanz und das tänzerische Ritual dem "frühen Menschen" eine Ordnung zu schaffen, in der er sich einzuordnen wußte, der er sich zugehörig fühlte.

Von dieser Sichtweise haben wir uns mit Hilfe der Naturwissenschaften weit entfernt, zugleich aber auch die Schwierigkeit bekommen, die naturhaften Bedürfnisse unseres Körpers, seine biologischen Rhythmen noch wahrzunehmen. Wir achten nicht mehr auf unseren Körperausdruck, auf rhythmische Abläufe. Wir bauen aktiv (Bodybuilding) an einem Körper, der unseren mechanisierten Vorstellungen (ewige Jugend, Kraft, Schönheit) entspricht. Der hochgepriesene Kraftkult mit Trainingsgeräten oder im Fitneßstudio, der unsere Bewegungsarmut ausgleichen soll, fördert wohl körperliche Ertüchtigung, doch nicht inneres Erleben.

Tanz als Lebenshilfe

Tanz als Ausdruck wechselseitiger Bewegung, als Erfahrung von Zeit und Raum, als Synthese von Musik und Bewegung, auch als lustvolles Spiel hat seinen Platz überall dort, wo diese Erfahrungen verlorengegangen sind, oder nie geweckt wurden, also im Grund genommen bei uns allen, soweit wir uns als "Bewegungsgestörte" zulassen. Zudem erhoffen sich Menschen nach und bei schweren körperlichen Erkrankungen (Krebskranke) Hilfe von der tänzerischen Bewegung, um Höhen und Tiefen ihrer Empfindung ausdrücken zu können (s. Klessmann u. Eibach 1993).

Doch die Indikation zum Tanz führt viele noch nicht über die Schwelle der Bewegungsangst. Wo minimale Körperbewegungen zur inneren Unbeweglichkeit geführt haben, durch Körpererkrankungen Körpergefühle labilisiert, oder der Körper in seinem Selbstverständnis tief verletzt wurde, kann die Bewegung im Raum als angsterfüllt und bedrohlich erlebt werden. Man schämt sich seines Körpers, weiß nicht wovon er "spricht", verbirgt ihn oder fürchtet, beschämt zu werden. Man wagt es nicht, sich dem Rhythmus anzuvertrauen, den Körper der Zwecklosigkeit, dem Spiel, der tänzerischen Bewegung hinzugeben (Loos u. Eibach 1983).

Was können wir tun? Nach meiner langjährigen Erfahrung helfen einfache, ritualisierte Tanzformen, alte Kreis- und Reigentänze am ehesten über die Schwelle der Bewegungsangst. Unkomplizierte Schritte, gleichförmige Wiederholungen sind wichtig; sie können die Aufmerksamkeit vom Kopf in die Füße lenken, Körper und Musik rhythmisch koordinieren. Der Tanz schenkt Gebundenheit ohne festzubinden, gibt Bewegungsfreiheit, ohne daß wir den Halt verlieren. Getragen wird er vom Rhythmus, der die Einheit von Körper, Seele und Geist sinnlich erfahrbar und faßbar macht, und uns in periodisch wiederkehrende Ordnungen einbindet. Das schenkt Sicherheit und Schutz auf dem Weg in eine geleitete Regression, die bewußtseinsverändernd und -erweiternd wirkt, so daß wir mühelos auf frühe, gebundene Körpererfahrungen stoßen, die sich bildhaft darstellen können. Die Regression im Dienste der Progression hilft, den ursprünglichen Boden der Festigkeit, der Resonanz und Sicherheit wiederzufinden und Vertrauen in seine Tragfähigkeit zu entwickeln. Es gilt das eigene Gewicht, die damit verbundene eigene Gewichtigkeit zu spüren, die sich bildhaft ausdrückt und geistig verstehen läßt.

Ich erinnere nochmals an den Lehrsatz der Griechen, die lehrten, daß wir nur dort, wo wir *Grund* unter den Füßen haben, gehend Erfahrungen sammeln und orten können, der Sprung ins Leben gelingt. Heutzutage begründen wir zu wenig, sammeln die Erfahrungen nur noch auf Gipfeln (im Kopf) und werden damit handlungsunfähig. Das Gefühl für das eigene Gewicht ist verloren gegangen.

Zudem möchten viele von der Schwere des Körpers, die uns erdet, die uns bindet, nichts mehr wissen. Sie ersehnen die vollkommene Schwerelosigkeit, nehmen Maß bei dem millionenfachen Plastikidol Barbie, auf Zehenspitzen stehend, bei schier endlosen superschlanken Beinen, die keinerlei Gewicht mehr tragen können, mit einem weit nach oben sich streckenden superschlanken Körper, der erst wieder im Bereich der Brust einen Schwerpunkt findet. Barbie als zeitgemäßes Identifikationsobjekt. Wir müssen wachsam sein, denn einige Errungenschaften der High-Tech-Medizin setzen eine völlige Entfremdung zum eigenen Körper, eine Verzerrung des Körperbildes voraus (v. a. in der Reproduktionsmedizin).

Unschwer ist festzustellen, daß das spielerisch-ernsthafte Bewegungsspiel des Körpers und seiner Sinne verlorengegangen ist. Bewegungsangst, blockierte Spontaneität, mangelhafte Kreativität, fehlendes Maß sind Folgeerscheinungen, sind als Ausdruck eines in die Krise geratenen Menschen zu verstehen, eines Menschen, den Bellak (1967) "durch oberflächliche und nur passagere Objektbeziehungen mit geringer Gefühlsbeteiligung" gekennzeichnet sieht. Diese Menschen gilt es in die befreiende Körperbewegung zu führen, in der Hoffnung, daß der Rhythmus der Musik Impulse anstößt und hilft, Unsicherheiten und Ängstlichkeiten, die durch die Kopflastigkeit jegliche Spontaneität blockiert haben, aufzulösen. Die Erfahrung lehrt, daß der Tanz vom Erdenken-müssen befreit. Hineingenommen in den Ablauf der Bewegung, muß der Schritt in die Gegebenheit getan, muß Halt und Haltung gesucht werden. Vorbei ist es mit dem "Zuschauerdasein": Im Tanz werden wir zu Akteuren unseres Lebens, entwickeln ein Lebensgefühl, das sich aus Körperlichkeit speist und aus Sinnenhaftigkeit und Freude den Menschen zur Entwicklung bringt.

Tanzen ist eine Möglichkeit leiblich in der Welt zu sein. Die Gesetze des Lebens in der dialektischen Spannung von "gehen und gegangen werden", von "vor und zurück", von "hoch und tief", von "Bindung und Lösung" leibhaft zu erfahren und zu vollziehen. Das führt aus der Einseitigkeit heraus, ermöglicht Zweiseitigkeit. Wir lernen dabei auch den Zwischenraum, das Eingespannt-Sein zwischen den Polaritäten (wieder) kennen und gewichten, können uns somit ins Gleichgewicht bewegen.

Tanzen ist immer auch ein Miteinander. Wenn Hände die Beziehungsfähigkeit für das ganze Leben bestimmen, so lehrt der Kreistanz den ganzen Reichtum zwischenmenschlicher Beziehung aufzuspüren. Im Kreis bekommt die *Hand* eine ganz wesentliche Funktion: Sie öffnet sich, faßt und wird erfaßt. Damit wird sie aus der "Peinlichkeit" des "Händchenhaltens" befreit. Sie wird frei zur Erinnerung an früheste Erfahrungen von Berühren und Berührt werden. Sie belebt das Eins-Sein oder das Getrennt-Sein wieder, ruft schmerzliche Gefühle oder beglückende Erfahrungen aus der frühen Mutter-Kind-Beziehung wach. Nach Überwindung anfänglicher Berührungsängste lernen die Patienten über die Berührung mit ihren Händen zu differenzieren, was bewußte, zärtliche Berührung von dumpfer

Teilnahmslosigkeit unterscheidet. Sie lernen haltende Hände von haltlosen zu unterscheiden, was Vertrauen in die eigenen Hände entwickelt, ihnen individuelle Ausdruckskraft gibt. Ist die Hand erst einmal zur Mitteilung, zur Handlung erwacht, so eröffnet sich ein neuer Handlungsspielraum. Wer sich nach einer Hand greifend mit Geschehenem auseinandersetzt, kann auch wieder mit beiden Händen ins Geschehen eingreifen!

Viele der alten Tänze, mit denen ich arbeite, tragen einen meditativen Charakter. Aus der Fülle der Deutungsmöglichkeiten greife ich das lateinische Wort "meditari", zur Mitte gegangen werden, heraus. Sie ist kein fester Besitz, sondern bedarf ständiger Annäherung. *Mitte* in und außerhalb von uns finden wir nur, wenn wir uns als Tanzende zu ihr in Beziehung setzen, sie als körperlich-seelischen Bezugspunkt in uns wahrnehmen, um das, was aus der Mitte ins Ungleichgewicht, ins Maßlose geraten ist, wieder auf ein Mitte(l)maß zu bringen (sehr wichtig bei Eßstörungen und Süchten). Nur was wir wahrnehmen, nehmen wir auch wichtig. Wahrnehmen ist eine Voraussetzung dafür, etwas bewußt ins Gleichgewicht zu bewegen (Lander u. Zohner 1987).

Tanztherapie

Tanz als bewußt gestaltete Bewegung ist das Anliegen der Tanztherapie. Unter dem gemeinsamen Dach der Tanztherapie erproben heute verschiedene psychologische Schulen ihre theoretischen Konzepte.

Während humanistische und existentielle Therapieverfahren (Wilke et al. 1991) ihr Augenmerk im Tanz stärker auf lebensfördernde, auf kreative Handlungsansätze in der Gegenwart ausrichten, ist es tiefenpsycholgisch fundierten Tanztherapieverfahren (Siegel 1986; Peter-Boelander 1992) ein Anliegen, die *Rückschau* einzubinden, um lebensbehindernde Konflikte aufzudecken, die die Gegenwart bestimmen und damit Zukunft verhindern. Beide Richtungen verknüpfen die äußere mit der inneren Bewegung, beachten die Wechselwirkung zwischen Motio und Emotio. Der Körper wird als Träger der Innenwelt und als Mittler zur Außenwelt verstanden, der im Tanz zur Quelle tiefverborgener Erfahrungen wird. In der Verknüpfung des Körperraumes mit dem Tanz- und Bewegungsraum, in der Verbindung von äußerer und innerer Bewegung konkretisieren sich leibhafte Erfahrungen im bildhaften Ausdruck, die gestaltet werden können.

Mein Ansatz geht dahin, die im Tanz auftauchenden *Bilder* als Ausdruck symbolisierter Erfahrungen zu verstehen (im Sinne der katathymen Bilder von Leuner 1985). Sie werden nach den Tänzen gemalt und als weitgehend unbewußte Bilder verstanden, die von verdrängten Wünschen und Gefühlen, aber auch von tiefreichenden Ängsten, Zwiespältigkeiten und Möglichkeiten erzählen. Sie geben ein reichhaltiges, symbolisiertes Material und verweisen auf Spuren, denen einmal nachgegangen, immer auch vertieftes Nachdenken folgt.

Es ist wichtig, daß alles, was körperlich in Szene gesetzt wird, in *Sprache* übergeht. Sprache ist wichtig, um keine neue Einseitigkeit aufkommen zu lassen, kein neues Ausdrucksdefizit zu fördern.

Tanz heilt nicht, er ist jedoch ein heilsames Medium, um Körperausdruck und Körpererleben verstehbar zu machen. Er ist therapeutisch wirksam, wenn ich therapeutische Kenntnisse besitze. Er läßt sich von keiner Richtung vereinnahmen. Seine Vielgestaltigkeit ermöglicht es Vertretern verschiedener Richtungen, ihre eigenen Konzepte zu erproben. Doch immer geht es um die Integration von innerer und äußerer Bewegung, die durch das Entstehenlassen von Bildern im Tanz unterstützt werden kann.

Fazit

Diese Teilaspekte in einer ganzheitlichen Zusammenschau zu erfahren, ist eine Möglichkeit des Tanzes. Ganzheitliches Handeln könnte somit heißen: Tanzen, um mit beiden Füßen Kontakt zur Erde zu haben, verwurzelt zu sein und aus sicherem Stand heraus zu reflektieren.

Literatur

Bellak L (1967) The broad scope of psychoanalysis. In: Spence DP (ed) Grune & Stratton, New York

Betz O (1991) Der Leib. Kreuz, Stuttgart

Brecht B (1964) Schriften zum Theater, Bd 6. Suhrkamp, Frankfurt aM

Freud S (1947) Brief an V. v. Weizsäcker vom 16. 10. 1932. In: Weizsäcker V v. (Hrsg) Körpergeschehen und Neurose. Klett, Stuttgart

Goethe JW (1928) Gedenkausgabe der Werke, Briefe und Gespräche In: Schön A (1949) (Hrsg) Artemis, Zürich

Hirsch M (1989) Der Körper als Objekt. Springer, Berlin Heidelberg New York

Klessmann E, Eibach H (1993) Wo die Seele wohnt. Huber, Bern

Lander HM, Zohner MR (1987) Meditatives Tanzen. Kreuz, Stuttgart

Leuner HC (1985) Lehrbuch des katathymen Bilderlebens. Huber, Bern

Loos G, Eibach H (1983) Der meditative Tanz. Musiktherapeutische Umschau 4: 4

Loos G (1986) Spiel-Räume. Fischer, Stuttgart

Peter-Boelander M (1992) Tanz und Imagination. Junfermann, Paderborn

Petzold H (1985) Leiblichkeit. Junfermann, Paderborn

Schön A (1949) Goethe. Gedenkausgabe der Werke Briefe und Gespräche. Artemis, Zürich

Siegel EV (1986) Tanztherapie. Klett-Cotta, Stuttgart

Stolze H (1985) Die konzentrative Bewegungstherapie. Springer, Berlin Heidelberg New York

Stolze H (1991) Der Körper in der Psychotherapie. In: Buchheim P, Cierpka, M, Seifert Th (Hrsg) Lindauer Texte. Springer, Berlin Heidelberg New York

Wilke E (1991) Tanztherapie. Theorie und Praxis. Junfermann, Paderborn

Erinnerungsarbeit und das Menschenbild in der Psychotherapie

Horst-Eberhard Richter

Abkehr vom heroischen Ideal

Angeregt zu dem Thema dieses Beitrags wurde ich durch die Lektüre eines Artikels in der Neuen Zürcher Zeitung (1994). Dort setzte sich der Psychoanalytiker Fäh-Barwinski mit Zweifeln von Grawe an der Wirksamkeit von analytischer Psychotherapie auseinander. Fäh-Barwinski fand, daß die zentralen Unterschiede oder Gemeinsamkeiten zwischen den einzelnen Psychotherapieverfahren wesentlich auf der Ebene ihres impliziten Menschenbildes lägen, z. B. ob das Heilungsziel der leidensfreie oder der leidensfähige Mensch sei. Dazu fiel mir spontan ein, daß für mich selbst, als ich mich 1950 am Berliner Institut für Psychotherapie der Freudianischen Gruppe und nicht der Neopsychoanalytischen anschloß, genau diese Unterscheidung eine bestimmende Rolle gespielt hatte. Ich hatte in den Jahren 1947 und 1948 eine philosophische Doktorarbeit über den Schmerz - gemeint war das Leiden - verfaßt, die ich dann später zu dem Buch "Der Gotteskomplex" (Richter 1979) erweiterte. Die Arbeit war, wie ich im nachhinein verstanden habe, im wesentlichen der Versuch einer Selbsttherapie gewesen. Ich war aus der Gefangenschaft in einer ziemlich verzweifelten Verfassung zurückgekehrt, belastet mit vielen bedrückenden Erfahrungen, zuletzt mit der Information, daß und wie meine Familie ausgelöscht worden war und daß ich alle näheren Freunde verloren hatte. Die Dissertation über den Schmerz entsprang ohne Zweifel zu einem erheblichen Teil meinem unbewußten Bedürfnis, mich persönlich zu stabilisieren. Zum anderen Teil diente mir das Thema dazu, mich kritisch mit dem Leitbild vom leidens- und todesverachtenden Heroismus auseinanderzusetzen, gegen das ich mich innerlich durch meine ganze Schulzeit und danach gewehrt hatte. Wir waren ja als Jungen systematisch zu Kriegern erzogen worden, wogegen ich in früher Beschäftigung mit Philosophie Halt gesucht hatte, allerdings nicht ohne daran zu zweifeln, ob mein Rückzug in diese introspektive geistige Welt vielleicht ein Defizit an gesunder Männlichkeit sei.

Aber was hatte das mit meiner Entscheidung für Freud und gegen Schultz-Hencke zu tun? Schultz-Hencke war wahrhaftig kein Nazifreund gewesen. Aber mich störten bei ihm deutliche autoritäre Züge. Ich hörte und las bei ihm Formulierungen wie die folgenden (1931):

"Der Neurotiker könne drei Werte nicht erobern: Geld, Geltung und Besitz. Das Gemeinsame sei seine Unfähigkeit zu erobern. Der Neurotiker sei in seinem Expansionsstreben durch Angstreflexe gehemmt. Er leide an einem Mangel an aggressiven Impulsen, es fehle ihm - so wörtlich - "aktive erobernde Initiative"".

Hinter solchen und ähnlichen Leitvorstellungen witterte ich ein Menschenbild, an dem ich mich nicht messen wollte, das vielmehr jenem so ziemlich widersprach, mit dem ich mich in meiner Doktorarbeit identifiziert hatte. Wer mein Buch "Der Gotteskomplex" (Richter 1979) kennt, wird wissen, daß ich der logique du coeur von Pascal, der Mitleidethik Schopenhauers und der von ihm stark beeinflußten Sympathieethik Max Schelers zuneige. Mit den zuvor dargebotenen Kurzzitaten von Schultz-Hencke werde ich natürlich nicht im mindesten seiner differenzierteren Theorie gerecht. Ich wollte nur mein Unbehagen verständlich machen und andeuten, warum ich mich bei der Freudschen Psychoanalyse, die keine solche erobernde Expansivität als Leitbild von Gesundheit vorgibt, wohler fühlte.

Wie sah es denn nun vergleichsweise mit dem Menschenbild Freuds aus? Damit hatte ich vorerst keine Schwierigkeiten, weil ich weder in seiner Strukturtheorie noch in seiner Trieblehre noch in seinen Krankengeschichten eine Leitvorstellung entdeckte, die mich in eine unerwünschte Richtung gedrängt hätte. Er kam mir darin entgegen, daß er offenbar das Hauptgewicht nicht auf die Auseinandersetzung des Menschen mit der *äußeren* Welt legte, sondern auf das Leben in der *psychischen* Realität. Ich wollte ihm darin folgen, mich nach seinen Erkenntnissen mit meiner Innenwelt und derjenigen anderer zu beschäftigen. Später stieß ich dann bei ihm auf einen Satz, der zu meiner Einstellung gut paßte (Freud 1930): "Am meisten erreicht man, wenn man den Lustgewinn aus den Quellen psychischer und intellektueller Arbeit genügend zu erhöhen versteht, das Schicksal kann einem dann wenig anhaben." Darin fand ich mich auch mit meinen fortbestehenden philosophischen Interessen gut wieder.

Inzwischen sehe ich mich immer noch bei Freud gut aufgehoben, zumal seitdem ich entdeckt habe, daß er mehrmals deutlich öffentlich politisch Stellung bezogen hat, 1927 einmal in einem großen Aufruf zugunsten des roten Magistrats von Wien, zweimal in leidenschaftlichen pazifistischen Appellen. 1930 forderte er z. B. zusammen mit Martin Buber, Thomas Mann, Stefan Zweig und anderen die internationale Abschaffung der allgemeinen Wehrpflicht, die nur der psychischen Kriegsvorbereitung diene. 1932 gehörte er zu den Ärzten, die zum Besuch eines Ärztekongresses für den Frieden aufforderten. Vor allem sehe ich noch heute in seiner Arbeit "Massenpsychologie und Ich-Analyse"(1920) einen wegbereitenden Vorstoß zu einer gesellschaftskritischen Psychoanalyse, wie sie dann später von Marie Langer, Paul Parin, Alexander Mitscherlich sowie einer größeren Zahl von schweizerischen, französischen, italienischen und lateinamerikanischen Psychoanalytikern weiterentwickelt wurde. In "Massenpsychologie und Ich-Analyse" machte Freud (1920) unmißverständlich die Gefahr für den Menschen deutlich, sich des persönlichen Ich-Ideals durch Unterwerfung unter eine äußere Autorität zu entäußern. Er beschrieb darin einen Vorgang, der beim Kind von der Sozialangst zur verinnerlichten Gewissensangst führt, nunmehr in umgekehrter Richtung. Das Gewissen wird externalisiert, und das sog. Massenindividuum wird einem Führer hörig, so wie einst das Kind vor Verinnerlichung seines Über-Ichs den Eltern unterworfen war.

Die Psychoanalyse im Konflikt zwischen Gesellschaftskritik und Konformismus

Allerdings ist das Gros der Psychoanalytiker dieser gesellschaftskritischen Forschungsrichtung nicht gefolgt, die in den 20er und noch Anfang der 30er Jahre eine Selbstverständlichkeit für eine Reihe von markanten Pioniergeistern aus dem Wiener und dem Berliner Kreis war. Ich nenne etwa Ernst Simmel, Wilhelm Reich, Otto Fenichel, Siegfried Bernfeld. Als die Bedrohung durch den Nationalsozialismus und den Austro-Faschismus zunehmend bedrückender wurde, vollzog die Internationale Psychoanalytische Vereinigung eine Wende und erklärte die Psychoanalyse nunmehr zu einer neutralen Wissenschaft von der Seele. Simmel und Reich waren die einzigen, die dem Nazisystem öffentlich mit kritischen Analysen seines Führerkults und seiner antihumanistischen Ideologie entgegentraten. Reich wurde aus der Deutschen und der Internationalen Psychoanalytischen Vereinigung 1934 hinausgeworfen. Er hatte sich zwar auch durch seine vergröberte Sexualtheorie unbeliebt gemacht, aber der Hauptgrund für seinen Hinauswurf war ganz offensichtlich die Sorge, daß er die Arbeit der Psychoanalyse politisch gefährden könne. In seinem Buch "Die Massenpsychologie des Faschismus" (1933) hatte er Gedanken Freuds aus "Massenpsychologie und Ich-Analyse" aufgegriffen, aber diesmal eben nicht wie sein Lehrmeister auf allgemeine Gebilde wie Kirche und Heer angewendet, sondern auf die erkennbar mit geistigem Gleichschaltungsanspruch aufgebrochene Nazibewegung. In seiner denkwürdigen Rede zur Eröffnung des Luzerner Kongresses der Internationalen Vereinigung 1934 gab Präsident Ernest Jones so etwas wie eine Grundsatzerklärung ab, die fortan offiziell gültig blieb.

In deutlicher Anspielung auf Wilhelm Reich erklärte er u. a.:

"Wieder einmal sehen wir, daß Politik und Wissenschaft sich nicht besser mischen lassen als Öl und Wasser." Und weiter: "Anzeichen der Ungeduld über gesellschaftliche Verhältnisse und des Eifers, sie zu verändern, fehlen bei uns keineswegs. Aus meinen Aufzeichnungen ergibt sich: Wer auch immer solchen Impulsen nachgibt, wird im selben Maße weniger Psychoanalytiker sein" (Jones 1934).

Mit zahlreichen zumeist bekannten Zugeständnissen versuchte man im Wiener und im Berliner Institut die Psychoanalyse vor dem Verbot durch die Nazis zu retten. In Wien durfte sich schließlich kein Analytiker mehr in der sozialistischen oder kommunistischen Partei betätigen. Als durch eine Indiskretion herauskam, daß Marie Langer mit der Organisation einer pazifistischen Ärztegruppe befaßt war, sollte sie hinausgeworfen werden und wurde nur durch eindringliche Intervention ihres Lehranalytikers Sterba davor bewahrt. Schließlich durfte in den Psychoanalysen auch nicht mehr über politische Dinge gesprochen werden. Marie Langer (1981) schilderte das Dilemma:

"Entweder mußten entsprechende Behandlungen der Ethik zuwider abgebrochen oder das politische Thema mußte regelwidrig in den Stunden umgangen werden, oder man mußte die Anordnungen des Instituts übertreten.".

Sie selbst fand die Verbote unerträglich, verließ die Gruppe und begleitete ihren Freund, um in Spanien auf der Seite der Republikaner Verwundete im Bürgerkrieg gegen die Faschisten zu betreuen.

Die taktische Anpassung unter dem braunen Terror war *eine* Sache. *Eine andere* war eine Wendung in der Theorie, die relevant für das psychoanalytische Menschenbild war. Heinz Hartmann, der sich anschickte, mit dem Segen Freuds und seiner Tochter Anna die Rolle eines neuen Cheftheoretikers zu übernehmen, erklärte es 1936 zu einer Art Dogma, daß die Psychoanalyse als reine Wissenschaft von der Seele nichts mit einer Weltanschauung zu tun habe. Zwar werde die Psychoanalyse noch oft mit einer Weltanschauung verwechselt, so wie einst die von Galilei vertretene Lehre des Kopernikus. Aber wie die Erkenntnis, daß die Erde sich um die Sonne drehe, inzwischen als schlichte naturwissenschaftliche Wahrheit anerkannt werde, so werde es auch Freuds Theorie ergehen. 1937, am Vorabend des Hitlereinmarsches in Österreich, hatte Hartmann dann seine berühmte Schrift "Ich-Psychologie und Anpassungsproblem" am Wiener Institut vorgestellt. In diesem Standardwerk, für viele Jahre Pflichtlektüre an den Psychoanalytischen Instituten, tauchte an keiner einzigen Stelle die konkrete aktuelle Gesellschaft als Problem für die Anpassung des Individuums auf. Der Gesellschaftsbegriff verlor sich in der Allgemeinheit eines scheinbar zeitlosen soziokulturellen Milieus, rein formal und abstrakt beschrieben. Peter Fürstenau wies später auf dieses Defizit hin. Er (1984) beanstandete Hartmanns Darstellung der sozialen Welt als eine konstante Gegebenheit "ohne psychoanalytische Verarbeitung der zeitgenössischen, politischen und sozialen Situation in Mitteleuropa, die zu einer sozialen 'Umwelt' führte, an die selbst der anpassungswilligste Analytiker, ob Jude oder nicht, sich nicht mehr anpassen konnte."

Mit einer derart entproblematisierten Anpassung, die ja dann in der nahezu konfliktlosen Integration der Psychoanalyse in das amerikanische Gesundheitssystem auch praktisch stattfand, bekam ich im nachhinein Schwierigkeiten, als ich über die Form meiner eigenen Anpassung im Krieg kritisch nachzudenken begann. Ich hatte mich in der Illusion gewiegt, daß mein ohnehin unausweichliches Mitfunktionieren im Krieg, glücklicherweise überwiegend als Angehöriger der Sanitätstruppe, mich deshalb nicht beschädige, weil ich über eine geheime Gegenwelt in der Philosophie und Literatur verfügte. Was auch um mich passierte, fast täglich hatte ich einige Minuten Zeit gefunden, mich in entsprechende Lektüre zu vertiefen. Ich hatte mich an Nietzsches (1873) Gedanken gehalten:

"Denn die Philosophie eröffnet dem Menschen ein Asyl, wohin keine Tyrannei dringen kann, die Höhle des Innerlichen, das Labyrinth der Brust: Und das ärgert die Tyrannen."

Ein Stück von dieser hypomanischen Selbstbeschwichtigung hatte auch ich damals fertiggebracht, aber nun bemerkte ich allmählich, daß diese Relativierung der äußeren Anpassung durch die Abspaltung einer geheimen Alternativwelt eine bedenkliche Selbsttäuschung enthielt. Sie hatte mir zwar geholfen, mich in einem Kern vor psychischer Selbstentfremdung zu bewahren. Aber der Preis war eine partielle Verleugnung meiner Mitverantwortung gewesen. Daß ich wegen einer Auflehnung nur knapp dem Kriegsgericht entgangen war, was mir erst nach dem Krieg ein maßgeblicher Beschützer anvertraute, änderte nichts an dem unguten Gefühl, daß ich hätte mehr tun müssen.

Im Verlauf solcher Überlegungen und durch die Bekanntschaft mit Alexander Mitscherlich und Paul Parin wuchsen in mir Zweifel an dem implizierten Menschenbild Hartmanns und der inzwischen radikalen Entpolitisierung der Psychoanalyse, wie sie sich in den angelsächsischen Ländern herausgebildet hatte. In Mitscherlich und Parin lernte ich wissenschaftlich außerordentlich kreative Psychoanalytiker kennen, die im Widerstand gearbeitet hatten und auf unterschiedliche Weise gesellschaftskritische psychoanalytische Forschung neben regulärer psychoanalytischer Praxis und Ausbildungstätigkeit betrieben. Beide mischten sich auch nach wie vor engagiert in aktuelle politische Ereignisse ein. Ich fragte mich, wie diese verschiedenen Dinge zueinander paßten, v. a., ob das *politische Verhalten* und die *Arbeit als Psychoanalytiker* unmittelbar zusammengehörten oder voneinander getrennt gesehen werden mußten, - also hier psychoanalytischer Praktiker und Forscher, dort politische Mitverantwortung wahrnehmender Bürger. Je länger ich darüber und im Zusammenhang damit über mich selber nachdachte, kehrte sich meine Fragestellung schließlich genau um. Nämlich: Enthält die Idee eines reinen, apolitischen Analytikers nicht vielmehr genau die verhängnisvolle Spaltung, für die ich mich kritisierte? Steckt in der Psychoanalyse nicht a priori ein gesellschaftskritisches Element, das den Analytiker *notwendigerweise* zu Stellungnahmen zwingt und die er konfliktbereit aushalten muß? Hatte nicht schon Freud, als er 1910 die Internationale Vereinigung gegründet hatte, diesen Punkt programmatisch mit der Bemerkung klargestellt:

"Wir werden den einzelnen durch die Aufdeckung des in ihm Verdrängten zu unserem Feinde machen, so kann auch die Gesellschaft die rücksichtslose Bloßlegung ihrer Schäden und Unzulänglichkeiten nicht mit sympathischem Entgegenkommen beantworten. Weil wir ihre Illusionen zerstören, wirft man uns vor, daß wir die Ideale in Gefahr bringen."

Damals ging es Freud nur um die Konfrontation mit den Idealen einer triebfeindlichen Sexualmoral. Erst recht wäre die Psychoanalyse gefordert gewesen, als die gesellschaftlichen Schäden durch eine rassistische Ausrottungsideologie drohten. Daß sie das schließlich unter der Verfolgung und der tödlichen Bedrohung vieler Mitglieder nicht tat oder auch z. T. nicht tun konnte, ist verständlich. Aber daß sie später diejenigen marginalisierte, die wie Alexander und Margarete Mitscherlich, Marie Langer und Paul Parin an dem Freudschen gesellschaftskritischen Ansatz festhielten, irritierte mich zutiefst. Alle Genannten haben in ihren Ländern Deutschland, Argentinien und Schweiz entscheidend zum Aufblühen der Psychoanalyse nach dem Kriege beigetragen. Indessen verstießen sie gegen das ungeschriebene, aber von der Führungsschicht inzwischen strikt verteidigte Tabu, die Gesellschaftskritik aus der Psychoanalyse herauszuhalten. Tatsächlich haben gerade Mitscherlich und Parin die Psychoanalyse unmittelbar durch ihre Erkenntnisse über die unbewußten Rollenidentifikationen im Ich und im Ich-Ideal wesentlich bereichert. Sie deckten neue Anpassungsmechanismen im Ich auf und waren dafür nach meinem Eindruck besonders befähigt, weil sie in einer kritischen Phase *persönlich* politischen Anpassungszwängen mutig widerstanden hatten.

Denken und Lebenspraxis paßten zusammen. Ich habe das Phänomen an anderer Stelle einmal so erläutert: Es gibt eine kreisförmige Wechselbeziehung zwischen Machen und Erkennen. Wenn man nicht macht, was man als notwendig, wenn auch mit persönlichen Unannehmlichkeiten behaftet, erkannt hat, dann kann man irgendwann auch nicht mehr erkennen, was zu machen ist. Damit ist gemeint: Wenn man Anpassungszwängen nachgibt, wohl wissend, daß man ihnen mit vertretbarem Risiko widerstehen könnte und auch sollte, wird man nach und nach die Unzumutbarkeit von Anpassungsforderungen gar nicht mehr wahrnehmen, d. h. die eigene Gefügigkeit auch nicht mehr als Fluchtreaktion durchschauen. Alles erscheint normal: Die Verhältnisse, denen man sich ergibt und der Verzicht auf Gegenwehr, der eben gar nicht mehr als Verzicht bewußt wird. Man tut, was man soll, indem man es will, und versagt sich, das per Anpassung Gewollte kritisch zu befragen, weil damit ja auch wieder der Unterwerfungsaspekt des Verhaltens peinlich zum Vorschein käme.

Entpolitisierung als unbewußte Unterwerfung

Solche Gedanken konnte ich fassen, nachdem ich mir über das Problem einer politischen Anpassung, aber auch vorausgegangener eigener unbewußter Unterwerfung unter elterliche Rollenzwänge in der Kindheit, besser klargeworden war. Meine Eltern-Kind-Studien, in "Eltern, Kind und Neurose" (1963) dokumentiert, hatten mir dabei große Hilfe geleistet. Jedenfalls hat sich dadurch meine Aufmerksamkeit mehr und mehr für die Verleugnung unbewußter Anpassung geschärft, wie sie auch in unserer psychotherapeutischen Subkultur reichlich anzutreffen ist. In der Neigung, die psychische Realität der materiellen überzuordnen, kann sich bei uns leicht die Verdrängung von Anpassung verbergen, nämlich genau durch die Spaltung, die ich von mir beschrieben habe. Erikson, der in die Gruppe der bedeutenden gesellschaftskritischen Analytiker einzureihen ist und der sich z. B. in der McCarthy-Ära persönlich mutig exponiert hatte, beschreibt die alltägliche Erfahrung, daß Menschen aus Psychoanalysen zwar mit einem besseren Verständnis für innere Vorgänge herauszukommen pflegen, aber die Wichtigkeit des Faktischen eher unterschätzen. Erikson (1964) stellt fest, daß "nur eine begrenzte Zahl unserer Patienten und Studenten nach Jahren der Gewöhnung an die psychoanalytische Situation mit einem erhöhten Verständnis zur aktuellen Wirklichkeit zurückkehrt." Und er fährt fort:

> "Nicht wenige scheinen eher von dem Zwang getrieben, ihre private psychische Realität auf die Aktualität der Gemeinschaft auszudehnen und prompt zu versuchen, Heim und Arbeit, Beruf und Bürgerschaft mit entsprechenden Deutungen zu belasten."

Wo sie glauben, daß sie hinter der Tatwelt nur deren Verschlingung in hintergründige Motive wichtig nehmen müßten, zwingt sie eben diese Tatwelt in reale Abhängigkeiten hinein, und so wird die Entpolitisierung zu einem faktischen Konformismus.

Sie werden hoffentlich verstehen, daß sich meine Bedenken nicht gegen die Psychoanalyse richten, aber gegen jene amputierte Psychoanalyse, die den gesellschaftskritischen Zweig von sich abgespalten hat und damit unbemerkt sich selbst, ihre Mitglieder und ihre Patienten in eine undurchschaute Anpassungsrichtung lenkt. Diese Strömung ist zumal in Amerika stark durch die Medizinalisierung der Psychoanalyse und eine eher oberflächliche Rezeption ihrer Theorie gefördert worden. Freud selbst hatte schon 1909 festgestellt: "Die Amerikaner verstehen mich nicht und werden mich nie verstehen. Sie sind viel zu oberflächlich" (zit. n. Plänkers u. Federn 1994). Nunberg, Bettelheim und Federn kritisierten an den Amerikanern die einseitige Verwendung psychoanalytischer Konzepte, um das eigene Leben zu verbessern, anstatt in die Tiefe der Innenwelt herabzuloten. Für Karl und William Menninger, von denen es heißt, daß sie mehr als jemand sonst die Einstellung der Amerikaner zu den psychischen Krankheiten revolutioniert hätten, stand fest, daß die Psychoanalyse nur ein Teil der Psychiatrie wie die Chirurgie ein Teil der Allgemeinmedizin sei. William Meininger - vorübergehend gleichzeitig Präsident der Amerikanischen Psychiatervereinigung und der Amerikanischen Psychoanalytischen Vereinigung - war im Krieg Brigadegeneral und sorgte sich anschließend darum, daß die amerikanische Familie und die Erziehung nicht wieder junge Männer produzieren dürften, die zu einem höheren Anteil militärisch untauglich würden. Dies gab er als vordringliches Forschungsziel an. Es ist ein krasses Beispiel dafür, wie eine sich selbst unpolitisch verstehende Psychoanalyse per Anpassung dennoch politisiert werden kann, nämlich durch Vereinnahmung für staatliche Zwecke. Weniger auffällig, aber gleichfalls manipulierend greifen, wie wir wissen, Kostenträger mit ihrem Kosten-Nutzen-Denken und einem rein symptomorientierten Gesundheitsbegriff ein.

In den 60er Jahren bemerkte man nun, daß sich an den Psychoanalytischen Instituten weniger exzentrische, originelle, unruhige Geister wie in der Generation ihrer Vorgänger einfanden, sondern eher tüchtige, brave angepaßte Kandidaten. Unkonventionelle Typen wie in der Pionierzeit würden sich neuerdings selten melden und auch nicht mehr leicht Aufnahme finden, stellte Anna Freud 1968 fest. Im Abschlußbericht eines Forschungsausschusses der Amerikanischen Psychoanalytischen Vereinigung sprach Heinz Kohut ein Jahr später von einer gewissen Angst an den Instituten vor schwierigen Charakteren, die man lieber fernhielt, obwohl sie die Forschung vielleicht durch originelle Beiträge bereichern könnten (Kohut 1969). Das heißt, eine neue Generation von eher angepaßten Analytikern suchte sich gut angepaßte Kandidaten für eine zunehmend angepaßte Psychoanalyse aus. Russell Jacoby nannte das 1983 in einem Buchtitel: "Die Verdrängung der Psychoanalyse oder der Triumph des Konformismus." Das meinte er provokativ als Kritik an dem *Mainstream* der Fachvereinigung, der sich von dem gesellschaftskritischen Anspruch Freuds und einer Reihe von politisch engagierten Mitgliedern der Pioniergeneration entfernt hatte. Verdrängung der

Psychoanalyse, das sollte heißen, daß die Psychoanalytiker ein Kernelement ihrer Wissenschaft unterdrücken, wenn sie die ins Unbewußte reichenden Prozesse von Macht und Herrschaft mit ihren psychischen Folgen aus den Augen verlieren.

Die Gefahr der Selbstlähmung durch verleugnete Machtmechanismen

Eben das geschieht bei einer gesellschaftlichen Anpassung, die nicht mehr die Konflikte sieht und bearbeitet, die mit dieser Unterwerfung in Kauf genommen werden. Wenn die Wissenschaft vom Unbewußten die Verinnerlichung gesellschaftlicher Machtmechanismen ausblendet, muß sie entdecken, daß sie dafür bezahlen muß; nämlich mit einer unmerklichen Abspiegelung der Kräfte im eigenen Instituts- und Vereinsleben, denen sie sich mit dem Prinzip der Abstinenz glaubt entzogen zu haben. Das zeigt sich in der Ausprägung autoritärer Strukturen und der Erzeugung von Spannungen innerhalb der eigenen Subkultur, die in Widerspruch geraten zu den erklärten Zielen, nämlich der Förderung psychischer Emanzipation in einem Klima der Toleranz und der Empathie. Auf diese Widersprüchlichkeit wies bereits Anna Freud 1970 hin. Sie registrierte "eine Atmosphäre, die dem Gründergeist der Psychoanalyse zuwiderläuft."

Es kam vor, daß an den Instituten Meinungskämpfe wie auf einem Schlachtfeld entbrannten. Von Keiser stammt folgende Beschreibung (1969):

> "Abweichende Meinungen werden als Feindseligkeit aufgefaßt, persönliche Blutrache und Ideosynkrasien entwickeln sich neben der Unfähigkeit, Meinungsverschiedenheiten überhaupt zu tolerieren. Das führt schließlich nicht nur zum Ausschluß einzelner, sondern v. a. ihrer Ideen. Die Möglichkeit, von einem Nonkonformisten zu lernen, ist verloren - schließlich wird alles zur narzißtischen Bedrohung."

Was Anna Freud, was Kohut und Keiser vor 25 Jahren beschrieben, hat sich zum Teil fortgeerbt. Kein Geringerer als Kernberg, designierter Präsident und einer der Chefdenker der Internationalen Psychoanalytischen Vereinigung, spricht in einem Vortrag von 1990 über den "gegenwärtigen Stand der Psychoanalyse" von einer regelrechten Atmosphäre der Verfolgung an den Instituten, von einem Klima der Indoktrination zum Nachteil freier Forschung, von Paranoia und einer daraus folgenden Schwächung des freien Denkens. Sein Fazit, kürzlich in der *Psyche* zu lesen, lautet:

"Während die Ausbilder der Psychoanalyse das zu vermitteln glauben, was zugleich eine Kunst und eine Wissenschaft ist, haben sie die Institute so strukturiert, daß diese möglichst genau einer Verbindung von Technikschule und Religionsseminar entsprechen" (Kernberg 1990).

Es gibt also innerhalb der organisierten Psychoanalyse eine Verdrängung der Psychoanalyse, nämlich eine Selbstbegrenzung als undurchschaute Anpassung an gesellschaftliche Machtmechanismen, die dann im eigenen Gruppenleben auf destruktive Weise zum Vorschein kommen. In einem Buch, das in wenigen Monaten erscheinen wird, untersuche ich diese Phänomene eingehender. Hier nur eine Andeutung: Mir scheint es, daß in unserer Szene leicht die Macht unterschätzt wird, die mit dem Deuten des Unbewußten ausgeübt wird. Unsere widersprüchliche Position besteht darin, daß wir einerseits quasi Partei für das Unterdrückte ergreifen, für das vom Bewußtsein Ausgesperrte und das durch Abwehrmechanismen Entstellte, daß wir aber andererseits mit der Waffe der Deutung zugleich eine überragende Machtstellung einnehmen. In dem Anspruch, zu wissen, was der Analysand hinter seinen Äußerungen unbewußt eigentlich meine, versetzen wir ihn in die Position eines Kindes, dem Eltern gelegentlich zu sagen pflegen: Du weiß ja gar nicht, was du sagst. Aber ihre faktische Herrschaftsausübung machen sich Analytiker oft nicht hinreichend klar. Ich glaube z. B., daß das nicht ganz seltene Vorkommnis des sexuellen Mißbrauchs in Therapien damit zusammenhängt, daß Therapeuten trotz allen Wissens von Übertragung und Gegenübertragung ihre Patienten bzw. Patientinnen in der analytischen Situation als ebenbürtige Erwachsene erleben, mit denen sie sich die Verantwortung für das, was sie miteinander tun, irrtümlich gleichberechtigt teilen zu können glauben.

In den Instituten würde man vermutlich mehr dafür sorgen, daß Kandidaten oder sogar jüngere Analytiker sich in der Institutsstruktur nicht wie halbe Patienten oder Pubertierende erleben, wenn man sich dieses Abhängigkeitsproblems mehr bewußt wäre. So gelangen die Jungen dazu, daß sie die Älteren nach dem Muster ihres Lehranalytikers teils idealisieren, teils als potentielle Prüfer fürchten, weil sie nicht wissen, ob sie selbst eher nach der eigenen Restneurose oder nach ihrem Wissen und Können bewertet werden. Das heißt, Strukturreformen an den Instituten müßten dahin gehen, daß Hierarchie abgebaut wird, daß die Älteren sich mit ihren klinischen Erfahrungen mehr offenbaren, daß Zulassungen und Prüfungen in ihren Kriterien durchsichtiger werden, daß man die Jungen eher zu kritischem Fragen und Forschen ermutigt, anstatt sie, wie es Kernberg nennt, einer Atmosphäre der Indoktrination auszusetzen. Aber solche Reformen werden nur stattfinden, wenn man die Machtprobleme besser durchschaut und auch mehr Demokratie an den Instituten *will*.

Und damit bin ich wieder beim Ausgangspunkt, nämlich bei der Behauptung, daß solche Reformen nur von Analytikern ausgehen können, die sich mit Macht,

Repression, Abhängigkeit und Anpassung kritisch beschäftigen und deshalb die Notwendigkeit für mehr Demokratie in der psychoanalytischen Subkultur erkennen. So ist es wiederum bezeichnend, daß es speziell gesellschaftskritische und politisch engagierte Psychoanalytiker wie Bernfeld sowie Langer und Parin mit ihren Gruppen waren, die sich besonders intensiv um Strukturreformen in der Ausbildung gekümmert und solche z. T. auch realisiert haben.

So stellen wir uns in unserer Berufsgruppe und vor der Gesellschaft als eine Art Werkstatt dar, in der sich zeigt, wie die Arbeit von Menschen an ihren inneren Konflikten einhergehen muß mit der verantwortlichen Sorge für soziale Strukturen, in denen diese innere Befreiung nur stattfinden kann. Ernst Simmel hat das auf dem berühmten Antisemitismus-Symposium in San Francisco 1944 dem Sinne nach so ausgedrückt, daß zwischen psychischer Selbstverwirklichung und demokratischen Gruppenstrukturen eine Wechselbeziehung bestehe: Psychische Emanzipation geht nur in einer demokratischen Gruppe, die eigenverantwortliche Individuen mit einem integrierten Über-Ich fordert. Eine solche Gruppenstruktur kann aber wiederum nur von psychisch emanzipierten Menschen aufgebaut werden.

Die Wiederkehr der Idee von der Machbarkeit des leidensfreien Menschen

Aber zur Frage des Menschenbildes erlauben Sie mir noch eine abschließende Bemerkung. Der Rückblick auf die besonders bedrückende Periode unserer Geschichte zeigt uns nicht nur die Gefahren mangelnder psychischer Widerstandsfähigkeit gegenüber manipulativem autoritärem Druck und verantwortungsloser Delegierung des Über-Ichs an vorgesetzte Instanzen. Die Erinnerung zeigt uns noch ein anderes, eher noch schwerer wiegendes Versagen. Ich meine die regelrechte Pervertierung von Moralvorstellungen, die nicht erst von Hitler und den Nationalsozialisten bewirkt worden ist, sondern im weiteren Kreis unseres eigenen Wissenschaftsbereichs schon lange vor 1933 aufgekommen war. Es ist eine Erscheinung, deren fortwirkende Spuren, wie ich meine, gerade zur Zeit wieder deutlicher hervortreten. Es waren Anthropologen, Erbbiologen, Verhaltensforscher und Psychiater, die, wie ich es in meinem Buch "Der Gotteskomplex" (1979) darzustellen versucht habe, per Identifizierung die von Darwin zerstörte göttliche Schöpferallmacht usurpierten und sich zu Herren einer besseren und beschleunigten Evolution erklärten. Aus dieser auf die Erbbiologie begründeten Omnipotenzidee entwickelten sie die perverse Moral von der Höherzüchtung eines vermeintlich wertvollen und der Ausmerzung eines vermeintlich unwerten Lebens.

Wenn Wilhelm Reich in seinem Buch über den Faschismus erklärt hatte, daß hinter diesem eine Grundhaltung weit über die faschistischen Parteien hinaus stecke, so hatte er in dieser Hinsicht durchaus recht. Ein Großteil der deutschen Ärzteschaft stand jedenfalls 1933 sofort bereit, die Auslesestrategie durch Massensterilisierungen ins Werk zu setzen. Sogar ein Konrad Lorenz war von der Chance begeistert, unheilvolles Erbmaterial wie eine Krebsgeschwulst aus dem Volkskörper zu entfernen. Es war der geistige Nährboden, der zu dem rassistischen Völkermord an den Juden und dem Massenmord an annähernd 100.000 psychisch Kranken und Behinderten führte. Als im August 1939 den Direktoren von 4 Psychiatrischen Universitätskliniken und einer Reihe von Anstaltsleitern die geplante Tötungsaktion von psychiatrischen Patientengruppen bekannt gegeben wurde, widersprach kein einziger. Einen der Ordinarien, der nicht widersprach, habe ich hier auf einer der ersten Lindauer Psychotherapiewochen als Vortragenden erlebt. Bei weiteren vorbereitenden Besprechungen herrschte nach Zeugenaussagen unter den informierten jüngeren Ärzten sogar Begeisterung. Ich will mit diesen Ihnen zumeist bekannten Tatsachen weniger Entsetzen schüren als Nachdenklichkeit über die Mentalität, aus der die Ausmerzungsideologie erwuchs und über die Tatsache, daß die Grundidee von einer Wissenschaftlerelite herstammte, deren z.T. psychologisch ausgeforschte Repräsentanten in der Mehrzahl keine auffallenden Züge von Sadismus oder Gefühlsverarmung darboten. Die Entdeckungen Darwins hatten offensichtlich bei den Päpsten der Erbbiologie und z. T. auch bei den Ärzten die manische Größen- und Allmachtsphantasie erweckt, durch auslesende Eingriffe die Höherentwicklung der Menschheit in eigene Hände nehmen zu sollen.

Ich würde diese Geschichte hier nicht wieder hervorholen, wenn ich nicht neuerdings da und dort unter Humangenetikern und auch unter jüngeren Neurologen einen wenig kritischen Optimismus über die eugenischen Anwendungsmöglichkeiten der rasch fortschreitenden prädiktiven gentechnischen Diagnostik antreffen würde. Zum Teil hält man es bereits für selbstverständlich, den Schwangeren künftig generell zur Ausnutzung aller Möglichkeiten zur gentechnischen Vorhersage zu raten, wobei natürlich auch über die Disposition der Kinder für erst spät manifest werdende neurologisch-psychiatrische Krankheiten informiert werden müßte. Es gibt schon einige Kollegen, die in der Gentechnik ein modernes technisches Mittel sehen, die endgültige Ausmerzung erblicher Krankheiten und Behinderungen auf eine vermeintlich humane Weise durchzusetzen. Der Druck auf die Schwangeren kann auch ohne staatliche Zwänge bald zunehmen, wenn Versicherungen und die Wirtschaft nach Gentests fragen und wenn bei Verschlechterung wirtschaftlicher Verhältnisse - wie einst - die Belastung der Volkswirtschaft durch die Behandlungs- und Pflegeaufwendungen für erbliche Krankheiten zum Propagandaargument wird.

Hier kommt wieder die Anfangsfrage nach einer Gewichtung der Ziele von Leidensfreiheit und Leidensfähigkeit auf. Als wir vor ein paar Wochen aus Anlaß der Befreiung des KZ Buchenwald in einer Podiumsdiskussion darüber nachdachten, wo heute Anfänge einer Mentalität zu suchen seien, wie sie damals einer Vernichtungspolitik den Weg geebnet hatte, fiel uns genau dieser Punkt ein. Nämlich die keineswegs überwundene Idee, die Mittel der Wissenschaft auszunutzen, um einen perfekteren Menschen zu machen, und die moralische Verklärung dieses Vorhabens. Unsere Berufsgruppe ist mit diesem Problem auf zweifache Weise verknüpft. Wir sehen, daß an den meisten Humangenetischen Beratungsstellen Psychologen und Psychologinnen mit einer in ihrer Tragweite überhaupt noch nicht reflektierten Aufgabe betraut werden. Bei den in unmittelbarer Zukunft voraussehbaren neuen Möglichkeiten der gentechnischen Vorhersagen werden es diese Berater und Beraterinnen mit vielen Schwangeren zu tun haben, die mit der Information vollständig überfordert sind, ein Kind zu tragen, das sicher oder mit einer bestimmten Wahrscheinlichkeit bald oder auch erst in fortgeschrittenem Erwachsenenalter diese oder jene schwere Krankheit entwickeln wird. Das soll dann psychologisch verarbeitet werden, was immer man sich mit Verarbeitung dabei vorstellt.

Tatsächlich hat sich ja bisher nicht einmal die Gesellschaft zusammen mit den Forschern das Problem klargemacht, an welcher Grenze das automatische Machen des Machbaren aufhören sollte, also etwa die generelle Lieferung von Vorhersagediagnosen, die es praktisch ins Belieben stellt, welche Art von Leben zugelassen werden soll. Da unser Berufsstand gewissermaßen mit der Entsorgung dieser Last betraut wird oder werden soll, sind wir m. E. gefordert, darauf kritisch hinzuweisen, daß hier wieder einmal ein automatisches Machen einer machbaren neuen Technologie einer dringenden breiten Diskussion zur Frage der moralischen Zulässigkeit vorausläuft. Diese Diskussion muß, spät genug, schleunigst geführt werden, damit eine humanistische Grundfrage nicht verantwortungslos in die psychologischen Beratungszimmer der Humangenetischen Institute abgeschoben wird.

Aber wo stehen wir selbst in dieser Diskussion? Ich meine, daß zumal wir Älteren die Erinnerung vermitteln müssen, wo es hinführt, wenn perfektere Menschen gemacht werden sollen. Wir stehen als Helfer und Helferinnen auf der Seite der Schwachen, der Kranken, der Behinderten. Wir fühlen uns in sie ein, indem wir unsere eigene Zerbrechlichkeit und Anfälligkeit annehmen. Unsere Selbsterfahrung in der Ausbildung dient ja speziell dazu, daß wir in uns die Aspekte zu akzeptieren lernen, deren Verdrängung zu denjenigen Projektionen führen kann, die chronisch Kranke oder Behinderte zu Opfern von Diskriminierung und Stigmatisierung machen. Gerade als Erben jener von Größen- und Allmachtsideen erfüllten ärztlichen und psychiatrischen Vorgänger, die einmal zur Ausbreitung und zur praktischen Umsetzung einer wie immer rationalisierten

Ausrottungsideologie beigetragen haben, sollten wir nicht zögern, uns allen noch so verlockend klingenden Befürwortungen einer Wegzüchtung von Leiden zu widersetzen und dafür entschlossen eintreten, daß Leidensfähigkeit zu den Grundqualitäten einer humanistischen Gesellschaft gehört.

Literatur

Erikson E H (1964) Ethik und Verantwortung. Klett, Stuttgart

Fäh -Barwinski M (1994) Wem hilft welche Psychotherapie? Neue Zürcher Zeitung, 128: 17

Freud A (1968) Schwierigkeiten der Psychoanalyse in Vergangenheit und Gegenwart. Fischer, Frankfurt aM

Freud A (1970) Child-analysis as a sub-speciality of psychoanalysis. Int J Psychoanal 53: 151 - 156

Freud S (1909) zit.n.T. Plänkers u. E. Federn: Vertreibung und Rückkehr. Interviews zur Geschichte Ernst Federns und der Psychoanalyse. edition discord, Tübingen

Freud S (1910) Die zukünftigen Chancen der psychoanalytischen Therapie. GW Bd 8. Imago, London

Freud S (1920) Massenpsychologie und Ich-Analyse. GW Bd 13

Freud S (1930) Das Unbehagen in der Kultur. GW Bd 14

Freud S (1930) Mitunterzeichner eines Internationalen Manifestes: Völker der Welt, beschließt: Fort mit der Militarisierung! Fort mit der Wehrpflicht! Erzieht die Jugend zur Menschlichkeit und zum Frieden! Wagenbach, Berlin

Fürstenau P (1964) Ich-Psychologie und Anpassungsproblem. Eine Auseinandersetzung mit Heinz Hartmann. Jahrb Psychoanal 3

Hartmann H (1936) Psychoanalyse und Weltanschauung. Almanach der Psychoanalyse

Hartmann H (1937) Ich-Psychologie und Anpassungsproblem. Eine Auseinandersetzung mit Heinz Hartmann. Jahrb Psychoanal 3

Jacoby R (1983) Die Verdrängung der Psychoanalyse oder der Triumph des Konformismus. Fischer, Frankfurt aM

Jones E (1934) Eröffnungsrede auf dem Kongreß der IPV in Luzern. In: Steiner R (Hrsg) Es ist eine neue Art von Diaspora. Psyche 48: 583 - 651

Keiser S (1969) Report on institutes. Minutes, Executive Board. Am Psychoanal Assoc Kernberg OF (1990) Der gegenwärtige Stand der Psychoanalyse. Psyche 48: 483 - 508

Kohut H (1969) Forschung in der Amerikanischen Psychoanalytischen Vereinigung - ein Memorandum. Psyche 25: 738 - 757

Langer M (1981) Von Wien bis Managua. Kore, Freiburg

Menninger K (1959) A psychiatrist's world. Selected Papers, Viking, New York

Menninger W C (1954) A psychiatrist for a troubled world. Selected Papers. Viking, New York

Nietsche S (1873) Schoppenhauer als Erzieher. Naumann, Leipzig

Plänkers T, Federn E (1994) Vertreibung und Rückkehr. Interviews zur Geschichte Ernst Federns und der Psychoanalyse. edition discord, Tübingen

Reich W (1933) Die Massenpsychologie des Faschismus. Fischer, Frankfurt aM

Richter HE (1963) Eltern, Kind und Neurose. Klett, Stuttgart

Richter HE (1979) Der Gotteskomplex. Rowohlt, Reinbek

Richter HE (1995) Bedenken gegen Anpassung. Hoffmann & Campe, Hamburg

Schultz-Hencke H (1931) Schicksal und Neurose. Fischer, Jena

Simmel E (1932) Nationalsozialismus und Volksgesundheit. In: Hermanns LM, Schultz-Venrath U (Hrsg) E. Simmel: Psychoanalyse und ihre Anwendungen. Fischer, Frankfurt aM

Simmel E (1944) Antisemitismus und Massenpsychologie. In: Simmel E (Hrsg) Antisemitismus. Fischer, Frankfurt aM

Traumatische Erfahrungen - Erinnern und Integrieren

Ursula Wirtz

> "Nie werde ich diese Nacht vergessen, die erste Nacht im Lager, die mein Leben in eine einzige lange Nacht verwandelte, siebenfach verflucht, siebenfach versiegelt (...)
> Nie werde ich die Flammen vergessen, die meinen Glauben für immer verzehrten. Nie werde ich das nächtliche Schweigen vergessen, das mich in alle Ewigkeit um die Lust am Leben gebracht hat.
> Nie werde ich diese Augenblicke vergessen, die meinen Gott und meine Seele mordeten, und meine Träume zu Staub werden ließen.
> Nie werde ich dies alles vergessen, und wenn ich dazu verdammt wäre, so lange zu leben wie Gott selbst. Nie."
> *Wiesel 1969*

Nicht vergessen können und nicht vergessen wollen - so spricht Elie Wiesel (1969) über seine traumatischen Erinnerungen an das Lager von Auschwitz. Traumatische Erfahrungen erinnern müssen, die durchlittenen Traumen der Todesverlassenheit und Seelen- und Gottesverfinsterung [1] nicht abschütteln können und den nicht verblassenden Todesstempel des Traumas als in Körper und Psyche eingebrannt erfahren - das ist die existentielle Grundverfassung von Menschen, die Opfer organisierter Gewalt geworden sind, vertrieben, gefoltert, massenvergewaltigt. Solche Extremtraumatisierungen sind katastrophische Erfahrungen unausweichlicher Bedrohung, die sich in unsere Psyche unauslöschlich einschreiben.

---

[1] vgl. die vertiefte Auseinandersetzung mit dem Trauma der Gewalt in Wirtz u. Zöbeli (1995)

"Verdrängen hält die Erlösung auf, sich erinnern bringt sie näher"

Mit diesem Zitat an der Gedenkstätte Yad Washem in Jerusalem hatte ich im letzten Jahr meinen Beitrag zur Inzestthematik eingeleitet, weil auch für das Trauma der sexuellen Ausbeutung gilt, daß die Gegenwart nicht gelebt und die Zukunft nicht entworfen werden kann, wenn die Wahrheit vergangener Traumen verdrängt und verleugnet bleibt.

Erinnern, wiederholen, durcharbeiten - diese psychoanalytische Devise rückt die Bedeutsamkeit der Erinnerung in den Vordergrund, eine Fähigkeit, die in vielen Traditionen ein wichtiges Hilfsmittel für die Erlösung der Seelen ist. Man glaubt, daß ein Wiedererinnern an das, was die Seele einst erlebte, helfe sie zu befreien.

Traumatische Erfahrungen erinnern und integrieren ist das Thema meines Beitrags. Ich möchte über die oft sprachlosen, überwältigenden traumatischen Erinnerungen schreiben, denn das wiederholte, ungewollte Erleben des Traumas in sich aufdrängenden fragmentierten Erinnerungen oder Träumen ist für katastrophische, traumatische Erfahrungen charakteristisch. Erinnerungen verbinden Vergangenes mit Gegenwärtigem und zu Erwartendem, sie verschaffen Kontinuität und Identität. Diese Kontinuität und Identität wird durch das Trauma zerstört.

Ich versuche über die "Verarbeitung des Nicht Verarbeitbaren" zu schreiben, die Frage zu beantworten, wie traumatische Erinnerungen aufgedeckt, bearbeitet und in den Lebenskontext integriert werden können, ohne zu retraumatisieren. Wie ist es möglich, zu erinnern, ohne an der Erinnerung zu Grunde zu gehen? Wie können wir als TherapeutInnen dem Bösen begegnen, ohne tödlich zu erschrecken und daran zu zerbrechen? Wie können wir unsere Ohnmacht aushalten, ohne daß sie uns um den Verstand bringt? Ist es möglich, die Erinnerungen an die Kerker der Unmenschlichkeit mit den Traumatisierten zu teilen, ohne selbst unmenschlich zu werden?

Wir haben es bei traumatischen Erfahrungen in der Sprache Kernbergs mit "Spitzenaffektsituationen" zu tun, mit chaotischen Reaktionen, in denen die psychische Organisation außer Kraft gesetzt ist und ein Prozeß der Entstrukturierung des Selbst einsetzt. Die Forschung (Benyakar u. Kutz 1987, zit. n. Becker 1992) spricht von einem "irreparablen Riß in Selbst und Realität".

Um besser zu verstehen und zu spüren, in welchen Grenzregionen wir uns bewegen, wenn wir von traumatischen Erfahrungen sprechen, möchte ich Sie zuerst in die *Landschaft* mitnehmen, in der das Trauma beheimatet ist.

Es geht um die Räume der Gewalt, die Kammern des Bösen, seelisches Grenzland, das uns die Grenzen des Verstehbaren vor Augen führt. Wir betreten

Todeslandschaften, in denen Verzweiflung, Hoffnungslosigkeit, Grauen und Zerstörung herrschen. Auf der Suche nach den Orten, die den traumatisierten Menschen "Wohnstatt" sind, begegnen wir Bildern der Verwüstung, in denen Terror und Angst, Panik und Vernichtung angesiedelt sind. Hier treffen wir auf die lebendig Toten, die Versteinerten, denen die Seele abhanden gekommen ist und die von einer Totenstarre erfaßt sind bei lebendigem Leibe.

Wir kennen den "Seelenmord" als "Menticid" (Shengold 1979) und "robotization"(Meerloo 1967) im Kontext der Folter. Es ist ein nicht von Affekten begleitetes Funktionieren, eine Form des Nicht-Seins, die Niederland schon als "Automatisierung des Ich" beschrieben hat, das "Lebendig-Tot-sein" und "Leben als ob" (vgl. auch Wirtz 1989). Wir erkennen diesen Zustand der Entseelung in den Augen von Kindern, die jahrelang ritualisierter sexueller Ausbeutung zum Opfer fielen oder in pornographischen Sexzirkeln vermarktet und verkauft wurden. Die Opfer organisierter Gewalt gehören in diese Totenwelt und viele Überlebende von Konzentrationslagern, Vertriebene und Gefolterte.

Um Sie als Lesende, die vielleicht nicht mit schwer traumatisierten Menschen gearbeitet haben, vertrauter mit diesen Todeslandschaften und dem Wesen traumatischer Erinnerungen zu machen, möchte ich an die mythologischen Bilder der Unterwelten anknüpfen, denn bei der Begegnung mit extrem traumatisierten Menschen scheinen die Tore zur Unterwelt geöffnet.

Meine innere bildhafte Resonanz auf die Beschreibungen der Erlebniswelt von Traumatisierten hat mich immer wieder auf die archetypischen Ausgestaltungen der Todes- und Jenseitsthematik verwiesen, wie sie uns in der Literatur und den Mythen überliefert sind. Die Unterwelt der kalten toten Tiefe hat sich mir aufgedrängt, das Reich der Toten und der Höllengötter, ein psychischer Ort, in dem Hades wohnt, der dunkle, verborgene Todesdämon. In den Erzählungen von Gefolterten tauchen mir Bilder von Höllenvisionen auf; ich assoziiere Gemälde von Hieronymus Bosch, in denen die Welt aus den Fugen geraten ist und der Teufel sein Unwesen treibt. Auch für traumatisierte Menschen ist die Welt auseinandergebrochen, nichts mehr ist am gleichen Ort, innen und außen ist nicht mehr miteinander verbunden.

Was mich beim Studium der mythologischen Topographie der Unterwelt fasziniert hat, ist die Übereinstimmung der Beschreibung der Toten, die sich dort aufhalten und die Atmosphäre in der Unterwelt, mit der psychiatrischen Nomenklatur des *posttraumatischen Syndroms* und der inneren Erlebniswelt traumatisierter Menschen. Ich möchte darum Wahrnehmungszerrüttung und Bewußtseinsveränderung, Desintegration und Depersonalisation und den Zustand archaischer Abhängigkeit und Hilflosigkeit, in dem jeder Glaube und jedes Vertrauen, daß irgendeine sinnvolle natürliche oder göttliche Ordnung die Schöpfung durchzieht verlorengegangen ist, mit Bildern aus Mythos und Literatur amplifizieren. [2] Es herrscht Finsternis und Orientierungslosigkeit in diesem Totenland der Schemen und Schatten. Die Welt ist verkehrt, wie auf den Kopf gestellt, manche Tote gehen auf dem Kopf, das Oberste ist zuunterst und das unterste zuoberst. Die Toten gehen rückwärts statt vorwärts, ihr Schatten fällt anders als bei den Lebenden auf die entgegengesetzte Seite, es sind körperlose, blut- und knochenlose Schatten, die unablässig in der Unterwelt umherwandern. Auch die Worte bedeuten etwas anderes als unter den Lebenden, ihre Sprache ist oft nur ein Flüstern. Viele sind kopflos und wirken seelenlos, abgestumpft, verwirrt, voller Trauer und Verzweiflung.

Wir treffen auf Menschen in der Unterwelt, die an Affektstörungen leiden. Dante hat ein beeindruckendes Bild für die eingefrorenen Affekte in seiner "Göttlichen Komödie" gezeichnet, wenn er beschreibt, wie die Toten, im Eissee eingefroren, steif vor sich hinstarren. [3] Die Traumaforschung spricht von der "gefrorenen Abwehrleistung des Ich" (Bastiaans 1978). Die im ewigen Eis eingefrorenen Seelen und die schweigend, mit abgewandtem Blick in undurchdringlicher Frostigkeit in der Ecke Hockenden, die niemals Antwort geben, oder die vor Übererregung, in brennender Wut im Feuer Glühenden, das sind erschütternde bildliche Ausgestaltungen posttraumatischer Symptome. Die Unterwelt kennt auch die zu unaufhörlicher Angst Verdammten, die in Schlünde hineinzufallen drohen oder gefährdet sind, von auf sie einstürzenden Felsen erschlagen zu werden und die Geängstigten, die sich verfolgt fühlen, ohne je entrinnen zu können. Auffällig ist, daß die Toten keine Tränen für ihre Qualen haben, sie können nicht mehr weinen, weil ihre Tränen sich in Glas verwandeln. Die Hoffnungslosigkeit und das Chaos in diesen Regionen erinnert mich an Begegnungen mit erloschenen Menschen im kriegsverwüsteten Bosnien.

Die Dissoziationen und Fragmentierungen des posttraumatischen Syndroms verkörpern sich im Totenreich als Tote, die von Kopf bis Fuß gespalten sind, und das Trauma erscheint personifiziert in Gestalten, "deren Kopf und Herz durch eine horizontale klaffende Wunde voneinander getrennt ist" (zit. n. Langegger 1983). Sowohl bei Dante als auch im Tibetanischen Totenbuch werden die Körper immer wieder neu in Stücke zerhackt, damit nicht der natürliche Heilungsprozeß des Zusammenwachsens stattfinden kann. Immer, wenn die Selbstheilungstendenz der Teile wieder ein Ganzes bilden will, lauert der Teufel darauf, den Körper erneut zu zerstückeln.

Den selbstbeschädigenden Impulsen und der quälenden Suizidalität begegnen wir auf der Unterweltfahrt am Ort der Selbstmörder. In dieser Region weilen die

---

[2] vgl. dazu die ausgezeichnete Arbeit von Langegger (1983), der die chronisch psychisch Kranken in der Psychiatrie mit den Toten in der Unterwelt amplifiziert und eine Fülle von Quellen zitiert, auf die ich mich hier auch beziehe

[3] vgl. das Titelbild auf dem Buch von Langegger (1983)

ewigen Selbstverneiner, die sich unendlich quälen müssen. Sehr ergreifend werden in den verschiedenen Totenbüchern und Unterweltsberichten die Bewußtseinsveränderungen und "Beziehungsprobleme" der Toten beschrieben. Die Toten verhalten sich wie Einsiedler. "Ihr Wesen verändert sich bis zur Unkenntlichkeit. Ihre Persönlichkeit ist nicht mehr dieselbe wie früher. Besinnungslos liegen sie da, "Abbilder schlafender Menschen", wie "Schafe, die der Tod weidet. " Stummheit und Stumpfsinn, Sinnlosigkeit und Besinnungslosigkeit kennzeichnet diese Toten, die ihr Gegenüber nicht mehr erkennen und dahindämmern. "Schlangen und andere Untiere beißen die Unseligen und fressen sie auf, bis sie zuletzt ganz leer sind" (Langegger 1983).

Wir wissen von traumatisierten Menschen, daß ihr Urvertrauen in sich selbst und die Verläßlichkeit menschlicher Bindungen zerschmettert ist und in Isolation, in Welt- und Menschenferne führt. Sich im innersten Kern als ausgehöhlt und leer erleben ist ein immer wiederkehrendes Motiv in den Berichten extrem traumatisierter Menschen.

In bildlicher Sprache hat das Trauma mit Seelenleere oder Seelenverlust zu tun, mit Seelenmord oder Seelenraub. Traumatische Erinnerungen zeugen von der Vernichtung der Innenwelt und der Außenwelt. Überlebende erfahren den Tod der Identität, sie fühlen sich, als hätten sie "das Heimatrecht im Leben" (Edvardson 1989) verloren.

In der Psychotherapie geht es darum, wie das Bewußtsein vom Wert des eigenen Selbst, von Handlungsfähigkeit und Kontrolle wiedergewonnen werden kann? Wie läßt sich Selbst- und Weltvertrauen wieder aufbauen, wie kann trotz der Erfahrung der "Antischöpfung", wie Primo Levi Auschwitz nannte, der conditio inhumana (Améry) aus den Fragmenten des Terrors ein Mensch und eine Welt wieder neu zusammengefügt werden?

So sehr traumatisierte Menschen versuchen, die Erinnerungen zu vermeiden und zu verdrängen, so unausweichlich werden sie immer wieder von diesen *Erinnerungen* heimgesucht, ausgelöst durch die verschiedensten Stimuli, z. B. Personen, Stimmen, Gerüche, Jahrestage, Orte. Für unser therapeutisches Verständnis ist es wichtig, daß die unterschiedlichsten Trigger, wie diese Auslöser genannt werden, die traumatische Situation so wiederbeleben können, als ereignete sie sich in diesem Augenblick, mit allen physiologischen und psychischen Symptomen von Übererregung oder totaler Lähmung.

Wir wissen aus der Forschung, daß Erinnerungen im Zusammenhang mit einer bestimmten Gefühls- oder Stimmungslage assoziiert und gespeichert werden und später diese Stimmung die Erinnerung wieder evozieren kann. Sehr häufig brechen die Erinnerungen oder auch nur die Erinnerungsfetzen gewaltsam in den Alltag ein, als bedrohliche Rückblenden, als *"flashbacks"*. Sie sind intrusiv, sie überwältigen, bewirken Alpträume, verursachen Panik, einen Erregungssturm und Alarmbereitschaft oder seelische Erstarrung, emotionale Anästhesie und einen dissoziierten Bewußtseinszustand. Die Gedächtnisforschung hat uns auch gelehrt, daß Erinnerungen sprachlich oder bildlich kodiert und gespeichert werden können, daß es auch eine Art Körpergedächtnis gibt und daß ein Erinnern eines kleinen unverständlichen Fragmentes plötzlich eine ganze Kette von zusammenhängenden, bedeutungsvollen Erinnerungen nach sich zu ziehen vermag. Darum ist die sorgfältige detaillierte Bearbeitung bereits vorhandener Erinnerungsfragmente der sicherste Weg zum Aufdecken neuer, fehlender Erinnerungsbruchstücke[4]. Wir müssen posttraumatische Amnesien als Versuch der Bewältigung verstehen, ähnlich wie die dissoziativen Mechanismen Abwehrmechanismen darstellen, mit denen versucht wird, sich vor der drohenden Desintegration zu bewahren.

Für die Bearbeitung [5] traumatischer Erinnerungen muß darum mit den Betroffenen abgeklärt werden, in welchem Ausmaß Erinnerungen vorhanden sind, inwieweit sie dem Bewußtsein ganz oder nur in Bruchstücken zur Verfügung stehen, mit welchen Affekten sie verbunden sind usw. Auf der verbalen Ebene wird versucht herauszuarbeiten, ob der genaue Ablauf zeitlich gespeichert ist, oder Erinnerungslücken und partielle Amnesien bestehen, die beunruhigen. Wenn die Bildebene exploriert wird, in der die Erinnerungen gespeichert sind, muß sehr konkret nachgefragt werden, welche Bilder sichtbar sind und in welchen Farben. Auch hier gilt es, alle Sinne mit einzubeziehen, ob in den Erinnerungsbildern Geräusche wahrnehmbar sind, Gerüche, ob die Patienten sich selber sehen können etc. Da die Erforschung der bildhaften Erinnerungen oft schmerzhaft ist, muß hier sehr sorgfältig beobachtet werden, wieviel zumutbar und integrierbar ist.

Oft sind die Erinnerungen averbal, szenisch verstümmelte Bildfragmente ohne den dazugehörigen Affekt. Affektloses Erinnern aber, das hat schon Freud uns gelehrt, ist fast immer für die Verarbeitung des Traumas völlig wirkungslos. Darum muß die Affektebene unbedingt bei der Exploration angesprochen werden. McCann u. Pearlman (1990) schlagen vor, dezidiert nach den Gefühlen von damals und heute zu fragen, wo diese Gefühle im Körper lokalisiert sind, was diese Gefühle innerlich auslösen, ob die Betroffenen in der Lage sind, sich zu beruhigen oder zu trösten, wenn sie diese Gefühle wahrnehmen, ob sie Angst verspüren, über die Erinnerungen zu sprechen, was sie sich vorstellen, daß passieren könnte, was ihre schlimmste Phantasie ist, die eintreten könnte, wenn sie über das Trauma reden und was ihnen helfen und erleichtern könnte, die traumatischen Inhalte mitzuteilen (McCann u. Pearlman 1990).

Bei all diesen Explorationen ist es wichtig, sich bewußt zu sein, daß es in der Traumatherapie nicht um Katharsis und Abreaktion geht, sondern um die Integration des Traumas, um einen Prozeß der Einsicht in das, was geschehen ist. Inte-

---

4 das gilt auch für die Arbeit mit sexuell ausgebeuteten Frauen, die häufig nur fragmentarische Erinnerungen besitzen, vgl. Herman (1994)

5 sehr hilfreich sind hier die Arbeiten von McCann u. Pearlman (1990)

gration bedeutet, daß die Gefühle, die mit den traumatischen Erinnerungen verbunden sind, in all ihrer Widersprüchlichkeit konfrontiert und ausgehalten werden können. Wenn das Trauma verarbeitet ist, haben die Betroffenen so viel Kontrolle und Selbstbestimmung zurückgewonnen, daß sie entscheiden können, wann sie sich den traumatischen Erinnerungen nähern wollen und wann nicht. Sie werden nicht länger vom Trauma beherrscht, sondern haben es in gewisser Weise in den Griff bekommen. Sie können z. B. darüber sprechen, ohne von den Gefühlen überwältigt zu werden, sie haben Trauerarbeit geleistet und eine kognitive Neuorientierung vorgenommen, die Sinn und Orientierung zurückerobert und einen neuen Selbst- und Weltbezug schafft. Oft wird in der Forschung von einem Rehabilitationsprozeß (Schlapobersky 1990) statt von einem Heilungsprozeß gesprochen. Auch Becker (1992) wählt den Begriff der "Reparation" statt den der Heilung.

Ich bin der Überzeugung, daß die Integration und Verarbeitung traumatischer Erfahrungen auf allen drei Ebenen stattfinden muß, auf der affektiven, der kognitiven und der spirituellen Ebene. Verschiedene therapeutische Ansätze und Methoden kommen zur Anwendung, denn die Arbeit mit extrem traumatisierten Menschen fordert einen multimethodischen Ansatz. Methoden der Streßbewältigung, verhaltenstherapeutische Techniken und Methoden der kognitiven Psychotherapie sowie Techniken des Neurolinguistischen Programmierens, der Trance und Hypnosearbeit, Entspannungstechniken, imaginative Verfahren und Methoden der Symbol- und Ritualarbeit haben einen wichtigen Stellenwert neben gezielten körpertherapeutischen traumazentrierten Methoden.

Dieser Intergrations- und Verarbeitungsprozeß hat verschiedene Phasen und entwickelt sich, wie Judith Herman (McCann u. Pearlman 1990) sehr anschaulich beschreibt, von ursprünglicher ständiger Bedrohung und Alarmbereitschaft zu einem verläßlichen Gefühl der Sicherheit, vom abgespaltenen, affektlosen Erinnern zum bewußt erinnerten Trauma, von Isolation und Abgetrenntsein von anderen zu einem Bewußtsein von Solidarität mit anderen und dem neuen Knüpfen sozialer Netze. Zu den Zielen gehört die Wiederherstellung eines adäquaten Realitätsbezugs ebenso wie ein kreativer neuer Lebensentwurf, der das Bewußtsein der eigenen Identität und das Vertrauen in die Menschen und die Welt als Ganzes neu erarbeitet.

Im *ersten* Abschnitt der Behandlung geht es um Stabilisierung, Streßbewältigung, v. a. um Aufklärung über die Symptomatik, Erklären der verschiedenen physischen und psychischen Folgen als normale Reaktionen auf traumatische Ereignisse. Vor allem muß eine gewisse Sicherheit wiederhergestellt werden, die eine Vertrauensbasis schafft, von der aus begonnen werden kann, die eigenen Grenzen wahrzunehmen und wieder neu aufzubauen, die Empfindungsfähigkeit und die Wahrnehmung für das, was innerpsychische und äußere Realität ist, wieder zurückzugewinnen.

Die *zweite* Therapiephase setzt sich v. a. mit den wiederbelebten Erinnerungen an das Trauma auseinander, der Trauer über Verlorenes und Erlittenes und der Einbettung der traumatischen Erinnerungen in den bisherigen Lebenskontext. Hier geht es darum, die vielfältigen Fragmentierungen zu reparieren, damit nicht länger Spaltungsprozesse und Abwehr das Verhalten bestimmen.

Die *dritte* Phase bezieht sich auf das Entwerfen einer neuen Zukunft, den Aufbau einer neuen Welt mit Lebens- und Beziehungswünschen, mit möglichem Einsatz für eine Idee oder ein Projekt, das Solidarität vermittelt und ein neues psychisches Gleichgewicht herstellt.

In der posttraumatischen Therapie gilt das biphasische Modell, wie es von Horowitz (1976) beschrieben worden ist. Gemeint ist damit eine Bewegung, die der Dialektik des Traumas Rechnung trägt, denn zum Trauma gehört der Wechsel zwischen Überflutung mit traumatischen Erinnerungen (Intrusion) und Vermeiden jeder möglichen Erinnerung an die traumatische Situation (Konstriktion).

So ist bei den traumatisierten Menschen der ständige Wechsel zwischen Konfrontation und Ausweichen zu beobachten, der Versuch, sich dem Trauma zu nähern und das Bemühen alles zu vermeiden, was an das Trauma erinnert. Dieses Oszillieren zwischen Annäherung an den traumatischen Kern und Distanzierung und Wegbewegung vom Zentrum des Traumas muß auch in der Therapie berücksichtigt werden. Die richtige Dosierung von Nähe und Distanz, das adäquate Tempo erkennen und respektieren, gehört zu den ganz wichtigen therapeutischen Aufgaben. Gern zitiere ich noch einmal Nelly Sachs (1991), auf deren Chor der Geretteten ich im vorigen Jahr schon verwiesen habe. Sie hat für das "timing" und "pacing" poetische Bilder gefunden:

"Zeigt uns langsam eure Sonne
führt uns von Stern zu Stern im Schritt
laßt uns das Leben leise wieder lernen ... "

In der Therapie muß sehr sorgfältig erwogen werden, wieviel Bewußtwerden und dosierendes Aufdecken sinnvoll ist, damit es nicht zu einer Überschwemmung und Inflationierung des Bewußtseins durch unbewußte Inhalte kommt. Die Betroffenen brauchen Zeit, um wieder Ordnung in das Chaos ihrer Gefühle zu bringen und ein Bewußtsein der eigenen, inneren Kontinuität zurückzugewinnen. Dieser Aspekt der Zeit, des *kairos*, wie der Gott des rechten Augenblicks genannt wurde, spielt in der Therapie nicht nur für den Moment unserer Intervention eine bedeutende Rolle. Wir müssen uns auch Zeit lassen zu schweigen, um mit dem "dritten Ohr" zu hören, ein Begriff, den Nietzsche geprägt hat und der von Theodor Reik aufgegriffen worden ist. Es ist notwendig in unserer Arbeit, mit dem Herzen zu hören, um die heilende innere Stimme zu erkennen, in der sich das Selbst offenbart, denn nur wenn wir schweigen können, sprechen die "Geister" zu uns.

Vergegenwärtigen wir uns in diesem Zusammenhang die traumatischen Erinnerungen von Frauen, z. B. die Demütigungen sexueller Gewalterfahrungen im Krieg und in der Folter. Sie werden durch abgerichtete Hunde vor den Augen ihrer eigenen Kinder vergewaltigt, durch Katzen und Ratten sexuell stimuliert, mit Stromstößen in die Genitalien gepeinigt, durch Einführen von Gewehrläufen in Vagina und After terrorisiert. Wer von den Erinnerungen an das Zerstümmeln und Aufschlitzen von Brüsten und Genitalien überflutet wird, braucht sehr viel Vertrauen, Unterstützung und Hoffnung, um diese Erlebnisse totaler Ohnmacht und völligen Kontrollverlusts erneut konfrontieren zu können.

Wir müssen das offensichtliche Vermeiden von traumatischen Erinnerungen ernst nehmen, weil es darauf hindeuten kann, daß noch keine ausreichenden Bewältigungsmöglichkeiten vorhanden sind, um mit den bedrohlichen Inhalten und Affekten umzugehen. Wenn der Erregungslevel im Körper zu hoch ansteigt, zum Beispiel massives Herzflattern, ist es sinnvoll, Pausen einzulegen. Erst wenn wir sicher sind, daß die Ich-Struktur stabil genug ist, können wir gezielter an diesen traumatischen Erinnerungen arbeiten.

Zuerst müssen die Klientinnen lernen, wie sie ihre Angst und Panik durch Entspannungstechniken und beruhigendes imaginatives Erleben unter Kontrolle bringen können. Bewährt hat sich z. B. die "safe place-Technik". Wir verstehen darunter die Erarbeitung eines imaginativen Zustands der Ruhe, Entspannung und Sicherheit. Nach einleitenden Entspannungsübungen - mit offenen Augen, wenn das Schließen der Augen als Kontrollverlust und zu bedrohlich erlebt wird - sucht die Klientin in einer Phantasiereise einen sicheren Ort, einen realen Ort der Entspannung auf, an dem sie sich vor dem Trauma geborgen gefühlt hat, geistig und körperlich in Harmonie mit sich selbst. Wir erarbeiten auf allen Sinneskanälen, wie dieser Ort aussieht, welche Töne, Gerüche damit verbunden sind und welche Körpergefühle sich einstellen, wenn dieser Ort innerlich vergegenwärtigt wird (Techniken der Hypnose, Trance-Induktion, Techniken des NLP können hier verwendet werden). Wir üben mit der Klientin, daß sie in schwierigen Momenten des therapeutischen Prozesses diesen inneren Ort aufsuchen kann, um sich zu beruhigen und neue Energie aufzutanken.

Die Klientin wird ermutigt, sich eine sichere, Geborgenheit vermittelnde lebende Person vorzustellen, in deren Nähe sie sich gestärkt und unterstützt fühlt. Hilfreich ist es auch, sich einen Satz oder eine Geste dieser Person zu imaginieren, die liebevoll, positiv und ermutigend ist. Auch dieser positiv erlebte Zustand wird durch alle Sinneskanäle erarbeitet. Immer dann, wenn bei der Arbeit mit den traumatischen Erinnerungen die Affekte zu bedrohlich werden, kann die Betroffene diesen sicheren Ort und die Geborgenheit vermittelnde Person in sich lebendig werden lassen. Unterstützt wird dieser Prozeß des Perspektivewechsels durch die verschiedenen Dissoziationstechniken und hypnotischen Projektionstechniken, die bei der Bearbeitung von Flashbacks eingesetzt werden (ineinandergeschachtelte Fernsehschirme, Videobänder mit den gespeicherten traumatischen Erfahrungen, die langsam oder schnell, vorwärts oder rückwärts gespult werden können, mit oder ohne Ton usw.).

Die Arbeit an den traumatischen Erinnerungen ist dann kontraindiziert, wenn die Betroffenen noch keine Umgebung gefunden haben, die ihnen das Gefühl von Sicherheit gibt, keine signifikanten Bezugspersonen vorhanden sind oder die therapeutische Beziehung noch nicht trägt. Die Arbeit an den traumatischen Erinnerungen ist erst dann indiziert, wenn ausreichend therapeutische Basisarbeit mit supportiven Methoden geleistet worden ist. McCann u. Pearlman (1990, S. 122-155) zeigen, wie Fähigkeiten ausgebildet werden können, starke Affekte auszuhalten, sich selbst beruhigen und trösten zu können und mit Selbsthaß und Selbstentwertung regulierend umzugehen. An der Erweiterung von Bewältigungsmustern zu arbeiten, macht einen wichtigen Teil der therapeutischen Arbeit aus.

Dazu gehört auch die Reflexion eines Bedeutungsrahmens, um dieses Trauma zu begreifen. Das persönliche Wertsystem und der Glaube an die Sinnhaftigkeit des Lebens haben nämlich eine Schlüsselfunktion für das Copingverhalten. Mit Coping hat Lazarus das prozeßorientierte, ständig wechselnde Bewältigungsverhalten bezeichnet, das Menschen in bezug auf schwierige Probleme und Lebensumstände entwickeln. Diese progressiven Bewältigungsstrategien sind von unseren kognitiven Schemata abhängig. Darum ist es wichtig, die kognitiven Schemata der traumatisierten Menschen kennenzulernen, d. h. ihre Wertvorstellungen, Haltungen und Glaubensüberzeugungen, weil diese das Raster bilden, in das die traumatischen Erlebnisse eingeordnet werden müssen. Die Art und Weise, wie Menschen auf Traumen reagieren, hängt von ihrer inneren Einstellung ab, von der Bedeutung, die sie einem solchen Geschehen zuschreiben, von den "Einstellungswerten", wie Frankl dies formulierte. Daraus ergibt sich auch ein Ansatz für die Therapie, indem versucht wird, die Bedeutungszuschreibung zu ändern, ein Vorgang, den wir im Rahmen der kognitiven Psychotherapie als Reattribuierung bezeichnen.

Ich will hier nicht auf die bekannten verhaltenstherapeutischen Methoden posttraumatischer Therapie, Reizüberflutung und systematische Desensibilisierung eingehen, sondern auf Ansätze fokussieren, die davon ausgehen, daß traumatische Erinnerungen nur dann bewältigt werden können, wenn es gelingt, die zerbrochenen Vorstellungen über das Wozu des Lebens, den Sinn und die Ordnung der Welt neu zusammenzusetzen.

Therapeutische Methoden, die dabei helfen, die eigene Geschichte und die traumatischen Erinnerungen neu zu interpretieren, sind das "*Reframing*" und die "*Geständnismethode*". Der Grundgedanke des Reframing besagt, daß in jeder Situation etwas Positives zu finden ist, daß jedes Verhalten, jedes Symptom in einem anderen Zusammenhang gesehen und neu gedeutet werden kann. Das "Reframing" meint eine therapeutische Technik, bei der es nicht nur darum geht, die traumatische Geschichte zu erzählen, sondern sie in einen neuen Bedeutungsrahmen zu stellen, sie umzudeuten. In der Traumaforschung hat sich nämlich erwiesen, daß bloßes Erzählen nicht unbedingt therapeutisch und kathartisch wirkt, sondern häufig - wenn kein ausreichender Halt- und Hoffnung-gebender Boden mehr vorhanden ist, zu einer Stimulierung bedrängender Gedanken und Gefühle mit verstärkten anhaltenden Symptomen führt. Durch das "Reframing" erhalten die traumatischen Geschehnisse einen neuen Bedeutungsrahmen, das Erzählen ist nicht nur Wiederholung des Traumas, sondern es wird durch die therapeutische Interaktion in einer neuen Weise verstanden, die Bedeutung und Sinn verleiht. Mit Hilfe dieser Methode können auch politische und religiöse Sinn- und Überlebensstrukturen verstärkt oder aufgebaut werden.

Die Reinterpretation der traumatischen Geschehnisse sucht Wege der Beantwortung existentieller Fragen nach dem Bösen, dem Leiden und dem Sinn des Lebens. Die "*Geständnismethode*" ist ein Weg, mit den eigenen Worten, möglichst präzise und umfassend Zeugnis abzulegen von dem, was Menschen anderen Menschen antun. Sie verwandelt das Opfer in einen Zeugen, "persönliche Scham in politische Würde" (Agger 1994) und verbindet auf diese Weise das Private mit dem Politischen. Sie bedeutet, ein Heraustreten aus der Isolation und dem Schweigen und läßt die Welt wissen, was geschehen ist. In der Anklage und dem Eintreten für die Wahrheit werden verlorene Werte zurückerobert. Zeugnis ablegen bedeutet die erfahrene Destruktivität in konstruktive Bahnen zu lenken, das Böse aus sich herauszusetzen durch Sprechen und Schreiben und in einem größeren Kontext verstehbarer und damit auch integrierbarer zu machen. Die eigene Geschichte erzählen bedeutet, sich Abgespaltenes wieder anzueignen, sich in der Erzählung neu zu erschaffen, das traumatische Geschehen ins Wort zu bannen. Wir wissen aus den Märchen, z. B. Rumpelstilzchen, wie das Benennen, das Beim-Namen-Nennen das Böse entmachten kann. In vielen Märchen und Mythen ist Erlösung nur über Verstehen und Erkennen möglich, über Wissen und Einsicht. Die Symptome verstehen lernen, die eigenen Abwehrstrukturen als Überlebenszeichen deuten können und Einsicht in den eigenen psychischen Mechanismen gewinnen - das sind wichtige Schritte auf dem Weg, traumatische Erfahrungen zu integrieren.

Schamanistische Psychotherapie

Ich habe im Zusammenhang mit den verschiedenen Methoden, die in der Traumatherapie zur Anwendung kommen, oft darüber nachgedacht, daß wir in dieser Arbeit viel von den "Schamanen" lernen könnten.

Schamanistische Behandlungsmethoden haben einen tiefen Bezug zur symbolischen rituellen Welt und veränderten Bewußtseinszuständen. Sie eröffnen den Zugang zu tieferen Schichten des Seins - zur Welt des kollektiven Unbewußten - in denen alles mit allem verbunden ist (Heller 1994).

Für die Therapie mit schwer traumatisierten Menschen brauchen wir solche ganzheitlichen Ansätze, die Methoden der Hypnotherapie und therapeutischen Trance, imaginative Verfahren und körperorientierte Techniken, v. a. aber einen therapeutischen Ansatz, der nicht auf der somatischen oder sozialen Ebene steckenbleibt, sondern die spirituelle Dimension miteinbezieht. Von der schamanistischen Tradition können wir lernen, daß es kein Heilen ohne spirituellen Bezug gibt, ohne eine Einbettung der Krankheit in einen größeren, kosmischen Bezug. Schamanen wissen um den Sinn von Krankheit, Leben und Tod. Wenn wir als TherapeutInnen auch keine Schamanen sind, so müssen wir uns in dieser Arbeit doch Fähigkeiten aneignen und den Leidenden zur Verfügung stellen, die ein Stück weit "schamanistisch" anmuten. Lévy-Strauss (1967) hat schon den Psychoanalytiker mit dem Schamanen verglichen, auf die Wirksamkeit der Übertragungsbeziehung (Droge Arzt) verwiesen und das Erleben des eigenen Mythos als bedeutungsvoll und heilend beschrieben. Der Schamane ordnet mit Hilfe des Mythos der Krankheit einen Ort im Ganzen zu, der wieder eine zusammenhängende sinnvolle Ordnung herstellt. In der schamanistischen Tradition sind die Mythen Lehren von der Einheit allen Seins. Sie weisen dem Einzelnen seinen Platz in der Welt zu. Durch Wiederbelebung des Mythos und heilende Rituale gibt der Schamane dem Kranken mit dem Mythos eine Sprache, in der er sich begreifen kann. Als PsychoanalytikerInnen müssen auch wir bei der Suche nach einer neuen Sprache, die dem Trauma einen Sinn- und Bedeutungsrahmen gibt, behilflich sein.

Die schamanistischen Heiler glauben an die Notwendigkeit des Einswerdens mit dem zu Heilendem, des stellvertretenden Auf-sich-Nehmens der Krankheit. Ihre Seelenreise führt sie in die Unterwelt, um den dunklen Geistern in einem erschöpfenden Kampf die geraubte Seele wieder zu entreißen (vgl. Uccusic 1991). Wie oft haben auch wir als PsychotherapeutInnen den Eindruck, mit den Totengeistern unserer Kranken zu ringen und uns am "Widerstand" zu erschöpfen? Wir kennen auch die therapeutische Angst, daß es zu spät sein könnte, die Seele unserer PatientInnen noch zu erreichen, weil sie sich so unendlich weit in die andere Welt zurückgezogen hat, daß wir den Weg dorthin nicht auf uns nehmen können. Selbst die Schamanen können entflogene Seelen, die sich zu weit entfernt haben, nicht immer zurückholen. Mit dieser Grenze und Begrenzung müssen wir leben lernen.

Oft bewegen wir uns therapeutisch über lange Strecken im seelischen Ödland, das uns an die Hadesschilderungen Homers erinnert. Dort gibt es Bäume, die Früchte tragen, die sie aber vorzeitig abwerfen; nichts reift aus, sondern verdirbt auf halbem Wege; ähnlich fruchtlos bleiben manchmal auch unsere therapeutischen Bemühungen mit schwer traumatisierten Menschen.

Wie oft durften wir aber auch erfahren, daß unser Durchhalten und Aushalten, unser stellvertretendes Glauben und Hoffen, den Boden bereiten konnte, in dem nach langer "fruchtloser" Zeit die Früchte des Vertrauens reifen konnten!

Wir müssen uns als TherapeutInnen in die innere Welt und Leidenszusammenhänge der traumatisierten Menschen hineinzubegeben versuchen und wenn wir die Kraft dazu haben, eine Art therapeutischer Nierenfunktion übernehmen, wie Benedetti (1992) beschrieben hat. Vielleicht brauchen wir dazu auch eine überdurchschnittliche Leidensfähigkeit, wie sie die Schamanen in ihren Initiationen bewiesen haben. Es geht darum, die destruktiven seelischen Inhalte unserer KlientInnen in uns selbst, "im eigenen psychischen Kreislauf" zu entgiften und heilende Bilder und Visionen in die Beziehung einzubringen (Benedetti 1992).

Der Abstieg in die Unterwelt ist ein Abstieg nach innen, im Dienste des Lebens, um das Blockierte, Fragmentierte, Verletzte zu "erlösen". Wie die Reise der Schamanen ist auch diese psychische Reise gefahrvoll und schmerzlich. Wir sollten uns als TherapeutInnen sehr bewußt sein, wie weit wir hinabsteigen können, ohne den Weg zurück zu verlieren, und ob wir die Kraft haben für diesen psychischen Energieaustausch.

Wenn wir in der Therapie erfahren, was Menschen anderen Menschen z. B. in der Folter antun, löst dies auch in uns "höllische" Affekte aus. So gleicht die therapeutische Begleitung traumatisierter Menschen ein Stück weit einer "Höllenfahrt", von der wir bei Dante lesen, daß dieser Abstieg in die Unterwelt gefährlich ist, eine "Wahnsinnsarbeit", die "Geist" und ein "starkes Gemüt" voraussetzt.

Welche *Haltung* brauchen wir für diese Jenseitsreise, welche Einstellung bewahrt uns auf diesem gefährlichen Abstieg in lebensbedrohliche Seelenwüsten vor dem eigenen Sterben und Absterben? So wie der Abstieg in die Hölle ohne begleitende Seelenführer ein gefährliches Unternehmen ist, müssen wir uns in der Therapie supervisorisch gut absichern und kundiger Führung anvertrauen, um für die Schrecknisse dieser Erinnerungsarbeit gerüstet zu sein.

MitarbeiterInnen in psychosozialen Zentren und Ambulatorien, die Folteropfer betreuen und behandeln, wissen, wie notwendig die eigene Psychohygiene in dieser Arbeit ist, wie "*ansteckend*" das Trauma sein kann. Wenn wir uns auf die tödliche Innenwelt gefolterter Menschen einlassen, kann es zu einer Art psychischen Infektion kommen. Heftige Affekte, die nach der massiven Traumatisierung von den Opfern nicht integriert werden konnten, springen auf die Helfenden über. Langegger hat auf den Volksglauben verwiesen, aus dem die uns bekannte Vorstellung rührt, daß die Dämonen, die bösen Geister, andere Menschen anfallen und versuchen, sie in ihren Besitz zu bringen. TherapeutInnen, die nach besonders berührenden Sitzungen mit gefolterten Menschen sich nicht mehr von den Bildern distanzieren können, die sich von den Inhalten verfolgt fühlen, beschreiben diesen Zustand wie eine "Besessenheit", gegen die sie sich nicht mehr wehren können.

Es ist diese Virulenz des Bösen, mit dem wir in Berührung kommen, die auch in uns die heftigsten Affekte abruft. Wichtig ist auch, daß wir uns unserer Gegenübertragungsreaktionen sehr bewußt sind, um keine unbewußte Allianz mit den Opfern zu bilden, indem wir das traumatische Material gemeinsam vermeiden.

Der Chilene Jorge Barudy, der Leiter von *Exil*, einem medizinisch-psychosozialen Zentrum für politische Flüchtlinge und Folteropfer, verweist darauf, daß diese Arbeit "eine verzweifelte Option für das Leben, die auf dem Vertrauen basiert" erfordere (Barudy 1993). Wir müssen in dieser Arbeit von der klassischen Abstinenz abrücken, da unsere Parteinahme und Solidarität gefordert sind. Ohne Vertrauen in das Leben, ohne Hoffnung und liebende Solidarität, ohne den Glauben an den Zyklus von Werden und Vergehen ist diese Arbeit nicht möglich.

Wir brauchen in der Therapie mit traumatischen Erfahrungen eine Haltung, die Erlebnisbereiche gestaltet und imaginativ und spielerisch Phantasien entfalten läßt, in denen das Leben wieder in seiner sinnlichen Fülle erfahrbar wird und an prätraumatische Erlebnisqualitäten anknüpft. Die Arbeit von Heinl (1994), die sich schwerpunkthaft im sprachlosen Raum ab"spielt" und unverstandene und unbetrauerte Traumen der Kriegs- und Nachkriegskinder intuitiv aufspürt und in Objektskulpturen umsetzt, verkörpert einen solchen Ansatz. Er verweist auf Bewußtseinsprozesse, von ihm "Wahrdenkeln" genannt, die eine therapeutische Resonanz aufleuchten lassen, welche an schamanistische Heilungsrituale denken läßt (Heinl 1994).

Die Heilkraft des Symbolischen

Grundsätzlich gilt, daß unsere therapeutische Arbeit im "Unterweltbereich" die tiefsten Affekte berührt, für die wir mehr als Sprache benötigen: die Berührung, das Halten, Ton und Stimme, Malen und Sandspiel, Gestalten mit Tonerde, Muscheln, Steinen und Bewegung. In den Verliesen der Sprachlosigkeit müssen wir uns averbal verständigen können. Wir brauchen Symbole und Rituale, um die verlorene Seele "zurückzuholen". Was im Schamanismus Seelenverlust heißt, bedeutet in unserem therapeutischen Verständnis die Verletzung des innersten Zentrums eines Menschen, die Zerstörung seines Sinns. Für den Schamanen ist Sinnverlust ein Herausfallen aus der Ganzheit und Harmonie und darum notwendigerweise krankmachend.

Übersetzen wir dieses symbolische Verständnis in die Sprache der Streßforschung, dann bedeutet dies, daß Menschen ihre Lebenserfahrungen immer zu symbolisieren suchen, d. h. ihnen Bedeutung verleihen, indem sie diese zu einem Ordnungssystem in Beziehung setzen. Diese Symbolisierungen verhelfen dem Individuum zu einem Gefühl von Kontinuität oder Diskontinuität (Lifton 1979). Traumatische Geschehnisse können diese Fähigkeit zur Symbolisierung zerstören, sie haben einen de-symbolisierenden, krankmachenden Effekt.

Es ist deshalb das Ziel der Therapie, die Symbolisation zu fördern. Wir müssen in der Dualität der therapeutischen Beziehung an dieser symbolischen Ebene arbeiten und unsere eigenen Bilder und Träume als Antworten eines empathischen, mitgestaltenden Gegenüber in die Beziehung einbringen, um die Sinnleere aufzufüllen und Kreativität zurückzugewinnen.

Wir schaffen Symbole, um uns selbst neu zu erschaffen, und wir gestalten - "sinngebend" - Sinnbilder, um uns in der verwirrenden Vielfalt der Welt besser zurechtzufinden. In der psychotherapeutischen Begegnung mit Menschen, die durch traumatische Geschehnisse erschüttert worden sind, erweist sich die innere Führungskraft des Symbols als besonders hilfreich. Da Grenzerfahrungen immer Trennungserfahrungen sind, ist die symbolische Dimension heilend, weil sie Getrenntes zusammenfügt.

Meine eigenen Erfahrungen in Bosnien mit kriegstraumatisierten Kindern und Frauen haben mich in der Überzeugung bestärkt, daß der totale Verlust und die Abspaltung vom symbolischen Leben tödlich ist. Wenn wir die Symbole einer Kultur zerstören und durch Gewalt und Folter auch die Symbolisierungsfähigkeit der Menschen vernichten, dann haben wir es mit Menschen zu tun, die wie Tote mitten im Leben sind, weil jeder lebendige Bezug zur schöpferischen Psyche verlorengegangen ist. Dann kann auch nur durch die Wiederbelebung des Symbolischen Heilung erfolgen. Der bildnerische Prozeß ist darum für traumatische geschädigte Menschen ein Stück Heilungsweg, der selbstregulierende und integrative Prozesse fördert. Symbolisch gestalten, Form geben, Bedeutung verleihen, hilft das Unerträgliche des Lebens zu ertragen. Ein Bild gestalten ist ein erster Schritt auf dem Weg, sich selbst wieder neu zu gestalten. Malen bedeutet ja, Beziehung aufnehmen, Beziehung mit dem Pinsel, der Farbe, dem Papier und Beziehung führt aus der totalen Vereinsamung heraus, aus dem Zustand der "broken connection", wie er für traumatisierte Menschen beschrieben worden ist.

Das kreative Bedürfnis des Menschen, das spontane Erschaffen und Gestalten kann als ein Bedürfnis nach Singebung und Sinnfindung verstanden werden. Die Symbole sind solche Sinnbotschaften, die etwas Neues entstehen lassen. Sie verweisen uns auf das, was wir sein könnten und sein möchten und haben eine prospektiv-finale Funktion. Wir brauchen Symbole, weil sie uns weiterbringen, uns öffnen für das Wozu des Lebens und uns durchlässig werden lassen für das andere, Unbedingte, Geheimnisvolle, das wir mit unserem begrenzten Bewußtsein noch nicht erkennen können. Dort, wo die physische und psychische Basis unserer Existenz zertrümmert wurde und Selbst- und Weltverlust die Seelenlandschaft prägen, an diesen Grenzen unserer Existenz tauchen oft mit besonderer Eindringlichkeit Symbole auf. Diese Sinnbilder und Grenzzeichen sprechen zu lassen, ihre energetische Kraft mit allen Sinnen zu erfahren, hat heilende Wirkung.

Wir PsychotherapeutInnen erfahren in der Arbeit mit schwer traumatisierten Menschen, daß es der Hadesfahrt und des "Göttlichen" bedarf, des "Deo concedente", wie Jung formulierte, wenn wir heilen wollen. Was uns bei der therapeutische Arbeit mit traumatisierten Menschen hilft, ist dieses spirituelle Bewußtsein, das Wissen um "das Unsichtbare, das keinen Namen hat, das keine Materie hat und doch Wirkung" (Paracelsus).

Literatur

Agger I (1994) The blue room. Trauma and Testimony among Refugee women. ZED Books, LTD, London

Barudy J (1993) Organisierte Gewalt und therapeutische Modelle. Der therapeutische Wert von Solidarität, Gerechtigkeit und Hoffnung. In: Peltzer K, Diallo J C (Hrsg) Die Betreuung und Behandlung von Opfern organisierter Gewalt im europäisch-deutschen Kontext. IKO, Frankfurt aM, S 15

Bastiaans G (1978) Das Phasensystem des KZ-Syndroms. Psychol heute 1: 19

Becker D (1992) Ohne Haß keine Versöhnung. Das Trauma der Verfolgten. Kore, Freiburg

Benedetti G (1992) Psychotherapie als existentielle Herausforderung. Göttingen, S 61

Edvardson C (1989) Die Welt zusammenfügen. Kösel, München

Heinl P (1994) Maikäfer flieg, dein Vater ist im Krieg... Seelische Wunden aus der Kriegskindheit. Kösel, München

Heller G (1994) Wie heilt ein Schamane? Die therapeutische Trance als Wirkfaktor archaischer Psychotherapie. In: Lang H (Hrsg) Wirkfaktoren der Psychotherapie. Königshausen & Neumann, Würzburg, S 164-177

Herman J (1994) Die Narben der Gewalt. Kindler, München

Horowitz M J (1976) Stress Response Syndromes. Aronson, New York

Langegger F (1983) Doktor, Tod und Teufel. Vom Wahnsinn und von der Psychiatrie in einer vernünftigen Welt. Suhrkamp, Frankfurt aM

Lévy-Strauss C (1967) Strukturale Anthropologie. Frankfurt aM

Lifton R J (1979) The broken Connection. Simon & Schuster, New York

McCann L, Pearlman L (1990) Psychological Trauma and the adult Survivor. Bruner & Mazel, New York

Meerloo JAM (1967) Delayed mourning in victims of extermination camps. In: Krystal H (ed) Massive psychic trauma. Int Univ Press, New York, pp 8-22

Sachs N (1991) Chor der Geretteten. In: Fahrt ins Staublose. Die Gedichte der Nelly Sachs. Suhrkamp, Frankfurt aM

Schlapobersky J (1990) Torture as the perversion of a healing relationship. In: Grushow J, Hanibal K (eds) Health services for the treatment of torture and trauma survivors. AAAS, Washington

Shengold L (1979) Child abuse and deprivation. Soul Murder. J Am Psychoanal Assoc 27: 533-559

Uccusic P (1991) Der Schamane in uns. Schamanismus als neue Selbsterfahrung, Hilfe und Heilung. Ariston, Genf

Wiesel E (1969) Night. New York, pp 44

Wirtz U, Zöbeli J (1995) Hunger nach Sinn. Menschen in Grenzsituationen, Grenzen der Psychotherapie. Kreuz, Stuttgart, S 114-169

Wirtz U (1989) Seelenmord. Inzest und Therapie. Kreuz, Stuttgart Zürich

Psychotherapie in Deutschland nach Kriegsende

Friedrich Beese

Es geht mir im folgenden darum, die Entwicklung der Psychotherapie in Deutschland nach Kriegsende 1945 rückschauend zu betrachten, bis zur Gegenwart zu verfolgen, um von da aus zu versuchen, mögliche künftige Entwicklungen ins Auge zu fassen.

Ich werde nun als jemand, der die Nachkriegspsychotherapie in Deutschland über Jahrzehnte hinweg miterlebt hat, teilweise auch in berufspolitischen Funktionen darin aktiv gestaltend eingebunden war, diese Rückschau aus weitgehend subjektiver Sicht vornehmen. Da meine Erfahrungen und Kenntnisse vorwiegend auf dem Gebiet der Psychoanalyse liegen, kann es nicht ausbleiben, daß dieser Bereich, obwohl Ausgangspunkt und auch heute weiterhin wesentlicher Bereich der Psychotherapie, im Vergleich zu weiteren psychotherapeutischen Theorien und Methoden, die inzwischen zunehmend Beachtung und Verbreitung gefunden haben, einen breiteren Raum in meiner Darstellung einnehmen wird.

Als ich im Frühjahr 1946 aus englischer Kriegsgefangenschaft in Schleswig-Holstein nach Berlin zurückkehrte und im Robert-Koch-Krankenhaus auf einer neurologischen Station als Assistenzarzt anfing, interessierte ich mich bald für die psychischen Hintergründe und Zusammenhänge der psychischen und auch organischen Symptome meiner Patienten. Vorgebahnt war dieses Interesse schon durch Vorlesungen des Internisten Gustav von Bergmann, die ich in Berlin 1942 gehört hatte, der im Gegensatz zu den meisten damaligen Internisten auch den psychischen Ursachenanteil sah und hervorhob, sowie durch die "Klinischen Vorstellungen" Victor v. Weizsäckers (1947/48), ein Buch, das mir im Herbst 1945 während eines Lazarettaufenthalts als Patient in die Hände gefallen war, und dessen Lektüre bei mir innerlich eine Weiche hin zu einer psychosomatischen Betrachtungsweise gestellt hatte. Es dauerte dann auch nicht lange, bis ich 1947 als Weiterbildungsteilnehmer die ersten Vorlesungen an dem bald nach Kriegsende in Berlin gegründeten "Institut für Psychotherapie" hörte. Welche Problematik mit der Gründung dieses Instituts verbunden war, das ja eigentlich eine Fortsetzung des 1936 in der Nazizeit gegründeten sog. "Reichsinstituts" darstellte, und welche Probleme sich noch in den folgenden Jahren ergeben sollten, lagen mir, wie auch den meisten anderen damaligen Mitstudierenden am Institut, seinerzeit völlig fern. Ich werde später darauf zurückkommen.

Wir waren begeistert von der Pionier- und Aufbruchsstimmung, die im Bereich der Psychotherapie an dem genannten Institut herrschte. Die insbesondere von Werner Kemper und Harald Schultz-Hencke durchgeführten Krankenvorstellungen, bei denen wir dicht gedrängt, auf Stühlen und auf dem Fußboden eines Raums einer ehemaligen Kaserne saßen, dessen zerschossene Fensterscheiben durch Pappe ersetzt waren, sind bleibende eindrucksvolle Erinnerungen für mich geblieben. Psychotherapie, insbesondere die uns damals vermittelte ihr zugrundegelegte Theorie der Psychoanalyse, war zum damaligen Zeitpunkt für viele von uns mehr als nur eine Möglichkeit zu einem umfassenderen oder ganzheitlicheren Krankheitsentstehungs-Verständnis und daraus abgeleiteten therapeutischen Möglichkeiten zu gelangen. Vielmehr erweckte sie in uns neue Hoffnungen.

Den Tod Hitlers, das Kriegsende 1945 und damit auch den Zusammenbruch des Nazireichs und der Naziideologie, erlebte ich als ungeheure Befreiung. Diesem Gefühl der Befreiung folgte dann aber ein Vakuum: Von der Verpflichtung, bei der Verwirklichung einer tödlich-destruktiven Ideologie mitzumachen, waren wir befreit. Aber was könnte statt dessen in diesem vom Krieg zerstörten Land und dem herrschenden vielfachen psychischen und physischen Leid überhaupt noch dem Leben einen (neuen) Sinn und Wert geben?

Ein möglicher Verstehenszugang zu dem, was sich - in einem selbst, in einem anderen, den ich verstehen möchte, und zwischen uns beiden abspielt, wurde mir durch das psychoanalytische Verstehensmodell eröffnet. Aber nicht nur das! Angeregt durch das, was Freud in seinen kulturkritischen Schriften, wie "Das Unbehagen in der Kultur" und "Die Zukunft einer Illusion" niedergeschrieben hatte, stellte sich als Möglichkeit heraus, daß auch im Zusammenleben von Menschengruppen, bis hin zu ganzen Völkern, die von der Psychoanalyse gefundenen Triebkräfte und die dagegen gerichteten Abwehrvorgänge sich wiederfinden und zum Verstehen dieser Vorgänge beitragen könnten. Die Hoffnung, von der ich vorhin sprach, bestand im damaligen zeitlichen und ideologischen Niemandsland der deutschen Geschichte von 1945 bis etwa 1949/50 für uns Kriegsüberlebende darin, sei es nun mit Hilfe der Psychoanalyse, oder nur angeregt durch sie, über ein besseres, tiefergehendes Verstehen des Menschen und des menschlichen Miteinander vielleicht auch zu einem "besseren" Menschsein zu gelangen. Auf jeden Fall - auch das gehörte zu der angesprochenen Hoffnung dazu - durften wir, für die der Tod fürs Vaterland das letztendlich größte gewesen sein sollte, jetzt wieder leben! Wir empfanden jetzt ausdrücklich die Erlaubnis dazu, und das dumpfe vorangegangene Dasein als Rädchen in der Nazi-Staatsmaschine konnte damit abgelöst werden durch den positiven Wert des individuellen Daseins und Erlebens.

Die Schaffung und Organisation einer psychotherapeutischen Ausbildung und Krankenversorgung begann unmittelbar nach Kriegsende in Berlin. Bereits im Juni 1945 wurde das Institut für Psychopathologie und Psychotherapie gegründet, das dann 1947 als "*Institut für Psychotherapie*" seine endgültige Form erhielt. Hier wurde praktisch mit denselben Personen als Dozenten, die vorher am Reichsinstitut der Nazizeit tätig gewesen waren, eine psychotherapeutische Ausbildung organisiert und durchgeführt. Es war insofern ein sog. "gemischtes" Institut, als 3 unterschiedliche tiefenpsychologische Schulrichtungen darin vertreten waren: Die Freudsche Psychoanalyse, vertreten durch Karl Müller-Braunschweig, als zweite die 1927 von Harald Schultz-Hencke konzipierte und in den folgenden Jahren von ihm weiter entwickelte Neo-Psychoanalyse, mit ihm selbst als maßgeblichem Vertreter, und die Jungsche Psychologie mit W. M. Kranefeld und Julius Schirren als Repräsentanten. Das Zusammenwirken der 3 genannten Gruppierungen vollzog sich jedoch nicht ganz reibungslos. Vielmehr hatte Müller-Braunschweig schon im Vorfeld der Gründung des neuen Ausbildungsinstituts Bedenken, daß die Freudsche Psychoanalyse unter dem Druck der neo-analytischen Richtung ins Hintertreffen geraten könnte. Er stimmte aber dennoch erst einmal der Gründung des gemeinsamen Instituts zu. Die Vertreter der Jungschen Richtung spalteten sich hingegen in 2 Gruppen auf. Die eine, unter Frau Bügler, wollte sich einer gemeinsamen Leitung nicht unterwerfen und gründete ein eigenes, unabhängiges Jung-Institut, das allerdings 1949, wohl aus Mangel an Dozenten und Lehranalytikern, und vielleicht auch, weil C. G. Jung selbst es nicht unterstützte, wieder aufgelöst wurde. Die andere Gruppe, unter Kranefeld und Schirren, schloß sich hingegen sogleich dem gemeinsamen Institut an (s. hierzu u. a. Kemper 1947/48).

Als Ergebnis erfolgreicher Verhandlungen von Werner Kemper mit den zuständigen Vertretern der damaligen VAB (= Versicherungsanstalt Berlin), der Einheitsversicherung Berlins, wurde dann am 1.3.1946 das Zentralinstitut für psychogene Erkrankungen der VAB gegründet. Dies war eine große psychotherapeutische Poliklinik, die nach Gründung der AOK (Allgemeine Ortskrankenkasse) später in "*Zentralinstitut für Psychogene Erkrankungen der AOK*" umbenannt wurde und als solche bis zum heutigen Tage ihre Tätigkeit ausübt. Kemper war ihr erster Leiter, während Schultz-Hencke der Abteilung Prophylaxe vorstand, die auch mit Forschungsaufgaben betraut war. Ende 1948 übernahm er, nach der Übersiedlung Kempers nach Brasilien, die Leitung des Instituts.

Diese Gründung war - rückblickend - nicht nur für einen erfolgreichen Start einer Krankenversorgung mit - in diesem Fall analytisch orientierter und analytischer - Psychotherapie ein Glücksfall, sondern kam auch der wirtschaftlichen Absicherung der damaligen Berliner Psychotherapeuten zugute, die ja alle Mitarbeiter am ehemaligen Reichsinstitut gewesen waren und nach dessen Auflösung kein Gehalt mehr bezogen. Sie fanden nunmehr alle entweder als hauptamtliche gegen Gehalt angestellte Mitarbeiter oder als freie Mitarbeiter dieser Poliklinik ihr Auskommen.

Aber auch in einigen anderen deutschen Großstädten kamen Gründungsinitiativen, zunächst für psychotherapeutische Ausbildungen, in Gang: So wurde im Februar 1946 in München ein "Institut für Psychologische Forschung und Psychotherapie" gegründet und im April 1948 in Stuttgart ein "Institut für Psychotherapie". An beiden Instituten waren, wie an dem zuvor in Berlin gegründeten, neben der Freudschen auch andere tiefenpsychologische Schulrichtungen vertreten.

Während nun, was die psychotherapeutische Krankenversorgung betraf, die Situation in Berlin mit der Gründung der VAB-Poliklinik mit ihren hauptamtlichen und freien Mitarbeitern gut angelaufen war, gab es in Westdeutschland noch keine gültigen Regelungen für eine psychotherapeutische Krankenversorgung. Diesen Umstand nahmen die neugebildeten westdeutschen Ärztekammern zum Anlaß, über die "Neuordnung der Psychotherapie" zu verhandeln. Ein Arbeitsausschuß unter der Leitung von Alexander Mitscherlich und wesentlicher Mitarbeit von Werner Kemper vom Berliner Institut, verfaßte ein Arbeitspapier mit dem Titel "Über die Stellung der Psychotherapie in der Heilkunde, den Ausbildungsgang des psychotherapeutischen Arztes und das Verhältnis zum behandelnden Psychologen". Diese bald als *Heidelberger Denkschrift* (1947/48) in die Geschichte der Nachkriegspsychotherapie eingegangene Studie hat bereits grundlegende Prinzipien beschrieben, die bis in die Gegenwart bedeutungsvoll geblieben und kontrovers diskutiert worden sind und werden. Dazu gehört z. B., daß Psychotherapie "keine Spezialität" sein sollte, sondern eine "Ergänzung zu allen medizinischen Fachgebieten". Das hieß in berufsständischer Hinsicht: Zusatztitel ja, Facharzt nein. Die Anforderungen für die Weiterbildung zum Arzt mit einer psychotherapeutischen Zusatzausbildung, der die sog. "große", d. h. analytische Psychotherapie anwenden durfte, waren zum Teil noch geringer, als sie dann später wurden, z. B. war nur eine Lehranalyse von 100 bis 150 Stunden vorgesehen, während andererseits curriculare Inhalte wie 4 Semester Philosophie zur Pflicht gemacht werden sollten, was später entfiel. Auch der nicht-ärztliche Psychotherapeut wurde konzipiert. Er sollte die Bezeichnung "Behandelnder Psychologe" erhalten und unter "Kontrolle" eines Arztes psychotherapeutisch tätig werden können. Die Voraussetzung für seine Zulassung zur Weiterbildung sollte lediglich ein durch Staatsexamen oder Doktorprüfung abgeschlossenes akademisches Studium sein. Neben Diplom-Psychologen kamen also auch Philologen, Theologen und andere in Frage. Auch an das Geld wurde gedacht: In die Preugo (preußische Gebührenordnung) sollte die Psychotherapie als neue ärztliche Leistung mit 12 Reichsmark für eine Behandlungsstunde von 50 Minuten Dauer aufgenommen werden (Mitscherlich u. Kemper 1947/48).

Im Vorfeld der Verabschiedung dieser Denkschrift gab Victor von Weizsäcker seine volle Zustimmung zu ihrem gesamten Inhalt, während Ernst Kretschmer in grundlegenden Punkten widersprach. Erstens lehnte er die obligatorische Lehranalyse ab, da sie seiner Meinung nach ein "Niederreißen der Schranken vor dem Heiligsten der Person" bedeute, und zweitens wollte er die Ausübung der

Psychotherapie den psychiatrischen Fachärzten vorbehalten, die s. E. ohne die Notwendigkeit einer Zusatzausbildung bereits als Psychotherapeuten qualifiziert seien. Im folgenden möchte ich nun die wesentlichen inhaltlichen Programmpunkte dieser Heidelberger Denkschrift zum Anlaß nehmen, um die weitere Entwicklung der Psychotherapie im Nachkriegsdeutschland zusammenfassend darzustellen.

Die bundesweite Versorgung mit psychotherapeutischen, von öffentlichen Kostenträgern finanzierten Leistungen erforderte zum einen die Schaffung und Definition entsprechender Positionen in den Leistungskatalogen und Gebührenordnungen der Ärzte, und zum anderen eine Regelung der Qualifikation der zur Ausübung kassenärztlicher psychotherapeutischer Leistungen Berechtigten. Beteiligt an der Schaffung dieser Voraussetzungen waren die in den folgenden Jahren gegründeten Fachverbände mit ihren Vertretern. Um die wichtigsten zu nennen, waren dies die im September 1948 (wieder) gegründete *Allgemeine Ärztliche Gesellschaft für Psychotherapie (AÄGP)* und die im Juli 1949 gegründete *Deutsche Gesellschaft für Psychotherapie und Tiefenpsychologie (DGPT)*. Während die AÄGP unter dem Vorsitz von E. Kretschmer die Berechtigung, psychotherapeutische Leistungen zu erbringen, ausschließlich Ärzten zubilligte, somit nur ärztliche Mitglieder hatte und alle seinerzeit anerkannten psychotherapeutischen Verfahren förderte (also neben der tiefenpsychologisch fundierten und analytischen, der "großen" Psychotherapie auch die sog. "kleine" Psychotherapie, v. a. das Autogene Training und die Hypnose), verstand sich die DGPT unter dem Vorsitz Victor von Weizsäckers als Interessenvertretung aller analytisch tätigen Psychotherapeuten, also sowohl von Ärzten als auch von Nicht-Ärzten.

Um die weiteren Entwicklungen besser zu verstehen, muß man sich noch vergegenwärtigen, was sich im Bereich der "organisierten" Psychoanalyse inzwischen abgespielt hatte, denn die sich in diesen Vorgängen äußernden sowohl wissenschaftlich-fachlichen als auch politischen und ideologischen Trends und Strömungen berühren und beschäftigen uns in ihren Fortsetzungen bis zur Gegenwart.

In den ersten Nachkriegsjahren war die deutsche Bevölkerung zwar vordergründig mit der Schaffung und Sicherung ihrer Existenz beschäftigt. Mit großer Intensität wurde aber auch das Bemühen erkennbar, sich mit der eigenen Vergangenheit, insbesondere mit den von den Nazis angerichteten Verbrechen auseinanderzusetzen und zu einer ideologisch-politischen Neuorientierung zu gelangen. In diesen Jahren von 1945 bis etwa 1948/49 herrschte starke Bereitschaft und große Offenheit gegenüber diesen Fragen. Mit tiefer Betroffenheit verfolgten wir die in den Nürnberger Kriegsverbrecherprozessen bekannt gewordenen Fakten, v. a. die uns Ärzte besonders betreffenden Berichte von Mitscherlich u. Mielke (1949) über die Verbrechen, welche deutsche Ärzte in der Nazizeit an KZ-Insassen und an psychisch Kranken begangen hatten.

Im Bereich der Psychoanalyse wirkte sich diese Auseinandersetzung hintergründig, also zunächst unreflektiert, ab den 70er Jahren zunehmend bewußt werdend und dann lebhaft diskutiert, aus. Vordergründig ging es darum, daß Müller-Braunschweig, obwohl er noch Vorsitzender der nach dem Kriege wieder gegründeten *Deutschen Psychoanalytischen Gesellschaft (DPG)* war, 1950 die *Deutsche Psychoanalytische Vereinigung (DPV)* gründete, um die Essentials der Psychoanalyse, wie sie der internationale Dachverband der Psychoanalyse, die IPV (Internationale psychoanalytische Vereinigung), vorgab, verantwortlich vertreten und lehren zu können. Die DPV wurde 1951 in Amsterdam als Zweigvereinigung der IPV anerkannt, während die (Nachkriegs-) DPG nicht wieder in den internationalen Verband aufgenommen wurde. Vordergründig deswegen, weil die von Schultz-Hencke und seinen Anhängern in der DPG vertretene Neo-Psychoanalyse nicht mehr die Essentials der klassischen Psychoanalyse enthalten würde. Hintergründig ging es hingegen - und daher rührte die stärkste Dynamik dieser Entwicklung - der DPV darum, sich dem internationalen Dachverband (IPV) als die Vereinigung der vom Nazi-Ideengut und Nazi-Terror unberührt gebliebenen deutschen Psychoanalytiker darzustellen. Dazu gehörte auch, Schultz-Hencke und seine neo-analytischen Anhänger, ausgeweitet auf die ganze DPG, als diejenigen Psychoanalytiker anzuprangern, die in der Nazizeit in opportunistischer Weise "mitgemacht" hätten. Erst ab den 70er Jahren wurde diese objektiv völlig unzutreffende Auffassung und Bewertung im Verlaufe kritischer Diskussionen, die sowohl in der DPV als auch in der DPG stattfanden; hinterfragt, diskutiert und korrigiert. Damit wurde eine auch heute noch andauernde fruchtbare Diskussion über die Geschehnisse bei der Gründung des psychologischen Reichsinstituts 1936, dessen Entwicklung und Aktivitäten bis 1945 und der Rolle seiner Mitarbeiter in Gang gesetzt.

Ich persönlich sehe diese Entwicklung deutlich als Ergebnis eines kollektiven Verdrängungsprozesses an, der sich ganz allgemein im westlichen Teil Deutschlands beobachten ließ. Er äußerte sich darin, daß die in den Jahren davor überall erkennbare Betroffenheit über das Vorangegangene in der Nazizeit, und die eigene Rolle dabei zurückging und einem neuen, ziemlich vordergründigen, oberflächlicheren Selbstgefühl im Verlaufe des entstehenden "Wirtschaftswunders" Platz machte. Ein solcher Vorgang verbannte die vorher dem Bewußtsein gerade zugänglich gewordenen Gefühle von Mitverantwortlichkeit und Mitschuld wieder in die Latenz, so daß sie sich im folgenden nur noch in indirekter Weise, was unseren Bereich betrifft z. B. in Form der beschriebenen Projektionen der DPV auf die DPG, äußern konnten. Die seit etwa Beginn der 70er Jahre zunehmend in Gang gekommene Diskussion über diese Vorgänge im Kreise der Analytiker haben ihre Parallele im Sich-Wieder-Erinnern und im Sich-Auseinandersetzen mit der Vergangenheit der Nazijahre ganz allgemein in der Bevölkerung. Der damalige Bundespräsident Richard von Weizsäcker hat 1985, anläßlich der 40jährigen Wiederkehr des Kriegsendes eindrucksvoll darauf hingewiesen, wie es offenbar langer Zeiträume bedurfte, um den Schutz, den das Nicht-Erinnern auch bietet, allmählich aufgeben zu können (v. Weizsäcker 1985)

Ich kehre zur weiteren Entwicklung der Psychotherapie ab etwa 1950 zurück, nunmehr in dem 1949 gebildeten westdeutschen Staat, genannt Bundesrepublik Deutschland. Die bezüglich der psychotherapeutischen Versorgung und beruflichen Sicherstellung des Psychotherapeuten bereits in der Heidelberger Denkschrift als notwendig proklamierten Zielsetzungen wurden in den folgenden Jahren - rückblickend betrachtet - sehr erfolgreich betrieben und erreicht.

Kassenärztlich finanzierte psychotherapeutische Krankenversorgung

Im Verlauf von jahrelangen, etwa 1954 begonnenen Verhandlungen, bei denen insbesondere die Verdienste der DGPT-Mitglieder Frau Dührssen, Herrn Haarstrick und Herrn Faber hervorzuheben sind, mit Vertretern der VAB, der AOK Berlin, später dem Bundesverband der Ortskrankenkassen und der Kassenärztlichen Bundesvereinigung, konnte erreicht werden, daß die analytische Psychotherapie 1967 in den Leistungskatalog der gesetzlichen Krankenkassen aufgenommen wurde. Dies galt vorerst nur für akute neurotische Erkrankungen. Ab 1970 beteiligten sich auch die Ersatzkrankenkassen an dieser Regelung. Ab 1976 wurden dann auch die chronischen Neurosen in die Kostenregelung mit einbezogen. In entsprechenden Richtlinien und Vereinbarungen wurde festgelegt, welche Ausbildung der psychotherapeutisch tätige Arzt und nicht-ärztliche Therapeut nachweisen mußten, und unter welchen Bedingungen Praktikanten der psychotherapeutischen Weiterbildung als Beauftragte tätig werden durften.

An dieser Stelle komme ich auf die weiterhin umstrittene Frage zurück, wie die Aktivitäten des von den Nazis gegründeten und finanzierten "Instituts für Psychologische Forschung und Psychotherapie", des späteren "Reichsinstituts," rückblickend zu bewerten sind. Obwohl erhebliche Behinderungen in der Ausübung der Freudschen Psychoanalyse nicht geleugnet werden können, bleibt auch bei kritischer Einschätzung der damaligen Situation, z. B. durch den amerikanischen Historiker Cocks (1987), das Faktum bestehen, daß die an jenem Institut weitergeführte und ausgebaute Tradition der 1920 gegründeten psychoanalytischen Poliklinik nach dem Ende des Kriegs und der Naziherrschaft die Etablierung einer kassenärztlichen Versorgung mit Psychotherapie begünstigt hat. Die - mehr emotionale - Schwierigkeit für uns Psychoanalytiker heute besteht m. E. vor allem darin, die *notwendige Differenzierung* in der Bewertung dieses positiven Anteils von dem rigorosen, opportunistischen, antisemitischen Verhalten einiger damals im Reichsinstitut tätigen Mitarbeiter vorzunehmen. Allerdings ist auch nach erfolgter Differenzierung dieser Einschätzung weiterhin offen, ob der Preis, der von den im Reichsinstitut Tätigen durch die erfolgte Anpassung an die Auflagen der Nazi-Machthaber gezahlt werden mußte, nicht zu hoch gewesen ist für die damit verbundene unausweichliche Behinderung der Psychoanalyse. Auf Gegenwart und Zukunft bezogen ist daraus zu folgern, daß wir uns immer an die von Deutschen in den Nazijahren begangenen Verbrechen erinnern und dabei vergegenwärtigen müssen, daß auch das passive Mitmachen im Sinne von Nichts-dagegen-Tun, wohl weil es in uns selbst gelegene verborgene destruktive Triebe unbewußt befriedigt, Mitbeteiligung, Mitverantwortung und Mitschuld auferlegt. Nur das Bewußtwerden dieser eigenen destruktiven Anteile könnte in Zukunft vielleicht ermöglichen, das Zerstörerische und Lebensfeindliche auch in radikalen gesellschaftlichen und politischen Ideologien und Entwicklungen zu erkennen und dem rechtzeitig entgegenzuwirken.

Psychotherapeutische Aus- und Weiterbildung

In der Konzeption der Psychotherapie-Richtlinien zur Kassenärztlichen Versorgung ist enthalten, daß die Berechtigung zur Ausübung von analytischer Psychotherapie nur an solchen Weiterbildungsinstituten erworben werden kann, die von der Kassenärztlichen Bundesvereinigung hierfür benannt worden sind. Nach Einführung dieser Regelung wurden bis heute - nach entsprechender Prüfung durch Sachverständige - von den psychoanalytischen Fachgesellschaften DPG und DPV, der Jung- und später der Adler-Gesellschaft sowie der DGPT gegründeten Institute insgesamt 38 Weiterbildungsinstitute für Analytische Psychotherapie von Erwachsenen, 13 Institute für Kinder- und Jugendlichen-Psychotherapie und mehrere Institute für Verhaltenstherapie anerkannt. Letztere Methode wurde 1982 als zusätzliches Behandlungsverfahren in den Leistungskatalog der ärztlichen Gebührenordnungen aufgenommen. Organisatorisch, wenn auch nicht inhaltlich, unabhängig davon setzte sich in den Ärztekammern, also den berufsständischen Gremien der Ärzteschaft, nach längerer Zeit die Empfehlung der Heidelberger Denkschrift durch, die psychotherapeutische Qualifikation als *Zusatz* einzuführen. Dies führte als erstes zu der Zusatz- oder auch Bereichsbezeichnung "*Psychotherapie*", und einige Jahre später zur Zusatzbezeichnung "*Psychoanalyse*".

Eine wichtige Frage war natürlich die hauptsächlich von den sachverständigen Mitgliedern der DGPT geforderte *Beteiligung von nichtärztlichen Psychotherapeuten* an der Kassenregelung. Letztere konnte sich schließlich gegenüber den

Widerständen der v. a. der AÄGP nahestehenden Sachverständigen durchsetzen. Ob sich in dieser Frage die Auffassung wirklich durchgesetzt hat, außer Ärzten nur Diplom-Psychologen mit Zusatzausbildung als Psychotherapeuten anzuerkennen, oder auch andere Akademiker, wird bis in die Gegenwart in bezug auf das Psychotherapeuten-Gesetz kontrovers diskutiert und bewertet. Im übrigen wird die schon seit vielen Jahren laufende Initiative des zuständigen Bundesministeriums zur Schaffung eines Psychotherapeutengesetzes nicht nur von den betroffenen Diplom-Psychologen, sondern auch von vielen Ärzten begrüßt, da die Modalitäten des bisherigen Delegationsverfahrens den selbständig behandelnden und in gleicher Weise weitergebildeten qualifizierten Diplom-Psychologen nicht auf Dauer zuzumuten sind. Dasselbe gilt für die Kinder- und Jugendlichen-Psychotherapeuten, die auf der Basis eines abgeschlossenen Studiums im Erziehungs- oder Sozialbereich mit einer inhaltlich vergleichbaren und ebenso aufwendigen Weiterbildung wie Erwachsenen-Therapeuten ihre Behandlungsqualifikation erworben haben und bisher auch von Ärzten delegiert werden mußten.

Wie sehr sich die Einstellung der Ärzteschaft zur Frage der Einbeziehung nicht-ärztlicher Psychotherapeuten in diesen Tätigkeitsbereich zum Positiven hin gewandelt hat, ist nicht zuletzt auch an dem beinahe radikal zu nennenden Wandel zu erkennen, der sich im Trend der hier in Lindau seit 1950 stattfindenden *Psychotherapiewochen* widerspiegelt. So hat Ernst Speer, der Begründer dieser Fortbildungseinrichtung noch 1959, also bereits 9 Jahre nach den ersten Therapiewochen noch folgende in einem 5bändigen Handbuch der Neurosenlehre und Psychotherapie veröffentlichten Sätze geschrieben:

"Ich selbst habe die "Lindauer Psychotherapiewoche" unter peinlich genauer Kontrolle *nur* für Ärzte abgehalten. Dafür bin ich ja auch als der denkbar extremste Gegner aller Psychotherapie durch Laien bekannt ... Wie lange werden wir uns noch in Deutschland mit Laienanalyse und der Psychotherapie durch Laien (Kurpfuscher) herumschlagen müssen?!" (Speer 1959).

Wenn Sie sich demgegenüber das Programm der jetzigen Therapiewochen oder das der vergangenen Jahre anschauen, können Sie mühelos die weitgehenden Veränderungen erkennen, die von der Einbeziehung einer großen Zahl von Veranstaltungen gekennzeichnet sind, welche nicht primär ärztliche psychotherapeutische Inhalte und Methoden enthalten, von nichtärztlichen Dozenten geleitet werden und einer nichtärztlichen Hörerschaft ebenso wie Ärzten zur Verfügung stehen.

Die mit der Einführung der Psychotherapie als Pflichtleistung der Krankenkassen verbundene Intention, insbesondere den analytischen Psychotherapeuten, durch die Erweiterung des Lebens- und Krankheitsverständnisses um den psychologischen Anteil zu einer ganzheitlicheren Auffassung in der Medizin zu gelangen, führte zu einem wesentlichen Teilerfolg. In der 1970 erfolgten *Neufassung der ärztlichen Approbationsordnung* wurden die Fächer Medizinische Psychologie und Soziologie sowie Psychotherapie und Psychosomatik als Pflichtfächer in das Medizinstudium eingegliedert. Zur Verwirklichung dieser Reform wurden in der Folgezeit psychotherapeutische und psychosomatische Abteilungen an Universitätskliniken eingerichtet.

Methodenentwicklung - Methodenvielfalt

Begonnen wurde, was sich von der vorangegangenen Entwicklung her anbot, 1945 mit den analytisch begründeten Verfahren, zusätzlich den Maßnahmen der sog. kleinen Psychotherapie, also dem Autogenen Training und der Hypnose. Wie schon teilweise in der Zeit davor ist nach Kriegsende in verstärktem Maße eine große Anzahl von weiteren psychotherapeutischen Methoden und Verfahren entwickelt worden und mehr oder weniger auch zur praktischen Anwendung gekommen. Ich werde diese nicht alle namentlich aufführen oder gar beschreiben und erklären, da dies den Umfang dieses Beitrags sprengen würde und ich dem Vorwurf entgehen möchte, eine bestimmte Methode nicht genannt zu haben.

Eine spezielle ganz grundlegende Problematik liegt nun darin, daß viele dieser weiteren Methoden gar nicht oder nur teilweise der Behandlung krankhafter Störungen dienen, sondern ganz anderen individuellen Zielsetzungen, wie Entspannung, Selbsterfahrung, Sinnerfüllung, aber auch geistiger und körperlicher Leistungssteigerung, oder Hilfe bei Partner-, Erziehungs- oder Berufsproblemen, um nur einige zu nennen. Da die Übergänge von Psychotherapie als Krankenbehandlung zur Psychotherapie mit solchen individuellen Zielsetzungen fließend sind, fixierten die öffentlichen Kostenträger in ihren Richtlinien die Forderung, daß die auf ihre Kosten zu behandelnden psychisch bedingten Störungen eindeutig krankhafter Natur sind und definierten demzufolge hierfür sowohl positive als auch Ausschlußkriterien. Solche Eingrenzungen sind zwar einerseits notwendig, andererseits müssen aber auch die positiven Aspekte gesehen werden, die in der Entwicklung neuer psychotherapeutischer Methoden - ausdrücklich als Krankenbehandlung verstanden - enthalten sind. Die psychoanalytisch orientierten und ausgebildeten Therapeuten haben einsehen müssen, daß den analytisch begründeten Verfahren, auch nach erfolgreicher Schaffung modifizierter Anwendungen, wie z. B. analytischer Gruppentherapie und analytischer Kurztherapie, Grenzen in der Effektivität gesetzt sind, und bei speziellen Indikationsstellungen andere Verfahren teilweise bessere Ergebnisse aufweisen. Diese Erfahrungen und

Erkenntnisse haben dazu geführt, daß die öffentlichen Kostenträger die Voraussetzungen schufen, psychotherapeutische Verfahren in die kassenseitig zu finanzierenden Methoden einzubeziehen. Zu diesen Voraussetzungen gehört außer einem Nachweis der Effektivität, der Nachweis einer wissenschaftlichen Fundierung der betreffenden Anwendungsform im Sinne einer zugrundeliegenden Krankheitslehre. Nachdem die überwiegend im nicht-medizinischen Bereich der Psychologischen Universitätsinstitute entwickelte, auf der Lerntheorie basierende Verhaltenstherapie diese Kriterien erfüllte, wurde sie 1982 als weitere anerkannte Methode neben den analytisch begründeten Verfahren in den Leistungskatalog der Krankenkassen und in die ärztlichen Gebührenordnungen einbezogen.

Das Bemühen zahlreicher, überwiegend nicht-ärztlicher Therapeuten, deren Methode bisher nicht als öffentlich finanzierungswürdig eingestuft worden war, eine solche Anerkennung zu erlangen, hat gerade jetzt, vor der möglichen Verabschiedung eines Psychotherapeutengesetzes besondere Aktualität erlangt. Es ist zu erwarten, daß die damit verbundene Zulassung von einigen Tausend Psychologen als Psychotherapeuten verstärkten Druck auf die Anerkennung der von ihnen jeweils ausgeübten, bislang nicht anerkannten Methode ausüben wird.

Zu erwähnen ist übrigens in diesem Zusammenhang, daß die Entwicklung und Anwendung weiterer nicht anerkannter Methoden sich im Bereich der *stationären Psychotherapie* seit Jahrzehnten etabliert und bewährt hat. So werden in solchen - inzwischen sehr zahlreich gewordenen - Kliniken nicht nur stationäre analytisch orientierte Einzel- und Gruppentherapie, sondern auch z. B. Psychodrama, Musik- und Gestaltungstherapie, um nur einige zu nennen, häufig als ergänzende Maßnahmen zur analytischen oder Verhaltenstherapie, angewandt. Die Anwendung neuer psychotherapeutischer Methoden im stationären Rahmen ist u. a. auch deswegen besser möglich als im ambulanten Bereich, da die Voraussetzungen für eine wissenschaftliche Überprüfung, z. B. mit späteren Katamnesen, dort eher gegeben sind, und weil die mit der Entwicklung neuer Methoden verbundenen Risiken den Schutz des stationären Rahmens benötigen.

Ein Wort noch zur Stellung der Psychotherapie im Bereich der Medizin. Die von uns Therapeuten einmal angestrebte "*Psychologisierung der Medizin*" mit dem Ziel einer ganzheitlicheren Sicht lebendigen Geschehens, konnte zwar ein Stück weit in Gang gesetzt werden, die zuvor erwähnte Einführung der psychologisch-psychotherapeutischen Studienfächer hat jedoch bisher keine mehrheitliche Wandlung im Krankheitsentstehungs-Verständnis gebracht, so daß Universitäts-, klinische und ambulante Allgemeinmedizin weiterhin überwiegend organmedizinisch orientiert sind.

Für den *psychiatrischen* Bereich ist zu sagen, daß sich die Psychotherapeuten in der Zeit nach 1945 gegen den seinerzeitigen Widerstand von Kretschmer und anderen durchgesetzt hatten, die Psychotherapie zu einem eigenständigen Bereich der Medizin zu machen. Die Einführung der Zusatz- bzw. Bereichsbezeichnungen

"Psychotherapie" und "Psychoanalyse" sowie die Durchsetzung eines eigenständigen Versorgungsbereichs, der Anfang der 70er Jahre von Psychiatern und Psychotherapeuten erarbeiteten und dem Bundestag vorgelegten *Enquete zur Lage der psychisch Kranken in der Bundesrepublik Deutschland* sind wichtige Schritte in dieser Richtung gewesen. Die an den Universitäten und den großen psychiatrischen Krankenhäusern vertretene Psychiatrie weist in ihren Einrichtungen der Psychotherapie - der Verhaltenstherapie vielleicht etwas stärker als der analytisch orientierten - durchaus einen eigenen Wirkungsraum zu, sie hat aber den Anspruch, sich die Psychotherapie als Untergebiet einzuverleiben, bis heute nicht aufgegeben. Eine meiner Wahrnehmung nach in den letzten Jahren erneut verstärkte Hinwendung zu einer vorwiegend oder rein organischen Ursachensicht psychischer Erkrankungen mit entsprechender somatisch orientierter Therapie ist nicht zu verkennen. Die 1992 geschaffene Möglichkeit, den Facharzt für Psychiatrie um die Bezeichnung "Psychotherapie" zu erweitern, kann sicher als Pluspunkt für die Psychiater in ihren Bemühungen verstanden werden, die Psychotherapie in ihr Gebiet ein- oder unterzugliedern. Die gleichzeitig damit vom Deutschen Ärztetag 1992 vollzogene Schaffung der Gebietsbezeichnung "Facharzt für Psychotherapeutische Medizin" erscheint vordergründig als Sieg der Psychotherapie in ihrem Kampf um Eigenständigkeit. Von vielen, insbesondere analytisch orientierten Ärzten, wird jedoch befürchtet, daß die - übrigens erst in einigen Bundesländern verabschiedeten - inhaltlichen Voraussetzungen für diesen Facharzt zu einer Verwässerung der psychoanalytischen Essentials führen könnten. Deshalb fordern sie, daß die Kompetenz für die Ausübung der analytischen Psychotherapie weiterhin nur dem Träger der Zusatzbezeichnung "Psychoanalyse" vorbehalten bleiben soll.

Die Psychotherapie in Ostdeutschland nach 1945

Die 1989/90 erfolgte Vereinigung der beiden deutschen Staaten Bundesrepublik Deutschland und Deutsche Demokratische Republik erfordert es, unser Augenmerk nunmehr auf die Entwicklung der Psychotherapie im Ostteil Deutschlands nach 1945 zu richten. Im folgenden werde ich dies an Hand von Veröffentlichungen der Herren Höck, Geyer und Maaz tun, die mir der letztgenannte freundlicherweise für diesen Vortrag übersandt hat.

Unmittelbar nach Kriegsende 1945 wurde in dem damals noch nicht von West-Berlin abgetrennten Ost-Berlin die psychotherapeutische Versorgung nach Gründung der VAB-Poliklinik (West-Berlins) mit analytisch orientierter Psychotherapie mit einbezogen. Nachdem einige Initiativen scheiterten, auch in

Ost-Berlin ein psychoanalytisches Ausbildungsinstitut zu gründen und an der Ost-Berliner Humboldt-Universität einen Lehrstuhl für Psychotherapie zu errichten, konnten einzelne Ärzte sich noch - vor Errichtung der Mauer - eine Zeitlang an dem in West-Berlin gelegenen Institut für Psychotherapie weiterbilden. Ich erinnere mich noch gut an gemeinsame Fallbesprechungen als damalige Ausbildungskandidaten mit Herrn Höck in meinem Dienstzimmer der in der Derfflingerstraße gelegenen Nervenabteilung des Moabiter Krankenhauses. Herr Höck war es auch, der dann die Etablierung einer psychotherapeutischen Poliklinik im Ost-Berliner "Haus der Gesundheit" erreichen konnte, in der zunächst überwiegend mit einer neo-analytisch orientierten Einzeltherapie gearbeitet wurde.

Eine grundsätzliche Änderung vollzog sich um 1954 herum, als nach einer Pawlow-Konferenz in Moskau (Höck 1978), eine kritische Auseinandersetzung mit der Psychoanalyse und Psychosomatik in Gang kam. Als Ergebnis wurde das Primat der kortikoviszeralen Pathologie als verbindlicher Konzeption der materialistischen Weltanschauung begründet und der "anthropologisch-geisteswissenschaftlichen" psychoanalytischen Auffassung der westlichen Länder (Maaz1994) gegenübergestellt. Die Psychoanalyse war damit zwar noch nicht verboten, aber doch weitgehend tabuisiert, so daß weitere Bemühungen, eine psychoanalytisch orientierte Psychotherapie zu fördern, zunehmend eingeschränkt wurden. In fataler Weise wirkten sich in diesem Prozeß die Auffassungen von Müller-Hegemann aus, der - ehemals Anhänger der Neo-Analyse - eine "Rationale Psychotherapie" genannte Konzeption entwickelte, die möglicherweise eine Verbindung von Elementen analytischer Auffassungen mit denen der Pawlowschen Lehre versuchte herzustellen, im Endeffekt aber auf die Aufgabe analytischer Essentials hinauslief.

Die zuvor geschilderten, in Westdeutschland abgelaufenen kollektiven Verdrängungsprozesse haben sich übrigens, wenn auch mit anderen Inhalten, auch in Ostdeutschland abgespielt. Die eigene faktische oder ideelle Betroffenheit der DDR-Bürger an den vorangegangenen Verbrechen der Nazis wurde verdrängt, indem sich eine Ideologie der als Sozialisten nicht betroffenen Bevölkerungsanteile Deutschlands verbreitete, welche die Naziverbrechen und das Weiterleben von Naziideologien in das westdeutsche Nachkriegsgeschehen projizierte.

Zurück zur Entwicklung der Psychotherapie in der damaligen DDR. Unabhängig von der Entwicklung in Ost-Berlin bildete sich an der Universitätsklinik in Jena ein weiterer Psychotherapieschwerpunkt. Dort befaßten sich Kleinsorge und Klumbies mit der Psychotherapie vorwiegend körperlich-funktioneller Störungen, wobei sie hauptsächlich das Autogene Training und davon abgeleitete Verfahren anwandten. Da unbelastet von psychoanalytischer Begründung und nicht im Widerspruch zur Lehre vom Primat der höheren organischen Nervenzentren, konnte sich diese Richtung unbehindert entwickeln. Auch die Arbeit am Berliner Haus der Gesundheit änderte sich nach dieser 1950 eingetretenen

Ideologiewende bezüglich der offiziell vertretenen Ursachen von neurotischen Erkrankungen, indem nunmehr die analytisch orientierte Einzeltherapie zugunsten einer, wenn ich es richtig sehe, nur noch wenig analytische Anteile enthaltenden Gruppentherapie aufgegeben wurde. Die Gruppentherapie wurde allerdings auch deswegen eingeführt, weil die Flut der Psychotherapiesuchenden mit Einzelbehandlungen allein nicht mehr bewältigt werden konnte (Höck1978).

In berufsständischer Hinsicht verlief die Psychotherapieentwicklung in der DDR offenbar recht erfolgreich. Die Durchsetzung als eigenständiger heilkundlicher Bereich verlief nach Gründung einer "Gesellschaft für ärztliche Psychotherapie" 1960 bis zur Einführung eines Facharztes für Psychotherapie 1978 recht positiv. Die an Mitgliederzahl und Aufgabenstellungen gewachsene Gesellschaft schuf bald regionale Untergliederungen in allen 15 Bezirken der DDR, und an mehreren Universitätskliniken und großen Krankenhäusern wurden stationäre und ambulante (poliklinische) Psychotherapieeinrichtungen geschaffen.

Nichtärztliche Psychotherapeuten, in erster Linie Diplom-Psychologen, wurden, auch als Mitglieder der ärztlichen Gesellschaft für Psychotherapie, offenbar mit weniger Widerständen seitens der Ärzteschaft als im Westen, einbezogen. Dies mag zum Teil darauf zurückzuführen sein, daß die bei uns diese Auseinandersetzung mitbestimmenden Verdienstinteressen und Konkurrenzkämpfe im Osten nicht relevant waren, da das Gesundheitswesen mit der Krankenversorgung und einheitlichen Gehältern für die darin Beschäftigten total verstaatlicht war.

Als Behandlungsmethoden herrschten bis zum Beginn der 70er Jahre in der Psychotherapie der DDR das Autogene Training und mit ihm verwandte Methoden, in zunehmendem Maße dann auch die Verhaltens- und Gesprächstherapie und eine "gezielte Gruppentherapie" genannte Methode vor, die in den 50er Jahren in der Berliner Poliklinik im Haus der Gesundheit eingeführt worden war.

Ab den 70er Jahren begann dann, mit dem Zentrum Leipzig, ein Prozeß, der von ihren Hauptbeteiligten als "*Re-Institutionalisierung der psychoanalytischen Therapie in der DDR*" bezeichnet wird. Dieser Prozeß, so meinen Geyer et al. (1989) in einem im Juli 1989 gehaltenen Vortrag, sei eng verbunden mit den "tiefgreifenden sozioökonomischen Wandlungsprozessen in der DDR-Gesellschaft, die seit Anfang der 70er Jahre zu einer erweiterten Sicht von der Rolle des Subjekts und der Individualität" geführt haben. Die vorher bereits vereinzelt praktizierten Aktivitäten in Form illegaler Teilnahme an westlichen Psychotherapiekongressen, illegaler Einführung psychoanalytischer Literatur und Teilnahme an "wilden Selbsterfahrungsgruppen" (Maaz 1994) konnten jetzt in dieser "2. Psychotherapeutengeneration" nach dem Kriege, wie sie sich selbst bezeichnete, offener und entschiedener betrieben werden, wobei die Namen Ott, Wendt und erneut Höck als entschiedene Förderer dieser Entwicklung genannt werden. Der sich daraus ergebende Konflikt, wie sich die wieder erlaubte

Betonung von Autonomie und Individuation mit gesünderer Sozialisation verbinden lasse, wurde erkannt, diskutiert und wird sicher auch in künftigen Auseinandersetzungen noch aktuell bleiben. Ob allerdings diese "Re-Institutionalisierung" einer psychoanalytischen Betrachtungsweise bis zur Vereinigung der beiden deutschen Staaten eine Breitenwirkung in der Anwendung davon abgeleiteter Verfahren gegenüber dem AT, der Verhaltens- und Gesprächstherapie erlangt hat, konnte ich aus den mir zugänglichen Informationen nicht erkennen. Aufgrund von Informationen, die ich von Flüchtlingen aus der DDR erhalten habe, ist das Zustandekommen einer vertrauensvollen therapeutischen Arzt-Patient-Beziehung oft kaum oder gar nicht möglich gewesen, da fast immer dritte Personen, als Sekretärin o. a. dabei gewesen seien, von denen man nicht wußte, ob sie nicht vielleicht für die Stasi arbeiteten.

Nach der Vereinigung führte die plötzliche Konfrontation der DDR-Psychotherapeuten mit der Psychotherapie der (alten) BRD und der damit verbundene Anpassungsdruck - neben Eröffnung neuer Möglichkeiten in der Anwendung von Psychotherapie und besseren Verdienstmöglichkeiten - zunächst sowohl inhaltlich-methodisch wie auch organisatorisch zu erheblichen Irritationen. Da wir westdeutschen Psychotherapeuten unter keinem entsprechenden Anpassungsdruck stehen, kann für uns eine Auseinandersetzung mit der Psychotherapieentwicklung in Ostdeutschland nur aus einer freien Motivation heraus zustandekommen. Ich finde, wir sollten diese Möglichkeit nicht ungenutzt lassen, da sicher vieles von dem, was dort konkret im Bereich der Psychotherapieentwicklung und im untrennbaren Zusammenhang damit gesellschaftlich und ideologisch abgelaufen ist, uns in bezug auf künftige Entwicklungen genauso angeht wie die Betroffenen dort.

Zukunftsperspektiven

Die künftig zu erwartenden weiteren Entwicklungen der Psychotherapie im vereinigten Deutschland werden zum einen von der nachzuweisenden Effektivität der Methoden bei speziellen Krankheiten und zum anderen von allgemein in der Medizin vorherrschenden Strömungen abhängen. Letztlich sollte auch eine Abhängigkeit von allgemeinen, in unserem gesellschaftlichen Zusammenleben vorherrschenden Trends, in Betracht gezogen werden.

Bezüglich der gegenwärtig noch dominierenden analytisch orientierten Methoden ist in den letzten Jahrzehnten und Jahren hinsichtlich ihrer theoretischen Fundierung mit der Etablierung postklassischer psychoanalytischer Konzepte, ich erwähne nur Mahler, Kohut, Melanie Klein, Kernberg, als *Grundlagen*, eine zunehmende Vielfalt auch im Bereich der therapeutischen Anwendungen eingetreten. Auch im Behandlungssetting sind mit der Einführung psychoanalytischer Kurz-, Gruppen- und stationärer Psychotherapie Modifikationen entwickelt worden, die einem breiteren Anwendungsspektrum Raum gegeben haben. Die Grenzen der analytisch orientierten Verfahren, besonders bei der Psychotherapie von sog. frühen Störungen, mit ihren mehrfachen klinischen Äußerungsformen, sind ebenfalls deutlicher erkennbar geworden. Deshalb halte ich es für möglich, daß sich bei der Psychotherapie dieser Krankheitsformen solche Methoden verstärkt durchsetzen könnten, bei deren Anwendung auch *nicht-verbale*, also z. B. kreative oder auch körperbezogene Ausdrucks- und Kommunikationsmöglichkeiten genutzt werden, und zwar entweder in Verbindung mit verbal-analytischer Durcharbeitung - insofern den psychoanalytischen Ansatz beibehaltend oder erweiternd - oder als alleinige neue Methoden. Des weiteren halte ich es für möglich, daß die auf der Grundlage der Systemtheorie entwickelten Ansätze, insbesondere als gruppen- und familientherapeutische Anwendungen, die sich mancherorts z. B. bei der Behandlung von psychogenen Eßstörungen, Süchten und auch psychotischen Erkrankungen bewährt haben, eine zunehmende Bedeutung und Verbreitung erlangen werden.

Was nun den Stellenwert der Psychotherapie in der *Gesamtmedizin*, einschließlich der Psychiatrie betrifft, bin ich, trotz der von der Psychotherapie nach Kriegsende bis jetzt geschaffenen Möglichkeiten der Anwendung, Ausbildung und wissenschaftlichen Erforschung, skeptisch, da ich, wie bereits erwähnt, eine in den letzten Jahren erneut verstärkte Hinwendung auf primär-organische Krankheitsentstehungs- und Behandlungskonzepte zu sehen glaube. Wenn auch wohl die Idealvorstellung einer "Psychologisierung der Medizin" nicht verwirklicht werden dürfte, sollte dennoch unbedingt weiterhin am Ziel einer ganzheitlichen Betrachtungsweise festgehalten werden!

Schauen wir auf eine mögliche Abhängigkeit künftiger Entwicklungen im Bereich der Psychotherapie von den in unserer Gesellschaft erkennbaren Trends und auch Werten - vom Wertewandel ist zunehmend häufig die Rede. Es dürfte das nicht zu verkennende zunehmende Streben nach Leistung bzw. Leistungssteigerung, Erfolg und Anerkennung, bei möglichst zeit- und geldökonomischer Machbarkeit, mit der damit verbundenen Gefühlsunterdrückung, auch in der näheren Zukunft ein großes Gewicht behalten und auch die Entwicklung der Psychotherapie beeinflussen. Die analytischen Methoden könnten hierbei stärkeren Einschränkungen unterworfen werden als die verhaltensorientierten. Um nicht mißverstanden zu werden, meine ich natürlich, wenn ich von Werten spreche, nicht die von Kirchen, politischen Parteien oder sonstigen Ideologieträgern vorgetragenen Werte, sondern die tatsächlich in der Gesellschaft vorherrschenden, oft dem einzelnen Menschen nur unzulänglich oder gar nicht bewußt werdenden, sein Denken und Handeln aber stark mitbestimmenden Wertsetzungen.

Daß das psychoanalytische Verstehensmodell, womit ich abschließend eine ganz subjektive Überzeugung und Hoffnung zum Ausdruck bringen möchte, eine grundlegende Bedeutung auch in Zukunft beibehalten möge, sehe ich nicht nur als erforderlich und nützlich für die Psychotherapie neurotischer und psychosomatischer Krankheiten an. Ich wünsche mir dies auch wegen ihrer Auswirkungen auf die weitergehende, allgemein menschliche und gesellschaftliche Entwicklung, da ich dieses Verstehensmodell für ein geeignetes Instrument halte, die in der Gesellschaft sich abspielenden Vorgänge, nicht nur vom einzelnen sowohl in bezug auf seinen eigenen Standort und seine eigenen Anteile, sondern auch nach außen hin, also auf die anderen und die Gesellschaft bezogen, kritisch sehen und danach handeln zu können.

Sie sehen, meine im trostlosen Nachkriegsdeutschland erstmalig aufgestiegene diesbezügliche Hoffnung hat sich bis in mein jetziges fortgeschrittenes Lebensalter hinein erhalten!

Literatur

Cooks G (1987) Psychoanalyse und Psychotherapie im dritten Reich. In: Rudolf G, Rüger U, Studt HH (Hrsg) Psychoanalyse der Gegenwart. Eine kritische Bestandsaufnahme 75 Jahre nach der Gründung der Deutschen Psychoanalytischen Gesellschaft. Vandenhoeck & Ruprecht, Göttingen, S 30 - 43

Geyer M, König W, Maaz H-J, Seidler C (1989) Zum Umgang mit psychoanalytischen Konzepten in der Psychotherapie der DDR. Vortrag beim Symposium "Geschichte und Gegenwartsprobleme der Psychotherapie - Zur Stellung Sigmund Freuds und der Psychoanalyse" in Leipzig vom 11. - 13. Juli 1989

Heidelberger Denkschrift (1947/48) Über die Stellung der Psychotherapie in der Heilkunde. Psyche 1: 460-463

Höck K (1978) Berliner Psychotherapie, Entwicklung und Perspektive. Vortrag zur Gründung der Berliner Gesellschaft für Ärztliche Psychotherapie im Dezember 1978

Kemper W (1947/48) Bericht über den Stand der Psychotherapie in Berlin. Psyche1: 156 - 159

Maaz H-J (1994) Analytische Psychotherapie in Ost-Deutschland. Vortrag anläßlich der DGPT-Tagung in Lindau vom 16. - 18. 09. 1994

Mitscherlich A, Kemper W (1947/48) Was ist Psychotherapie? Ein Streit um ihre formale und faktische Inhaltsbestimmung. Psyche 1: 455 - 463

Mitscherlich A, Mielke F (1949, 1978) Medizin ohne Menschlichkeit. Fischer, Frankfurt aM

Speer E (1959) Psychotherapie durch Laien. In: Frankl V, Gebsattel Vv, Schultz JH (Hrsg) Handbuch der Neurosenlehre und Psychotherapie. Urban & Schwarzenberg, München Wien Baltimore, S 611

Weizsäcker V v (1947/48) Klinische Vorstellungen. Psyche 1: 258 - 293, 560 - 581

Weizsäcker R v (1985) Ansprache zum 40. Jahrestag der Beendigung des Krieges in Europa und der nationalsozialistischen Gewaltherrschaft am 08. 05. 1985. Bundeszentrale für politische Bildung, Bonn

Wo negative Erlebnisse Spuren hinterlassen

Hansruedi Ambühl

Es gibt Erfahrungen im Leben, die so prägend sind, daß wir nie mehr davon loskommen. Leider sind dies nur in seltenen Fällen positive Erfahrungen, die so etwas wie ein tiefes Glücksgefühl hinterlassen, wie z.B. die erste Begegnung mit einem geliebten Menschen, die so eindrücklich war, daß wir uns auch noch nach Jahren oder Jahrzehnten daran erinnern und dabei eine tiefe Freude empfinden. In einem solchen Fall möchten wir auch gar nicht davon loskommen, sondern wir sehnen uns im Gegenteil nach solchen Augenblicken glücklicher Erinnerung. Wir kosten sie aus und sind ewig dankbar dafür, daß wir diese Erfahrung machen durften.

In meinen Ausführungen richte ich die Aufmerksamkeit auf die Folgen von negativen oder traumatischen Erlebnissen, die das Leben von Menschen in einer Weise prägen, daß ein "Darüber-Hinwegkommen" und eine Neuorientierung unmöglich erscheinen. Wir gedenken in diesem Jahr insbesondere der Menschen, die vor 50 Jahren in den Konzentrationslagern des Naziregimes umgebracht wurden. Dabei kommen auch solche zu Worte, die diese Greuel überlebt haben, aber nicht davon losgekommen sind. Das Schicksal dieser KZ-Überlebenden zeigt uns mit aller Deutlichkeit, daß die psychischen Folgen, die aus jahrelanger Entbehrung, Mißhandlung und Todesangst in Konzentrationslagern entstanden sind, enorm sind. Die Vertreter der sog. klassischen Psychiatrie im deutschsprachigen Raum lagen falsch mit ihrer Behauptung, daß seelische Belastungen und Erschütterungen, gleich welcher Art, nach dem Ende der Verfolgung abklingen und keine "krankheitswertigen" psychischen Schäden hinterlassen, von Dauerfolgen und etwaigen Spätschäden ganz zu schweigen. Um die tatsächlichen Folgen von solchen menschenverachtenden Erfahrungen zu schildern, zitiere ich ein Beispiel des Psychiaters Niederland (1980), der im Zusammenhang mit sog. Wiedergutmachungsprozessen als Gutachter den Begriff des *Überlebenden-Syndroms* (survivor syndrom) in die psychiatrische Literatur eingeführt hat.

Er beschreibt darin den psychischen Status einer Frau, die einer erblich gesunden und robusten Handwerkerfamilie entstammte und als Jugendliche, kaum 13 Jahre alt, von der Naziverfolgung betroffen war. Diese Frau verbrachte vier Jahre ihres Lebens unter Verfolgungsbedingungen (Getto, Zwangsarbeit,

KZ Kaiserwald, KZ Stutthof) und den damit verbundenen Strapazen. Sie befand sich in ständiger Lebensgefahr, und sie war Unterernährung, Schutzlosigkeit, Mangel an körperlicher und seelischer Geborgenheit ausgesetzt. Der Psychiater Niederland (1980) schreibt im Obergutachten:

"Ihre Gesundheit ist von ängstlichen Erwartungsvorstellungen und gänzlich unverarbeiteten, sie subjektiv quälenden Schreckerinnerungen beherrscht. Sie sieht noch immer, wie ihr Bruder blutbefleckt weggeführt wurde; sie hört das Wimmern und Schreien kleiner Kinder, denen man die Eltern wegnimmt; ... sie klammert sich in Gedanken an ihre Mutter, während Schläge und Hiebe die letztere auf Kopf und Rücken treffen; sie weilt in Gedanken immer noch unter den Toten und Sterbenden in Stutthof und auf dem Todesmarsch, dem sie fast erlegen wäre. Sie ist sich klar darüber, daß alle diese Ereignisse viele Jahre zurückliegen und kann doch von den Erinnerungen und quälenden Fantasien nicht loskommen. Sie lebt in anderen Worten immer noch im Konzentrationslager ...

Auf der anderen Seite erwartet sie noch heute das Schlimmste für sich und die Ihrigen, fürchtet, daß man sie abholen wird, ist in Angst vor uniformierten Polizisten auf der Straße und bleibt daher am liebsten zuhause, meidet Gesellschaft, geht nicht unter Menschen, da sie sich ständig unsicher und bedroht fühlt. Nachts wird sie von Angstträumen gequält, in denen sie entweder selbst gejagt oder gehetzt wird, oder ... in denen sie ihre beiden Kinder in Verschlägen versteckt und sie dann - im Traum - nicht wiederfinden kann. Sie wacht aus diesen Schreckenserlebnissen in Angst und schweißgebadet auf, weiß sich nicht zu fassen, hat Herzklopfen und kann manchmal für 10 Minuten oder länger nicht klar unterscheiden, ob es Traumbild oder Wirklichkeit war" (Niederland 1980, S. 101f.).

Ich habe dieses Beispiel gewählt, weil es sehr eindrücklich zeigt, welche psychischen Folgen stark belastende und lebensbedrohliche Ereignisse oder traumatische Konstellationen haben können. Ich bin mir allerdings bewußt, daß die Leiden der jüdischen Mitmenschen im Dritten Reich noch viele andere Folgen hatten und haben, auf die ich an dieser Stelle nicht weiter eingehen kann.

In der Psychoanalyse besteht eine lange Tradition, die psychischen Probleme von Menschen auf traumatische Erlebnisse bzw. traumatische Konstellationen in der Kindheit zurückzuführen. Freud ging davon aus, daß das Bewußtmachen verdrängter Erinnerungen das primäre therapeutische Agens zur Behebung von neurotischem Leiden darstellt. Heute wissen wir, daß für die erfolgreiche Veränderung mancher psychischer Störungen eine Bearbeitung von möglichen Ursachen in der Vergangenheit nicht notwendig ist. Und wir wissen auch, daß neues Bewußtsein nicht bloß über Interpretieren und Deuten erreicht werden kann, sondern auch über Veränderungen im Verhalten. Der Kybernetiker Heinz von Förster hat mit seinem Satz "Willst Du sehen, lerne zu handeln" den sog. "Ästhetischen Imperativ" formuliert (aus Nardone u. Watzlawick 1994) und damit ausgedrückt, daß der beste Weg zur Bewußtseinsbildung über Verhaltensänderungen führt. Diese Erkenntnis ist eine zentrale Grundlage der Verhaltenstherapie und hat dazu geführt, daß eine Reihe von psychotherapeutischen Interventionsmethoden entwickelt wurden, wo Patienten denjenigen Situationen ausgesetzt werden, die sie am meisten vermeiden. Am besten empirisch untersucht sind die Reizkonfrontation zur Behandlung von agoraphobischen Ängsten und die in-vivo-Exposition mit anschließender Reaktionsverhinderung bei Zwangshandlungen (vgl. Grawe et al. 1994). Nun sind sich aber Psychotherapeutinnen und Psychotherapeuten jedwelcher Couleur in manchen Fällen darin einig, daß belastende Erlebnisse aus der Vergangenheit gewisse Patienten daran hindern, ihr Leben im Sinne ihrer Ziele zu verwirklichen. Es kommt einem so vor, wie wenn der direkte Weg von Punkt A zu Punkt B durch riesige Krater verbarrikadiert ist, so daß der Patient immer große Umwege machen muß, um ans Ziel zu gelangen. Typische Beispiele dafür sind die sog. *posttraumatischen Belastungsstörungen*, bei denen ein offenkundiger Zusammenhang zwischen belastenden Ereignissen in der Vergangenheit und psychischen Folgeerscheinungen vorhanden ist. Es sind aber beileibe nicht die einzigen psychischen Störungsformen, bei denen dies zutrifft. Ich möchte Ihnen anhand meiner eigenen psychotherapeutischen Tätigkeit drei Fallbeispiele etwas näher bringen, von denen ich denke, sie seien in ihrer Art typisch für die Auswirkungen von traumatischen Erlebnissen auf das spätere Erleben und Verhalten der Patienten. Ich möchte dabei zeigen, daß der therapeutische Zugang zu den belastenden Erlebnissen und den damit verbundenen vermiedenen Emotionen auf verschiedenen Wegen erfolgen kann. Und nicht zuletzt möchte ich Ihnen aufzeigen, daß eine erfolgreiche Bearbeitung von belastenden Ereignissen nicht unbedingt Jahre und Hunderte von Sitzungen in Anspruch nehmen muß, wie dies oft als Selbstverständlichkeit angenommen wird.

Kasuistik

Frau M.

Frau M., eine 36jährige Ehefrau und Mutter von zwei Söhnen, kommt in Therapie, weil sie sich seit langer Zeit nicht gut fühle; sie habe eine unbeschreibliche Angst, eine Angst vor Krankheiten, v. a. vor Krebs. Wenn sie von einem Todesfall in der Nachbarschaft höre, beschäftige sie dies so sehr, daß sie zwei bis drei Nächte nicht mehr schlafen könne. In ihrem Alltag bedrücke sie eigentlich nichts. Sie habe keine Probleme mit ihrem Mann und den beiden Söhnen, im Gegenteil, diese versuchten ihr zu helfen.

Demnächst werde der ältere ihrer beiden Söhne konfirmiert, und auch dies löse große Ängste aus: "Angst, daß ich wieder weinen muß an diesem Tag, daß ich ihm den Tag verderbe ... Es war eigentlich immer so, bei allem, bei meiner Hochzeit, meiner Verlobung, es ist immer eine gewisse Wehmut dabei. ... Ich weiß noch, als ich geheiratet hatte, als wir aus der Kirche herauskamen, bin ich grad aufs Grab meiner Mutter gegangen und dort habe ich geweint."

Die Mutter starb an den Folgen eines Zwerchfellbruchs, den sie während der Schwangerschaft mit der Patientin erlitten hatte und der erst nach vielen Jahren diagnostiziert und operiert wurde. Die Patientin sagte damals beim Tod der Mutter zu den anderen: "Wenn ich nicht da wäre, dann hättet ihr die Mutter noch".

Soviel zum Gesprächsinhalt aus dem Erstgespräch mit der Patientin. Ich denke, es wird daraus deutlich, daß die Patientin unter einer schweren Depression leidet. Zur Genese dieser depressiven Störung weisen verschiedene Anhaltspunkte darauf hin, daß Frau M. den Tod ihrer Mutter nie richtig verarbeitet hatte. Er wirkte auf sie wie ein Schock, aus dem sie sich nie mehr richtig erholt hat. Dies zeigt sich zunächst einmal daran, daß die Patientin auch 24 Jahre nach diesem schrecklichen Ereignis darüber erzählt, wie wenn es erst gestern passiert wäre. Es scheint, wie wenn im Erleben der Patientin die Zeit bei diesem Tod stillgestanden wäre und eine Neuorientierung im Leben trotz späterer Heirat und Familie nie richtig stattgefunden hat. Ein weiteres Indiz dafür sehen wir darin, daß die Patientin Situationen, die mit Tod oder Kirche zu tun haben, nach Möglichkeit vermeidet bzw. in Tränen ausbricht und schlaflose Nächte hat, wenn sie damit konfrontiert wird. Es gelingt der Patientin noch heute nicht, an den Tod ihrer Mutter zu denken, ohne gleich in Tränen auszubrechen. Wenn sie sagt: "über allem liegt ein Tropfen Wehmut, ich kann mich nie mehr so richtig über etwas freuen", so stützt dies die Hypothese, daß hier ein Stück unbewältigte Vergangenheit die Patientin daran hindert, ihre jetzige Lebenssituation aktiv zu meistern.

Im Falle eines unterdrückten oder verschleppten Trauerprozesses ergeben sich je nachdem, wo dieser Prozeß steckengeblieben ist, unterschiedliche psychische Probleme: Kast (1982) beschreibt diese folgendermaßen:

1. *Probleme in der Phase des Nicht-wahrhaben-Wollens:* Wird diese Phase verlängert, haben wir einen Menschen vor uns, der den Verlust und die damit verbundenen Emotionen verdrängt. Er lebt so weiter, als wäre fast nichts geschehen, flieht in "Geschäftigkeit". Häufige Folgen davon sind psychosomatische Beschwerden und Depressionen.

2. *Probleme in der Phase der aufbrechenden Emotionen:* Menschen, die nicht mehr aus der Trauer herausfinden, die chronisch trauern. Auch sie wirken depressiv, aber nicht weil sie den Schmerz verdrängt haben, sondern weil sie von

ihm überwältigt sind, immer daran denken müssen und nicht mehr weiter wissen. Gefühle, die hier eine Rolle spielen, sind unausgedrückter Zorn, "ewige" Schuldgefühle.

3. Probleme in der Phase des Suchens und Sich-Trennens: Es werden Theorien gebildet, nach denen sich der Verstorbene irgendwo aufhält. Hier ist die Suizidgefahr am größten, wenn eingesehen wird, daß der Verlust endgültig ist. In der Therapie kann es passieren, daß die Trauerarbeit an der Stelle, wo der Trauernde vom Verstorbenen getrennt werden müßte, steckenbleibt.

Die Probleme dieser Patientin liegen hauptsächlich in der Phase der aufbrechenden Emotionen begründet. Sie findet nämlich gar nicht mehr aus der Trauer heraus, und sie leidet unter starken Schuldgefühlen. Das Therapieziel bestand demzufolge darin, diesen Trauerprozeß in der Therapie nachzuholen und zu einem Ende zu bringen. Als Methode der Wahl empfahl sich mir ein verhaltenstherapeutisches Vorgehen, das von Ramsay (1977) entwickelt wurde mit dem Ziel, steckengebliebene Trauerprozesse wieder in Gang zu bringen. Die Behandlungsmethode geht von der Erkenntnis aus, daß wir nach dem Verlust eines geliebten Menschen erst dann wieder zu einem normalen Alltag zurückkehren können, wenn wir alle wichtigen Phasen des Trauer- und Loslösungsprozesses durchlaufen haben. Das Vorgehen von Ramsay ist sehr transparent. Er vermittelt dem Patienten im voraus, daß es schwierig und schmerzlich sein werde und daß sich der Zustand verschlimmern werde, bevor er sich endlich bessere. Aus diesem Grund wird mit dem Patienten ein schriftlicher Vertrag abgeschlossen, worin sich dieser verpflichtet, die Therapie nicht vorzeitig abzubrechen.

Im Fall von Frau M. sah das Vorgehen folgendermaßen aus: Zunächst informierte ich die Patientin und ihren Ehemann ausführlich über das geplante Vorgehen. Ich traf auch konkrete Absprachen darüber, wie die Patientin während der intensiven Therapiephase, die ich mit zwei Wochen veranschlagte, von ihrem Ehemann und ihren beiden Söhnen entlastet werden könnte. Ich schloß mit der Patientin einen aus sieben Punkten bestehenden Therapievertrag ab, der u. a. das Versprechen beinhaltet, sich in dieser intensiven Therapiephase nicht umzubringen. Diese intensive Therapiephase, deren einziges Ziel darin bestand, den ins Stocken geratenen Trauerprozeß der Patientin zu aktivieren und die Loslösung von der Mutter zu erreichen, dauerte exakt 7 Therapiesitzungen im Zeitraum von 10 Tagen, wobei jede Sitzung 2, 5 bis 3 Stunden dauerte. Damit war der Teil der Therapie, der sich auf die Verarbeitung des frühen und schmerzlichen Todes der Mutter bezog, erfolgreich beendet.

Herr B.

Das zweite Beispiel, über das ich berichten möchte, ist ganz anderer Natur. Es handelt sich um einen 23jährigen Mann, nennen wir ihn Herrn B., der seit 8 Jahren unter einem schweren Waschzwang leidet. Der aktuelle Therapieanlaß besteht darin, daß Herr B. sich kaum mehr außer Haus begeben kann, daß er täglich stundenlange Waschrituale mit unterschiedlicher Intensität und Dauer vollzieht, daß er mit diesen Zwängen auch seine Eltern terrorisiert und in ihrem Handlungsspielraum einschränkt. Er wohnt z. Z. der Abklärung wieder bei seinen Eltern in einem Einfamilienhaus in einer Agglomerationssiedlung. Er mußte vor ein paar Monaten sein Ingenieurstudium an der Hochschule abbrechen, weil er vor lauter Waschen keine Zeit mehr fürs Studium und für die Prüfungsvorbereitungen am Ende des ersten Studienjahrs hatte. Außerdem war sein Zimmer am Ort der Hochschule dermaßen verwahrlost, daß es seine Eltern nicht mehr schafften, einmal in der Woche etwa 200 km dorthin zu fahren, die unter Wasser stehenden Böden zu trocknen und etwas Ordnung ins Chaos zu bringen.

Praktisch die ganze Aufmerksamkeit des Patienten richtet sich darauf, mit nichts in Kontakt zu geraten, was möglicherweise mit ein paar Gleichaltrigen in Verbindung stehen könnte, die ihn vor Jahren über lange Zeit hinweg in der Kantonsschule bis aufs Blut geplagt hatten. Ein Augenschein vor Ort zeigte, daß der Patient ganz langsam im Gänseschritt durch die wenigen Räume im Haus schreitet, die er noch begehen kann, wobei er völlig darauf konzentriert ist, ja keiner Wand oder irgendeinem gefährlichen Gegenstand zu nahe zu kommen. Obwohl der Patient peinlich darauf bedacht ist, alle gefährlichen und angstauslösenden Situationen zu vermeiden, passieren immer wieder Dinge, die ihn verunsichern, ob er nicht doch mit irgendwelchem Schmutz dieser damaligen Kameraden in Kontakt geraten sei. Und je wahrscheinlicher ihm dies erscheint, um so länger muß er sich waschen, um diese Angst wieder abzubauen.

Das ganze soziale Umfeld des Patienten besteht aus seinen Eltern, bei denen er wohnt und die für seinen Lebensunterhalt aufkommen. Das Familiensystem läuft emotional an der Grenze, wüste Auseinandersetzungen zwischen Eltern und Sohn sind an der Tagesordnung; es erscheint nur noch eine Frage der Zeit, bis das ganze System durch einen Gewaltakt aus den Fugen gerät.

Was die Genese des Zwangsverhaltens anbelangt, sprechen verschiedene Hinweise dafür, daß dieses stark mit den erlebten Erniedrigungen durch ein paar Klassenkameraden in der Kantonsschulzeit zusammenhängt. Eine genauere Exploration ergibt, daß der Patient ab dem vierten Lebensjahr an einer starken Heuschnupfenallergie litt, was zur Folge hatte, daß er oft eine Maske gegen Blütenstaub tragen mußte, wenn er zur Schule ging. Weil er zudem ein sehr ehrgeiziger Schüler war (Klassenbester), der ein gutes Verhältnis zu den Lehrern hatte, war er für die Rolle des Sündenbocks in der Klasse geradezu prädestiniert. Er wurde über Jahre hinweg von ein paar Klassenkameraden geplagt und konnte sich aufgrund seiner kleinen Statur dagegen nicht adäquat wehren. Auch seine Eltern griffen nicht ein, obwohl ihr Sohn oft zuhause wegen der erlittenen Erniedrigungen weinte. In dieser Situation begann der Patient allmählich damit, nach der Schule in der Garage die Ärmel seiner Kleider und seine Schulmappe mit Seife einzuschäumen; zudem begann er, sich lange zu duschen.

Bei manchen Heranwachsenden, die zeitweilig von anderen geplagt wurden, kann man folgende Entwicklung beobachten: Sie beginnen irgendwann, sich zur Wehr zu setzen und haben Erfolg damit. Sie verschaffen sich dadurch Respekt bei den anderen und ihr Selbstvertrauen nimmt zu, weil sie erleben, daß sie sich aus eigener Kraft Achtung verschaffen können. Die Spuren der negativen Erlebnisse verlieren aufgrund neuer positiver Erfahrungen mit der Zeit ihren Einfluß auf das Erleben und Verhalten dieser Menschen.

Im vorliegenden Fall verlief diese Entwicklung anders. Die erlebte Ohnmacht und Wut konnte nicht in ein erfolgreiches Sich-zur-Wehr-setzen umgesetzt werden, sondern die destruktiven Phantasien des Patienten wurden immer größer, bis er vor den eigenen aggressiven Impulsen erschrak und fürchten mußte, die Kontrolle darüber vollends zu verlieren. Um sich davor zu schützen, kehrt der Patient an einem bestimmten Punkt das Ganze ins Gegenteil um und hat von dem Moment an alle Hände voll zu tun, um sich vor imaginärem Schmutz, der von diesen Kameraden ausgeht, reinzuhalten. Statt sich weiterhin davor ängstigen zu müssen, was er diesen Kameraden alles antun würde, wenn es über ihn käme, braucht er fortan "nur" dafür zu sorgen, mit nichts, aber auch mit gar nichts in Berührung zu kommen, was mit denen in Kontakt stehen oder gestanden haben könnte. Der Waschzwang ist somit ein probates Mittel, um sich von den destruktiven Phantasien zu befreien und die Ängste vor einer möglichen Verschmutzung zu reduzieren.

Ich habe dieses Beispiel gewählt, weil wir den Waschzwang als Folge von negativen Erlebnissen in der Jugendzeit interpretiert haben. In unserer Hierarchie der zu erreichenden Ziele stand aber nicht die Aufarbeitung dieser Erlebnisse, sondern die Beseitigung des Waschzwangs an erster Stelle. Wir waren uns zwar darin einig, daß die Bearbeitung der Traumata in der Schulzeit, die familiären Probleme bezüglich Rollen, Kommunikation und Interaktionsverhalten der Familienmitglieder, die Ablösungsproblematik des Patienten von seinen Eltern sowie die Kontaktprobleme und die Defizite in der sozialen Kompetenz des Patienten auch sehr behandlungsbedürftig seien, aber daß die Beseitigung des Waschzwangs oberste Priorität habe.

Als Methode der Wahl bot sich die verhaltenstherapeutische Methode der "invivo-Exposition mit anschließender Reaktionsverhinderung" an (s. z. B. Hoffmann 1994). Diese verlangt, daß der Patient sich freiwillig in eine Situation begibt, in der mit großer Wahrscheinlichkeit Zwangsgedanken und -befürchtungen auftreten, er aber gleichzeitig, gemäß einer Absprache mit dem Therapeuten, freiwillig auf das Ausüben seines Abwehrverhaltens, also des Waschens verzichtet. Am sog. Tag X fuhren wir zum Patienten nach Hause und führten dort eine 4stündige Exposition durch, in deren Verlauf der Patient sämtliche gefürchteten Objekte im Haus berühren und sich mit dem imaginären Schmutz kontaminieren sollte. Es erfolgte also so etwas wie eine "Entheiligung" des Hauses, deren Ziel darin bestand, den Patienten einerseits die vermiedenen Emotionen, die bisher mit Hilfe des Zwangsverhaltens isoliert wurden, erleben zu lassen und andererseits ihm die Gewißheit zu vermitteln, daß die befürchteten Konsequenzen, d. h. das Infiziertwerden vom potentiellen Schmutz durch die drei erwähnten Kameraden nicht eintreten werden. Tatsächlich passierte während dieser Arbeit praktisch von Beginn an das, was wir erwartet hatten. Der Patient geriet durch diese Interventionen in einen hochgradig affektiven Erregungszustand, d. h. die invivo-Konfrontation mit "verschmutzten" Gegenständen führte ganz direkt an die bisher vermiedenen Emotionen heran. Am Kulminationspunkt dieser Exposition brach dann all das auf, was den Patienten in seinem Herzen schmerzte. Aus tiefster Seele fing er an, laute Schreie auszustoßen, die nach längerer Zeit übergingen in ein Weinen und in ein Klagen über all die Erniedrigungen, die der Patient von seinen Schulkameraden erlitten hatte. Dieser kathartische Effekt bestätigt eindrücklich unsere Hypothese, daß der Zwang eine vom Patienten entwikkelte Verarbeitungsform der psychischen Erniedrigungen während der Schulzeit darstellte und hauptsächlich dazu diente, die damit verbundenen belastenden Emotionen vom sonstigen Erleben zu isolieren und abzuspalten.

Ich beende an diesem Punkt dieses Fallbeispiel und möchte Ihnen allerdings nicht vorenthalten, daß es tatsächlich gelungen ist, mit dieser 4stündigen invivo-Exposition den Waschzwang des Patienten zu beseitigen und danach andere therapeutische Ziele in Angriff zu nehmen.

Frau H.

Das letzte Beispiel, das ich hier erwähnen möchte, zeigt auf sehr typische Weise, welche Spuren negative Erlebnisse hinterlassen können. Es handelt sich um eine 46jährige, allein stehende Frau, die Hauswirtschaftslehrerin ist und zum Zeitpunkt ihrer ersten Therapieaufnahme von der Schulleitung für ein halbes Jahr wegen psychischer Probleme beurlaubt wurde. Frau H. kommt in Therapie, weil sie völlig isoliert lebt und den realen Kontakt zu anderen Menschen verloren hat. Sie wirkt in ihrem Zustand sehr belastet und sagt, sie komme nicht mehr weiter mit der Frage, wer sie eigentlich sei. Sie habe panische Angst vor schmerzhaften und negativen Erkenntnissen. Aber sie möchte ihren Schatten sehen lernen, sie möchte ein realistisches Bild von sich und der Welt erlangen, und sie möchte nicht weiter in ihrer idealisierten Phantasiewelt leben. Ich möchte zu ihrer Beschreibung einen Eindruck von ihr wiedergeben, den ich nach den ersten paar Sitzungen schriftlich festgehalten hatte:

> "Sie sitzt nicht einfach im Sessel, sondern sie hat sich hingesetzt, würdevoll, aufrecht, bedeutungsvoll und doch bescheiden. Ihre Augen sehen mich erwartungsvoll, aber auch leicht ängstlich an. Auf meine Fragen gibt sie nicht einfach eine Antwort, so eher unbedacht dahergeredet. Nein, sie behandelt diese Fragen wie etwas ganz Kostbares, viel zu wertvoll, um sie einfach so zu beantworten. Sie nimmt die Fragen zum Anlaß, zu reflektieren, etwas zu entwickeln. Was sie sagt, tönt sehr gewichtig, sehr bedeutungsvoll, sehr dramatisch. Sie malt mit ihrer Sprache faszinierende, oft auch sehr bedrohliche Bilder. Es ist nicht ihre Art, über alltägliche Dinge mit alltäglichen Worten zu sprechen. Viel zu bedeutungsvoll sind ihr die Dinge, um einfach darüber zu plappern. Selbst ein Tisch ist nicht bloß ein Tisch und ein Stuhl nicht bloß ein Stuhl; es steckt viel mehr darin, etwas Magisches. Die Gegenstände haben eine Seele, und sie fühlt sich mit ihnen innig verbunden, behandelt sie wie Partner, stumme Partner. Worüber auch immer sie redet, entfaltet sie mit ihrer Sprache und ihren Bildern einen märchenhaften Schleier und hebt damit von der alltäglichen, banalen Realität der Dinge ab in eine Traum- und Phantasiewelt, die viel lebendiger und spannender erscheint als alles Alltägliche. Und als Gegenüber sitze ich da und lausche ganz aufmerksam und gebannt ihren Äußerungen zu. Und obwohl sie fast nie konkret über bestimmte Situationen redet, sondern immer verschleiert oder in Bildern, wage ich kaum je nachzufragen. Und wenn ich es trotzdem tue, dann erschrickt die Frau sehr; so wie jemand, der aus einem Traum aufgeschreckt wird. Und ihre ganze Art, mit mir über Dinge zu reden, soll sie davor schützen, von mir erschreckt zu werden. Eine Frau, die in einer magischen Welt lebt, vielleicht wie das Schneewittchen, und die immer wieder erfährt, daß die reale Welt ganz anders aussieht. Und das Gefühl, bisher am Leben vorbeigelebt zu haben, erscheint mir insofern als ganz real, als es ihr eben bis heute kaum je gelungen ist, auf die alltäglichen Dinge des Lebens in angemessener Weise einzugehen."

Erst im späteren Verlauf der fast 200 Sitzungen dauernden Psychotherapie wurde deutlich, daß Frau H. als kleines Mädchen über Jahre hinweg von ihrem Vater sexuell mißbraucht wurde. Es war ein langer Heilungsprozeß: Von den ersten Indizien für eine inzestuöse Beziehung aufgrund schrecklicher Alpträume über die allmähliche Gewißheit hin zu den Momenten, wo die Patientin ihrem Drama in die Augen zu schauen begann und nicht mehr alles ins Reich ihrer Phantasie verbannte bis zur schlußendlichen Verarbeitung des Geschehenen und einer Neuorientierung im heutigen Leben.

Ich möchte anhand dieses Fallbeispiels die diagnostische Seite der *posttraumatischen Belastungsstörung* etwas beleuchten und illustrieren anhand von Informationen während des Therapieprozesses. Dieses Syndrom ist im DSM-III-R in 5 Teile aufgeteilt:

Teil A beinhaltet, daß etwas erlebt wurde, was außerhalb der üblichen menschlichen Erfahrung liegt und für fast jeden stark belastend wäre.

Frau H. wurde, wie sich im Verlauf der Therapie herausstellte, etwa ab ihrem 7. Lebensjahr von ihrem Vater in einer Weise sexuell mißbraucht, daß dieser mit seinem Glied in sie eindrang und der Patientin dabei Schmerzen zufügte, die unerträglich waren. In der 94. Sitzung beschreibt Frau H. eine solche Szene folgendermaßen: "Sie sehe das Mädchen und sein Körper sei tot. Das Gesicht sei weg, der Kopf sei ganz nach hinten gedehnt. Die Beine würden gespreizt vorne runter hängen ... Das Mädchen sei ganz nackt. Sie sehe, wie etwas ganz Langes, so wie ein Schwert, ganz lang und dünn, ohne Kopf, ganz lang und scharf, wie ein zweischneidiges Schwert, sie sehe den Anfang nicht. Sie fühle dieses Schwert nun in sich drinnen, der ganze Leib sei offen".

Teil B verweist auf verschiedene Arten, in denen das traumatische Ereignis ständig wiederbelebt wird, wobei eine Art für die Diagnosestellung ausreicht.

Bei Frau H. waren dies nicht die sich aufdrängenden Erinnerungen an die Ereignisse, denn sie hatte zu Therapiebeginn überhaupt keine Erinnerung daran. Auffällig waren die stark belastenden Träume, in denen mit der Zeit die manifesten Inhalte deutlich auf einen möglichen sexuellen Mißbrauch hinwiesen. In der 40. Sitzung erzählt die Patientin einen Traum, in welchem sie im Auto vorne neben ihrem Vater gesessen habe, als sie schon groß gewesen sei, kein Kind mehr. Sie seien eine Straße hinuntergefahren, unter einer Autobahnbrücke hindurch. Plötzlich habe ihr Vater nach links abzweigen wollen, er sei in einen Garten gefahren. Sie habe ihm gesagt, er müsse bremsen, er komme doch dort nicht zwischen den Büschen hindurch. Er habe Gas gegeben, sei über eine Staude hinweg gefahren, sie habe gehört, wie es gekracht habe. Sie sei sehr enttäuscht gewesen, daß ihr Vater so etwas getan habe. Er habe diesen blühenden Strauch einfach kaputt gefahren.

Teil C beschreibt verschiedene Merkmale, die dafür sprechen, daß die mit dem Trauma in Verbindung stehenden Stimuli anhaltend vermieden werden.

Bei Frau H. waren dies hauptsächlich die folgenden drei Merkmale: Sie beschrieb sich von Anfang an als jemanden, der keinen echten Kontakt zu Mitmenschen habe und oft total unfaßbar sei. Sie fühle sich isoliert und den anderen fern, sie komme sich manchmal vor wie jemand von einem fremden Stern. Auch das Gefühl einer überschatteten Zukunft war von Anfang an sehr deutlich festzustellen. Im Erstgespräch sagt sie, sie sei 46 Jahre alt. Schon vor zehn Jahren hätte sie manchmal gedacht, daß sie ja bald 60 sein werde. Dieser Gedanke hätte sie manchmal getröstet im Sinne, daß sie ihr Leben noch durchhalten könne. Das dritte Merkmal war die Unfähigkeit der Patientin, sich an einen wichtigen Bestandteil des Traumas zu erinnern, was als *psychogene Amnesie* bezeichnet wird. Frau H. konnte sich beispielsweise daran erinnern, wie sie ihrem Vater auf dem Schoß saß und wie sie ein

Gefühl von Wärme und Geborgenheit erlebte. Und als nächstes sah sie sich an dem Punkt angelangt, an dem sie sich in sich zurückzog und einen großen Schmerz spürte. Es sei ein großer Schrei, ein ganz großer Schmerzensschrei, und das sei dann das Ende. Hier fällt deutlich auf, daß das Verbindungsstück zwischen der erlebten wohligen Wärme und dem großen Schmerzensschrei fehlt, und daß sich die Patientin nicht daran erinnern kann.

Teil D verweist auf anhaltende Symptome eines erhöhten Erregungsniveaus, von denen mindestens zwei Merkmale vorhanden sein müßten.

Bei Frau H. finden wir einige dieser Merkmale wieder. Sie hat enorme Schlafstörungen. Oft schläft sie erst dann so richtig ein, wenn draußen der Morgen zu dämmern beginnt und sie sozusagen die Nacht sicher überstanden hat. Sie beschreibt sich auch als jemanden, die sich zwar im Alltag als höflich, freundlich und unproblematisch gebe, aber dieses Bild stimme oft gar nicht mit ihrem Erleben überein. Und wenn sie dann einmal negative Gefühle äußere, so geschehe dies meist auf eine explosive und unverhältnismäßige Art. Es falle der Patientin auch schwer, sich auf reale Dinge zu konzentrieren, weil sie ständig in eine Phantasiewelt abhebe, die viel farbiger und oft auch schöner sei als die reale Welt. Unmittelbar damit hängen die Schreckreaktionen der Patientin zusammen. Jedesmal, wenn Frau H. von der Phantasiewelt auf die Ebene der Realität zurückgeholt wird, erschrickt sie fürchterlich.

Der letzte *Teil E* sagt schließlich, daß die Dauer der Störung mindestens einen Monat betragen muß.

Es besteht bei Frau H. kein Zweifel darüber, daß sie schon in der Pubertät wahnsinnig unter diesem Trauma gelitten hatte. Als Folge davon war sie nie in der Lage, eine Entwicklung zu vollziehen, in der sie eine verbindliche Beziehung zu einem Mann hätte eingehen und Kinder hätte bekommen können.

Fazit

Zum Schluß möchte ich gerne ein kurzes Fazit aus diesen drei Fallbeispielen ziehen. Es war mir ein Anliegen, darzulegen, daß traumatische Ereignisse und/oder -Konstellationen sehr vielfältige Auswirkungen auf das spätere Leben der Menschen haben können. Negative Erlebnisse hinterlassen v. a. dann bleibende Spuren im Erleben und Verhalten der Betroffenen, wenn diese zum Zeitpunkt ihres Auftretens nicht in adäquater Weise verarbeitet und durch neue, korrigierende Erfahrungen gemildert werden können. Manche negativen Erfahrungen sind für die davon Betroffenen sehr prägend, so daß man oft den Eindruck bekommt, sie seien in den Körper wie eingebrannt.

Ich habe zu zeigen versucht, daß die Wege und Mittel zur Bearbeitung von psychischen Störungen als Resultat von unbewältigten negativen Erlebnissen in der Vergangenheit sehr verschieden sein können. Nach unseren Erfahrungen eignen sich v. a. jene Methoden, die einen möglichst unmittelbaren Zugang zum Erleben gewährleisten. Ich halte daher die v. a. in psychoanalytischen Kreisen noch verbreitete Ansicht, man müsse über den Weg von Deutungen an die verdrängten Erinnerungen und die damit verknüpften Emotionen herankommen, für zu einseitig und - beispielsweise im Falle des Patienten mit Waschzwängen - sogar für kontraindiziert. An bisher vermiedene Emotionen kommt man oft besser heran, wenn man den Patienten dazu bewegen kann, das zu tun, wogegen er sich bisher mit aller Energie gewehrt hatte. Was ich bisher nicht erwähnt habe, ist die Herstellung einer tragfähigen therapeutischen Beziehung, die eine *unabdingbare* Bedingung für die erfolgreiche Bearbeitung von erlebten Traumata darstellt. Kein Patient wird sich darauf einlassen, etwas zu tun, was er bisher aus Angst vermieden hat, wenn er sich in der therapeutischen Beziehung nicht verstanden, wertgeschätzt und geachtet fühlt und wenn er nicht davon überzeugt ist, daß der Therapeut oder die Therapeutin ihm wirklich helfen möchte. Gerade diejenigen Menschen, die in ihrem Leben besonders schlechte Erfahrungen mit gewissen Mitmenschen machen mußten, sind besonders vorsichtig und achten sehr genau darauf, wie der Therapeut oder die Therapeutin sich ihnen gegenüber verhält. Manchmal hat man den Eindruck, sie stellten den Therapeuten auf die Probe, um zu prüfen, ob sie mit ihren Befürchtungen richtig liegen oder nicht (vgl. Ambühl 1992). Wenn Sie aber als Therapeut/in diese Probe bestehen und mit einer Patientin oder einem Patienten gemeinsam einen solchen zeitweise sehr anstrengenden und schmerzhaften Prozeß durchstehen, wird Ihnen der Dank dieses Menschen sicher sein.

Literatur

Ambühl H (1992) Therapeutische Beziehungsgestaltung unter dem Gesichtspunkt der Konfliktdynamik. In: Margraf J, Brengelmann JC (Hrsg) Die Therapeut-Patient-Beziehung in der Verhaltenstherapie. Röttger, München, S 245 - 264

Grawe K, Donati R, Bernauer F (1994) Psychotherapie im Wandel. Von der Konfession zur Profession. Hogrefe, Göttingen

Hoffmann N (1994) Verhaltenstherapie bei Zwangsstörungen. Psychotherapeut 39: 43 - 52

Kast V (1982) Trauern. Phasen und Chancen des psychischen Prozesses. Kreuz, Stuttgart

Nardone G, Watzlawick P (1994) Irrwege, Umwege und Auswege. Zur Therapie versuchter Lösungen. Huber, Bern

Niederland WG (1980) Folgen der Verfolgung: Das Überlebenden-Syndrom Seelenmord. Suhrkamp, Frankfurt aM

Ramsay R (1977) Behavioural approaches to bereavment. Behav Res Ther 15: 131 - 135

Erinnern und Entwerfen aus psychodynamisch-politischer Sicht

Tilmann Moser

Niemand von uns entgeht bewußten und unbewußten Entscheidungen, in denen ein Mischungsverhältnis von Erinnern und Entwerfen unser Leben bestimmt. Die meisten von uns sind vermutlich sogar mehrfach gespalten, was die Spannung zwischen den beiden in verschiedenen Lebensbereichen angeht: Manchmal sind wir aktiver, und das Entwerfen wendet uns stärker der Zukunft zu, und wir haben Lebensbereiche, in denen uns das Schauen und Bewahren, aber auch das Gestalten und Umgestalten von Erinnerung stärker bewegt. Selbst wo das Entwerfen vorherrscht und wir meinen, wirkliches Neuland zu erschließen, ist noch zu unterscheiden zwischen Entwürfen, die private Utopien bleiben, und solchen, die zu neuem Handeln führen. Wieviele Projekte verlassen nie das Stadium des: "Ich würde so gerne einmal dies und das unternehmen", und es bleibt beim Traum; aber wie viele unerwartete Schritte, die uns gelingen, lassen sich zurückführen auf ein vorgängiges Entwerfen? Sie sind uns möglich, weil unsichtbare Barrieren durch das Geschenk einer Ermutigung im richtigen Moment beseitigt worden sind. Oft wollen wir als Lebewesen, die auf ihre Fähigkeit zum Wählen und Planen stolz sind, auch gar nicht wissen, wie sehr uns Gewohnheiten und Rituale tragen.

Wieviel Wandlung ist uns überhaupt möglich? Wieviel von der Wandlung hängt mit verstandener Erinnerung zusammen? Und wieviel Tun ist neu entworfenes Tun, oder doch nur ausagierte Erinnerung? Oder noch einfacher: Leben wir, oder werden wir gelebt? Und von wem? Von äußeren Instanzen oder unseren unbewußten Skripten? In Diktaturen, Kriegen und Notzeiten scheinen die äußeren Instanzen das Übergewicht zu erhalten. Doch wehe, wenn äußere und innere Zwänge sich addieren: dann sind Fanatismus und Unmenschlichkeit die Folge. Dann tritt das geschwächte Ich die dämonischen Gewalten an bedenkenlose Herrscher ab, die leichtes Spiel haben, ein neues Über-Ich einzuführen, das alle Hemmungen beseitigen kann.

Das Paradox ist doch dies: Es gibt Zustände, wo wir uns stark als Entwerfende und Handelnde erleben, und doch entdecken wir hinterher beschämt, daß wir aktiv waren, weil die Kraft einer unbewußten Verstrickung oder Größenphantasie uns mutig oder gar verwegen machte; oder wir haben vor Neuem gezaudert im Banne einer Kleinheits- oder Angstphantasie, obwohl das Entwerfen und Handeln unsere Kräfte vielleicht nicht überstiegen hätte; oder wir handeln, weil unbewußte Aufträge uns Mut gaben; weil die Freude des Entwerfens und Handelns aus unverstandener Vergangenheit und unverstandener Erinnerung stammte, die eine unserer stärksten Antriebe sein kann. Ich erlaube mir ein autobiographisches Beispiel:

Vor wenigen Wochen las ich das Buch von Gerhard Werle und Thomas Wandres, "Auschwitz vor Gericht. Völkermord und bundesdeutsche Strafjustiz" (1995), ein lesenswertes und allgemeinverständliches Buch über politische und juristische Aspekte der Aufarbeitung des Holocaust. Es interessierte mich, weil ich 1963/1964 selbst einige Monate über den Prozeß berichtet hatte und die beteiligten Personen kannte. Aber meine isolierten Erinnerungen von damals wurden auf einmal in eine ganz neue Bedeutungslandschaft übergeführt, die mir damals unvertraut war: die politische, historische und juristische Dimension der NS-Prozesse, speziell derer, die mit dem Völkermord zu tun hatten.

Ich hatte damals mit weitgehend unaufgeklärtem Bewußtsein in dem Prozeß gesessen und mir die Ungeheuerlichkeiten wie grauenhafte Einzelbilder angehört: Ich hatte noch keine Beziehung zur deutschen Geschichte und keine Beziehung zur Geschichte meiner Familie. Beide Formen kollektiver Erinnerung waren mir noch fremd. Ich hatte mich in meiner analytischen Ausbildung mit der Wahl der freudianischen Richtung auf die, wie ich meinte, politisch richtige Seite, nämlich der verfolgten, der "echten" Psychoanalyse geschlagen. Damit trat ein ganz anderes, neues Erinnerungssystem in Kraft, nämlich die Lebensgeschichte Freuds und die der Psychoanalyse als neuem Koordinatensystem für die Deutung der eigenen Biographie. Die Familiengeschichte und die deutsche Geschichte blieben außen vor. Eine neue Abstammung war gefunden, ich hatte neue Ahnen und einen Stammbaum für den analytischen Familienroman.

Ich erwähne dies, um deutlich zu machen, wie viele unserer persönlichen Erinnerungen, die wir auch mit unseren Lebenszielen und Entwürfen in Verbindung bringen, abgeschnitten sein können von einer Einbettung in kollektive Formen der Erinnerung. Es ist nicht gleichgültig, daß es für die Deutschen lange Zeit kaum eine organisierte oder gar juristisch aufgearbeitete Erinnerung an die NS-Zeit gab. Die Justiz pflegte eine falsche Erinnerung: Sie sei nicht schuldig, nur gelähmt gewesen.

Kollektive wie individuelle Erinnerung gehen in ruhigen Zeiten ineinander über, ergänzen oder begründen einander. Im 20. Jahrhundert prägt der Bruch zwischen öffentlicher und privater Erinnerung nicht nur viele von uns hier, sondern bestimmt auch zahlreiche Konflikte unserer Patienten.

Spät nahm ich wahr, daß mein Vater ein früher SA-Mann und kleiner NS-Funktionär war. Aber ich verstand noch nicht die Zusammenhänge, den plötzlichen Sog der Geschichte von Diktaturen, die Faszination in manchen Therapien, wenn Patienten, mutiger als ich, in ihre Familiengeschichte eindrangen. Ich wußte fast nichts über meine Familie in den zwölf Jahren des Dritten Reiches. Sie waren sozusagen lehrbuchhaft im Sinne der Mitscherlichs "derealisiert" oder entwirklicht.

Ich suchte noch einmal eine Art fokaler Therapie auf, die noch läuft, und inszenierte dort frühe Erinnerungen an die Eltern und deren Lebensstationen zwischen meiner Geburt 1938 und der Nachkriegszeit, in der sie christliche Wiedergutmachungsarbeit betrieben. Die Krankheit meines Vaters im Jahre 1938 hat ihn vor Krieg und vor der Beteiligung an Verbrechen bewahrt. Vielleicht von daher das Gefühl der historischen und familiären Unschuld, und meine lange Weigerung, nach der Seelengeschichte des Dritten Reichs in der Familie zu fragen. Ich kenne meinen Vater nur als den gebrochenen, quasi erinnerungslosen, den körperbehinderten, der ab und zu seufzte: "Wir sind doch alle betrogen worden". Allmählich dämmert mir folgender Zusammenhang: Wenn ich Zugang zum gesunden, dynamischen, hoffnungsvollen Vater finden will, stoße ich auf den SA-Mann und den vermutlichen Hitlerverehrer. Die Männlichkeit und Kraft meines Vaters sind unweigerlich verbunden mit seinem Rückhalt im Glauben an den Führer. Aber die kollektive Erinnerung wie die familiäre waren nicht greifbar. Sie bestimmten nur als unbewußte Kräfte den Werdegang, das Spektrum der Wahrnehmung, die Balance zwischen Erinnern und Entwerfen. Und ich kann bis heute nicht abschätzen, ob in das berufliche Engagement neben vielen anderen Motiven nicht ein Abtragen von Schuld, sogenannter "entlehnter Schuld", eingegangen sind. Damit sind wir schon bei unserem Beruf als Psychotherapeuten, den man auch als den eines Vermittlers zwischen Erinnern und Entwerfen bezeichnen könnte.

Meine *erste* These lautet: Es bedarf besonderer Geduld und langen Abwägens, um bei einem Patienten eben diese persönliche Gleichung zwischen Erinnern und Entwerfen allmählich zu erhellen, erst recht, wenn auch die kollektiv verdrängte Erinnerung am Werk ist. Unsere eigene persönliche Gleichung von Erinnern und Entwerfen kann uns dabei helfen. Sie kann sich aber auch störend auswirken durch Unterschiede des Tempos, der unbemerkten Erwartung an den Patienten, den selektiven Umgang mit seinem politisch-historisch bedingten Konfliktmaterial.

Die Blindheit der Psychoanalyse

Doch die Jahre der psychoanalytischen Blindheit bei diesem Thema sind mit den sich häufenden 50. Jahrestagen glücklicherweise vorbei. Wir treffen auf Patienten, denen die neu durchlebte, verstandene Erinnerung den Mut des Entwerfens und Handelns stärkt, und solche, die den erhellenden Rückblick als meditative Erholung erleben, als ruhigen Wandteppich der Rückschau, die gerade vom Drang zum Handeln erlöst. Was sie genießen und woran sie wachsen, ist die Aufhebung von Irrtum und Selbsttäuschung, und nicht Aufbruch zum Tun. Das frühe psychoanalytische Dogma, daß Einsicht zu Veränderung führe, hat nicht nur die Zähigkeit mancher affektiver Bahnungen unterschätzt, sondern auch die Vielfalt der Mischungen zwischen Erinnern und Entwerfen. Ich behaupte, daß bei Patienten der ersten und zweiten Generation ein individuelles Erinnern ohne eine Einbettung ins kollektive Erinnern blind bleibt. Und blind bleiben auch oft die Lebensentwürfe, weil ihnen die verstandene Geschichte oder die verstandenen Traditionsbrüche fehlen.

Den unauflöslichen Spannungszustand zwischen den beiden Polen möchte ich aber nicht nur allgemein diskutieren, sondern am Beispiel des von uns Deutschen mit dem Nationalsozialismus und seinen Folgen Angerichteten und Erlittenen, und am Verhältnis von Erinnern und Entwerfen nach dem Ende des "großen Schweigens". Damit ist gemeint, daß über so lange Jahrzehnte die Erinnerung an die NS-Zeit ausgeblendet werden mußte, weil sie unerträglich war und sich als historischer Giftmüll in unterirdischen Deponien befand. In ihnen bildete er nicht durchgearbeitetes Material für neues, oft blindes Entwerfen, für Spaltungen und ebenso blindes Agieren.

Damit komme ich zur *zweiten* These: Da das große Schweigen so lähmend über unserer historischen Erinnerung lag, kam es bei vielen Patienten - uns eingeschlossen - zu einer historisch neuen Dissoziation zwischen Erinnern und Entwerfen. Wir haben in Deutschland gelebt, zwar im öffentlichen Leben getragen von dem Schwur "Nie wieder", aber doch mit Entwürfen, die hinter dem Wiederaufbau, Komfort, Sicherung, Selbstentfaltung in differenziertem Konsum zum Teil blind waren, blind v. a. im Verhältnis zwischen den Generationen. Es gab zwar viele öffentliche moralische Appelle ans Erinnern, periodische Schocktherapien der medialen Vermittlung - immer wieder die Bilder von Auschwitz und vom militärischen Überfall auf andere Länder. Manche Unternehmung im öffentlichen Raum der angemahnten Erinnerung glich Techniken der frühen Psychoanalyse: Den Widerstand gegen das Erinnern zu brechen. Aber erzwungene Erinnerungen führen in der Regel zu Ausstoßungs- oder Verschüttungsprozessen; sie werden zu seelischen Fremdkörpern. Deshalb möchte ich im therapeutischen Raum immer nur von ermutigten Erinnerungen sprechen, wobei dem Therapeuten die Pflicht zukommt, die Kapazitäten des seelischen Raums für Erinnerungen einzuschätzen oder sie mit dem Patienten zu erarbeiten.

Die entsetzlichen Erinnerungen an Getanes und Erlittenes bei so riesigen politischen Verbrechen und Katastrophen brauchen mehr als den Appell, sie brauchen einen Container für das überwältigte Ich, auch das kollektive. Dieses im Bereich der Psychoanalyse durchaus vorhandene Wissen ist, so scheint mir, im Bereich der "Bewältigung" der NS-Vergangenheit nicht angemessen verstanden und angewandt worden. Für die daraus folgende Spaltung ein Beispiel aus der eigenen Praxis, bei dem sich zeigt, daß wir unter Umständen auch die Erinnerung der Eltern brauchen, und die Auseinandersetzung mit ihr, um wirklich ein eigenes Leben entwerfen und gestalten zu können.

Kasuistik

Es handelt sich um einen Patienten, der durch die fehlende Auseinandersetzung mit eigenen Erinnerungen und denen der Eltern enorm behindert ist beim Entwerfen eines eigenen Lebensplans. Er ist etwa 1950 geboren und versucht, mit einem vierten Versuch einer Psychotherapie, seinem ihm als verpfuscht erscheinenden Leben doch noch einmal eine Wendung zu geben. Er bringt sein Schicksal nicht im geringsten mit Diktatur und Krieg in Verbindung und setzte meinen Versuchen, die Zusammenhänge aufzudecken, lange einen skeptischen, ja spöttischen Widerstand entgegen. Ich zitiere z. T. aus dem in manchen Details veränderten Antragsgutachten für die Krankenkasse, um zugleich auch die Probleme des Krankheitswerts von z. T. auf die politischen Katastrophen zurückgehenden Störungen zur Diskussion zu stellen. Diese Thema ist bis heute umstritten. Wir kennen aber die unwürdigen Diskussionen in der deutschen Nachkriegspsychiatrie um die Entschädigungsgutachten für KZ-Opfer.

Der Patient erscheint mir an der Tür sofort um mindestens zehn Jahre älter als das am Telefon genannte Alter von 42 Jahren. Er sieht zermürbt und hoffnungslos aus. Er klagt über Erstarrung und Depression, Verzweiflung über seine scheiternde Ehe. Er schleppe sich durch den Tag, sei lustlos im Dienst als Lehrer an einer Grundschule, lasse sich häufig krank schreiben und liege dann einfach im Bett herum.

Der Patient K. ist als drittes Kind eines kleinen Spediteurs in der Nähe einer Großstadt geboren. Der Vater, arbeitswütig und zackig, sei innerlich und in seinem Gehabe NS-Offizier geblieben: Drill, Leistung, Härte, unnahbarer Stolz. Die Mutter sei blaß, unselbständig, offen auf Vaters Seite, heimlich aber in einer Verwöhnungsbindung dem Patienten zugewandt, der sie treu stützte als Trostkind, sich dennoch immer wieder an den Vater verraten fühlte, der abends strafte. Der Patient fühlte sich in der Familie gezwungen, ein "falsches Selbst" zu leben: angepaßt, pflegeleicht, widerspruchslos unauffällig. Er wurde in der Schule oft verprügelt, vom Bruder geschützt, aber auch von ihm abhängig gehalten. Die Schwester lebte während des Studiums mehrmals für einige Zeit in einem Kibbuz in Israel, brachte von dort ein Kind mit, wagte es aber dann doch nicht, nach Israel zu heiraten. Sie konnte die Mißbilligung der Eltern nicht ertragen. Erst in der Pubertät wird der Patient zum Schläger und Klassenstärksten, ohne Freunde, aber stolz darauf, von nun an die anderen einschüchtern zu können. Vielleicht wäre er heute bei den Skins oder bei den Rechtsradikalen gelandet.

Er beunruhigt als Kind die Familie lange durch starke nächtliche Unruhe, es wurden später noch die "Löcher" in der Wand gezeigt, die durch das schwingende Bett geschlagen wurden. Zärtlichkeit galt als "verboten!", weil verweichlichend. Der Vater veranstaltete unvorhersehbar nächtliche Alarmübungen als Vorbereitung auf einen möglichen Überfall oder Brand. Er galt als jemand, der sich für die Familie "aufopfert", und der deshalb Kritik und Auseinandersetzung nicht zuzulassen brauchte. Der Mutter verbot der Vater, in ihrem Beruf, den sie noch im Krieg erlernt hatte, zu arbeiten. Das hätten sie auch nicht nötig, und das diskreditiere ihn als Familienoberhaupt.

Der Patient lebt hinter einer Maske verborgen, hinter der ein eingeschüchterter kleiner Junge durchscheint, mit den Augen eines geprügelten Hundes, der um sein Lebensrecht bettelt. Er spürt die eigene Erstarrung und wird im Kontakt zusätzlich durch seine immense Scham darüber behindert. Die Gefühle der Leere werden durch Arbeit betäubt, die aber beim Direktor, wie er meint, wenig Anerkennung finde. Er schweigt im Kollegium, bekommt Schweißausbrüche, wenn er sich äußern soll, schwelgt aber in heimlichen Größenphantasien, zu denen auch ausschweifende Rachebilder für alle Kränkungen gehören. Er identifiziert sich mit den harten, unmenschlichen Normen des Vaters, obwohl er weiß, daß er nach denen ein hoffnungsloser Schwächling ist, vielleicht sogar lebensunwertes Leben.

Der Patient ist von einer versorgenden Mutterbindung nicht freigekommen, für die er sich aber verachtet. Die Trennung in das "Vorzeigbare" und das "Heimliche, zu Verbergende" durchzieht sein Leben, auch in der Schule. Sein hochidealisiertes Berufsziel war immer Leiter einer Sonderschule zu werden, seit er als Student eine sehr stützende, aber kurze Erfahrung mit einem pädagogischen Mentor machte. Aber dieses Ziel bleibt illusorisch, weil die unaufgearbeiteten eigenen wie die Familienerinnerungen ihn am realistischen Entwerfen hindern.

Eine erste Gesprächstherapie half ihm, das Studium zu beenden. In zwei späteren Analyseversuchen sei er "beinahe eingegangen", er ging "auf der Couch verloren", wie er sagt. Es kam keine tragfähige Arbeitsbeziehung zustande, die Therapeuten blieben in der Übertragung bedrohliche, ja monströse Herrscherfiguren. Da blieb nur Unterwerfung und heimlicher Widerstand mit enormen Straf- und Vernichtungsängsten. Unvermittelt brach er die Behandlungen ab. Dies habe ihn seit zehn Jahren erstarren lassen. Das Gefühl des Scheiterns schwebe, wie von Gottheiten ausgesprochen, über ihm. Er hat Angst, vielleicht nicht "therapierbar" zu sein.

In mir wechseln oft Mitleid mit Langeweile und extremer Wut, wo ich ihn maltraitieren möchte, als wäre ich ein schneidiger Offizier, mit einen dummen und widerspenstigen Rekruten auf dem Kasernenhof. Der Gott des Krieges und der Vernichtung wohnt noch in ihm, der mich in der Gegenübertragung heimsucht und schüttelt. Er kommt mir vor wie ein Enkel Hitlers, der von dieser Abkunft nichts wissen will. Obwohl er theoretisch sehen kann, daß ich etwas Richtiges ahne, wenn ich immer wieder die beschwiegene NS- und Kriegsgeschichte anspreche, so macht er mich doch gerne lächerlich, etwa mit dem Satz: "Sie mit Ihren ewigen Vatergeschichten. Ich will von dem Kerl nichts wissen, Sie wissen doch, daß ich ihn verachte. Er hat mich genug maltraitiert. Und jetzt soll ich ihm noch die Ehre geben, mich dauernd mit ihm zu beschäftigen". Weder mit der Erinnerung noch mit der Übertragung des ihn entwertenden Vaters auf mich möchte er konfrontiert werden. Fast mit Ekel wendet er sich ab von der ihn prägenden unbewußten früheren Realität. Darunter läuft heimlich eine schützende, auf Schonung angelegte Mutterübertragung, über die möglichst nicht gesprochen werden darf. Die Einfühlungsfähigkeit in seine Schüler funktioniert dort gut, wo er sich als ähnlich empfindet. Aber oft steht er einfach befremdet vor ihnen und wünscht sie als Schwächlinge zum Teufel. Autoritätspersonen und potentielle männliche Konkurrenten sind immer bedrohlich, werden in der Phantasie aber "ausgelöscht".

Meine These für diesen Beitrag lautet: Menschen, die an seelischen NS- und Kriegsfolgen, auch in der zweiten Generation, erkranken wie er, sind sehr zahlreich. Da der therapeutische Umgang mit der politischen Erbschaft kaum gelehrt wurde, sucht jeder Therapeut seinen eigenen Weg, oder er übersieht immer noch die Auswirkungen der politischen Katastrophen bei seinen Patienten und manchmal auch bei sich selbst.

Dieser Patient leidet. Es gibt aber viele, die andere leiden machen, um nicht selbst zu leiden. Der Titel des letzten Buchs von Horst Eberhard Richter (1993) lautet: "Wer nicht leiden will, muß hassen." Anita Eckstaedt (1989) nennt die Folgen dieses aus den Fugen geratenen Gleichgewichts zwischen Erinnern und Entwerfen "ichsynthone Objektmanipulation": Menschen werden benutzt als Objekte, weil viele Angehörige dieser Generation selbst nie wirklich Subjekt aus eigener Würde waren.

Der Vater dieses Patienten hat die Jahre seiner persönlichen und prägenden Entfaltung in der Hitlerjugend und auf dem Kasernenhof, später im Krieg verbracht. Er ist über den Zustand von Unterwerfung, Gehorsam und Idealisierung, Enttäuschung und Sinnverlust nie hinausgekommen, konnte sich nichts gönnen, kaum neue Kontakte schließen. Er kennt nur Überordnung und Unterordnung. Das Trauma der Niederlage wie der Verlusts der das Selbst stützenden NS-Ideologie wurden nicht aufgearbeitet. Nur in der verbissenen Weigerung, jemals wieder eine abhängige Stellung einzunehmen, kommt etwas von dem Haß und der Desillusionierung über Vorgesetzte oder die ganze Nazizeit zum Vorschein.

Die Mutter verrät nach der Heimkehr des Vaters ihre eigene Emanzipation, die sie ja dem Krieg und der Lebensgefahr des Vaters verdankt. Viele Frauen verdanken sie auch dem Tod ihres Mannes, mit allen möglichen psychischen Folgen für die allgemeine Rolle der Frauen nach dem Krieg.

Das Familienmodell in der Herkunftsfamilie des Patienten entspricht dem, was Horst Eberhard Richter (1970) die *paranoide Festungsstruktur* genannt hat: Es dominieren Mißtrauen nach außen und eine von Minderwertigkeitsgefühlen durchzogene Selbstüberhöhung nach innen; Kriegserinnerungen schwappen als Abenteuer- oder Leidensberichte in die Familie, aber nicht als ein hinterfragbares Erleben, das irgendwie politisch einzuordnen wäre. Daß alles falsch und verbrecherisch gewesen sein soll, wie es nach 1945 hieß, wird an der Oberfläche akzeptiert, im Inneren macht es trotzig und verstockt.

In einer Welt ohne Orientierung hielt der Vater fest an den militärischen Tugenden, als ob wenigstens sie Rettung in der Not verheißen könnten. Die Mutter kannte als Mädchen ein kurzes Erblühen im BDM und Arbeitsdienst, verglichen mit einem eng-frommen Milieu, aus dem sie stammte. Sie war aber nicht stark genug, sich dem Druck des Vaters gegen ihre vom Krieg erzwungene Selbständigkeit zu widersetzen. Sie mußte schon aus diesem Grund ihre persönlichen Erinnerungen, die - mit der Berufsausbildung - zu einer gewissen Autonomie führten, begraben. Die familiäre wie die kollektive Verschüttung der Erinnerung an die NS-Zeit verstärken sich. Diese Verweigerung von Erinnerung vererbt sich. Was übrig bleibt für den Patienten, ist ein berechnendes Taxieren der Eltern nach ihren jeweils aktuellen Eigenschaften, nicht ein Erkennen ihrer Person und ein Verstehen ihrer gescheiterten und der späteren Ersatz-Lebensentwürfe. Nach außen wurde in der Familie das in der Jugend indoktrinierte Rollenbild von Mann und Frau hochgehalten. In der Nacht mußte die Frau Trösterin sein für einen Mann, der regelmäßig in Todesangst ausbrach, schrie, an Schlaflosigkeit litt und die Bilder des Grauens nicht los wurde, die er sah oder in Rußland selbst mit angerichtet hatte. Ob er Mittäter war bei Vernichtungsaktionen gegen Juden oder Partisanen, wird wohl immer im Dunklen bleiben. Die zerfetzten Kameraden neben sich im Schützengraben, beim Angriff oder später auf der Flucht, machten Todesangst und extremen Verlust zu einem festen Bestandteil seines seelischen Gefüges. Innere Lösungsversuche seiner Frau beantwortete er mit Panikanfällen, in die er die Kinder mit hineinzog. Es handelt sich um eine Familie, die "agierte unbewußte Erinnerungen" lebt und nie mehr zu einem wirklich eigenen Lebensentwurf gefunden hat. Der Bruch zwischen Erinnern und Entwerfen ist vollkommen, bestimmt höchstens durch die phobische Haltung des Vaters vor allem Neuen, ja vor seelischen Dingen überhaupt, weil das Sprechen über Gefühle an die Deponien der Erinnerung rühren würde.

Die Bedrohung durch Gefühle

Also werden Gefühle zum Bedrohlichen an sich. Ihr Auftauchen läßt sich nur noch erkennen an dem Grad der zynischen Abwehr: "Getue, Geseire, Weiberkram." Der Sohn kommt, wenn Gefühle aufsteigen wollen, sofort in die Nähe drohender weiblicher Identität. Er praktiziert deshalb, so gut er es kann, was man Affektabwehr nennt. Wenn er einmal weint, ist er tagelang böse auf sich, vielleicht auch auf mich, der ich diese Zustände von Weichheit hervorrufe.

Lassen sich für unser Thema: "Erinnern und Entwerfen" sowie für die Therapie von Angehörigen der zweiten Generation aus diesem und anderen Fällen behandlungstechnische Regeln ableiten? Zumindest einige. Möglicherweise gehört die Erfahrung von Hilflosigkeit und Ohnmacht zu den Grunderfahrungen des Therapeuten, denen er sich stellen muß. Sie entspricht unserer Ohnmacht gegenüber den Schrecken der NS-Herrschaft und des Krieges mit all seinen Folgen. Mein Patient verkörpert besonders eindrucksvoll eine kollektive Weigerung oder Unfähigkeit der Deutschen - vielleicht aller Völker, die mit solcher Schuld an verbrecherischen Kriegen beladen sind - sich zu erinnern und die Abkunft von verstrickten Eltern aufarbeiten. Die Ablehnung des inneren Erbes verführt oft zu illusionären Zukunftserwartungen, zu magischem Denken oder aber zu dem, was wir als workoholic, als Arbeitssucht bezeichnen im Dienste des Vergessens oder Verdrängens. Man könnte sogar von einer Haltung der Verweigerung vor unserer Geschichte sprechen.

Wie läßt sich dem begegnen? Die versteckten Identifizierungen sind oft sehr tief, ebenso die verdeckten oder offenen Gegenidentifikationen: "Um keinen Preis so werden wie die Eltern". Die Identifikationen mit Heldenidealen sind oft deshalb so geheim, weil sie gegen eine Umwelt verteidigt werden müssen, die sie nicht mehr honoriert oder teilt, und weil sie der heimliche Trost sind bei Depression oder emotionalem oder beruflichem Versagen. Sie bilden ein seelisches Knochengerüst, bei dessen Wegfall der Patient fürchtet, in sich zusammenzufallen und nichts mehr wert zu sein.

Wichtig scheint mir der Mut, die vom Therapeuten vermuteten oder erarbeiteten Zusammenhänge immer wieder anzusprechen im geeigneten Augenblick. Hilfreich kann auch die Erwähnung der eigenen Familiengeschichte sein, weil die Patienten, neben der Entwertung des Therapeuten, durch eine heimliche Idealisierung ihn oder sie weit weg von solchen historischen Einbindungen und Beschädigungen phantasieren.

Für mich hat sich die Einfügung des Rollenspiels in den analytischen Prozeß bewährt: Die direkte Konfrontation mit den Eltern oder Großeltern erlaubt leichter die Externalisierung der Menschen, die als Introjekte unerkannt in den Patienten leben.

Bei dem erwähnten Patienten wie bei einigen anderen hat es sich auch bewährt, die dämonischen Gewalten und Figuren hinter den Eltern darzustellen: In meinem Fall der Gott des Krieges, der im Rollenspiel dem Vater seine Ideale diktierte. Es könnte auch Hitler sein, oder einer der bewunderten militärischen Ausbilder oder Generäle. Mein Patient sah dadurch zum ersten Mal seinen Vater nicht als den unhinterfragbar Mächtigen, sondern als einen durch von außen kommenden Imperativen angefüllten oder gar besessenen Menschen.

Es gibt keine Patentrezepte für den Umgang mit den seelischen Spätfolgen der NS-Zeit und des Krieges. Aber die wachsende Überzeugung, daß die Geschichte in abgesunkenen Deponien noch in uns sitzt, hilft, die Augen offen zu halten für die Bedrohungen des Gleichgewichts zwischen Erinnern und Entwerfen. Es schadet nichts, wenn der Therapeut dem Patienten selbst als ein Fragender, Forschender erscheint. Er lernt damit einen Gegenpol zu dogmatischem Denken und Indoktrination kennen, ein Beispiel für Offenheit und Lernbereitschaft dort, wo der Patient in seiner Kindheit und Jugend vielleicht nur auf Vermeidungen oder Einschwörungen gestoßen ist, wie Anita Eckstaedt (1989) es nennt. Es kann auch ermutigend sein, sich gleichzeitig zum eigenen Umgang mit der Familiengeschichte als Forscher zu erleben. Denn der Kanon der klassischen Psychoanalyse und Tiefenpsychologie enthält so gut wie keine Hilfen beim Umgang mit diesen Themen. Wir sind noch am Anfang unserer deutschen Hausaufgaben, und es gibt noch nicht den Kanon des "Richtigen" oder historisch Bewährten. Wir können noch Pioniere sein und fördern damit unsere eigene Bewältigung der Vergangenheit. Es handelt sich nach 50 Jahren Schweigen um unsere zweite Chance, die auch wir Therapeuten bei diesem Thema bekommen.

Literatur

Eckstaedt A (1989) Die Kunst des Anfangs. Suhrkamp, Frankfurt aM

Richter HE (1993) Wer nicht leiden will, muß hassen. Hoffmann &Campe, Hamburg

Richter HE (1970) Patient Familie. Rowohlt, Reinbek

Werle G, Wandres Th (1995) Ausschwitz vor Gericht. Beck, München

Das Narrativ in der Psychotherapie

Manfred Cierpka

Der Schriftsteller Mario Vargas Llosa (1990) beschreibt Geschichtenerzähler im Regenwald am Amazonas, die von Dorf zu Dorf ziehen und den dort lebenden Stämmen Geschichten erzählen. Die Ankunft eines Geschichtenerzählers ist Grund genug, sofort ein Fest zu veranstalten. Die vielen Geschichten dieser "heiligen Männer" haben etwas mit der Vergangenheit des inzwischen im Regenwald weit verstreuten Stammes zu tun. Der Geschichtenerzähler berichtet über unglaubliche Abenteuer und Mutproben, die die Vorfahren bestanden. Ohne diese Geschichtenerzähler gäbe es schon lange keinen einheitlichen Stamm mehr. Da das Volk ständig weiterzieht, die einzelnen Stammesgemeinschaften weit verstreut sind, und sich inzwischen kaum mehr kennen, überbringt der Geschichtenerzähler nicht nur die aktuellen Neuigkeiten, er erzählt auch von den "Alten", den Vorfahren und ihren Heldentaten oder Missetaten. Er ist es, der das Gefühl der Gemeinschaft für den Stamm proklamiert und aufrechterhält. Diese Geschichten werden von Generation zu Generation weitergegeben. Der Geschichtenerzähler erfuhr sie von seinem Vater und wird sie an seine Söhne weitergeben. Dadurch daß er die Geschichten, Sagen und Anekdoten eines Stammes erzählt, trägt er ganz wesentlich zur Identität dieses Stammes bei. Die vielen Geschichten werden zu der *einen* Geschichte des Stammes.

Unter Narrativen versteht man Geschichten oder Erzählungen, die einen Handlungsanteil haben und meistens mit Menschen und ihren Beziehungen, Gefühlen und ihrem Verhalten zu tun haben. Man denkt im Narrativ an Personen, die als Urheber handeln und Absichten und Ziele verfolgen, die sich in einer kausalen Sequenz mit Anfang, Mitte und Ende entfalten. Im Narrativ wird also eine Szene dargestellt, die sich als Gestalt den Zuhörern präsentiert. Das englische Wort "story" macht diese Prägnanz des Narrativs deutlicher als unser deutsches Wort "Geschichte". Das Narrativ weist inhaltliche und strukturelle Eigenschaften auf.

Die Erzählung

Die inhaltliche Eigenschaft ist das Thema, die Geschichte selbst, die mitgeteilt wird.

Die bekanntesten Erzählungen sind die Märchen aus 1001 Nacht, die arabische Erzählsammlung von über 300 Märchen, Legenden, Anekdoten, Parabeln, Gedichten u.a., die von einer Rahmenhandlung zusammengehalten werden: Um sich für die Untreue seiner Gattin zu rächen, heiratet der König von Samarkand jeden Abend eine andere Frau und tötet sie am Morgen. Die kluge Tochter des Wesirs, Scheherazade, hält den König durch fesselnde Erzählungen von seinem Vorhaben ab und ändert seinen Sinn. Welch heilende Kraft in der Erzählung enthalten ist, wird hier demonstriert. Das Rachegefühl des Königs versiegt erst, als er durch Scheherazades Erzählungen in andere Lebensgeschichten verwickelt wird und sein eigenes Trauma, nämlich von seiner Frau betrogen worden zu sein, überwinden kann.

Mit Erzählforschung assoziiert man in der Fachwelt und in der Öffentlichkeit heute v. a. die historische Erzählforschung, die sich mit der Welt der "einfachen Formen" (Ranke 1978), mit den Gattungen Märchen, Sage, Legende, Schwank, Anekdote, Witz usw. (Röhrig 1976) auseinandersetzt. Das zur Zeit größte Editionsunternehmen der volkskundlichen Erzählforschung, die in Göttingen herausgegebene "Enzyklopädie des Märchens", dokumentiert durch ihren Untertitel diese dominierende Ausrichtung, es heißt: "Handwörterbuch zur historischen und vergleichenden Erzählforschung". Auch andere wissenschaftliche Disziplinen befassen sich seit mehr als zwei Jahrzehnten in vielen Studien und Büchern mit der Erzählung. Narrative werden in der Literaturkritik, in der Psycholinguistik, in der Diskursanalyse, aber auch in der Psychologie untersucht.

Das Erzählen

Mit strukturellen Eigenschaften ist das Erzählen, der Erzählvorgang selbst, gemeint.

"Wenn du etwas wissen willst und es durch Meditation nicht finden kannst, so rate ich dir, mein lieber, sinnreicher Freund, mit dem nächsten Bekannten, der dir aufstößt darüber zu sprechen. Es braucht nicht eben ein scharfdenkender Kopf zu sein, auch meine ich es nicht so, als ob du ihn darum befragen solltest: nein! Vielmehr sollst du es ihm selber allererst erzählen" (v. Kleist 1977, S. 319).

Dies empfiehlt Heinrich von Kleist in seinem Essay über die allmähliche Verfertigung der Gedanken beim Reden. Mit Meditation ist hier offensichtlich "Erinnern" gemeint, wenn man also etwas wissen will und sich nicht daran erinnern kann, soll man mit einem anderen sprechen, ihm erzählen. Kleist beschreibt, wie der Vorgang des Erzählens in der dialogischen Situation zu Erkenntnissen führt: etwas "inneres", das einmal "verinnerlicht" wurde, wird eigentlich "veräußerlicht" oder eben erinnert. Mit bissigem Humor meint er freilich auch, daß man als Zuhörer - und in dieser Position befinden wir uns überwiegend in der Psychotherapie - nicht unbedingt ein scharfdenkender Kopf sein muß.

Für die psychische Entwicklung des Kindes bedeutet die Fähigkeit, erzählen zu können, sich selbst anderen mitteilen zu können. Der Psychoanalytiker und Säuglingsforscher Daniel Stern (1993) spricht vom narrativen Selbstempfinden, das sich zwischen dem dritten und vierten Lebensjahr entwickelt, dann, wenn das Kind beginnt, Geschichten zu erzählen und nicht nur die Dinge benennt. Nach dem Beginn des Sprechens zwischen 15 und 18 Monaten bringt es die sich entwickelnde Fähigkeit zur Symbolisierung mit sich, daß die eigene Lebensgeschichte erzählt werden kann, mit all den Möglichkeiten, die sich daraus zur Veränderung des eigenen Selbstbilds ergeben. Das Verfertigen einer Geschichte ist nicht dasselbe wie irgendeine beliebige Art des Denkens oder Sprechens. Es scheint eine andere Denkweise zu erfordern, als dies bei einer Problemlösung oder reinen Beschreibung der Fall ist. Stern meint, daß das Verfertigen von Geschichten sich als ein universell-menschliches Phänomen erweisen könnte, das den Bauplan des menschlichen Geistes widerspiegelt. Dies wäre ein neues und aufregendes Forschungsgebiet; noch aber hat man die Frage nicht beantwortet, wie, wann oder warum Kinder Erzählungen konstruieren (oder sie zusammen mit Mutter oder Vater konstruieren), aus denen sich die Autobiographie und schließlich jene Lebensgeschichte entwickelt, die ein Patient dem Therapeuten zu Beginn der Behandlung schildert.

Das Narrativ in der Psychotherapie

Freud gilt als großer Erzähler. Muschg und viele andere Schriftsteller haben Freuds Kunst, Krankengeschichten zu erzählen, gerühmt. Der Rattenmann und der Wolfsmann gelten nicht nur als psychoanalytische Falldarstellungen, sie gelten auch als Novellen. Seit Freud basiert die Psychotherapie darauf, daß Patienten den Therapeuten "Geschichten" davon erzählen, was ihnen mit anderen und mit sich selbst passiert ist.

In mehreren psychotherapeutischen Verfahren wird das Geschichtenerzählen als Behandlungstechnik eingesetzt. Das "story telling" wird in der Transaktionsanalyse und in der Familientherapie von den Therapeuten angewandt, um etwas über die Lebensskripte der Patienten und die Historie der Familie zu erfahren. White (1989) erarbeitete eine Technik, um eine Familie zur Beachtung bedeutsamer, einmaliger Ereignisse zu ermuntern. Durch ressourcenorientierte Fragetechniken werden alternative Erkenntnisse über Beziehungen erfaßt, die eine neue Sichtweise des Problems ermöglichen. White u. Epston (1990) empfehlen, in der Familientherapie neue Geschichten zu finden oder zu verfassen, die dem Patienten neue Bedeutungen mit neuen Handlungsoptionen ermöglichen.

Ziel der psychodynamisch orientierten Therapie ist es, das psychische und körperliche Leiden mit bestimmten Ereignissen und Episoden aus dem Leben des Patienten zu verknüpfen. Die Beziehungserfahrungen können in den Erzählungen dieser Ereignisse sichtbar gemacht werden. Besonders festgefügte, repetitive Erfahrungen verdichten sich quasi in diesen Erzählepisoden. Oftmals sind die Beziehungserfahrungen dem Bewußtsein nicht zugänglich, weil die Abwehr die seinerzeit "unlustvoll" erlebten Erfahrungen verdrängte. Weil diese Erfahrungen im Seelenleben "quer" liegen, sind neue Erfahrungen und neue Lösungen in entsprechenden aktuellen Konfliktsituationen oftmals nicht möglich. Die Aufgabe des Analytikers ist es, den mit den ehemaligen Beziehungserfahrungen verbundenen inneren Konflikt zu deuten. Freud fordert:

> "Die Aufgabe, welche die psychoanalytische Methode zu lösen bestrebt ist, läßt sich in verschiedenen Formeln ausdrücken, die aber in ihrem Wesen nach äquivalent sind. Man kann sagen: Aufgabe der Kur sei, die Amnesien aufzuheben. Wenn alle Erinnerungslücken ausgefüllt, alle rätselhaften Effekte des psychischen Lebens aufgeklärt sind, ist der Fortbestand, ja eine Neubildung des Leidens unmöglich gemacht" (Freud 1904, S. 5).

Auch wenn Freud den interaktionellen Aspekt des Erzählens vernachlässigte, basiert unser Verständnis der Veränderung im psychotherapeutischen Prozeß doch auf der Deutung dessen, was der Patient nicht zu Ende erzählen konnte. White u. Epston (1990) weisen darauf hin, daß die Narrative das Erleben von Ereignissen einbinden, jedoch nicht unbedingt den aktuellen Erfahrungen in den gegenwärtigen Beziehungsmustern entsprechen müssen. Sie kommen zu einer ähnlichen Unterscheidung, die Spence (1982) zwischen der narrativen und historischen Wahrheit machte. Die narrative Wahrheit muß nicht der historischen, realen Erfahrung entsprechen. Die Narration ist die inzwischen vom Subjekt und seinem Seelenleben überarbeitete Version. Erst diese Subjektivierung führt zur Identität des einzelnen. MacLean (1991) hat diese Unterscheidung zwischen der wahren Geschichte und der erfundenen Geschichte literarisch in seinem Buch "Aus der Mitte entspringt ein Fluß" verwertet, das ja auch eine großartige Erzählung ist.

Dort heißt es:

"Einmal zum Beispiel stellte mein Vater mir eine Reihe von Fragen, die mich plötzlich stutzen ließen, ob ich wenigstens meinen Vater verstand, dem ich mich näher fühlte als jedem anderen Mann, den ich je gekannt habe. "Du erzählst doch gern wahre Geschichten, oder?" fragte er, und ich antwortete: "Ja, ich erzähle gerne Geschichten, die wahr sind."

Dann fragte er: "Wenn Du irgendwann mit Deinen wahren Geschichten fertig bist, warum erfindest Du dann nicht eine Geschichte und die Menschen, die dazu gehören? Erst dann wirst Du verstehen, was passiert ist und warum" (1991, S. 190).

Wenn Psychotherapeuten etwas über jemanden erfahren wollen, fragen sie ihn also nach seiner Geschichte. Durch die in Sprache gefaßten Narrative wird die Autobiographie und die subjektive Lebensgeschichte entwickelt. Wenn der Patient seine in Worte gefaßte Geschichte berichtet, beginnt er seine Lebensgeschichte wieder in Besitz zu nehmen, auch die vorher verdrängten Erinnerungen und Affekte. Es gibt bedeutsame und vitale Aspekte in den gegenwärtigen Erfahrungen, die im momentanen, übergeordneten Narrativ, also dem zentralen Thema des Patienten, zunächst gar nicht reflektiert werden. Im Verlauf der Psychotherapie wird - mit der Wiederkehr des Verdrängten - die Erzählung transformiert, in den therapeutischen Kontext eingeordnet und in der therapeutischen Beziehung neu belebt. Die Narrative treffen dann auf eine in der Kontinuität der Behandlung veränderte verinnerlichte Denkstruktur, entsprechend werden die Geschichten "neu erzählt". So verstanden macht der Vorgang des Erinnerns an Narrative, das Erzählen, das gemeinsame Herausarbeiten der Geschichte zu einer geschlossenen Gestalt einen Teil des psychotherapeutischen Prozesses aus. Auf diesem Hintergrund wird Psychotherapie als ein interaktiver Prozeß verstanden, in dem die Patienten und die Therapeuten gemeinsam zur Beschreibung und Erarbeitung von Stories oder Narrativen beitragen. Narrative in der psychotherapeutischen Sitzung sind also, per definitionem, interaktionelle Einheiten, die sich z. B. im gemeinsamen Dialog konstituieren können. Auf dem konstruktivistischen Hintergrund läßt sich formulieren, daß diese Narrative in der psychotherapeutischen Sitzung gemeinsam konstruiert werden.

Strupp u. Binder (1984) meinen im übrigen, daß sich die Strukturen des psychotherapeutischen Prozesses in der Konstruktion von Geschichten oder Narrativen zeigen. Wenn Patienten Geschichten über ihre Therapeuten erzählen, oder auch von Erfahrungen und Handlungen mit anderen berichten, kommen sie in ein mehr oder weniger stabiles Muster eines situationsabhängigen Affektzustands, der bestimmte Wahrnehmungen von Wünschen und Handlungen, die mit dieser Erfahrung zusammenhängen, beinhaltet.

Die Forschung über Narrative in der Psychotherapie

Die Psychoanalyse hat sich mit Inhalt und Form der Erzählung selbst wenig beschäftigt. In den letzten Jahren gibt es jedoch ein neu aufkommendes Interesse an der Erforschung von Narrativen. Für die Forschung ist es zunächst notwendig, das Narrativ präziser zu definieren und zu operationalisieren:

Unter dem Narrativ in der Psychotherapie kann man unterschiedliche Phänomene beschreiben. Angus u. Hardtke (1994) gründen ihre Unterscheidung von drei verschiedenen Definitionen von Narrativen in der Psychotherapie auf eine Literaturübersicht:

- Der Begriff "Narrativ" bezieht sich auf die einzelnen Geschichten, die ein Patient während einer Therapiesitzung als autobiographisches Material berichtet. In der Psychotherapie versteht man meistens unter Narrativen diesen Sachverhalt.
- Wenn man alle Geschichten zusammenfassen möchte, kommt man zu einem zentralen Thema, das man auch als das "Narrativ" (Polkinghorne 1988) bezeichnen kann.
- Der Begriff des "narrativen Prozesses" wird benützt, um den affektiv-kognitiven Prozeß zu beschreiben, dem Patienten in der Psychotherapie unterliegen, wenn sie sich selbst und ihre Beziehungen mit anderen verstehen möchten.

Von Angus et al. (1992) wurde auch ein Ratingmanual erarbeitet, mit dem der narrative Prozeß in der Psychotherapie nachvollzogen werden kann. Im deutschsprachigen Raum beschäftigt sich Brigitte Boothe seit vielen Jahren mit der Erzählanalyse in der Psychotherapie. In ihrem Buch "Der Patient als Erzähler in der Psychotherapie" entwirft sie eine Untersuchungstechnik, die die Dramaturgie des Erzählens in der Psychotherapie erkennbar macht (Boothe 1994).

Andere empirische psychotherapeutische Studien konzentrierten sich darauf, die wesentlichen Bestimmungsstücke der Übertragungsbeziehungen zu operationalisieren und nach repetitiven Mustern in den Beziehungen zu suchen, die mit dem Leiden des Patienten zusammenhängen. Wie können wir die Beziehungen eines Individuums operationalisieren, und zwar so operationalisieren, daß die Diagnostik für die Psychotherapeuten klinisch gewinnbringend ist und gleichzeitig der diagnostische Prozeß evaluierbar wird?

Das Narrativ und das Zentrale Beziehungskonflikt-Thema (ZBKT)

Die empirische Untersuchung von Übertragungsbeziehungen in den Narrativen begann mit Luborsky (1976, 1977); er entdeckte, daß in Narrativen ein zentrales Beziehungskonfliktmuster zu erkennen ist. Einzelne Beziehungsepisoden, wie Luborsky die Narrative im Text nennt, dienen als Datenbasis zum Erfassen des zentralen Beziehungskonflikt-Themas. Durch das Zusammenfassen der einzelnen Geschichten zu der "einen" Geschichte, also zum zentralen Thema des Patienten in seiner Beziehungsgestaltung, kommt sowohl die erste als auch die zweite Definition des Narrativs von Angus u. Hardtke (1994) zur Anwendung.

Das "Core Conflictual Relationship Theme" (Luborsky u. Crits-Christoph 1990, dt: "Das Zentrale Beziehungskonflikt-Thema"; Kächele u. Albani 1991) ist ein methodisches Instrument, das in der Operationalisierung dem Freudschen Übertragungskonzept am nächsten kommt. Um die Übertragungsbereitschaften erfassen zu können, identifiziert der Diagnostiker in den Erzählepisoden des Patienten drei Komponenten, die nach einem sequentiellen Ablaufschema konzipiert sind: der Wunsch, die Reaktion des Objekts und die Reaktion des Selbst.

Ein auf den Beziehungspartner gerichteter *Wunsch* eines Subjekts ruft eine wie auch immer geartete *Reaktion des Objekts* hervor, die wiederum von einer wie auch immer gearteten *Reaktion des Subjekts bzw. des Selbst* gefolgt wird. Die Grundannahme des Verfahrens beruht auf der Vorstellung, daß die Schilderung von Beziehungserfahrungen in den Erzählungen des Patienten aufscheinen und dort "wie eingebrannte Klischees" sichtbar gemacht werden können. Deshalb werden in den Erzählepisoden des Patienten die häufigsten W-, RO- und RS-Komponenten identifiziert und dann zu einem sog. "maßgeschneiderten" Zentralen Beziehungskonflikt-Thema formuliert. Wir haben dieses von Lester Luborsky in Philadelphia erarbeitete Vorgehen übernommen. Wir greifen allerdings nicht auf die Erzählepisoden in einem Therapiegespräch zurück, sondern benützen ein sog. Beziehungsepisoden-Interview, das ebenfalls von Luborsky vorgeschlagen wurde, um eine größere Anzahl von Erzählungen bei nichtklinischen Personen und Patienten zu stimulieren. Im Gegensatz zu dieser Forschergruppe beurteilen wir die Erzählungen anhand der Videobänder und nicht anhand der Transkripte (Zander et al. 1995). Im Beziehungsepisoden-Interview (vgl. Dahlbender et al. 1993) geben wir die folgende standardisierte Instruktion:

"In diesem Gespräch geht es um Ihre Beziehung zu anderen Menschen.

Bitte erzählen Sie mir Begebenheiten aus Ihrem Leben, in welchen Sie mit einer anderen Person zu tun hatten.

Jede Ihrer Erzählungen sollte einen speziellen Vorfall, eine konkrete Situation oder Szene behandeln, die auf irgendeine Art und Weise für Sie im positiven wie im negativen von besonderer Bedeutung gewesen ist.

Es sollten Ereignisse mit verschiedenen Personen sein, sowohl aus der Gegenwart als auch aus der Vergangenheit.

Bei jeder Begebenheit sagen Sie mir bitte, wann und mit wem sie sich ereignete, was sie sich von der anderen Person gewünscht haben, was die andere Person sagte oder tat, und was Sie selbst sagten oder taten, und wie die Geschichte schließlich ausging.

Die Interviews werden mit Video aufgenommen und dann von einem Forschungsassistenten entsprechend der o.g. Komponenten geratet. Beispiel: Eine 26jährige Bulimie-Patientin erzählt die Beziehungsepisode "Wer kommt in meine Arme?":

P: Eine Begebenheit, die sich vielleicht auch wiederholt hat, wie ich noch ein kleines Kind war. Ich weiß jetzt nicht genau wie alt, vielleicht fünf oder sechs, da spielten wir also auf der Straße, mehrere Mädchen wahrscheinlich, so ungefähr in dem Alter und dann waren da so kleine Kinder, die so gerade laufen lernten und dann stellten wir Größeren uns so im Kreis da rum und dann so mit offenen Armen und dann riefen wir *"Wer kommt in meine Arme?"(Wunsch-Komponente)*. Dann kamen die meisten, *liefen die kleinen, oder ein kleines Kind, die liefen dann meist zu anderen (Reaktion des Objekts, negativ)* und da war ich dann irgendwie immer *enttäuscht (Reaktion des Selbst, negativ*. Also das habe ich jetzt noch so im Kopf, will ich mal sagen. Daß da also nicht so ein Kontakt entstanden ist. Da wurde natürlich jetzt nicht drüber geredet, das war alles nur unter Kindern.

Eine Transformierung dieser maßgeschneiderten Komponenten in Standardkategorien macht die Einschätzung vergleichbar:

- W: ich möchte anderen nahe sein,
- RO: sie distanzieren sich,
- RS: ich bin enttäuscht.

Diejenigen Textpassagen sind kursiv, die zur Formulierung des Beziehungskonflikts beitragen. Wenn in mehreren Episoden immer wieder dieses Muster ("ich möchte anderen nahe sein, sie distanzieren sich, ich bin enttäuscht") erscheint (quasi wenn man mehrere Folien übereinander legt), kann man diesen Konflikt als den zentralen Beziehungskonflikt dieser Patientin bezeichnen.

Die Analyse des Narrativs demonstriert die hohe klinische Relevanz. Schließlich gehen wir ja davon aus, daß das, was als Beziehungskonflikt in mehreren Episoden aufscheint, den klinischen Fokus für die psychotherapeutische Bearbeitung darstellt. Das nachfolgende Beispiel stammt aus dem klinischen Kontext.

Eine andere 25jährige Studentin suchte ebenfalls wegen ihrer bulimischen Beschwerden psychotherapeutische Hilfe. Ihren ersten Eßanfall hatte sie vor 5 Jahren im Sommerurlaub, den sie mit ihren Eltern verbrachte. Ihre Suche nach Kontakten mit jungen Männern und ihre Diskothekenbesuche waren insbesondere vom Vater mit den Worten "Du läßt Dich zu sehr gehen!" verurteilt worden. Es kam zum Zerwürfnis zwischen Vater und Tochter. Die Patientin bekam damals für sich die Bestätigung eines schon länger gehegten Verdachts, daß der Vater nicht wirklich an ihr interessiert war, sondern eher am jüngeren Bruder. Als Frau fühlte sie sich abgewertet und in ihrer Weiblichkeit unverstanden. Die Mutter stand ihr im Konflikt nicht bei. Ihre Enttäuschung und Wut zeigte sie den Eltern nicht, sie "schluckte" die Gefühle hinunter - danach folgte die erste bulimische Attacke.

Im Beziehungsepisoden-Interview, das von einer Kollegin durchgeführt wurde, erzählte die Patientin in ihrer ersten Episode ebenfalls eine Kindheitserinnerung. Sie berichtete nach kurzem Nachdenken:

"Es war noch im Kindergarten, damals war ich wahrscheinlich 5 Jahre alt. Die Szene ist mir noch gut vor Augen. In der Pause spielten wir draußen im Garten. Plötzlich packten mich drei Jungen und hievten mich in einen Lichtschacht. Zuvor hatten sie den Rost heruntergenommen, nachdem ich drin war, deckten sie den Lichtschacht wieder zu und stellten sich sogar noch drauf. Das eigentlich Schlimme war, daß ich mich nicht wehrte. Ich schrie nicht und dachte nur, daß es irgendwann vorbei sein wird. Nach der Pause, als alle wieder im Haus waren, kletterte ich aus dem Lichtschacht. Das wichtigste war mir, daß mir keiner ansah, daß ich geweint hatte."

Soweit diese Geschichte, die den psychodynamischen Konflikt der Patientin, wie ich ihn auch in der Therapie verstand, spiegelt. Sie wollte nur spielen, also ihren Gefühlen freien Lauf lassen. Sie (und ihre Gefühle könnte man sagen) wurde eingesperrt. Ihre Reaktionen auf die Einschränkungen der Gefühls- und Handlungswelt sind einerseits die Unterwerfung, andererseits zusätzlich die Abwehr der Beschämung durch das Gefühl des trotzigen Stolzes, daß niemand ihre Niederlage wahrgenommen hat. Den Bedürfnissen nachzugeben, bedeutete mit den Worten des Vaters "schwach" zu sein. Um in der Welt der Männer mithalten zu können, forderte sie von sich, stark - wie der Vater und der Bruder - zu sein. Gefühle hatten da keinen Platz, sie mußten "hinuntergeschluckt" werden.

Der unmittelbare Zusammenhang zwischen dem Konflikt in der Kindheitsepisode und dem Konflikt mit den Eltern ist evident. In der Therapie spielte dieses dysfunktionelle habituelle Beziehungsverhalten der Patientin in der Übertragung natürlich auch eine entscheidende Rolle. Es dauerte lange Zeit, bis sie mir wirklich glauben konnte, daß sie sich bei mir, einem Mann, Gefühle erlauben durfte, ohne sich "schwach und unterlegen" empfinden zu müssen.

Nicht alle Kindheitserinnerungen sind so eindeutig mit dem Zentralen Beziehungskonflikt verbunden. In einer Untersuchung fanden wir (Cierpka et al. 1993), daß sich kein statistisch signifikanter Zusammenhang zwischen den Beziehungskomponenten in den ersten Kindheitserinnerungen und dem Zentralen Beziehungskonflikt-Thema ergab. Zusammenhänge ergaben sich dann, wenn die Probanden Situationen der Hilflosigkeit in der Kindheit erlebten und davon erzählten, und sich auch heute noch in Beziehungen oftmals hilflos und ausgeliefert erlebten. Sie wünschten sich dann Hilfe und Unterstützung von anderen, die ihnen nicht gewährt wurde, wobei sie natürlich auch durch die neurotische Verarbeitung der früheren Erfahrungen wiederum dazu beitrugen, daß sie keine Hilfe bekamen und ungücklich zurückblieben.

Einige Ergebnisse aus der Narrativ-Forschung mit dem ZBKT

Luborsky et al. (1992) berichten zusammenfassend über formale Kriterien der Narrative, die sie als Beziehungsepisoden in Therapien identifizierten. Sie stellen fest, daß:

- die Beziehungsepisoden reliabel innerhalb von Psychotherapiesitzungen identifizierbar sind,
- die Patienten in der Regel zwischen 4 und 7 solcher Beziehungsepisoden in der dynamisch orientierten Psychotherapiesitzung berichten, wobei jede Beziehungsepisode zwischen 4 und 6 Minuten dauert,
- die meisten Beziehungsepisoden gegenwärtige oder neuere Ereignisse beinhalten,
- die meisten Beziehungsepisoden Interaktionen mit Menschen, die dem Patienten nahestehen, beschreiben.

In ihrem Artikel beschreiben die Autoren noch weitere eher übergeordnete Gemeinsamkeiten, die sie in der Struktur der Narrative identifizieren konnten:

- Die für den Patienten charakteristischen Wünsche sind in besonderem Maße durchgängig identifizierbar,
- die Komponenten haben eine überdauernde Qualität, die Beziehungsmuster finden sich auch in den Träumen wieder. Dies ist ein Hinweis dafür, daß die Beziehungsmuster generell in der psychischen Welt vorkommen,

- die Beziehungsmuster im ZBKT sind in den sog. Beziehungsepisoden-Interviews und auch in Psychotherapiesitzungen zu erfassen. Es gibt Hinweise dafür, daß sich diese Muster in beiden unterschiedlichen Darbietungsarten entsprechen,
- es scheint auch so zu sein, daß die Narrative, die ein Patient über seinen Therapeuten berichtet, den Narrativen entsprechen, die er über andere ihm wichtige Bezugspersonen berichtet.

Eine weitere Gemeinsamkeit in der bisherigen Forschung weist darauf hin, daß die kurativen Faktoren in der Psychotherapie offensichtlich mit dem Inhalt der Beziehungsepisoden zusammenhängen. So gibt es gute Hinweise dafür, daß:

- sich das Spektrum der verschiedenen Beziehungsmuster während einer erfolgreichen Psychotherapie verändert,
- daß in erfolgreichen Psychotherapien mehr positive als negative ZBKT-Komponenten erfaßt werden können (Crits-Christoph u. Luborsky 1990),
- die Veränderungen im Spektrum der Beziehungsepisoden auch mit anderen Outcome-Maßen wie der "Health Sickness Rating Scale" (Luborsky 1975) zusammenhängen.

Innerhalb der Narrative, die Patienten uns in der Psychotherapie schildern, läßt sich also ein zentrales Beziehungsmuster oder ein Schema mit strukturellen Eigenschaften identifizieren. Dies bedeutet, daß die Narrative bestimmte Beziehungskomponenten in einer ganz spezifischen Zusammensetzung oder Kombination beinhalten, die sich durch alle Narrative hindurchziehen. Für die Klinik und die Behandlungstechnik sind diese Erkenntnisse insofern relevant, als sie darauf hinweisen, daß wir auf die Narrative des Patienten achten müssen, sie sogar fördern sollten, um seine zentrale Beziehungsgestaltung in diesen Erzählungen wie in einem Brennspiegel zu erfassen. Im Erzählen erhält der Patient die Möglichkeit, seine Beziehungserfahrungen - verdichtet in den Narrativen - zusammen mit dem Therapeuten in einer neuen Perspektive zu betrachten und in der Beziehung zum Therapeuten neue Optionen in seinem Beziehungsverhalten zu erleben.

Literatur

Angus L, Hardtke K (1994) Narrative processes in psychotherapy. Can Psychol 35: 190-203

Angus L, Hardtke K, Levitt H (1992) A rating manual for the narrative processing coding system. Unpublished Manuscript, York University, Department of Psychology, North York

Boothe B (1994) Der Patient als Erzähler in der Psychotherapie. Vandenhoeck & Ruprecht, Göttingen

Cierpka M, Peters S, Strack M (1993) Early childhood memories in RAP-Interviews. Society for Psychotherapy Research Conference, Pittsburgh

Crits-Christoph P, Luborsky L (1990) Changes in CCRT pervasiveness during psychotherapy. In: Luborsky L, Crits-Christoph P (eds) Unterstanding transference: The CCRT method. Basic Books, New York

Dahlbender R W, Torres L, Reichert S, Stübner S, Frevert G, Kächele H (1993) Die Praxis des Beziehungsepisoden-Interviews. Z Psychosom Psychoanal 39: 51-62

Freud S (1904) Die Freudsche psychoanalytische Methode. GW Bd 5, S 1-10

Kächele H, Albani C (1991) Manual zur ZBKT-Methode. PSZ, Universität Ulm

Kleist, H v (1977) Über die allmähliche Verfertigung der Gedanken beim Reden. In: Sämtliche Werke und Briefe in vier Bänden, 6. Aufl. Bd 3, Hanser, München

Mario Vargas Llosa (1990) Der Geschichtenerzähler. Suhrkamp, Frankfurt aM

Luborsky L, Chrits-Christoph P (1990) Understanding transference: The CCRT method. Basic Books, New York

Luborsky L (1975) Clinicians´ judgments of mental health: Specimen case descriptions and forms for the Health-Sickness Rating Scale. Bull Menninger Clinic 35: 448-480

Luborsky L (1976) Helping alliances in psychotherapy: The groundwork for a study of their relationship to its outcome. In: Claghorn JL (ed) Successful psychotherapy. Brunner & Mazel, New York, pp 92-116

Luborsky L (1977) Measuring a pervasive psychic structure in psychotherapy. The core conflictual relationship theme. In: Freedman N, Grand S (eds) Communicative structures and psychic structures. Plenum Press, New York, pp 367-398

Luborsky L (1990) The relationship anecdotes paradigms (RAP) interview as a versatile source of narratives about real events. In: Luborsky L, Crits-Christoph P (eds) Unterstanding transference: The CCRT method. Basic Books, New York

Luborsky L, Barber JP, Diguer L (1992) The meanings of narratives told during psychotherapy: The fruits of a new observational unit. Psychother Res 2: 277-2290

MacLean N (1991) Aus der Mitte entspringt ein Fluß. Fischer, Frankfurt aM

Polkinghorne D (1988) Narrative knowing and the human sciences. State University of New York Press, Albany NY

Ranke K (1978) Die Welt der einfachen Formen. Studien zur Motiv-, Wort- und Quellenkunde. Springer, Berlin Heidelberg New York

Röhrig L (1976) Sage und Märchen. Erzählforschung heute. Freiburg Basel Wien

Schafer R (1980) Narration in the psychoanalytic dialogue. In: Mitchell W (ed) On Narrative. Univ of Chicago Press, Chicago

Spence DP (1982) Narrative truth and historical truth. Meaning and interpretation in psychoanalysis. Norton, New York

Stern D (1993) Die Lebenserfahrung des Säuglings, 3. Aufl. Klett-Cotta, Stuttgart

Strupp H, Binder J (1984) Psychotherapy in a new key: A guide to time limited dynamic psychotherapy. Basic Books, New York

White M (1989) Der Vorgang der Befragung: Eine literarisch wertvolle Therapie. Familiendyn 14: 114-128

White M, Epston D (1990) Die Zähmung der Monster. Auer, Heidelberg

Zander B, Strack M, Cierpka M, Reich G, Staats H (1995) Coder agreement using the German version of Luborsky's CCRT method in videotaped or transcribed RAP interviews. Psychother Res 5: 231-236

Erinnern und Entwerfen im Spiel

Barbara Diepold

Eine kurze Szene aus der kindertherapeutischen Praxis soll in das Thema einführen: Ein 5jähriger Junge kommt zu seiner ersten Therapiestunde. Um seinen Hals hängt eine Trinkflasche, und in seiner Hosentasche steckt ein Zollstock. Er wirkt wie ein kleines und ein großes Kind zugleich, das mir seine regressiven und progressiven Bedürfnisse nicht mit Worten, sondern mit Hilfe von zwei Gegenständen, Symbolen dieser Bedürfnisse, zeigt. Die Trinkflasche könnte eine Symbolisierung früherer oraler Versagungen oder Befriedigungen sein; der Zollstock als Symbol männlicher Kompetenz scheint dagegen auf einen Zukunftsentwurf hinzuweisen. Der Junge hat also bereits in dieser Anfangsszene intuitiv das Erinnern und das Entwerfen als zwei unabdingbare Bestandteile des therapeutischen Prozesses markiert.

Ich will an einigen Vignetten aus der analytischen Therapie dieses Jungen, den ich Peter nenne, aufzeigen, wie er das Spiel dazu nutzte, sich an seine Geschichte zu erinnern und seine Zukunft zu entwerfen. Das soll eingebettet sein in grundsätzliche Überlegungen zur Bedeutung des Spiels in der Kinderpsychotherapie.

Das Spiel als Naturphänomen

Das Spiel gehört zu den menschlichen Verhaltensweisen, die weder auf ein bestimmtes Lebensalter noch auf einen Kulturkreis beschränkt sind. Menschen aller Lebensalter spielen, und es sind unterschiedliche Theorien darüber aufgestellt worden (vgl. Kos-Robes 1980, S. 877). Der niederländische Kulturhistoriker Huizinga sah das Spiel als Kulturerscheinung und vermutete in ihm den Ursprung der Kultur (Huizinga 1939). Noch übergreifender sehen die Naturwissenschaftler Eigen u. Winkler (1985) das Spiel als *das* Naturphänomen, das in seiner Dichotomie von Zufall und Notwendigkeit allem Geschehen zugrundeliegt (Eigen u. Winkler 1985). Sie reflektieren unser Weltbild, die Wissenschaft und die existierenden Weltanschauungen im Licht der Metamorphose und Symbolhaftigkeit des Spiels. Vor allem aber ist das Spiel ein wesentlicher Bestandteil der Kindheit, und es ist jedenfalls in unserem Kulturkreis und unserer Zeit ein Privileg von Kindern, Zeit und Raum zum Spielen zu haben. Das war nicht immer so, wie Ariès in seiner "Geschichte der Kindheit" (1980) gezeigt hat.

Das Spiel als Ausdrucks- und Bewältigungsmöglichkeit von Kindern

Säuglinge und Kleinkinder leben in einer merkwürdigen Diskrepanz: Einerseits sind sie als "physiologische Frühgeburten" (Portmann 1967) in ihrer Entwicklung von der Bereitschaft und Fähigkeit ihrer Eltern, sich versorgend auf ihre Bedürfnisse einzustellen, abhängig; andererseits aber hat die empirische Säuglingsforschung darauf hingewiesen, daß Säuglinge Fähigkeiten haben, menschliche Beziehungen aktiv zu gestalten und eigene Bedürfnisse durchzusetzen. Im Zusammenhang mit Überlegungen zum Spiel ist wichtig, die schöpferischen Kräfte von Kindern als einen Motor der seelischen Entwicklung zu verstehen. Sie sind in "erstaunlich hohem Maß fähig, sich selbst zu schützen, zu helfen und zu fördern bzw. dafür zu sorgen, daß sie das bekommen, was sie für ihre Entwicklung brauchen. Sie sind erfinderisch, wenn es um ihr Leben, um ihr Überleben geht" (Göbel u. Zauner 1990, S. 108).

Große Kraft schöpfen Kinder dafür aus den spezifischen Möglichkeiten der Imagination und Symbolisierung. Mit Hilfe innerer Vorstellungen können sie die vielen inneren und äußeren Faktoren in eine neue Einheit, nämlich die eigene Entwicklung bringen (Göbel u. Zauner 1990, S. 109), aus der allmählich eine Gewißheit für die unverwechselbare Identität wird. In der Imagination im Spiel werden sowohl Erinnerungen bearbeitet und integrierbar gemacht als auch Zukunft entworfen, probiert und gefühlt. Dabei kommt Kindern wesentlich zugute, daß sie viel Zukunft vor sich haben. Sie können frei und ungebunden Eigenes und Neues entwickeln und müssen sich nicht wie Erwachsene auch dem erworbenen Wissen und den gemachten Erfahrungen verpflichtet fühlen. Das macht Kinder in ihrem Spiel so originell und unkonventionell.

Das Spiel entspricht in seiner Struktur den altersgemäßen Interessen des Kindes, seinem Reifegrad und der damit verbundenen Denkstruktur. Man kann, um den Reifegrad anhand des Spiels zu beschreiben, eine Stufenfolge nach der Entwicklungspsychologie Piagets oder den psychosexuellen Entwicklungsstufen Freuds aufstellen. Die Kinderpsychotherapie macht sich diese Erkenntnis für die Diagnostik zunutze, wo etwa anhand einer Spielszene des Sceno-Tests oder des

Welt-Tests[1] der Stand der Ich-Entwicklung und die Art der neurotischen Erkrankung des Kindes diagnostiziert werden kann.

In der psychotherapeutischen und psychoanalytischen Behandlung von Kindern hat das Spiel den Stellenwert, den der Traum in der Psychotherapie von Erwachsenen hat. So wie Freud den Traum als die via regia zum Unbewußten bezeichnet hat, könnte man in Analogie dazu mit Erikson das Spiel als die via regia zum Unbewußten des Kindes verstehen (zit. n. Eckstein 1976, S. 163). Die Spielphantasien von Kindern unterliegen wie Träume psychischen Überarbeitungen, sind deshalb nicht so ohne weiteres zu verstehen und müssen entschlüsselt werden. Das ist eine Aufgabe, die in der Kindertherapie ständig zu leisten ist: Zunächst muß man das Spiel in erwachsenenverständliche Sprache übersetzen, um es zu verstehen. Um dann aber angemessen, d. h. in der Sprache und in Metaphern des Spiels, reagieren zu können, muß es wieder auf die Spielebene zurückübersetzt werden.

Spiel ist für Kinder eine ernsthafte Beschäftigung, die sie jedoch nicht mit der Wirklichkeit verwechseln. Sie sagen: "Aus Spiel bist du jetzt der Räuber", oder "aus Spiel machen wir euch alle tot." Damit ist unter ihnen klar, daß es sich nicht um die Realität handelt. Sie lehnen ihre imaginierten Objekte und Spielphantasien gern an greifbare und sichtbare Dinge der wirklichen Welt an (Eckstein 1976, S. 163), was auch beim oben genannten Räuberspiel oder Spiel vom Totmachen deutlich wird, wo die Thematik Kindern aus den Medien vertraut ist. Die Utensilien für solche Spiele, Spielzeugpistolen, Gewehre, Messer etc., die von manchen aufgeklärten Eltern und Erziehern als "Kriegsspielzeug" gebrandmarkt werden, haben in der Kindertherapie die Funktion, dem Kind einen äußeren Schauplatz für seine inneren Aggressionen zu geben. Wenn Kinder die Gelegenheit haben, spielerisch ihren affektiven Zuständen Ausdruck zu verleihen, dann hat ihr Spiel heilende Kräfte. Das haben z. B. Zulliger (1970) und Winnicott (1973) intuitiv erkannt, die den intermediären Raum und die Tiefenwirkung des Spiels beschrieben haben, die auch als eine "Metaphorik in Aktion" (vgl. Naumann-Lenzen 1994a) beschrieben wurde. Warum das Erleben auf der Spielebene wirkungsvoll ist, eine Tiefenwirkung hat und nicht in jedem Fall auf die Ebene des Sekundärprozesses gehoben werden muß, kann inzwischen auch wissenschaftlich aufgrund von Ergebnissen der Säuglingsforschung sowie der Hirnforschung belegt werden (vgl. Gedo 1991; Levin 1991; Dowing u. Rothstein 1989).

Bilder, Poesie, Musik oder andere Metaphern haben einen ganz entscheidenden Vorzug gegenüber diskursiv-semantischen Mitteilungen: Sie befähigen das Gehirn dazu, korrespondierende Informationen, die aus Abwehrgründen

---

[1] Beide Tests enthalten vielfältiges Spielzeug, das der realen Welt von Kindern entlehnt ist, und mit dem die Kinder ihnen wichtige Szenen aufbauen

dissoziiert wurden, wieder miteinander zu verknüpfen. Sie durchbrechen gleichsam die Verdrängungs- und Verleugnungsschranke auf sanfte Weise. Durch ihre Unbestimmtheit, ihre Ausdeutbarkeit und gleichzeitig ihre suggestive Evidenz sprechen sie sowohl die affektbetonten primärprozeßhaften als auch die sekundärprozeßhaften Vorgänge an und verknüpfen sie wieder miteinander. Außerdem ist Befunden der Hirnreifungsforschung zu entnehmen, daß unsere ontogenetisch frühesten Selbstmodelle sensomotorisch niedergelegt werden. Im therapeutischen Spiel-Setting haben wir eine sensomotorisch verfaßte, konkretistische Handlungssprache, über die der Zugang zu diesen frühen sensomotorischen Modellen beim Kind möglich wird und Erinnerungen bearbeitbar werden (Naumann-Lenzen 1994b).

Kasuistik

Ich möchte dies an einigen Spielsequenzen aus der Behandlung von Peter zeigen. Er wurde mir schwerkrank vorgestellt: Arme, Beine, Hände und Hals waren weiß bandagiert; man sah nur sein Gesicht und die Fingerspitzen; Aus seinem zerschundenen Gesicht blickten mich traurige Augen teilnahmslos an. Peter litt außer an dem endogenen Ekzem an Asthma und Heuschnupfen. Außerdem hatte er multiple Ängste, konnte Aggressionen nur unzulänglich steuern und war insgesamt kontaktgestört. Entsprechend seiner schweren körperlichen Erkrankung hatte eine Reihe von Vorbehandlungen stattgefunden: Dermatologische wegen des Ekzems, pädiatrische wegen seines Asthmas, naturheilkundliche und schließlich familientherapeutische, die jedoch abgebrochen wurden, weil mit der Familie wegen der übermäßig starren Abwehr der Eltern und Großeltern nicht zu arbeiten war. Es schien, als sei die Kinderpsychotherapie für die Eltern eine Art "letzter Versuch", dem sie jedoch nach allen enttäuschenden Vorerfahrungen nicht viel Erfolg beimaßen.

Wie nutzte Peter das Spiel in der Psychotherapie? In der ersten Therapiestunde trug er die bereits erwähnte Trinkflasche und den Zollstock bei sich und sprach über seine Angst: "Ich war im Sanatorium, und da ist mein Vater gekommen. Meine Oma ist so krank und da ist so viel Blut. Bei uns sind so viele Polen. Da hatten wir Hochwasser. Und ich habe so Angst - weißt du - ich muß immer aufpassen, die ganze Nacht lang, weil sonst Einbrecher kommen." Neben dieser Angst wurden in den ersten Stunden auch seine geringe Frustrationstoleranz mit einem Übermaß an bereitliegender archaischer Aggressivität deutlich. So sollte ich z.B. ein Auto für ihn reparieren und konnte das nicht sofort. Meine Bemühungen akzeptierte er nicht: "Dann komme ich eben und erschlage dich, aber mit der Axt." In dieser Situation fiel mir ein, daß er mir beim Erstkontakt ganz im Vertrauen zugeflüstert hatte: "Eines will ich dir noch sagen, wenn ich vierzehn bin, dann bring ich einen um."

Die Ängste wurden im Laufe der ersten Therapiestunden stärker, so daß er die Therapie abbrechen wollte. Aber dadurch, daß es gelang, ihm eine Hoffnung auf Besserung zu vermitteln und er zu imaginieren begann und seine inneren Phantasien in Spielen mit mir darstellte, konnten wir die Arbeit an seiner psychosomatischen und narzißtischen Erkrankung miteinander beginnen.

Im ersten Phantasiespiel, das sich über viele Stunden hinzog, mußte ich ein Pferd spielen. Als dieses Pferd wurde ich eingesperrt, bekam nichts zu essen, mußte im Dunkeln sitzen und wurde gequält. Er schnitt mir in Beine und Hände, guckte sich an, wie das blutete, gab mir aber kein Pflaster: "Das soll bluten, und das soll solange bluten, bis das ganze Blut herausläuft." Und dann mußte ich Hunger haben. Er überfütterte mich, stopfte immer weiter in mich hinein, bis mein Bauch ganz dick wurde. Den schnitt er dann auf. "Aber das tut nicht weh", sagte er und machte es bei sich selbst auch. Er hielt mir dann seine Füße entgegen, an denen ich schnuppern sollte. "Und von diesem Schnuppern wirst du dick und immer dicker, bist so dick wie ein ganzes Zimmer, nein, bis zum Wartezimmer reichst du jetzt, bis nach Kassel, in die Schweiz, bis Frankreich, bis Amerika, bis Afrika, bis Rußland." Er fuhr fort: "Und ich bin der Gott, der alles weiß und alles macht, und ich lebe immer... du bist schon lange tot." Der "Gott" ließ seiner Macht freien Lauf. Ich dagegen war ein Spielball seiner Macht. Er schickte mich z. B. hinauf in die Wolken, ließ mich plötzlich von dort herunterfallen, wobei ich mit solcher Macht auf die Erde aufschlug, daß ich mir das Rückgrat brach. Mein Körper blutete aus mehreren Wunden, und er sah sich an, wie ich Schmerzen hatte, litt, langsam verblutete, starb. Später machte er mich wieder lebendig.

Die Interaktionen gingen an die Grenze des Erträglichen, und ich ertappte mich in dieser Zeit mehrmals dabei, auf die Uhr zu sehen und zu denken: "Hoffentlich ist die Stunde bald vorbei, damit das ein Ende hat. Ich kann das nicht mehr aushalten." Während Peter sich selbst als Gott und mich als ein Nichts definierte, externalisierte er den nicht integrierten Teil seines Selbst, seine absolute Nichtigkeit. Er übertrug diesen Anteil auf mich und gebrauchte mich als einen äußeren Vertreter eines inneren Zustands. An mir konnte er sich diesen unerträglichen Selbstaspekt ansehen und erleben. Viel später erst würde er diesen Anteil in sein Selbst integrieren können. Die Bearbeitung von Erinnerungsspuren, die im Zusammenhang mit seiner Hauterkrankung stehen, waren evident.

Sein Spiel in dieser Anfangsphase der Therapie hatte archaische Wucht, und er zeigte darin keine differenzierten Gefühle, sondern Grundaffekte. Beeindruckend waren seine aggressiven Impulse, die er im Spiel auf mich richtete und die ich stellvertretend für ihn aushielt. Hilfreich für die Therapie war seine gut entwickelte Sprachfähigkeit und seine Fähigkeit zur therapeutischen Ich-Spaltung, die garantierte, daß ihm der fiktive Charakter unserer Spielinteraktionen deutlich blieb. Er sagte z.B. "Aus Spiel sollst du jetzt laut jammern, noch lauter, und jetzt sollst du tot sein." Oder: "Ich schieß dich jetzt tot, aber in Wirklichkeit nicht." Nur selten ging diese Fähigkeit regressiv verloren, dann mußte ich sie stellvertretend übernehmen, indem ich z. B. sagte: "Gleich ist die Stunde zu Ende, dann bist du wieder Peter und ich wieder Frau Diepold."

Allmählich veränderten sich seine Größenphantasien. Er war nicht mehr allmächtiger Gott wie zu Beginn der Therapie, sondern wurde Supermann, der sich nicht mehr schwerelos im ganzen Weltall bewegen konnte und nicht mehr Herr über Leben und Tod war, sondern ein Flugzeug zum Fliegen brauchte und kämpfen mußte, wenn er jemanden töten wollte. Mit dieser Abschwächung der Größenphantasien ging eine bessere Aggressionssteuerung einher. Er sagte: "Ich kann ganz wütend werden - wenn ich will."

Die weitere Bearbeitung seiner Größenphantasien geschah bis zum Therapieende fortlaufend an einem realen Spiel zwischen uns, dem Fußballkicker. Zunächst spielte er allein damit und ich sah zu. Vermutlich war seine Angst vor dem Verlieren beim gemeinsamen Spiel zu groß. Er war der beste Fußballverein der Welt, "Bayern München" und spielte gegen den HSV, indem er für jeden Schuß von einer Seite des Spiels auf die andere rannte. Später mußte ich den "Hamburger Sportverein" spielen, der allerdings "Bayern München" gegenüber nicht die geringste Chance hatte. Er versuchte mit allen Mitteln, der Beste zu sein, indem er Tore von mir ganz aktiv verhinderte, mir die Hände festhielt, den Ball mit der Hand in sein Tor legte oder nur jedes dritte Tor von mir zählte. Er ließ sich für seine enormen Siege von mir bewundern und bejubelte jedes seiner Tore. Ich stellte mich zu dieser Zeit der Behandlung intuitiv auf seine narzißtischen Bedürfnisse ein, spürte in meiner Gegenübertragung zu späterem Zeitpunkt aber die Notwendigkeit, diese Bedürfnisse zu frustrieren und mich mit ihm um sein "Mogeln" auseinanderzusetzen. Allmählich waren Veränderungen zu beobachten: Er "mogelte" weniger, prahlte weniger, ließ mich manchmal gewinnen und immer mehr als eigenständige Spielpartnerin gelten.

Trennungen waren schwierig, nicht nur am Ende jeder Stunde, sondern v. a. anläßlich von Ferien. Nach einem halben Jahr Therapie hatte er in einer letzten Stunde vor den Osterferien sehr erregt gesagt: "Am liebsten würde ich dich jetzt umbringen." Zum ersten Mal agierte er hier nicht seine Mordphantasien, sondern drückte sie als einen Wunsch aus. Als ich erwiderte, ob seine Wut mit den bevorstehenden Osterferien und der längeren Trennung zu tun haben könnte, sagte er, "Ja genau, weil meine Wut wegen der letzten Ferien von Weihnachten noch gar nicht vorbei ist." Anläßlich einer Trennung während der zweiten Weihnachtsferien eineinhalb Jahre nach Therapiebeginn setzte er sich direkt mit dem Trennen auseinander, indem er ein Spiel entwickelte und das Trennen daran übte. Er schickte mich vor die Tür und sagte, "jetzt sollst du drei Tage weggehen."

Ungefähr zwei Sekunden später holte er mich wieder hinein. In immer neuen Wiederholungen dehnte er die Trennung fiktiv auf mehrere Tage, sogar eine Woche aus. Real blieb ich immerhin bis zu 30 Sekunden vor der Tür. Dann sagte er, "und jetzt gehe *ich* weg." Er ging im Spielzimmer drei Schritte von mir weg, ließ mich auf eine Trommel schlagen und kam dann wieder zu mir. Er erweiterte die Entfernung schrittweise, bis er auf den Flur hinausging und es schließlich eine Weile hinter der verschlossenen Tür draußen aushalten konnte. Ihm gelang durch diese interaktionelle Darstellung seiner Trennungsprobleme und deren Bewältigung im Spiel ein neues Stück innerer Ordnung.

Nach gut zwei Jahren Therapie wurde sein Verhalten zunehmend phallischer: Er zeigte mir seine Stärke, indem er von seinem Training mit Hanteln erzählte oder mich fühlen ließ, daß sein Bizeps fester und größer geworden war. Häufig erzählte er davon, wie er in den Schulpausen mit anderen Jungen kämpfte. Und dann entwickelte sich ein Spiel, das diese neue Beziehungsebene deutlich werden ließ. Während wir am Tisch saßen und er einige Matchboxautos vor sich hatte, sagte er: "Wir wollen mal mit den Autos wegfahren, wir fahren eine Woche weg, nein zwei Wochen, nein vier Wochen." Er packte Reiseproviant ein, hielt plötzlich inne und sagte: "Ach, wir haben ja ganz vergessen, zu Hause Bescheid zu sagen." Er kehrte um und sagte seinen Eltern, daß er mit mir wegfahren wolle. Wir fuhren in einem Campingbus auf eine Autofähre, auf der Peter auch alle anderen Autos gehörten. Er sagte, "in unserem Bus können wir auch schlafen." Nachts wollte er mit mir aufstehen, "ich hab nämlich eine ganz starke Taschenlampe, damit will ich dir die Wale zeigen." Plötzlich aber machte das Auto sich selbständig, es fuhr immer schneller und machte schließlich sogar Loopings. Das Meer schlug hohe Wellen. Es gab ein großes Durcheinander und er rief aufgeregt und verängstigt: "Schluß jetzt, Schluß jetzt mit diesem Spiel, wir wollen etwas anderes machen." Ich sagte: "Das war eine gefährliche und aufregende Reise". Als Antwort darauf malte er das erste Mal in seinem Leben ein Bild.

Nach zweieinhalb Jahren überlegte ich zusammen mit ihm, ob noch eine Verlängerung der Therapie bei der Krankenkasse beantragt werden sollte. Er sagte, "das möchte ich sehr gern, das würde mir nämlich sehr schwerfallen, wenn ich nicht mehr zu dir kommen könnte, ... dann wäre ich ganz traurig." Er sprach in diesem Zusammenhang zum ersten Mal über ein Gefühl, und in einer späteren Stunde wurde deutlicher, warum eine Weiterführung der Therapie für ihn wichtig war. Er begann nämlich, sich mit dem Problem der endgültigen Trennung auseinanderzusetzen und hatte offenbar das Gefühl, daß die Ablösung von mir längere Zeit in Anspruch nehmen würde. Wieder fand er ein Spiel, mit dem er das ausdrückte: Während er versuchte, aus einem Stück Holz einen kleinen Becher zu schnitzen, sagte er: "Das wird ein Andenken für dich, wenn ich nicht mehr da bin," und er fuhr fort: "Weißt du, warum ich noch dreißig Stunden von der Kasse will? Weil mein Andenken für dich noch nicht fertig ist." Für seine intrapsychische Situation schien das zu bedeuten, daß sein inneres Bild von mir - sein "Andenken" - ihm noch nicht fest genug zur Verfügung stand.

Insgesamt bekam er mehr Zugang zu seinem inneren Erleben. In einer Pause beim Fußballspielen bemerkte er: "Weißt du noch, wie ich früher, wenn du ein Tor hattest, gerufen hab, 'das zählt nur halb oder viertel', da war ich vielleicht dumm." Ich: "Dumm ? Du konntest es damals nicht gut ertragen, wenn ich Punkte bekam." Er: "Gar nicht so leicht, den Unterschied zu sagen."

Sein Verhalten mir gegenüber wurde zärtlich zugewandt und bekam ritterliche Züge. Nachdem er häufig Situationen aus der Schule erzählt hatte, in denen er Mädchen verteidigt hatte, sagte er von sich: "Ich bin ein Mädchenbeschützer." Es schien, als habe er diesem Aspekt seiner Identität den Vorrang gegeben, statt etwa ein "Schläger" oder "Raudi" zu werden. Offenbar war ihm daran gelegen, seiner Aggressivität eine positive Wendung zu geben. Er machte sich Gedanken über seine eigene Stärke und bemühte sich, immer stärker zu werden. Er machte deshalb seit einiger Zeit Judo und trainierte mit Hanteln seine Muskeln. Häufig hielt er mir seinen Arm hin und ließ mich fühlen, ob die Muskeln stärker geworden waren.

Welche Bedeutung das Krafttraining für ihn hatte, wurde deutlich, als er über seinen Vater sprach: "Wo mein Papa arbeitet, haben die die neuesten Computer - und da sind viele Leute, die machen müssen, was Papa sagt. Vielleicht werde ich später auch mal sowas wie mein Papa, und später, da will ich auch mal so stark werden wie mein Papa."

Er setzte sich mit dem Ende der Therapie auseinander. Während er an dem Becher schnitzte, sagte er "Jetzt sind es noch fünfundzwanzig Stunden, da kann ich noch fünfundzwanzig mal daran schnitzen." In der letzten Stunde sagt er nachdenklich: "Ich kann das gar nicht verstehen, daß das heute die letzte Stunde ist und daß ich drei Jahre lang zu dir gekommen bin. Das war alles so kurz wie eine Sekunde, und ich weiß noch, daß deine Tore beim Fußballspielen immer nicht zählen durften. Dann bin ich ganz wütend geworden." Ich erzählte ihm, wie klein er als Fünfjähriger war und wie er damals bandagiert in die erste Stunde gekommen war. "Und jetzt geht es dir besser und du kannst es aushalten, wenn ich beim Fußballspielen gewinne." Er tröstete sich beim endgültigen Abschied mit der Vorstellung, mir mal schreiben zu können oder einmal mit mir zu telefonieren. Er konnte sich schwer trennen, stand lange in der Tür, und fragte beim Hinausgehen: "Wer kriegt jetzt eigentlich meine Stunde? Zu dir kommen wohl immer Jungen?"

Diskussion

Ich möchte abschließend einen Blick auf den therapeutischen Prozeß werfen. In der therapeutischen Beziehung waren die bedrohlichen Phantasien und archaischen Ängste, die sich zunächst nur in der Symptomatik zu erkennen gaben, lebendig geworden. Sie wurden in Spielphantasien gekleidet und auf dieser Ebene bearbeitet. Mit fortgeschrittener Ich-Entwicklung konnte eine Bearbeitung auch auf verbaler Ebene stattfinden. Die therapeutische Haltung war empathisch auf seine Bedürfnisse eingestellt, was der frühen Mutter-Kind-Beziehung mit ihren haltenden und spiegelnden Funktionen entsprach. Eine wesentliche Hilfe, Interventionen zu finden, die er emotional verstand, waren die Gegenübertragungsgefühle, die er wachrief und die mit seiner Befindlichkeit korrespondierten. Im ersten Behandlungsjahr ging es um die Bearbeitung seiner archaisch destruktiven Gefühle, die dem Entwicklungsstand seiner damals vorwiegend averbal strukturierten, von Verschmelzungssehnsüchten und Destruktion bestimmten Innenwelt entsprachen. Sie wies stellenweise psychotische Qualität auf und hatte typische Merkmale, die aus Behandlungen von narzißtischen und Borderline-Patienten berichtet werden. In dieser Zeit blieb ich in meinen Interventionen ausschließlich auf der Spielebene und habe verbale Deutungen vermieden.

Der entscheidende Markstein in dieser Behandlung war die Stabilisierung seiner Beziehungsfähigkeit. Aber auch seine Entwicklungsschritte bei der Affektwahrnehmung und Affektdifferenzierung, der Neutralisierung von Aggressionen und der Entwicklung eines realistischeren Selbstbildes trugen dazu bei, die Bearbeitung seiner inneren Konflikte zu ermöglichen, bis Peter gegen Ende der Therapie eine stabile Identifizierung mit seinem Vater erreicht hatte und in die Latenzphase eintreten konnte. Auf dieser Grundlage der Ich-Reifung und Konfliktbewältigung wurde es möglich, daß er Vorstellungen über seine Persönlichkeit entwerfen konnte, was sich im Bild vom "Mädchenbeschützer" und "so stark wie Papa werden" ausdrückte. Er hatte ein Identitätsgefühl erworben.

Kreativität hat diesen therapeutischen Prozeß geprägt und vorangetrieben. Kinder finden für ihre spezifische Konfliktlage genau die Spiele, mit Hilfe derer sie in der Interaktion mit der Therapeutin oder dem Therapeuten ihre Therapie vorantreiben. Von diesen ist gefordert, sich wach und sensitiv darauf einzustellen, zu verstehen versuchen, was das Kind mit der Spielsymbolik zeigt und auf der Symbolebene zu reagieren. So "heilen" nicht die Therapeuten eigentlich das Kind, sondern schaffen die Voraussetzungen, daß das Kind sich selbst helfen kann (Göbel u. Zauner 1990, S. 114). Dazu gehört das entsprechende Setting und ein Verhalten, das die Beziehung zwischen dem (der) Therapeuten/in und dem Kind als therapeutisch definiert. Zum Setting gehört ein Spielzimmer mit einem Spielangebot, das nicht ein Schlaraffenland ist, sondern dem Kind Materialien bietet, mit Hilfe derer es seine inneren Nöte in Szene setzen kann. Weiter gehört dazu ein fester Rahmen mit festen Zeiten, die nicht überschritten werden, festen Terminen in der Woche, der Regel, Spielzeug nicht mutwillig zu zerstören und sich nicht gegenseitig zu verletzen, die Schweigepflicht des Therapeuten, die auch gegenüber den Eltern gilt. Dieser feste und sichere Rahmen, den Therapeuten zu garantieren haben, hält die inneren Turbulenzen der therapeutischen Spielinteraktionen zusammen und garantiert dem Kind Sicherheit und Schutz.

Im Gegensatz zur Therapie von Erwachsenen ist in der Psychotherapie von Kindern ein viel kürzerer Weg zu den Erinnerungen zurückzulegen, zudem ist die Regressionsneigung bei Kindern stark. Ich zitiere Freud:

> "Aber es sind doch in ihnen (den kindlichen Neurosen, B. D.) so viele der späteren Auflagerungen weggefallen, daß das Wesentliche der Neurose unverkennbar hervortritt" (Freud 1918, S. 131).

Es ist nun die Frage, wie der geschilderte Junge Erinnerungen bearbeitet hat, wenngleich expressis verbis davon nicht die Rede war. Er tat es in den chaotischen Spielen der Anfangsphase, die sowohl Erinnerungsspuren an die desolaten familiären Beziehungen als auch seine schwere körperliche Erkrankung und die damit verbundenen Schmerzzustände zum Inhalt hatten. Obgleich diese Spiele nicht gedeutet wurden, waren sie doch wirksam, weil in besonderer Weise der Zugang zu den frühen sensomotorischen Modellen, die durch reale Erlebnisse geformt sind, über die konkretistische Handlungssprache des Spiels erreicht werden kann. Und wiederum im Spiel hat er Ausdrucksmöglichkeiten gefunden, sein Leben als Junge zu entwerfen, der nicht ein Schläger oder chronisch Kranker, sondern ein Mädchenbeschützer und starker Sohn seines Vaters werden will.

Solange Veränderungen im Spiel und im Kind geschehen, dient das Spiel der Bearbeitung von Erinnerungen und dem Entwerfen von Zukunft. Der therapeutische Raum wird dann zum "imaginären Raum" zwischen der Phantasie und der Realität, in dem Kinder sich entwickeln.

Literatur

Ariès P (1980) Geschichte der Kindheit, 3. Aufl. Hanser, München

Dowing S, Rothstein A (eds) (1989) The significance of infant observational research for clinical work with children, adolescents and adults. Int Univ Press, New York

Eigen M, Winkler R (1985) Das Spiel. Naturgesetze steuern den Zufall. Piper, München Zürich

Ekstein R (1976) Die Bedeutung des Spiels in der Kinderpsychotherapie. In: Biermann G (Hrsg) Handbuch der Kinderpsychotherapie. Ergänzungsband. Reinhardt, München, S 162 - 168

Freud S (1918) Aus der Geschichte einer infantilen Neurose. GW Bd 12, S 31

Gedo JE (1991) The Biology of Clinical Encounters. Psychoanalysis as a Science of Mind. Analytic Press, Hillsdale

Göbel S, Zauner J (1990) Kreative Eigenleistungen des Kindes als beschützende Faktoren. Entwicklung - Prognose - Therapie. In: Büttner C, Ende A (Hrsg) Trennungen. Beltz, Weinheim Basel (Jahrbuch der Kindheit, Bd 7, S 108 - 120)

Huizinga J (1939) Homo ludens. Pantheon, Amsterdam

Kos-Robes M (1980) Spiel als Therapie. In: Spiel W (Hrsg) Die Psychologie des 20. Jahrhunderts. Kindler, Zürich (Bd 12, Konsequenzen für die Pädagogik (2). Entwicklungsstörungen und therapeutische Modelle, S 877-892)

Kernberg P (1995) Die Formen des Spielens. In: Studien zur Kinderpsychoanalyse Bd 12. Vandenhoeck & Ruprecht, Göttingen, S 9 - 34

Levin FM (1991) Mapping the Mind. The Intersection of Psychoanalysis and Neuroscience. Analytic Press, Hillsdale

Naumann-Lenzen M (1994a) Jenseits der Deutung. Zur Kontroverse um das Verhältnis von Deutungs-, Beziehungs- und Spielaspekten bei Psychopathologien aus der sogenannten präverbalen Lebensphase. In: AKJP, Bd 25, H 83, S 235 - 272

Naumann-Lenzen M (1994b) Zur therapeutischen Selbstobjektfunktion. Einige Überlegungen zu Heilfaktoren in der Behandlung von Kindern mit Pathologien im Bereich des basalen Bindungs- und Regulationsgeschehens. (Unveröffentlichtes Vortragsmanuskript)

Portmann A (1967) Zoologie aus vier Jahrzehnten. Piper, München

Winnicott DW (dt. 1973, 1971) Vom Spiel zur Kreativität. Klett-Cotta, Stuttgart

Zulliger, H (1970) Heilende Kräfte im kindlichen Spiel. Fischer, Frankfurt aM

"... wie das Glied einer unzerreißbaren Kette" - Ein Blick ins Genogramm

Astrid Riehl-Emde

"Einmal in der Woche, an den Samstagen, versammelten sich alle um den großen Eichentisch, der immer in der Familie gewesen war ... Alba wurde zwischen ihre Mutter und ihre Großmutter gesetzt, mit einem Kissen auf dem Stuhl, damit sie mit der Nase an den Teller reichte. Fasziniert beobachtete sie die Erwachsenen, ihre Großmutter, strahlend, zur Feier des Tages mit eingesetzten Zähnen, durch eines ihrer Kinder oder ein Dienstmädchen Botschaften an ihren Mann richtend, Jaime, auftrumpfend mit schlechten Manieren, rülpsend nach jedem Gang und mit dem kleinen Finger in den Zähnen stochernd, um seinen Vater zu ärgern, Nicolas, mit halb geschlossenen Augen jeden Bissen fünfzigmal kauend, und Blanca, plappernd über alles, was ihr einfiel, um die Fiktion eines normalen Abendessens aufrechtzuerhalten. Trueba verhielt sich relativ still, bis sein schlechter Charakter zuletzt mit ihm durchging und er anfing, mit seinem Sohn Jaime über die Armen, die Wahlen, die Sozialisten und über Prinzipien zu streiten oder Nicolas zu beschimpfen wegen seines Versuchs, im Ballon aufzusteigen, oder weil er mit Alba Akupunktur betrieb, oder Blanca zu kränken mit seinen brutalen Antworten, seiner Indifferenz oder der überflüssigen Warnung, sie werde keinen Peso von ihm erben, da sie ihr Leben selbst zugrundegerichtet habe. Die einzige, mit der er sich nicht anlegte, war Clara, aber zu ihr sprach er fast nie. Gelegentlich überraschte Alba ein Blick ihres Großvaters, der mit den Augen an Clara hing, sie unverwandt ansah und dabei bis zur Fremdheit weich und sanft wurde. Aber das geschah nicht oft, normalerweise ignorierten sich die Ehegatten gegenseitig" (Allende 1984, S. 282).

Die Familie, die hier zusammen am Tisch sitzt, heißt Trueba-del Valle. Sie wird beschrieben im Roman "Das Geisterhaus" von Isabel Allende.

Die Abbildung 1 zeigt das Genogramm dieser Familie: Die Männer sind durch Vierecke, die Frauen durch Kreise symbolisiert. In der beschriebenen Szene sitzen das Ehepaar Clara del Valle und Esteban Trueba zusammen am Eßtisch mit ihrer Tochter Blanca und den Zwillingssöhnen Jaime und Nicolas sowie der Enkelin Alba, Tochter von Blanca.

Im Genogramm sind die Generationen so angeordnet, daß die Vorfahren oben und die Nachkommen unten stehen. Dies entspricht seinem Zweck: Im Genogramm stehen die Nachkommen im Mittelpunkt, und es geht darum, Verknüpfungen zwischen ihnen und früheren Generationen aufzudecken. Im Gegensatz hierzu ist in dem für die Genealogie (wissenschaftliche Familienforschung) typischen Stammbaum die Anordnung der Generationen genau umgekehrt: Meist stehen die Vorfahren unten, die Nachfahren oben, womit der Stammbaum vom Stammvater ausgeht und dem Bild einer sich vom Stamm aufwärts verzweigenden Baumkrone ähnelt.

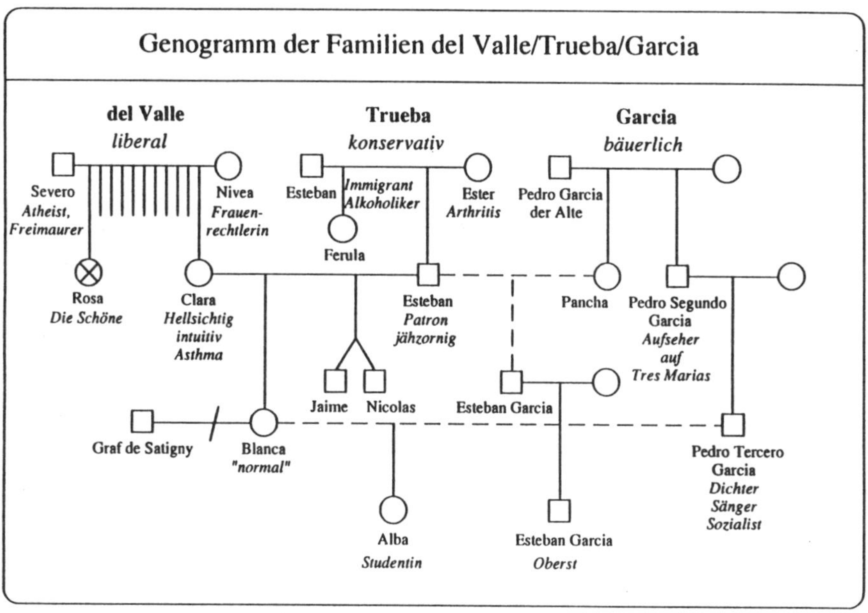

Abb. 1. Genogramm der Familien del Valle/Trueba/Garcia

Die Methode des Genogramms wurde zur graphischen Darstellung von Familienkonstellationen entwickelt und kam in den 70er Jahren aus der US-amerikanischen Familientherapie zu uns. Dies ist nicht so erstaunlich, bildeten doch die USA mit ihrem Bedarf an Geschichte und der Suche nach Wurzeln einen viel fruchtbareren Boden für diese Methode als Deutschland mit seiner gespaltenen Einstellung zur jüngeren Vergangenheit (vgl. Bahn 1990). Im Nachkriegsdeutschland war der Umgang mit Stammbäumen belastet wegen des Mißbrauchs familiengeschichtlicher Daten durch die Rassengesetzgebung im Dritten Reich ("Ariernachweis") und durch die Überstrapazierung von Begriffen wie "Sippe", "Erbe", "Ahnen" in der nationalsozialistischen Propaganda.

Zur Methode des Genogramms

Die Bezeichnung "Genogramm" erinnert an Elektrokardiogramm (Herzstrommessung) oder Elektroencephalogramm (Hirnstrommessung). Das Genogramm ist jedoch keine exakte Methode, wie der Wortteil "-gramm" (= das Geschriebene) nahelegt. Wer annimmt, es werde ein exakter Sachverhalt dokumentiert, der ähnlich einem psychologischen Test nur noch mit Normwerten verglichen werden muß, um zu Ergebnis und Interpretation zu kommen, der irrt!

Erstellung des Genogramms

Die familientherapeutische Schule um Murray Bowen hat das Genogramm am ausgefeiltesten entwickelt. Das entscheidende Anliegen dabei war, generationsübergreifende Muster in ihrem Einfluß auf die Gegenwart zu erkennen. Die grundsätzliche Vorgehensweise zur Erstellung des Genogramms ist heute weitgehend standardisiert. Gemäß den Vorschlägen von McGoldrick u. Gerson (1990) erfolgt die Herstellung eines Genogramms in drei Schritten (Abb. 2): Zunächst geht es um die formale graphische Darstellung der Familienkonstellation über mindestens drei Generationen. Kinder werden nach ihrem Alter in absteigender Reihenfolge von links nach rechts eingetragen. Verheiratete Personen werden mit durchgezogenen Linien verbunden, gestrichelte Linien kennzeichnen defacto-Beziehungen. Verstorbene werden durch ein Kreuz markiert. Dann werden Informationen aus der Familie und schließlich die Familienbeziehungen dokumentiert. In der Praxis wird häufig auf die Beziehungslinien verzichtet, oder sie werden in einem separaten Genogramm dargestellt, weil die Darstellung damit sehr komplex wird. Während im ersten Schritt die "harten" Daten dokumentiert werden und das formale Diagramm zunächst wie ein Skelett ohne Fleisch wirkt, werden mit den weiteren Informationen auch zunehmend "weichere" Daten berücksichtigt (vgl. auch Simon u. Stierlin 1984).

(1) Herstellen des Diagramms (Auswahl gebräuchlicher Symbole)

- Kreis (Frau); Quadrat (Mann)
- durchzogene horizontale Linie (verheiratet)
- gestrichelte horizontale Linie (Defacto-Beziehung)
- Linie mit 1 Schrägstrich (Trennung); mit 2 Schrägstrichen (Scheidung)

(2) Dokumentation der Familieninformationen

- Demographische Informationen: Altersangaben, Geburts-/Sterbedaten, Beruf, Ausbildungsstand
- Information über Funktionalität bzw. Dysfunktionalität: Gesundheit, Emotionalität, Verhalten oder Eigenschaften der Familienmitglieder
- Kritische Familienereignisse: Veränderungen in Beziehungen, Verluste und Erfolge (Heirat, Trennung, Scheidung, Beruf, Krankheiten, Eigenschaften etc).

(3) Dokumentation von Familienbeziehungen

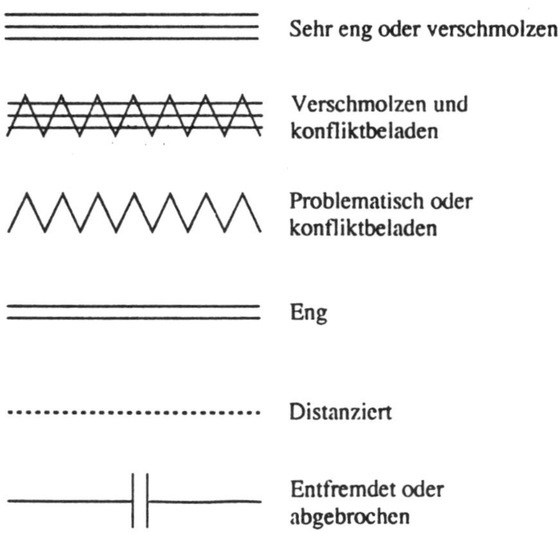

Abb. 2. Herstellen eines Genogramms (nach McGoldrick u. Gerson 1990)

Wer erstellt das Genogramm?

Im Rahmen der Paar- und Familientherapie wird das Genogramm als Standardinstrument zur Dokumentation der Anamnese benutzt. Entweder erstellt es der Therapeut aufgrund der Informationen von der Familie, oder die Klienten erstellen das Genogramm zu Hause und bringen es zur Therapie mit oder es wird in der Sitzung gemeinsam mit dem Therapeuten erstellt.

Wenn man in der Therapie mit dem Genogramm arbeiten will, bewährt es sich, wenn die Klienten es zunächst allein erstellen, weil bereits die Art der Darstellung sehr informativ ist und psychodynamische und systemische Hypothesen anregen kann. Denn meist ist es nicht zufällig, wo Klienten von den allgemeinen Regeln für die Herstellung, die sie zuvor erhalten haben, abweichen. Wird zum Beispiel vergessen, Verstorbene zu markieren? Fehlen die Zeichen für Trennung oder Scheidung? Wird die Geschwisterreihenfolge verändert? Wo sind weiße Flecken, über welche Personen ist nichts bekannt? Den Abständen innerhalb oder zwischen den Generationen lassen sich oft Hinweise für Nähe und Distanz entnehmen (vgl. Heinl 1987).

Wie wird ein solches Genogramm ausgewertet?

McGoldrick u. Gerson (1990) haben 6 mögliche Interpretationsprinzipien zusammengestellt (Tabelle 1). Lassen sich aus der *äußeren Familienstruktur* (Haushaltszusammensetzung, Geschwisterkonstellation) Hypothesen über bestimmte Rollen, Beziehungen oder Themen in der Familie ableiten? Wie werden *Übergänge im familiären Lebenszyklus* bzw. sog. Schwellensituationen bewältigt? Wie groß sind z. B. die Zeiträume zwischen Kennenlernen und Heirat, zwischen einzelnen Geburten, zwischen Scheidung und Wiederheirat? Gibt es *generationenübergreifende repetitive Muster*? Zum Beispiel Muster von beruflichem Erfolg oder Mißerfolg? Beziehungsabbrüche? Wiederholen sich bestimmte familiäre Konstellationen? Ein weiteres Thema bezieht sich auf die *Bewältigung kritischer Lebensereignisse*: Wie wird mit Verlusten, Todesfällen, aber auch mit einschneidenden sozialen, politischen oder ökonomischen Ereignissen umgegangen? Gibt es bestimmte Rituale (Geburtstag, Weihnachten), Reaktionen auf bestimmte Jahrestage? Die Beachtung von *Beziehungsmustern und Dreiecken* fokussiert v. a. auf die Kommunikation, auf Loyalitäten, Allianzen und Koalitionen innerhalb der Familie. Mit *Familiengleichgewicht* ist gemeint, ob sich widersprechende Merkmale wie unterschiedliche Ressourcen an Geld, Gesundheit oder Begabung, aber auch komplementäre Rollen oder strukturelle Gegensätze innerhalb der Familie ausgleichen können oder ob Ungleichgewichte das System nachhaltig belasten. Es gibt jedoch auch andere Interpretationsmöglichkeiten (z. B. Crosby 1989; Heinl 1987; Nerin 1989).

Tab. 1. Kategorien zur Interpretation von Genogrammen (McGoldrick u. Gerson 1990)

Kategorien
• Familienstruktur
• Übergänge im familiären Lebenszyklus
• Generationenübergreifende repetitive Muster
• Lebensereignisse und Funktionalität
• Beziehungsmuster und Dreiecke
• Familiengleichgewicht bzw. - ungleichgewicht

Wie man therapeutisch mit dem Genogramm weiterarbeitet - ob im Gespräch, mit Familienskulpturen oder anderen Techniken -, ist abhängig von der Ausbildung, der Vorliebe und Kreativität des Therapeuten. Ich arbeite meist im Gespräch, mit Familienskulpturen, Rollenspielen oder Schreiben von Briefen an eine Person des Genogramms. Wenn das Genogramm mit Photografien angereichert werden kann, kommt sehr viel atmosphärische Information hinzu. Darüber hinaus kann die Beschäftigung mit Fotoalben und Familiendokumenten viele Fragen und neue Kontakte mit Eltern und Großeltern auslösen.

Zusammenfassung zur Methode des Genogramms

Aus dem bisherigen geht bereits hervor, daß die Reliabilität bzw. Zuverlässigkeit der Angaben beeinflußt wird von der Art der Informationen: Demographische Angaben wie Namen und Daten sind objektiver als Urteile über die Funktionalität und die Beziehungsebene. Es geht weiter daraus hervor, daß die Hypothesen, die der Therapeut aus dem Genogramm ableitet, abhängig sind von seiner theoretisch-klinischen Ausrichtung und daß gerade das, was man unter methodischem Aspekt als "Störeffekt" bezeichnen würde, - wenn Familienmitglieder nicht übereinstimmen in ihrer Beschreibung von Personen, Beziehungen oder Ereignissen, ein wichtiger Hinweis auf mögliche Konflikte innerhalb der Familie sein kann.

Zusammenfassend läßt sich zur Methode sagen:

- Das Genogramm ist eine populäre Technik, sie wird von fast allen familientherapeutischen Schulen zur Diagnostik und Hypothesenbildung eingesetzt. Sie ist auch zum Standardinstrument in der Ausbildung angehender Paar- und Familientherapeuten geworden.
- Das Genogramm gilt als nützliches Instrument zur Erfassung von Familienkonstellationen, zur Sammlung und Ordnung familiärer Daten.
- Es gibt bisher wenig systematische Forschung zur Zuverlässigkeit der Daten, zur Reliabilität und Validität der darauf basierenden klinischen Urteile und zur Bedeutung des Genogramms in der klinischen Praxis (z. B. Friedman u. Krakauer 1992; Rohrbaugh et al. 1992).
- Das Genogramm ist "ein subjektives, interpretatorisches Hilfsmittel", mit dem sich "vorläufige Hypothesen für die weitere systemische Einschätzung gewinnen lassen" (McGoldrick u. Gerson 1990, S. 2).

Das Genogramm der Familie Trueba-del Valle

"Das Geisterhaus" ist eine Familiengeschichte über vier Generationen, die in Chile zwischen 1920 und 1973 bis kurz nach dem Militärputsch spielt. Es ist v. a. Alba, die die Geschichte erzählt und damit auch das Genogramm der Familie erstellt. Im Aufschreiben der Familiengeschichte gibt sie dem Erlebten eine Bedeutung, es wird durchschaubar und verstehbar. Ihr Großvater Esteban regt sie zum Schreiben an, als er sagt: "Dann kannst Du Deine Wurzeln mit fortnehmen, wenn Du eines Tages hier wegmußt" (S. 441). Alba verfügt neben den Erinnerungen ihres Großvaters über die Tagebücher ihrer Großmutter Clara, die Briefe ihrer Mutter Blanca und über Familiendokumente.

In dieser Familie sind die Frauen die Geschichtenerzählerinnen. Nivea und Clara teilen mit ihren Töchtern ihr Wissen über den familiären Hintergrund, wodurch sie Zugehörigkeit und Kontinuität vermitteln und wodurch eine besondere Verbindung zwischen den Frauen der verschiedenen Generationen entsteht. Wenn man das Genogramm anschaut (Abb. 1), fallen zunächst die Namen und die nicht legalisierten Beziehungen auf:

Namensgebung

Allgemein werden Kinder nach bestimmten Traditionen oder gängigen Moden benannt, nach Romanfiguren, Verwandten, Verstorbenen, sogar nach früheren Liebhabern der Eltern. Mit dem Vornamen sind meist mehr oder weniger bewußte Vorstellungen, Wunschphantasien oder Erwartungen verbunden, die dann nach der Geburt auch "inszeniert" werden können.

Die Frauen der Familie Trueba-del Valle tragen Namen, die im Spanischen verschiedene Aspekte von Helligkeit bzw. den Einfluß des Lichts ausdrücken, wobei symbolisch gesehen Licht für Freiheit und Hoffnung steht (McCallister 1985). *Nivea*, "Schnee", handelt von der Kälte der Nacht vor der Dämmerung; *Clara* bedeutet "Klarheit, Leuchten, Helligkeit"; *Blanca* "Weiße"; und *Alba* "Morgendämmerung".

Es ist die Entscheidung der Frauen aller Generationen, ihren Töchtern Namen zu geben, die derart in der Bedeutung miteinander verbunden sind; sie suchten die Namen mit Hilfe eines Synonymwörterbuchs aus. Sogar im Ton (Clara, Blanca, Alba) und in der Reihenfolge C-B-A, wird die Verbindung zwischen den Frauen deutlich. Diese Familientradition wirkt gleichzeitig als Kraftlinie bzw. als Ressource: Die Frauen teilen so wichtige Werte miteinander wie moralische Verbundenheit, Fürsorge, Solidarität und das Wissen um die Bedeutung einer eigenen Arbeit. Gemeinsam ist ihnen auch die Ablehnung patriarchaler Strukturen und die Suche nach Freiheit und Individualität (Gomes Parham 1988).

Clara setzt sich auch bei den Jungennamen gegen ihren Mann Esteban durch. Er sagt vor der Geburt der Zwillinge: "Ich hoffe, daß es diesmal ein Junge wird, damit er wie ich Esteban heißen kann". Sie: "Es ist nicht einer, es sind zwei ... und sie werden Jaime und Nicolas heißen." Er wurde wütend und sagte, das wären Namen für ausländische Vertreter, so hieße niemand, weder in ihrer noch in seiner Familie, wenigstens einer von beiden müßte Esteban heißen wie er und sein Vater. Aber Clara behauptet, die über Generationen wiederholten Vornamen stifteten in ihren Lebensnotizheften Verwirrung - und sie setzt sich durch (S. 119f.). Sie unterläuft damit die lateinamerikanische Norm und den patriarchalen Anspruch Estebans, demzufolge die Frau für die Geburt und der Mann für die Namensgebung zuständig ist.

Neben den aristokratischen Namen der Trueba-del-Valle Familie (Vor-, Nachname und Titel), die entweder ungewöhnlich sind oder ungewöhnlich mit Bedeutung beladen, wie bei der weiblichen Abstammungslinie, ist für die Familiengeschichte die bäuerische Namenskategorie wichtig: Diese Namen sind entweder sehr alltäglich oder werden repetitiv gebraucht wie bei der männlichen Garcia-Linie (McCallister 1985).

Garcia ist im Spanischen ein sehr verbreiteter Nachname. Die Söhne dreier Generationen tragen den gleichen Vornamen (Pedro Garcia) und werden durch Nummern unterschieden: Pedro Garcia (der Alte), Pedro Garcia Segundo, Pedro Garcia Tercero. Wenn über Generationen der gleiche Vorname vergeben wird, so kann dies familiäre Tradition, Mangel an Originalität oder - wie im vorliegenden Fall - Ausdruck indianischen Ursprungs sein.

Anders als ihre männlichen Verwandten wird Pancha Garcia bei ihrem Spitznamen und nicht beim wirklichen Namen genannt, was ihre inferiore Position kennzeichnet. Sie trägt Esteban Truebas ersten Sohn aus, Ergebnis einer Vergewaltigung, und gibt ihm den Vornamen des Vaters: Esteban. Damit ist der Erstgeborene unehelich, und er ist gleichzeitig der einzige Sohn Truebas, der zumindest den Vornamen des Vaters trägt.

Zur Kernfamilie Trueba-del Valle

Die Familiengeschichte rankt sich um die Polarität der mittleren Generation, um das Ehepaar Clara del Valle und Esteban Trueba.

Esteban Trueba startet aus dem Nichts und arbeitet sich hoch durch Beständigkeit, Energie und Ehrgeiz. Auch durch die Heirat mit Clara steigt er sozial auf. Die Triebkraft für diesen Aufstieg liegt in seiner Herkunft begründet: Seine Mutter, Ester Trueba, ist aristokratischer Abstammung und betrachtete es als "bedauerlichen Unfall" in ihrem Leben, unter Stand geheiratet zu haben: Sein Vater, aus einer Immigrantenfamilie stammend, galt als Alkoholiker, der die Erbschaft von Ester Trueba durchbrachte. In Erinnerung an die Entbehrungen seiner Kindheit versucht er, allem, was ihn umgibt, einen Anstrich von Großartigkeit aufzuprägen (S. 98f.). Es ist sein Ziel, dem von seinem Vater befleckten Namen Trueba wieder Ansehen zu verschaffen. Dies gelingt ihm, indem er Tres Marias, das heruntergewirtschaftete Landgut seiner Familie, wieder zum Blühen bringt. Als Prototyp des Patrons gibt er den Bewohnern Arbeit und kümmert sich um deren Lebensbedingungen; er betrachtet sie aber auch als Leibeigene und kontrolliert sie mit brutaler Gewalt. Er ist der gefürchtete, aber respektierte Potentat. Er wird als ein Mann mit starken, elementaren Leidenschaften beschrieben, der Willkür und Gewalt verkörpert und sich vehement für den Erhalt der Machtstrukturen in Chile einsetzt. Politisch gilt er als konservativ und steht damit im Gegensatz zur liberalen del Valle-Familie.

Clara ist schwerer faßbar: Sie ist jüngste Tochter von insgesamt 11 Geschwistern, Nesthäkchen einer eingesessenen aristokratischen Familie, in der sie sich sehr frei entwickeln konnte und emotionale Stärke und Selbstbewußtsein mitbekam. Sie wird als hypersensibel und hellsichtig beschrieben, mit großen intuitiven Fähigkeiten und Neigung zum Spiritismus. Seit Kindheit leidet sie unter Asthma, das sie v. a. einsetzt, um ihren Willen durchzusetzen. Bereits als Kind, aber auch später als erwachsene Frau gelingt es ihr, sich ein eigenes Leben zu gestalten mit ihrer Verbindung zur magischen Welt und mit Hilfe ihrer Lebensnotizen, die einen großen Raum einnehmen und die Wirklichkeit mitbestimmen. Neben der Tatsache, daß sie wie in anderen Sphären schwebt, setzt sie sich v. a. in späteren Jahren sehr aktiv für Arme und Benachteiligte ein. Im Alter wirkt sie gelassen, in sich ruhend, sie verkörpert humanitären Widerstand und Gemeinschaftsgeist und hat die Fähigkeit, sehr unterschiedlichen Menschen mit Toleranz und Fürsorge zu begegnen. Ihre bizarre Kleidung, wie sie sich der Kontrolle ihres Mannes widersetzt, ihre Fürsorge für Kinder, Freunde und Benachteiligte sind ihre Wege, eigene Werte und Autonomie zu wahren.

Es heißt über Esteban, die maßlose Liebe zu Clara sei zweifellos das stärkste Gefühl in seinem Leben, stärker selbst als sein Jähzorn und sein Stolz (S. 135). Auf der Hochzeitsreise sagt er zu Clara, daß er sie absolut besitzen will, bis zum Grund ihrer Seele, bis ihr nichts mehr bleibt, das nicht von ihm kommt. Mit diesem Wunsch, sie zu besitzen, verliert er sie mehr und mehr. Clara nimmt ihn an, als sei er ihr vom Schicksal bestimmt. Nach der Hochzeit zieht sie sich zunehmend zurück. Sie hat lange Schweigeperioden und übt damit auf ihre Art in der Ehe viel Macht aus. Sie fürchtet ihn in seiner Zudringlichkeit, mit seinen elementaren Leidenschaften, zuletzt haßt sie ihn. Schließlich, so heißt es, hätten das Alter und die mangelnde Liebe zu Esteban sie zunehmend vergeistigt und dazu gebracht, "Sexualität als einen reichlich brutalen Zeitvertreib zu betrachten, der ihr Gelenkschmerzen und im Zimmer Unordnung verursachte" (S. 169).

Was läßt sich über die Atmosphäre in der Familie sagen? Esteban wirkt nur vordergründig machtvoll, letztlich ist er einsam in der Familie und ohnmächtig wegen seiner unerwiderten Liebe zu Clara. Jedes Hindernis, das er zwischen Clara und sich sieht, kann ihn außer sich bringen. "Er haßte zuletzt seine eigenen Kinder, weil sie die Aufmerksamkeit ihrer Mutter für sich beanspruchten" (S. 135). Clara vermittelt den drei Kindern entscheidende Werte, insbesondere Fairneß gegenüber Menschen; auch ihr Widerstand gegenüber Estebans feudaler Politik liegt in der Luft. Alle drei Kinder stellen sich politisch bzw. weltanschaulich in Gegensatz zum Vater und fordern ihn damit in höchstem Maße heraus. Durch diese Opposition wird auch die Polarisierung zwischen den Eheleuten verschärft, denn Clara ergreift Partei für ihre Kinder, wobei sie am offensten mit Blanca eine Koalition gegen Esteban eingeht. Esteban ist der Außenseiter in der Familie.

Wie die Geschichte der einzelnen mit der Familiengeschichte verknüpft ist, wird besonders deutlich in der Partnerwahl von Blanca und in dem über Generationen tradierten Muster von Gewalttätigkeit.

Blancas Partnerwahl

Blanca "... hatte von Trueba das spanische und maurische Blut geerbt, die gebieterische Haltung, die stolze Miene, die olivenfarbige Haut, die dunklen Augen und den mediterranen Gang, aber alles geprägt vom Erbe der Mutter, von der sie ihre Sanftheit hatte, die kein Trueba je besaß. Sie war ein ruhiges Mädchen, das sich allein beschäftigte, lernte, mit Puppen spielte und nicht die geringste Veranlagung weder zum Spiritismus ihrer Mutter noch zum Jähzorn ihres Vaters besaß. In der Familie sagte man scherzhaft, sie sei seit Generationen die einzige Normale, und sie erschien in der Tat als ein Wunder an Ausgewogenheit und Gelassenheit" (S. 148). Esteban schildert seine Beziehung zu Blanca so:

> "Meine Tochter war von klein an sonderbar und nie das liebevolle und zärtliche Mädchen, das ich mir gewünscht hatte. ... Solange ich mich besinnen kann, war sie mir gegenüber widerborstig, einen Ödipuskomplex brauchte sie nicht zu überwinden, weil sie nie einen hatte. Sie war immer schon eine Senorita gewesen, klug und reif für ihr Alter, und sie hing sehr an ihrer Mutter. Ich ... versuchte, sie als Verbündete zu gewinnen, ich machte ihr Geschenke und alberte mit ihr herum, aber auch sie ging mir aus dem Weg. Jetzt, wo ich alt bin ... glaube ich, daß ihre Liebe zu Pedro Tercero Garcia an allem schuld war. Blanca war unbestechlich. Nie hat sie um etwas gebeten, sie sprach noch weniger als ihre Mutter, und wenn ich sie zwang, mir einen Kuß zu geben, tat sie es so widerwillig, daß es mich schmerzte wie eine Ohrfeige" (S. 182).

Blanca verliebt sich in den Sohn von Truebas Aufseher auf Tres Marias, Pedro Tercero Garcia, mit dem sie schon als Kind sehr verbunden ist. Pedro ist Esteban ein Dorn im Auge: Zum einen ist die Verbindung nicht standesgemäß, zum anderen ist er mit revolutionären Ideen aufgewachsen und aus Sicht des Patrons sein Widersacher, der die Bauern aufwiegelt. Pedro stellt also eine große Bedrohung dar für Esteban, weil er die Werte und Glaubenssätze, für die Esteban Zeit seines Lebens gekämpft hat, fundamental in Frage stellt.

Als Esteban die Liebesbeziehung zwischen Blanca und Pedro Tercero entdeckt und darüber in rasenden Zorn gerät, nennt Clara sein Verhalten beim Namen: Pedro habe nichts getan, was Trueba nicht auch tat, "auch du hast mit ledigen Frauen geschlafen, die nicht deiner Klasse angehören. Der Unterschied ist nur, daß er es aus Liebe getan hat, und Blanca auch" (S. 206). Mit dieser Aussage befördert sie seine Vergangenheit vom unausgesprochenen zum ausgesprochenen Familiengeheimnis, woraufhin er sie niederschlägt. Beide überschreiten damit eine bisher gültige Grenze: Sie, indem sie das Geheimnis lüftet; er, indem er ihr Gewalt antut.

Nach dieser Szene kommt es nicht nur zum Bruch zwischen den Eheleuten sowie Vater und Tochter, auch Blanca und Pedro verlieren für Jahre den Kontakt, weil Pedro untertaucht. Zur entscheidenden Wende im Dreieck zwischen Blanca, Pedro und Esteban kommt es viele Jahre später, als Blanca angesichts der Todesgefahr, die unter den sich schnell ändernden politischen Verhältnissen für den Vater und für Pedro besteht, ihren Stolz überwindet und zuerst Pedro um Hilfe bittet für das Leben ihres Vaters und kurz darauf den Vater um Hilfe für Pedros Leben ersucht. Sie kann in dem Moment auf den Vater zugehen, als er angesichts der Militärdiktatur verzweifelt und zum ersten Mal in seinem Leben einen Irrtum seiner eigenen Politik zugibt. In dieser Situation gelingt es ihr, auch im eigenen Interesse, eine Verbindung zwischen beiden Männern herzustellen. In diesem Moment kommt es zur ersten Liebkosung zwischen Vater und Tochter seit frühester Kindheit und erst jetzt wird sie frei, sich tatsächlich auf eine "normale", nicht im Verborgenen stattfindende Beziehung zu Pedro einzulassen.

Familiäres Muster Gewalttätigkeit

Es heißt, die Großmutter Pancha Garcia hätte vor ihrem Tod die Kindheit von Esteban Garcia "mit dem Märchen vergiftet, er hätte Tres Marias geerbt und Präsident der Republik werden können", wenn sein Vater anstelle von Blanca, Jaime oder Nicolas geboren wäre (S. 194); damit hat sie ihm ein Familiengeheimnis anvertraut. Seine Herkunft und die Bedeutung seines Vornamens vergaß er daraufhin nie mehr. "Er war geschlagen mit seinem rachsüchtigen Zorn auf den Patron, seine verführte Großmutter, seinen unehelich geborenen Vater und sein eigenes, ein für allemal festgelegtes Schicksal als Bauer" (S. 194). Phantasien, daß der Patron und alle Kinder durch Unfall oder Krankheit umkommen, damit er das Gut erben kann, begleiteten ihn durch sein ganzes Leben, so gedemütigt fühlte er sich. Bereits als Kind, als er Alba an der Hand ihres Großvaters spazierengehen sah, während er barfuß im Schmutz stand, schwor er sich, "daß er (Alba) eines Tages ihre Arroganz heimzahlen und sich rächen werde für sein verdammtes Schicksal als Bastard" (S. 423). Er litt darunter, selbst nicht anerkannt zu werden vom Patron, und durch die Verweigerung der Belohnung wurde sein Haß noch gesteigert.

Während des Militärregimes leitet er als Oberst die Folterung seiner Cousine Alba, die als Studentin im Untergrund aktiv ist. So nimmt er in der dritten Generation gewalttätig Rache für die erlittenen Kränkungen.

Pancha hat ihm ein Familiengeheimnis hinterlassen, er wirkt als Enkel delegiert, die Großmutter zu rächen. Man muß fragen, weshalb Esteban Garcia auf diese Delegation so ansprechbar ist? Offenbar sehnt er sich danach, eine besondere Bedeutung zu haben und fühlt sich von seiner Großmutter ausgezeichnet. Sie hat dafür gesorgt, daß er anders war als die anderen Bauernkinder, weil in seinen Adern das Blut des Patron floß; ihr Auftrag ist eine besondere Auszeichnung für ihn. Esteban Garcia repräsentiert die Demütigung, die die Garcia-Familie seit mehreren Generationen hingenommen hat. Für ihn wird das Vermächtnis der Großmutter der Sinn seines Lebens, die entscheidende Triebfeder seines Handelns. Auch in diesem Motiv ist er mit dem Patron verwandt, der sich ja gleichfalls deklassiert fühlte, und alles daran setzte, dem befleckten Namen Trueba wieder zu Ansehen zu verhelfen.

Die Verknüpfung zwischen den Generationen aus familientherapeutischer Sicht

Man könnte die familiäre Entwicklung so interpretieren, daß die extremen Verhaltensweisen Esteban Truebas, mit denen er auch die Geschichte seiner eigenen Eltern wiedergutzumachen versucht, bei seinen Kindern Verhaltensweisen des anderen Extrems provozieren. Clara begünstigt dies, indem sie sich ebenfalls von ihm distanziert. Bis zuletzt lehnt seine legitime Familie z.B. den Nachnamen Trueba ab und die Werte, die damit verbunden sind. Sie benutzen nur den Familiennamen der Mutter und treffen Esteban damit an einem ganz empfindlichen Punkt. Die Intensität, mit der er auf das provozierende Verhalten seiner Kinder ansprechbar ist, zeigt, daß sich hinter seiner sturen Fassade vielleicht auch die Sehnsucht nach einem anderen Leben verbirgt.

Unter erweiterter familiärer Perspektive läßt sich die Opposition der Kinder, ihre Abkehr von der Entwicklungslinie des Vaters als eine Bewegung sehen, die nicht nur dem Individuum, sondern auch der Familie als Ganzes dienen kann; nämlich dann, wenn darüber wieder eine Begegnung zwischen den Generationen möglich ist und die Extreme ergänzt werden können.

Berufs- und Partnerwahl von Kindern haben oft eine wichtige Funktion in der familiären Geschichte: Mehr oder weniger bewußt versuchen Kinder oft das, was die Eltern nicht gelebt haben, zu verwirklichen oder - wie Jürg Willi (1985) das einmal formuliert hat -, sie sind bestrebt, Extreme der Eltern in ihrem Leben zu korrigieren und auf ein adäquates Maß zurückzuführen. Entscheidend dabei ist, daß extreme Sicht- oder Verhaltensweisen ergänzt bzw. abgerundet werden, und ihnen damit die Einseitigkeit genommen wird.

Man kann Blanca und Pedro als Vertreter der nächsten Generation sehen, die ein ungelöstes Problem ihrer Eltern aufarbeiten. Es ist normal in der Generationenfolge, daß in einer Generation gewisse Haltungen und Werte favorisiert, andere dadurch verdrängt werden. Diejenigen, die das Verdrängte sehen und ansprechen, gelten als Störenfriede. Im Sinne der "Rückkehr des Verdrängten" hat dann die nächste oder übernächste Generation gewisse Themen aufzuarbeiten, wobei wiederum andere verdrängt werden usw.

Bei dem Versuch, die Beziehungsmuster der Herkunftsfamilie zu verändern oder gar zu verbessern, kommt es oft zu einer Reinszenierung der Konflikte, die die Partner miteinander loswerden wollten. Mit einem Extrem auf das andere zu reagieren, ist zwar oft erforderlich, aber genauso einseitig und signalisiert eine übermäßige Gebundenheit. Blanca und Pedro kommen dann auch solange nicht wirklich zusammen, bis der Haß zwischen Esteban und Pedro beigelegt ist. Systemisch gesehen ist es sehr geschickt, wie Blanca, als sie selbst in großer innerer Not ist, die Verbindung zwischen den beiden Männern stiftet. Und erst jetzt kann sie ihrem Vater begegnen. Dieser Schritt erweist sich als Voraussetzung für sie, sich auf ein "normales" Leben mit Pedro einzulassen, der vorher wiederholt vergeblich um sie geworben hat. An dieser Stelle werden Kräfte für eine neue Entwicklung frei, die zuvor durch den Konflikt gebunden waren.

Die noch entscheidendere Deblockierung erfolgt jedoch dadurch, daß die Enkelin Alba in Zusammenhang mit ihrer Folterung durch ihren Cousin Esteban Garcia wie zur eigenen Lebensrettung ihre eigene Geschichte aufschreibt und beginnt, sich mit der Familiengeschichte auseinanderzusetzen. Wie Alba letztlich die brutale Folterung durch Esteban Garcia verarbeitet, ist nicht nur eine Reaktion aufgrund ihrer Lebenserfahrung, sondern hängt auch mit Claras Aufzeichnungen und den anderen Familiendokumenten zusammen, die sie nach ihrer Befreiung aus dem Gefängnis in Händen hält. Sie erfaßt die tragischen Verknüpfungen zwischen den Generationen und begreift, daß sie - unterstützt durch die politischen Verhältnisse - etwas zu erleiden hatte, was bereits Generationen vorher angelegt war. Daß und wie Alba die Schrecken der Folterung überlebt - durch Schreiben und durch die Auseinandersetzung mit ihrer Familiengeschichte - zeigt im speziellen, welche Stärke Alba hat und welche Kraft sie aus ihrer familiären Herkunft zieht; und es zeigt im allgemeinen, daß das Erkennen familiärer Muster Blockierungen lösen, Familienthemen entgiften und v. a. Sinn für die Zukunft stiften kann.

Therapeutischer Gewinn der Arbeit mit Genogrammen

Vor Jahren wurde heftig darüber diskutiert, inwieweit es in der Arbeit mit dem Genogramm um das Herankommen an unausgesprochene Gefühle oder nur um intellektuelles Verstehen geht. Diese Frage entstand angesichts von Paaren - häufig übrigens Professionelle -, die sich hinter Details förmlich verschanzten. McGoldrick Orfanides (1980) sagte damals dazu, das Genogramm sei entwickelt für intellektuelles Verstehen. Es solle helfen, Familienbeziehungen zu überdenken und zu Veränderungen zu motivieren. Es sei kein Instrument, Affekte hervorzulocken, obwohl es dies häufig tut. Gerade bei etwas zwanghaften Personen könne die Methode jedoch sehr sinnvoll sein, da sie Struktur bietet und hilft, in wenig bedrohlicher Art über emotional wichtige Themen zu sprechen. Wenn man aufzeigen kann, wie Erfahrungen aus der Herkunftsfamilie in eine aktuelle Beziehung hineinragen und sie beeinflussen, ist das wie ein neutraler Boden, eine Chance, sich und andere unter neuer Perspektive zu sehen.

Die Tatsache, daß das Genogramm heute von fast allen familientherapeutischen Schulen eingesetzt wird, zeigt, daß die historisch-biographische Perspektive inzwischen von allen einbezogen wird. Dabei geht es um die Frage, wie Familien ihre Wirklichkeit konstruieren bzw. wie Menschen Sinn erzeugen aus dem, was ihnen zustößt. Der Therapeut kann helfen, neue Sichtweisen und Interpretationsmöglichkeiten für Erlebtes zu gewinnen, und dadurch neue Wirklichkeiten eröffnen. Zu entdecken, wie Muster des eigenen Lebens beeinflußt sind von Mustern und unhinterfragten Glaubenssätzen der Herkunftsfamilie, macht oftmals die eigene Rolle im Leben klarer und schafft ein Bewußtsein dafür, wie in neuen Beziehungen Vertrautes re-inszeniert wird und oft zu Konflikten führt. Sich mit der eigenen Familiengeschichte auseinanderzusetzen heißt auch, Stellung zu nehmen gegenüber Aufträgen, Familientraditionen, Werten und Normen, die man übernommen oder gerade nicht übernommen hat. Das Ziel ist, Wahlmöglichkeiten zu erweitern und so der Entwicklung (des einzelnen oder der Familie) neue Wege zu weisen. Muster zu erkennen ermöglicht oft, sich davon etwas abzugrenzen. Wer die Freiheit der Wahl zwischen Optionen hat, kann seine negativen Emotionen oft besser beherrschen. Und natürlich ist die Wahl einer neuen Sicht nicht jedem und nicht immer möglich.

Anders ausgedrückt: für den Therapeuten besteht die Aufgabe darin, familiäre Muster, Mythen oder Glaubenssätze herauszuarbeiten - diese dann aber nicht zu bekämpfen, auch wenn jemand darunter leidet, sondern zu ergänzen und abzurunden. Insofern bedeutet die bewußte Auseinandersetzung mit der eigenen Familiengeschichte auch eine Erfahrung von Begrenzt- und Bestimmtsein: daß wir im zeitlichen Längsschnitt mit Vorfahren und Nachkommen stehen und daß die eigene Entwicklung aus der Entwicklung der Familie hervorgeht und teilweise auf diese Familie bezogen bleibt. Es ist eine Herausforderung, die Abhängigkeiten, in denen wir stehen, mitzugestalten!

Bei den Verbindungen zwischen den Generationen handelt es sich nicht um simple kausale Zusammenhänge, obwohl es manchmal schwierig ist, nicht dem Bild der Kausalität zu verfallen. Im Begriff der Familienkonstellation soll dies zum Ausdruck gebracht werden. Niemand ist "verursacht" oder nur bedingt durch seine Eltern und Vorfahren. Wir übernehmen zwar viele Verhaltensweisen, Tugenden und Laster, aber eben auch nicht alles, sondern nur das, worauf wir selbst ansprechbar sind. Die Arbeit mit dem Genogramm kann helfen, ein unverständliches Leben, eine sinnlose Geschichte, wie ein Leben und Leiden zuweilen erscheint, in eine sinnvolle Biographie zu verwandeln (Guggenbühl-Craig 1986).

In ihrem Beitrag beschreibt Ursula Wirtz (1996, hier in diesem Band) die verheerenden Folgen nach schweren Traumatisierungen, wenn zentrale unbewußte Glaubenserfahrungen zusammenbrechen. Hierzu gehört auch der Glaube an eine sinnvolle Ordnung. Für Alba ging es nach der Folterung darum, einen Bezugsrahmen zu schaffen, in dem das Trauma einen Platz bekommt und eine Bedeutung zu finden für das, was ihr geschehen ist. Es gelingt ihr, mit ihrem Schreiben eine sinnvolle Ordnung wiederherzustellen und damit auch der Zukunft wieder einen Sinn zu geben. Wenn die Sätze, die Isabel Allende ihr am Ende des Romans in den Mund legt, von einer Klientin nach der Arbeit mit ihrem Genogramm gesagt werden würden, wäre das ein überzeugender Therapieerfolg:

Ich schrieb, "weil ich dachte, daß Oberst Garcia eines Tages als Besiegter vor mir stehen würde und ich alle Menschen rächen könnte, die gerächt werden müssen. Aber jetzt zweifle ich an meinem Haß. Innerhalb weniger Wochen, ..., scheint er sich aufgelöst, seine scharfen Konturen verloren zu haben. Ich vermute, daß alles, was geschehen ist, kein Zufall ist, sondern zu einem Schicksal gehört, das vor meiner Geburt entworfen worden ist und daß Esteban Garcia ein Teil dieses Entwurfs ist. Er ist ein roher, krummer Strich, aber kein Strich ist nutzlos. An dem Tag, an dem mein Großvater Esteban Garcias Großmutter Pancha in den Büschen am Fluß vergewaltigte, fügte er ein neues (Element) an eine Kette von Ereignissen, ... Später wiederholte der Enkel der vergewaltigten Frau die Tat an der Enkelin des Vergewaltigers ...

Und jetzt suche ich nach meinem Haß und kann ihn nicht finden. Ich fühle, daß er in dem Maße erlischt, in welchem ich meinen Großvater verstehe und ich durch die Hefte von Clara, die Briefe meiner Mutter ... und so viele andere Dokumente ... erfahre, wie alles gekommen ist. ... Meine Rache (würde) ein weiterer Teil des einen, unerbittlichen Ritus sein ... Ich will denken, daß meine Aufgabe nicht darin besteht, den Haß fortzusetzen, (sondern) daß mein Amt das Leben ist ..." (Allende 1984, S. 442).

Literatur

Allende I (1984) Das Geisterhaus. Suhrkamp, Frankfurt aM

Bahn P (1990) Familienforschung und Wappenkunde. Falken, Niedernhausen

Crosby JF (1989) Museum tours in genogram construction: A technique for facilitating recall of negative affect. Contemp Fam Ther 1: 247 - 258

Friedman H, Krakauer S (1992) Learning to draw and interpret standard and time-line genograms: An experimental comparison. J Fam Psychol 6: 77 - 83

Gomes Parham M (1988) Isabel Allende's la casa de los espiritus and the literature of matrilineage. Discurso Literario: Revista de Temas Hispanicos 6: 193 - 201

Guggenbühl-Craig A (1986) Die närrischen Alten. Betrachtungen über moderne Mythen. Schweizer Spiegel, Zürich

Heinl P (1987) Die Technik der visuellen Analyse von Genogrammen (Familienstammbäumen). Familiendyn 12: 118 - 138

McCallister R (1985) Nomenklatura in la casa de los espiritus. In: Rojas SR, Rehbein EA (eds) Critical approaches to Isabel Allende's novels. Peter Lang, NY. American University Studies: Series XXII Latin American Literature, vol 14, pp 21 - 35

McGoldrick Orfanidis M (1980) Problems with family genograms. Am J Fam Ther 7: 74 - 76

McGoldrick M, Gerson R (1990) Genogramme in der Familienberatung. Huber, Bern Stuttgart

Nerin WF (1989) Familienrekonstruktion in Aktion. Junfermann, Paderborn

Rohrbaugh M, Rogers JC, McGoldrick M (1992) How do experts read family genograms? Fam Systems Med 10 : 79 - 89

Simon FB, Stierlin H (1984) Die Sprache der Familientherapie. Stichwort "Genogramm". Klett-Cotta, Stuttgart

Willi J (1985) Koevolution. Rowohlt, Reinbek

Einführung in die Operationalisierte Psychodynamische Diagnostik (OPD)

Sven Olaf Hoffmann

Die Vieldeutigkeit und Unschärfe psychoanalytischer Begriffe ist eine von Wissenschaftlern lang und oft beklagte Tatsache. So erstaunt es nicht, daß die Psychoanalyse seit Freuds Zeiten in der Generierung neuer Hypothesen sehr viel erfolgreicher war als in der Validierung der bereits vorliegenden. Selbst wenn man in Rechnung stellt, daß die psychoanalytische Begriffsbildung im Spannungsfeld zwischen Hermeneutik (Interpretation) und empirischer Wissenschaft steht, drängt sich der Eindruck auf, daß die Vieldeutigkeit der Begriffe von der Mehrheit der Psychoanalytiker nicht nur geduldet, sondern aktiv erhalten wird. Ein Hintergrund ist vermutlich, daß der nicht falsifizierbare Status quo von Theorie und Praxis dem psychoanalytischen Narzißmus am wenigsten Kränkung zumutet und jeder einzelne seine Befriedigungserlebnisse in klinischen Diskussionen, in denen aufgrund der Begriffe kein Widerspruch möglich und damit auch keine Meinungsrevision nötig ist, ausleben kann.

Fast alle Versuche, die in die Richtung von Neuformulierungen bis hin zu Operationalisierungen gehen, stammen deshalb nicht überraschend aus Forschungsprojekten.

Im *Hamstead-Index* (A. Freud 1962) sollten z. B. neben der Symptomatik die Biographie sowie die Triebentwicklung, die Charakteristik der Ich-Funktionen und des Über-Ichs, Fixierungspunkte und Regressionstendenzen sowie Konfliktmerkmale diagnostisch differenziert werden. So versuchten die Autoren, zwischen einer Entwicklungspathologie und neurotischer Pathologie, die einem reiferen Entwicklungsniveau entspricht zu trennen.

Das Modell der deskriptiven Entwicklungsdiagnose von Blanck u. Blanck (1974, 1979) orientiert sich an der Ich-Psychologie und will entsprechend das Entwicklungsniveau der Ich-Funktionen beschreiben. Die Patienten werden so einem von drei Entwicklungskategorien des Ichs (neurotisch, Grenzfall, psychotisch) zugeordnet.

Den dornigen Weg der Neuformulierung sind seither eine Reihe von Autoren gegangen, denen daran lag, der Psychoanalyse den Anschluß an die internationale Gemeinschaft der Wissenschaft zurückzugewinnen, den sie verspielt hatte. Diesen

Weg darzustellen, überschreitet die hier gegebenen Möglichkeiten, aber einige skizzenhafte Hinweise seien erlaubt. Der Hampstead-Index war schon erwähnt worden. Aus der gleichen Zeit der frühen 60er Jahre stammt das Beispiel der Arbeitsgruppe von Bibring, die über einen Zusammenhang von Schwangerschaft und früher Mutter-Kind-Bindung arbeitete. Diese Autoren entwickelten eine ganze Skala von Beobachtungsvariablen und - vielleicht noch interessanter - eine neue Fassung des Katalogs der Abwehrmechanismen, und dieser wies dann bereits teiloperationalisierte Definitionen auf (Bibring et al. 1961, besonders Appendices A und B). In der Folge erschienen auch Glossare psychoanalytischer Begriffe, von denen die bekanntesten das von Laplanche u. Pontalis (1972) sowie das von Moore u. Fine (1968) sind. Erstere definierten exegetisch nach dem Werk Freuds, also letztlich rein präskriptiv, die letzteren gehen vom *Consensus omnium* aus, ihr Werk basierte auf einer Arbeitsgruppe, die aufwendig zu erfassen versucht hatte, was die Mehrzahl der amerikanischen Psychoanalytiker unter den definierten Begriffen verstand.

Fraglos stellen all diese Versuche Schritte auf dem Weg zu einem umfassenderen operationalisierten Definieren dar. Ein besonders wichtiger Fortschritt in dieser Richtung erfolgte allerdings erst in jüngerer Zeit. Das Karolinska Psychodynamic Profile (KAPP; Weinryb u. Rössel 1991), ein systematisches Ratinginstrument mit 18 Subskalen, zeigt bei einem wenig aufwendigen Rater-Training ausreichend Interrater-Reliabilität und Konstrukt-Validität. Erfaßt werden v. a. die Selbstwahrnehmung und die interpersonalen Bindungen. Ein anderer, aber ähnlich systematisierter Ansatz von Perry et al. (1989), zielte auf die Definition von ideographischen Basiskonflikten. Nicht zufällig hatte Perry Vorarbeiten mit der Systematisierung von Abwehrmechanismen geleistet. Es ist der Bereich, welcher in der Vergangenheit die weitestgehenden Operationalisierungsversuche aufweist (Übersicht bei Hoffmann 1987).

Im Rahmen der Psychotherapieforschung sind mittlerweile eine Reihe operationaler Ansätze entstanden, die interpersonales Verhalten unter psychodynamischen Gesichtspunkten zu erfassen suchen (Übersicht bei Schauenburg u. Cierpka 1994).

Für die operationalisierte Definition psychoanalytischer Inhalte gerät man in der Verfolgung der neophänomenalen Orientierung der jetzt dominierenden diagnostischen Glossare an einen Scheideweg. Mit ziemlicher Mühe kann man fast alle psychoanalytischen Begriffe so "herunterdefinieren", daß sie sich rein beschreibend erfassen lassen. Aus dem Über-Ich z. B. wird so das Gewissen, aus dem Über-Ich-Konflikt das Schuldgefühl. Damit geht bereits etwas vom dynamischen Konzept des psychoanalytischen Begriffs verloren, aber in diesem Beispiel noch nicht einmal so viel, denn Schuldgefühle stellen in der Tat den größten Teil der Über-Ich-Konflikte dar. Ersetzt man also konsequent das Wort Über-Ich-Vorwürfe in den Definitionen durch Schuldgefühle, so gewinnt man erheblich an

Verständlichkeit und verliert etwas an dynamischem Gehalt. Diesen Kompromiß beschreiten in der Praxis wahrscheinlich nicht wenige Psychoanalytiker. Nicht gangbar wäre aus unserer Sicht jedoch z. B. ein Begrenzen des Konzepts des Unbewußten auf das Nicht-Verbalisierbare. Tatsächlich reicht der Begriff des Unbewußten, insbesondere der des dynamischen Unbewußten, wie schwierig er auch in der Definition sich darstellen mag, sehr viel weiter als der des Nicht-Aussprechbaren.

So gilt es für die Verfasser von Operationalisierungen psychoanalytischer Konzepte Mittelwege zu finden, die einen Zugewinn an Klarheit und Eindeutigkeit gestatten, ohne das Konzept gleichzeitig zu weit aus seinem dynamischen Gehalt zu lösen. Es erscheint deshalb sinnvoll davon auszugehen, daß die Benutzer psychodynamischer operationalisierter Glossare Begriffe, wie die des dynamischen Unbewußten, des inneren Konflikts, der Abwehr, der psychischen Struktur, des Ich und des Selbst, der Selbst- und der Objektrepräsentanzen sowie weiterer grundsätzlich anerkennen. Dabei müßte das Verständnis solcher Voraussetzungsbegriffe möglichst über den Konsensus definiert sein und nicht nach realen oder vemeintlichen Wahrheitsgehalten. Das heißt, daß die dynamischen Voraussetzungen in den Definitionen selbst auftreten dürfen, ohne daß dies automatisch eine Zirkeldefinition oder ein Abweichen von der Operationalisierungsvorschrift bedeutete. Festzuhalten ist, daß Operationalisierung genaugenommen in der Definition immer ohne Rückgriff auf nicht selbst operational zu definierende Fakten auskommen sollte. Das ist in dieser Konsequenz für die Operationalisierung psychoanalytischer Inhalte nicht möglich, ohne die Essenz dessen, was definiert werden soll, zur Unkenntlichkeit zu verändern.

In diesem Sinne scheint es deshalb sinnvoll, von Psychodynamischer Operationalisierung (präziser: Operationalisierung unter Einbeziehung psychodynamischer Konstrukte) zu sprechen. Ziel des Vorgehens wäre, soviel Widerspruchsfreiheit wie möglich zu gewinnen und soviel dynamischen Gehalt wie möglich zu wahren. Vielleicht wäre es auch richtiger, statt von "Konsensus" vom "kleinsten gemeinschaftlichen Vielfachen" zu sprechen. Die Operationalisierungsvorschläge der OPD sind Kompromisse im angeführten Sinne.

Die vorliegende OPD ist das Ergebnis eines intensiven, über dreijährigen Entwicklungsprozesses durch eine etwa 30 Personen umfassende Arbeitsgemeinschaft deutscher Psychotherapeuten und Psychosomatiker. Die Kolleginnen und Kollegen stammen zum überwiegenden Teil aus einer Reihe von Universitätskliniken für Psychosomatische Medizin und Psychotherapie in der Bundesrepublik.

Motivationaler Hintergrund zur Entwicklung eines operationalisierten Instruments psychodynamisch orientierter Diagnostik war gleichermaßen die Unzufriedenheit mit dem aktuellen Stand psychoanalytischer Diagnostik wie mit den ausschließlich phänomenalen Klassifikationen des DSM-III und der ICD-10. Bei aller Anerkennung des großen klassifikatorischen Fortschritts, den diese

Instrumente für die Psychiatrie darstellten, reflektierten dieselben doch zu eindeutig die ursprünglichen Motive, für die Überprüfung der Wirkung von Psychopharmaka und epidemiologische Studien, um vergleichbare Ausgangskriterien zu gewinnen. Psychodynamisch orientierte Psychotherapeuten fanden sich mit ihren Forschungsinteressen wenig repräsentiert.

Dies führte dazu, daß nach klärenden Vorkontakten 1992 von Manfred Cierpka aus Göttingen und Wolfgang Schneider aus Dortmund (heute Rostock) ein Kreis Interessierter zusammengerufen wurde, der schließlich die *"Arbeitsgemeinschaft zur Operationalisierung Psychodynamischer Diagnostik (OPD)"* gründete und Sven Olaf Hoffmann aus Mainz zu seinem Sprecher wählte. In regelmäßigen Sitzungen des Arbeitskreises ("Plenum") und der Arbeitsgruppen für die Entwicklung einzelner Achsen entstand ein Basiskonzept, welches in intensiver Beschäftigung ausgearbeitet wurde. Die Treffen wurden flankiert von einer ständigen Korrespondenz, dem Austausch von Entwürfen, der Erprobung von Teilkonzepten auf ihre Praktikabilität, Rater-Trainings und schließlich einer ersten großen methodischen Überprüfung von Interrater-Übereinstimmung und Praktikabilität anhand mehrerer hundert Einschätzungen von Modell-Videos in verschiedenen Zentren. Diese Studie wurde von H. J. Freyberger aus Lübeck koordiniert und hatte die Konsequenz, daß das diagnostische System noch einmal vollständig überarbeitet wurde. Soweit in nüchternen Worten die nüchterne Geschichte - aber Geschichte allein ist wohl immer nüchtern.

Schwerer zu schildern sind die Arbeitsmotivation und das Engagement eines so großen Arbeitskreises, die in ihrer Beständigkeit eine Überraschung für alle Beteiligten darstellten. Das Gefühl, etwas zu schaffen, das in gleicher Weise Aspekte der psychodynamischen Betrachtung, wie die der operationalisierten Diagnostik verbindet und zudem durch den Konsensus einer großen Arbeitsgruppe gestützt wird, hatte eine beflügelnde Wirkung, die über Phasen der Resignation und Mutlosigkeit angesichts der Schwierigkeit der projektierten Aufgabe hinwegtrug. Daß die Arbeitsgemeinschaft schon jetzt an der OPD-2 tätig ist, die die Überprüfung der Validität und die Verbesserung der Operationalisierung zum Ziel hat, mag als Beweis für das Gesagte gelten.

Die Hintergrundsentscheidungen der Arbeitsgemeinschaft zur Operationalisierung Psychodynamischer Diagnostik bedürfen einer Rechtfertigung. *Operationalisierung* heißt genaugenommen die Definition diagnostischer Klassen anhand von beobachtbaren und überprüfbaren Beschreibungen. Unbewußte Prozesse, die für das psychoanalytische Verständnis eine entscheidende Rolle spielen, operational definieren zu wollen, stellt eine nicht auflösbare Paradoxie dar. Es galt also eine Auswahl von psychodynamischen Elementen zu treffen, die auf der einen Seite für das von der Psychoanalyse abgeleitete Verständnis des Patienten relevant und auf der anderen Seite noch ausreichend operational faßbar sind, um überprüfbar zu bleiben.

Diese Auswahl schlägt sich in den vier Achsen *Krankheitserleben, Beziehung, Konflikt* und *Struktur* nieder.

Die zweite Beschränkung, auf die die Arbeitsgemeinschaft sich einigen mußte, lag in der Festlegung der professionellen Zielgruppe, die das Manual einmal anwenden sollte. Um überhaupt psychodynamisch operationalisieren zu können, mußte für den späteren Anwender vorausgesetzt werden, daß er Existenz und Berechtigung psychoanalytischer Basiskonzepte, wie das des dynamischen Unbewußten, der Übertragung und Gegenübertragung, des inneren Konfliktes oder der verinnerlichten Selbst- und Objektbilder (Selbst- und Objektsrepräsentanzen) anerkennt. Wem diese Kategorienwelt primär verschlossen ist, oder wer ihr - aus welchen Gründen auch immer - ablehnend gegenübersteht, für den ist die OPD sicher kein geeignetes diagnostisches Instrument. Es ging vielmehr um die Aufgabe, verbindliche Anwendungen bestimmter Konzepte für solche Psychotherapeuten, Psychiater und Psychologen zu schaffen, die diesen gegenüber eine positive Einstellung haben. Mit anderen Worten: Es ging um die Reduzierung psychoanalytischer Beliebigkeit in der Diagnostik und die Festlegung akzeptierter und kommunizierbarer Standards.

Daraus ergab sich eine dritte zu treffende Festlegung, nämlich die Einigung auf wenige Standards, was die Gefahr beinhaltet, daß es für den nicht mit der psychoanalytischen Theorie und Praxis Vertrauten aussieht, als lasse sich die gesamte Psychodynamik auf vier Achsen reduzieren. Dieses Mißverständnis zu vermeiden, ist ein entscheidenes Anliegen der Arbeitsgemeinschaft. Operationalisierung bedeutet immer notwendigerweise einen Verlust an dynamischem Gehalt. Dieser Beschränkung waren wir uns zu jedem Zeitpunkt bewußt und nehmen sie in Kauf, um des Vorteils der größeren Eindeutigkeit und v. a. der Kommunizierbarkeit willen. Man sollte sich aber auch bewußt sein, daß der immer wieder erhobene Anspruch auf die prinzipielle Unüberprüfbarkeit psychoanalytischer Konstrukte und die Singularität jedes behandelten Falles für viele Psychoanalytiker oft nur ein bequemer Vorwand ist, um den theoretischen und praktischen Status quo nicht hinterfragen zu müssen. Von dieser Seite wird die OPD wohl als Diskreditierung psychodynamischer Abläufe angesehen werden und die Geringschätzung des Instruments ist vorherzusagen.

Damit müssen die Verfasser der OPD leben. Schwerwiegender ist die Sorge um eine andere Möglichkeit der Diskreditierung des neuen diagnostischen Instruments. Obwohl wir so wenig wie möglich auf vorbestehende Konstrukte der Psychoanalyse zurückgegriffen haben, wird es kaum vermeidbar sein, daß jeder mit diesem Bezugssystem Arbeitende eine eigene persönliche Vorstellung davon hat, wie z. B. ein Abhängigkeitskonflikt aussieht, oder wie eine Borderline-Persönlichkeit beschaffen ist. Die Gefahr, daß die Operationalisierungs-anweisungen nicht streng als Basis der Kodierung genommen werden, sondern auf eigene Konstrukte zurückgegriffen wird, ist groß. Genaugenommen besteht sie aber bei den phänomenalen Operationalisierungen in gleicher Weise. Was eine Schizophrenie ist und wie eine Phobie aussieht, weiß man eben. Als Benutzer der OPD-1 muß man sich deshalb in besonderer Weise klarmachen, daß ausschließlich die hier gegebenen operationalen Definitionen Basis der diagnostischen Klassifikation sein können. Das heißt, daß auch der Erfahrene sich nicht einfach der OPD bedienen kann, sondern es eines intensiven Rater-Trainings bedarf.

Für das Rater-Training haben wir einen Mittelwert von 60 Stunden angesetzt, wobei alle Formen von der individuellen Beschäftigung mit den Kategorien, über die Beurteilungsübung in Gruppen anhand von ausgewählten Videofilmen, bis hin zur Übung am unmittelbar untersuchten Einzelfall eingeschlossen sind. Erst mit dieser Voraussetzung ist zu gewährleisten, daß die Interrater-Übereinstimmung befriedigende Werte erreicht, und erst auf dieser Voraussetzung sind die geplanten Validitätsprüfungen möglich. Schon in den Probeläufen deutete sich an, daß "erfahrene Kliniker" schlechtere Werte erzielen, weil sie meinen, sich weniger mit dem Instrument auseinandersetzen zu müssen als unerfahrene.

Auch die neue Interviewtechnik, die eine Zwischenform von dynamischem und strukturiertem Interview darstellt, bedarf erheblichen Trainings. Hier dürften erfahrene Kliniker im Vorteil sein, aber ihr Unwille, sich einer neuen Interviewtechnik mit gezieltem Ansprechen bestimmter Inhaltsbereiche bedienen zu müssen, könnte auch der größere sein.

Die OPD ist ein prinzipiell offenes Instrument. Wie bei anderen Klassifikationssystemen auch, können die einzelnen Achsen separat eingesetzt werden, die vollständige Form wird - zumindest anfangs - wohl ein Instrument der Forschung und der wissenschaftsoffenen Institutionen bleiben. Obwohl wir glauben, daß gerade in der Praxis ein ausgesprochenes Desiderat für den Einsatz operationalisierter diagnostischer Instrumente liegt, sind dort die Ansprüche des Rater-Trainings natürlich am schwersten zu realisieren. Wir werden deshalb in den nächsten Jahren an vielen Orten Trainingsseminare für die OPD anbieten, die jedem Interessierten den Zugang ermöglichen.

Warum diese fünf Achsen?

Achse I - Krankheitserleben und die Behandlungsvoraussetzungen

Für Achse I, das Krankheitserleben und die Behandlungsvoraussetzungen sprach die offensichtliche praktische Relevanz dieser - eher aus der kognitiven Psychologie entlehnten - Kategorien: Der Patient muß "dort abgeholt werden, wo er steht und wo er etwas erwartet" - d. h. bei Beschwerdesymptomatik und Therapieerwartung. Der Akzent liegt hier weniger auf dem Krankheitsverhalten, als auf Erlebenselementen und Motivationen.

1.	Schweregrad des somatischen u. psychischen Befundes (Fremdbeurteilung)
2.	Leidensdruck
3	Beeinträchtigung des Selbsterlebens (Fremdbeurteilung)
4.	Ausmaß der körperlichen Behinderung (Fremdbeurteilung)
5.	Sekundärer Krankheitsgewinn
6.	Einsichtsfähigkeit in psychodynamische Zusammenhänge
7.	Einsichtsfähigkeit in somatopsychische Zusammenhänge
8/ 9.	Einschätzung der geeigneten Behandlungsformen (Psychotherapie/ körperliche Behandlung)
10.	Motivation zur Psychotherapie
11.	Motivation zur somatischen Behandlung
12.	Compliance
13.	Symptomdarbietung
14.	Psychosoziale Integration
15.	Persönliche Ressourcen für die Krankheitsbewältigung
16.	Soziale Unterstützung
17.	Angemessenheit des Beeinträchtigungsgefühls

Achse II - Beziehung

Achse II - Beziehung wurzelt z. T. in der psychoanalytischen Diagnostik, die zu jedem Zeitpunkt immer auch Beziehungsdiagnostik ist, indem sie dem Wechselspiel von Übertragung und Gegenübertragung entscheidendes Gewicht gibt. Diese Achse gibt (im Gegensatz zu Achse III und IV) keine idealtypischen Konstellationen oder Muster vor, sondern stellt ein Kategoriensystem beobachtungsnaher

Verhaltensweisen mit freier Kombinationsmöglichkeit zur Verfügung. Die Beziehungsdiagnostik in der OPD umfaßt sowohl die Formulierung des vom Patienten erlebten habituellen Beziehungsverhaltens durch den Untersucher als auch die Mitteilung des Untersuchers, wie er das Beziehungsverhalten des Patienten und seine eigene Reaktion darauf erlebt. Als dysfunktionelles habituelles Beziehungsmuster wird die spezifische - für den Patienten leidvolle - Konstellation bezeichnet, die sich aus seinem habituellen Beziehungsverhalten und den typischen Reaktionsweisen seiner Sozialpartner ergibt. Die Struktur des Beziehungsmusters umfaßt zwei interpersonelle Positionen:

1. Das habituelle Beziehungsverhalten des Patienten: "Der Patient erlebt sich (im Beziehungsverhalten) immer wieder so, daß er ... "

Hier liegt der Fokus auf dem Beziehungsverhalten des Patienten. Beschrieben wird dasjenige interpersonelle Verhalten, das bei einem Patienten nach außen hin als dominant und mehr oder weniger durchgängig wirksam erscheint.

2. Typische Reaktionen anderer auf das Beziehungsverhalten des Patienten: "Der Patient erlebt andere immer wieder so, daß sie ... "

Hier geht es um vom Patienten beschriebenes, aber auch vom Therapeuten beobachtetes Beziehungsverhalten, in dem sich die Interaktionspartner des Patienten wiederfinden oder in das sie von ihm "gedrängt" werden.

Die Einschätzung des Beziehungsverhaltens eines Patienten erfolgt im Anschluß an ein klinisch-diagnostisches Gespräch. In diesem sollte sich herauskristal-lisieren, welche Beziehungsgestaltung der Patient in seinen verschiedenen sozialen Bereichen immer wieder herstellt.

Achse III - Konflikt

Achse III - Konflikt kann für sich beanspruchen, ein Stück klassischer psychoanalytischer Diagnostik umzusetzen, die zentrale Rolle innerer Konflikte. Dabei können lebensbestimmende, verinnerlichte Konflikte den eher aktuellen, äußerlich determinierten konflikthaften Situationen gegenübergestellt werden.

Auf dem Hintergrund der theoretischen und empirischen Grundlagen wurde für die OPD die folgenden "zeitlich überdauernder Konflikte" ausgearbeitet:

1. Abhängigkeit versus Autonomie
2. Unterwerfung versus Kontrolle

3. Versorgung versus Autarkie
4. Selbstwertkonflikte (narzißtische Konflikte, Selbst- versus Objektwert)
5. Über-Ich- und Schuldkonflikte (egoistische versus prosoziale Tendenzen)
6. Ödipal-sexuelle Konflikte
7. Identitätskonflikte (Identität versus Dissonanz)
8. Fehlende Konflikt- und Gefühlswahrnehmung

Achse IV - Struktur

Die Achse IV - Struktur bildet Qualitäten bzw. Insuffizienzen psychischer Strukturen ab. Hierzu zählen z. B. die Möglichkeit bzw. Unmöglichkeit zur inneren und äußeren Abgrenzung, die Fähigkeit bzw. Unfähigkeit zur Selbstwahrnehmung und Selbstkontrolle u. a.. Die psychische Struktur stellt gewissermaßen den Hintergrund dar, auf welchem sich Konflikte mit ihren gut oder schlecht angepassten Lösungsmustern abspielen. Das Beschreibungssystem erfaßt psychische Struktur als die Struktur des Selbst in Beziehung zum anderen anhand von 6 Dimensionen, die als Konstrukte 6 beobachtbare Funktionen ("Fähigkeit zu ... ") der zugrundeliegenden Struktur kennzeichnen:

1. Die Fähigkeit zur Selbstwahrnehmung
2. Die Fähigkeit zur Selbststeuerung
3. Die Fähigkeit zur Abwehr
4. Die Fähigkeit zur Objektwahrnehmung
5. Die Fähigkeit zur Kommunikation
6. Die Fähigkeit zur Bindung

Die genannten strukturellen Dimensionen sind logisch nicht voneinander unabhängig. Sie bilden den Gegenstand der Struktur (das Selbst in Beziehung zum Anderen) aus verschiedenen Perspektiven ab und erfassen die komplexen Funktionsmuster in verschiedenen Zusammenhängen.

Achse V - Psychische und Psychosomatische Störungen

Die Achse V - Psychische und Psychosomatische Störungen nimmt die etablierte deskriptiv-phänomenologische Diagnostik (ICD-10, DSM-IV) in die OPD hinein.

Dies dient der Betonung der Notwendigkeit einer genauen Erfassung von psychopathologischen Phänomenen, die auch in einer psychodynamischen Diagnostik ihren Platz haben muß. Außerdem wurde diese Achse von der Arbeitsgruppe dazu genutzt, einige Ergänzungen der ICD-10 im Bereich der Psychosomatik (F 54) vorzuschlagen. Aufgrund ihrer Symptom- und Syndromorientierung folgt die ICD-10 in ihrer inneren Struktur dem deskriptiv-phänomenologischen Ansatz. Klassifiziert wird mit einem alphanumerischen System: während der Buchstabe F das Kapitel zu den psychischen Störungen innerhalb der Gesamt-ICD-10 kennzeichnet, werden mit einer ersten Ziffer (Fx) die Abschnitte beschrieben, in denen unter theoretischen oder phänomenologischen Aspekten die Störungsgruppen angeordnet sind:

F0 organische einschließlich symptomatischer psychischer Störungen
F1 psychische und Verhaltensstörungen durch psychotrope Substanzen
F2 Schizophrenie, schizotype und wahnhafte Störungen
F3 affektive Störungen
F4 neurotische, Belastungs- und somatoforme Störungen
F5 Verhaltensauffälligkeiten mit körperlichen Störungen und Faktoren
F6 Persönlichkeits- und Verhaltensstörungen
F7 Intelligenzminderung
F8 Entwicklungsstörungen
F9 Verhaltens- und emotionale Störungen mit Beginn in der Kindheit und Jugend

Zur Diagnostik in der Psychotherapie und Psychosomatik sollten vor diesem Hintergrund bei der Dokumentation von Haupt- und Zusatzdiagnosen für den klinischen und wissenschaftlichen Gebrauch neben einer Hauptdiagnose nicht mehr als 3 weitere Diagnosen verschlüsselt werden. Als Hauptdiagnose sollte dabei prinzipiell die Diagnose gelten, die unter klinischen und psychodynamischen Gesichtspunkten die höchste Relevanz besitzt. Weitere Diagnosen sollten nur dann verschlüsselt werden, wenn sie zum Verständnis des Gesamtbildes entscheidend beitragen oder verlaufsmodifizierende Aspekte abbilden.

In zwei Bereichen wurden für die Psychosomatik und Psychotherapie Ergänzungen der Diagnostik nach ICD-10 vorgenommen. Bei den Persönlichkeitsstörungen (F60) wurde die narzißtische Persönlichkeitsstörung auf Grund ihrer besonderen theoretischen wie klinischen Bedeutung unter der Kodierungsnummer F60.81 aufgenommen.

Die zweite Ergänzung bezieht sich auf die Ausdifferenzierung der Kategorie F54 (psychische Faktoren und Verhaltenseinflüsse bei andernorts klassifizierten Erkrankungen), mit denen die psychosomatischen Erkrankungen im engeren Sinne innerhalb des Kapitels V der ICD-10 abgebildet werden sollen. Das von uns in Anlehnung an einen Vorschlag von v. Wietersheim und Jantschek (1994) entwickelte Konzept sieht vor, mit den ersten drei Ziffern die Kategorie F54 zu nutzen, mit der 4. Stelle die Symptomwahl zu kennzeichnen und mit der 5. Stelle die Art der psychosomatischen Wechselwirkung zu klassifizieren.

Das psychodynamische Interview zur OPD-Diagnostik

Voraussetzung für die Einschätzung der fünf Achsen Krankheitserleben und Behandlungsvoraussetzungen, Beziehung, Konflikt, Struktur und Syndrom (letzteres nach ICD-10) ist, daß nach Ablauf eines Interviews der Therapeut imstande ist, anhand der verbalen und nonverbalen Äußerungen der Patienten die Items der einzelnen Achsen einzuschätzen. Daher entschlossen wir uns, einen neuen Typ von psychodynamischer Erstuntersuchung bzw. von diagnostischer Untersuchung zu konzipieren.

In der OPD-Diagnostik sollen folgende Aspekte zum Tragen kommen:

- die offene Gesprächsführung,
- die mehr strukturierenden und fragenden Anteile der tiefenpsychologisch-biographischen Anamnese,
- die Vorgehensweise der psychiatrischen Exploration zur Ermittlung der syndromalen ICD-Diagnose.

Der neue Typ psychodynamischer Erstuntersuchung sollte sowohl der Beziehungsgestaltung, der Gesprächsführung, der Beziehungsaufnahme und Beziehungsentwicklung dienen wie auch die besonderen Ziele der Operationalisierten Psychodynamischen Diagnostik erreichen können.

Es erfolgt daher eine Verbindung von klassischem Erstinterview, strukturellem Erstinterview, tiefenpsychologisch-biographischer Anamnese und psychiatrischer Exploration. Voraussetzung für die Durchführung solcher Interviews sind die Akzeptanz des psychodynamischen Zugangs, hinreichende Kenntnisse und Erfahrungen in der psychodynamischen Interviewtechnik wie auch in der Behandlung in psychoanalytisch begründeten Verfahren und Kenntnisse und Erfahrungen in der syndromalen operationalisierten Diagnostik nach ICD-10. Das Interview ist in fünf Phasen eingeteilt, wobei jede Phase durch eine strukturierende Frage oder Intervention eingeleitet wird. Die Strukturierung ist bei der Eröffnung am geringsten und kann im weiteren Verlauf des Interviews zunehmen. Innerhalb jeder Phase sind, falls erforderlich, strukturierende Fragen möglich:

- Die Eröffnungsphase,
- Beziehungsepisoden,
- Selbsterleben und relevante Lebensbereiche,
- Objekterleben und Lebensgestaltung,
- Psychotherapiemotivation, Behandlungsvoraussetzungen, Einsichtsfähigkeit,
- Diagnostik von Psychischen und Psychosomatischen Störungen nach der ICD-10 (Kap. V, F) innerhalb des OPD-Intervies,
- Abschlußphase.

Die Stellung deskriptiver Diagnostik auf Achse Va (psychische Störungen nach ICD-10) und Achse Vb (Persönlichkeitsstörungen nach ICD-10) stellt bestimmte minimale Anforderungen an die Erhebung der psychopathologischen Zeit- und Verlaufskriterien. Die Minimalforderung für die klinische Diagnostik ist eine vollständige Erfassung bzw. Überprüfung der Kernsymptome jedes ICD-10-Abschnitts. Die Kernsymptome wurden soweit wie möglich im OPD-Interview in der ersten Phase ermittelt.

Das Interview sollte aber nicht ohne einen Hinweis für den Patienten hinsichtlich des weiteren Vorgehens beendet werden. Es sollte mit ihm kurz beraten werden, was bisher geklärt ist und was noch geklärt werden sollte. Des weiteren muß, falls dies nach Abschluß der bisherigen Phasen schon möglich ist, eine Indikation für ein psychotherapeutisches Verfahren durch den Therapeuten gestellt werden und auch dem Patienten mitgeteilt werden.

Literatur

American Psychiatric Association (APA, 1987) Diagnostic and statistical manual of mental disorders (3rd. ed. rev.) DSM-III-R. Washington DC: APA. Deutsche Bearbeitung und Einführung von Wittchen HU, Saß H, Zaudig M, Koehler K (1989). Weinheim, Beltz

American Psychiatric Association (APA, 1994) Diagnostic and statistical manual of mental disorders (4th. ed.) DSM-IV. APA, Washington DC

Arbeitskreis zur Operationalisierung Psychodynamischer Diagnostik (Hrsg) (1996) Operationalisierte Psychodynamsiche Diagnostik. Grundlagen und Manual. Huber, Bern Göttingen Toronto

Bibring GL, Dwyer TF, Huntington DS, Valenstein AF.(1961) A study of the psychological processes in pregnancy and of the earliest morther-child relationship. I. Some propositions and comments. II. Methodological considerations. Appendices, outline of variables, glossary of defences. Psychoanal Study Child, 16: 9-72, 25-44, 45-72

Blanck G, Blanck R (1974) Angewandte Ich-Psychologie. Klett, Stuttgart

Blanck G, Blanck R (1979) Ich-Psychologie II. Klett-Cotta, Stuttgart

Dilling H, Mombour W, Schmidt MH (Hrsg) (1993) Internationale Klassifikation psychischer Störungen. ICD-10, Kapitel V (F). Klinisch-diagnostische Leitlinien. Huber, 2. Aufl, Bern

Dilling H, Mombour W, Schmidt MH, Schulte-Markwort E (Hrsg) (1994) Internationale Klassifikation psychischer Störungen. ICD-10, Kapitel V (F). Forschungskriterien. Huber, Bern.

Freud A (1962) Maßstäbe zur Bewertung der pathologischen Kindesentwicklung. Teil I und II. In: Freud A (Hrsg) Die Schriften, Bd 6. Kindler, München 1980, S 1649-1673

Hoffmann SO (1987) Die psychoanalytische Abwehrlehre: aktuell, antiquiert oder obsolet. Forum Psychoanal 3: 22-39

Laplanche J, Pontalis JB (1972) Das Vokabular der Psychoanalyse, 2 Bde. Suhrkamp, Frankfurt aM

Moore BE, Fine BD (1968) A glossary of psychoanalytic terms and concepts. Am Psychoanal Assoc, New York

Perry JC, Cooper SH (1989) An empirical study of defence mechanism. Arch Gen Psychiatry 46: 444-452

Perry JC, Augusto F, Cooper SH (1989) Assessing psychodynamic conflicts: I. Reliability of the idiographic conflict formulation method. Psychiatry 52: 289-301

Schauenburg H, Cierpka M (1994) Methoden der Fremdbeurteilung interpersoneller Beziehungsmuster. Psychotherapeut 39: 135-145

Weinryb RM, Rössel RJ (1991) Karolinska Psychodynamic Profile (KAPP). Acta Psychiat Scand 83: 1-23

Wietersheim J v, Jantschek G (1994) Darstellung und erste Ergebnisse eines erweiterten Diagnosenschlüssels für psychosomatische Erkrankungen in ICD-9 und ICD-10. Z Psychosom Med 40: 266-273

Operationalisierte Psychodynamische Diagnostik (OPD): Krankheitserleben und Behandlungsvoraussetzungen

W. Schneider, H. J. Freyberger, M. Tetzlaff, J. v. Wietersheim, R. Kriebel, B. Dierse und P. Janssen

Für die Indikationsstellung zur Therapie, unabhängig davon, ob eine somatische Behandlung bei Patienten mit organischen Krankheiten indiziert oder ob die Frage der differentiellen Psychotherapieindikation abgeklärt werden soll, hat die Art des Krankheitserlebens und der Krankheitsverarbeitung eine wichtige Bedeutung. Dabei stellt jede Behandlungsmethode mehr oder weniger große Ansprüche an die emotionale und kognitive Bereitschaft und Belastbarkeit des Patienten zur Kooperation und Mitarbeit. Für die differentielle Indikationsstellung zur Psychotherapie ist so z. B. von Bedeutung, daß der Patient einen angemessenen Leidensdruck aufweist, eine Einsichtsfähigkeit in psychodynamische Zusammenhänge des Krankheitsgeschehens zeigt, gut für die geplante Psychotherapieform motiviert ist und über notwendige persönliche und soziale Ressourcen verfügt. Vor diesem Hintergrund ist eine Operationalisierung des Krankheitserlebens und der Behandlungsvoraussetzungen notwendig. Die Copingforschung hat sich intensiv mit der Frage der Krankheitsverarbeitung befaßt und elaborierte Modellvorstellungen entwickelt, auf deren Hintergrund unterschiedliche Erhebungsinstrumente konzipiert und eingesetzt wurden (z. B. Billing u. Moss 1981; Lazarus u. Folkman 1984). Im deutschsprachigen Raum sind insbesondere die Arbeiten von Filipp u. Klauer (1988) Heim (Heim 1986; Heim et al. 1983), Muthny (1988), Rüger et al. (1990) und Schüßler (1993) bekannt. So forschungsrelevant diese Ansätze auch sind, zeigen sie jedoch für den unmittelbaren Kontext der Indikationsstellung zu einer spezifischen Behandlung nur wenig praktische Relevanz. Dies gilt ebenfalls für psychodynamisch begründete Theorien der Krankheitsverarbeitung, wie sie z. B. von Haan (1972) und Vaillant (1971) entwickelt worden sind. Auf diesem Hintergrund haben wir bei der Konzeptualisierung der Achse I weitgehend auf eine Modellexplikation zugunsten einer praxisnahen - indikationsrelevanten - Operationalisierung verzichtet.

Krankheitserleben und Behandlungsvoraussetzungen

Unter dem Krankheitserleben verstehen wir einen Teilbereich der Krankheitsverarbeitung, der sich einerseits auf die Bewältigungskompetenzen des Individuums auswirkt und andererseits im Sinne eines Prozeßmodells von den Verarbeitungsmechanismen des Patienten beeinflußt wird. Das Krankheitserleben umfaßt emotionale und kognitive Prozesse auf dem Hintergrund der Erkrankung und ist eingebettet in einen komplexen Bezugsrahmen, der sich aus verschiedenen Faktoren zusammensetzt. Krankheitserleben und Krankheitsverhalten beinhalten emotionale und kognitive Prozesse sowie offenes Verhalten auf dem Hintergrund der spezifischen Erkrankung und des im folgenden charakterisierten Bezugsrahmens:

- Art und Schwere der vorliegenden Erkrankung,
- das gesellschaftliche Umfeld,
- die Arzt-Patient-Beziehung,
- das psychosoziale Umfeld,
- Persönlichkeitsmerkmale,
- Behandlungsmotivation.

Diese Faktoren stehen zueinander in einer komplexen Wechselwirkung, sie variieren sowohl innerhalb des einzelnen Individuums als auch zwischen verschiedenen Individuen. Im folgenden sollen die einzelnen Aspekte charakterisiert und ihre möglichen Interaktionen beschrieben werden.

Art und Schwere der vorliegenden Erkrankung

Die Krankheit kann grundsätzlich in vielfältiger Weise das Krankheitserleben beeinflussen:

- über die mit der akuten oder chronischen Erkrankung verbundenen körperlichen oder psychischen Symptome und Behinderungen;
- über die Diagnosenstellung; die medizinischen Diagnosen sind in der Regel mit vielfältigen Bedeutungen versehen. Diese können z. B. auf der Dimension der "vitalen Gefährdung" (hohe Bedrohung z. B. bei Krebserkrankungen) oder auf der Dimension "Stigmatisierung" (soziale Diskriminierung oder Ausgrenzung) liegen. Ein hohes Stigmatisierungspotential weisen z. B. aktuell die Aidserkrankung auf oder nach wie vor die psychischen Erkrankungen;

- mit den verschiedenen Krankheiten sind unterschiedliche Behandlungsprozeduren verbunden. Diese therapeutischen Maßnahmen können sowohl eine erhebliche körperliche als auch seelische Belastung darstellen (z. B. Transplantationen aber auch Spätdyskinesien bei oder nach Neuroleptikagabe);
- alle hier angeführten Aspekte der Erkrankung können zu einer Vielzahl von Beeinträchtigungen bei der sozialen Anpassung des Individuums (Arbeitsplatzverlust, soziale Isolation) führen.

Wie hier skizziert, können unterschiedliche Aspekte der Krankheit als "Stressor" oder "Bedrohung" gleichzeitig oder aufeinanderfolgend wirken. Dabei kann das Ausmaß an physischer, psychischer und sozialer Belastung zu verschiedenen Erkrankungszeitpunkten variieren und wird sich entsprechend auf das Krankheitserleben des Betroffenen auswirken. Die Schwere einer Erkrankung und das Bedrohungserleben bzw. der Leidensdruck stehen also in keiner linearen Beziehung zueinander. Die Ausprägung der Symptomatik allein ist nicht unbedingt ein ausreichender Anlaß, den Arzt aufzusuchen. Häufiger müssen andere Faktoren hinzukommen.

Die Bedeutung des gesellschaftlichen Kontextes und die Arzt-Patient-Beziehung

Von besonderer Relevanz für das Krankheitserleben und die Krankheitsverarbeitung sind die materiellen und institutionellen Bedingungen des Gesundheitssystems, die wissenschaftlichen Orientierungen und Standards im Gesundheitssektor (Medizin, Psychologie etc.) sowie die gesundheits- bzw. krankheitsbezogenen Einstellungen und Haltungen. Auf diesem Hintergrund entwickeln sich die bedeutenden Krankheits- und Behandlungskonzepte, aber auch die charakteristischen Stigmatisierungen und Vorurteile, die auf die individuelle Art des Umgangs mit Gesundheit, Krankheit und Behandlungen einwirken können. Ob ein etwa gegebenes Krankheitsverhalten als abweichend eingeschätzt wird, ist u. a. von ärztlichen und institutionellen Vorstellungen und ggf. sozialpolitischen Erwägungen bestimmt. Neben dem etablierten Gesundheitssystem haben paramedizinische, vorwissenschaftliche Konzepte und Handlungsmuster einen Einfluß auf die individuellen Krankheits- und Behandlungskonzepte und auf das Krankheitserleben sowie die Krankheitsverarbeitung. Darüber hinaus kommt den öffentlichen Medien ebenfalls ein wichtiger Stellenwert bei der Krankheitsverarbeitung zu. Sie beeinflussen z. B. die öffentliche Beachtung, die bestimmte Symptome, Krankheitsbilder oder Behandlungsmaßnahmen erfahren.

Merkmale der Krankenversorgung und des Gesundheitssystems sowie der praktizierten somatischen Behandlung wirken via Arzt-Patient-Beziehung direkt auf den Patienten, sein Krankheitserleben und seine Krankheitsverarbeitung. Dabei kann das weitgehend am organischen Krankheitsmodell orientierte medizinische Versorgungssystem dem Patienten im Prozeß der Diagnosenstellung und bei der Behandlung eine passiv-rezipierende Rolle zuweisen. Im Rahmen eines technisch-neutralen Beziehungsangebots kann die somatische Denkweise des Patienten gefördert und seine individuelle emotionale Beteiligung an der Entstehung und Aufrechterhaltung seiner Beschwerden vernachlässigt werden. Sein persönliches Erleben findet so eher selten Berücksichtigung. Die Arzt-Patient-Beziehung kann der Bestätigung der psychischen Normalität dienen und damit bei Patienten, die eine solche Krankheitsvorstellung bevorzugen, Somatisierungsneigungen nahelegen (z. B. Franz u. Bautz 1993). Daneben erzeugt eine dergestalte Arzt-Patient-Beziehung tendenziell Somatisierungen und Chronifizierungen. Aus dieser Perspektive lernt der Patient, daß er sich allein über körperliche Symptomberichte und die Präsentation von immer neuen Beschwerden der Aufmerksamkeit und Sorge des Arztes sicher sein kann. Das Inanspruchnahmeverhalten des medizinischen Versorgungssystems wäre so weniger eine Folge von körperlichen Beschwerden, sondern die körperliche Beschwerdeverarbeitung und -ausbildung würde v. a. eine Konsequenz der Erfahrung im diagnostischen und therapeutischen Prozeß sein (iatrogene Somatisierung, z. B. Simon 1991). Das gehäufte Auftreten somatoformer Störungen in bestimmten Populationen kann damit auch als eine Konsequenz einer gegebenen Organisation des Gesundheitssystems gesehen werden. Von psychoanalytischer Seite ist hier in besonderer Weise auf die spezielle Beziehungsdynamik zwischen Arzt und Patient hingewiesen worden (Beckmann 1984). Im einzelnen wurde abgeleitet, inwieweit bei Nichtbeachtung der emotional bestimmten Interaktionen zwischen Arzt und Patient die therapeutischen Bemühungen scheitern können (Übertragungs-Gegenübertragungskollisionen). Der Patient, der eine gegebene Therapie in Anspruch nehmen will, muß auf dem Hintergrund seiner vorangegangenen Behandlungserfahrungen gesehen werden.

Das psychosoziale Umfeld

Das Krankheitserleben und die Krankheitsverarbeitung des Patienten wird in hohem Ausmaß durch das psychosoziale Umfeld (Familie, Freunde, Bekannte und Arbeitskollegen) beeinflußt. In diesem Feld wird ein körperliches oder seelisches Phänomen als "krankhaft" oder "krankheitsverdächtig" definiert, und es werden

Handlungsstrategien (z. B. Aufsuchen des Arztes oder Einnahme von Hausmitteln) entworfen. Diese krankheits- und behandlungsbezogenen Standards und Wertvorstellungen können einen größeren Einfluß auf den Leidensdruck des Patienten und sein Inanspruchnahmeverhalten im medizinischen Versorgungssystem ausüben als die Art und die Ausprägung der Symptome (Craig u. Boardman 1990).

Ein weiterer bedeutsamer Faktor ist die Verfügbarkeit von Ressourcen im sozialen Umfeld sowie die soziale und emotionale Unterstützung, die der Patient in diesem Umfeld in Anspruch nehmen und mobilisieren kann.

Das familiäre Umfeld ist gerade bei schweren vital-bedrohlichen oder chronischen Krankheiten vielfach emotional ebenfalls labilisiert und leidet z. B. auch direkt unter einem Arbeitsplatzverlust. In Abhängigkeit von den Ressourcen zur emotionalen Unterstützung des Patienten, aber auch den praktischen Möglichkeiten zur Kompensation krankheitsbedingter Defizite wird das Krankheitserleben des Patienten modifiziert. Die Bedeutsamkeit sozialer Unterstützung auf die Krankheitsmanifestation, das Krankheitserleben und die Krankheitsverarbeitung haben besonders Pennebaker u. Watson (1991) untersucht.

Persönlichkeitsmerkmale

Vor dem Hintergrund der spezifischen Persönlichkeitsstruktur bilden sich relevante affektive, kognitive und handlungsbezogene Aspekte ab. Von besonderer Bedeutung ist die Ich-Struktur bzw. das Arsenal an Ich-Funktionen des Individuums, zu denen z. B. die Art der Abwehrmechanismen, die Belastbarkeit, die Frustrations- und Angsttoleranz, die Realitätsprüfung und die Beziehungsfähigkeit gehören. Diese Funktionen beeinflussen die affektive und kognitive Flexibilität oder Rigidität des Patienten. Gesundheitsbezogene Vorurteile stehen in einem engen Zusammenhang zu diesen Faktoren.

Weiterhin spielen Aspekte des Selbstbilds bzw. der Umgang mit dem Selbstbild unter den Bedingungen der Erkrankung eine wichtige Rolle. Hier ist von Bedeutung, ob der Patient in der Lage ist, sein Selbstbild trotz der Erkrankung aufrechtzuerhalten oder adäquat zu verändern. Personenmerkmalen und intrapsychische Konfliktkonstellationen sind Einflußfaktoren, die nach psychodynamischer Auffassung auch ursächlich das Auftreten von Erkrankungen bestimmen können und im weiteren für das Krankheitserleben und die Krankheitsverarbeitung bedeutsam sind. Darüber hinaus können Geschlechts-, Alters- und Bildungsmerkmale einen Einfluß auf das Krankheitserleben wie die Krankheitsverarbeitung haben.

Prinzipiell strukturiert die Art der Persönlichkeit die emotionalen, kognitiven und handlungsrelevanten Voraussetzungen für das Krankheitserleben und die Ressourcen für die Krankheitsverarbeitung zu einem gewichtigen Anteil. Dies gilt sowohl für die psychischen, die psychosomatischen und die organischen Krankheiten. Bei den für diese Prozesse relevanten Persönlichkeitsmerkmale handelt es sich in der Regel um Traitvariablen; gleichzeitig bieten jedoch die Persönlichkeitscharakteristika den Rahmen dafür, inwieweit situative Faktoren (Statevariablen) auf die Art des Krankheitserlebens und der Krankheitsverarbeitung einen wichtigen Einfluß nehmen können.

Die Behandlungsmotivation

Die Behandlungsmotivation konstituiert sich auf dem Hintergrund der oben für das Krankheitserleben herausgearbeiteten Faktoren. Das Spektrum an möglichen Behandlungserwartungen kann grundsätzlich alle Formen paramedizinischer, medizinischer oder psychotherapeutischer Behandlungsverfahren umfassen. Die Patienten können jedoch auch jegliche Behandlung ablehnen oder zur Teilhabe an unterschiedlichen Behandlungsmethoden (z. B. somatische Behandlung und Psychotherapie) motiviert sein.

Insgesamt ist in der Forschung der Begriff der Psychotherapiemotivation weitgehend vernachlässigt worden. Insbesondere liegen kaum empirische Arbeiten auf der Grundlage der Operationalisierung des Konstrukts vor. Wie auch beim Coping finden sich kognitive Erklärungsmodelle der Psychotherapiemotivation (z. B. Krause 1966; Künzel 1979) und Modelle, bei denen sowohl affektive als auch kognitive Aspekte der Behandlungsmotivation berücksichtigt werden (Muck u. Paal 1968; Schneider et al. 1989). Nach Schneider läßt sich die Psychotherapiemotivation als ein sich prozeßhaft herausbildendes Merkmal verstehen, das über unterschiedliche affektive und kognitive miteinander interagierende Faktoren strukturiert wird. Die vorrangig affektiven Anteile werden durch den Leidensdruck und den Krankheitsgewinn repräsentiert und bilden relevante Elemente des Krankheitserlebens ab. Der Leidensdruck des Patienten stellt die Voraussetzung oder das Motiv dafür dar, daß das Individuum mit einer seelischen oder körperlichen Störung Möglichkeiten der Veränderungen sucht.

Der Patient bildet auf diesem Hintergrund ein Laienkonzept über die Genese der Störung aus und entwickelt Einstellungen gegenüber etwaigen Behandlungsverfahren und sucht problemrelevante Informationen auf. Die Entwicklung der Laienätiologie, der allgemeinen Behandlungseinstellungen und der Prozeß der Erfahrungssuche werden sowohl durch affektive als auch durch kognitive -

problembezogene - Komponenten konstituiert. In diesem Kontext spielen, wie oben bereits beschrieben, Laienkonzepte des unmittelbaren sozialen Umfelds des Patienten sowie paramedizinische und medizinisch/psychotherapeutische Konzepte eine wichtige Rolle.

Gerade psychotherapeutische Verfahren stellen hohe Ansprüche an die Belastbarkeit des Patienten, seine Frustrations- und Angsttoleranz sowie seine Introspektions- oder Reflexionsfähigkeit. Allerdings unterscheiden sich die verschiedenen psychotherapeutischen Maßnahmen in bezug auf die von ihnen geforderten Patientenvoraussetzungen deutlich (s. Schneider et al. 1989; Schneider 1990). Rudolf u. Stille (1984) sowie Nübling (1992) haben ebenfalls den Einfluß der Psychotherapiemotivation auf den Therapieverlauf bei Patienten mit neurotischen und psychosomatischen Störungen untersucht.

Zur Operationalisierung des Krankheitserlebens und der Behandlungsvoraussetzungen

Auf dem Hintergrund des dargelegten Konzeptes zum Krankheitserleben und zur Krankheitsverarbeitung und der damit in Zusammenhang stehenden Behandlungsvoraussetzungen schlagen wir folgende Operationalisierung der relevanten Dimensionen dieser Konstrukte vor.

Dabei werden die Merkmalsbereiche so formuliert, daß sie sowohl für Patienten mit psychischen, psychosomatischen und somatischen Krankheiten Geltung haben können. Einen besonderen Stellenwert nimmt hierbei die Beurteilung der Symptomschwere bezogen auf den Leidensdruck des Patienten ein. Ein wichtiges Ziel unserer Operationalisierung besteht darin, ein hohes Ausmaß an Praxisnähe und -relevanz zu erreichen, um Aussagen für die Indikationsstellung zur Psychotherapie zu ermöglichen.

1. **Schweregrad des somatischen bzw. psychischen Befundes**

2. **Leidensdruck bzw. Beschwerdeerleben**
   - Beeinträchtigung des Selbsterlebens
   - sekundärer Krankheitsgewinn
   - Angemessenheit der subjektiven Beeinträchtigung

3. **Behandlungserwartungen und Inanspruchnahmebereitschaft**
   - Einsichtsfähigkeit für psychodynamische bzw. somatopsychische Zusammenhänge

- Einschätzung der geeigneten Behandlungsform (Psychotherapie, körperliche Behandlung)
- Psychotherapiemotivation
- Motivation zur körperlichen Behandlung
- Compliance

4. **Ressourcen**
   - psychosoziale Integration
   - persönliche Ressourcen (Belastbarkeit)
   - soziale Ressourcen
   - soziale Unterstützung

Die hier aufgeführten vier thematischen Schwerpunkte wurden im Fremdbeurteilungsbogen über 18 Items operationalisiert. In einem Glossar, das hier aus Platzgründen nicht dargestellt wird, sind alle Items charakterisiert worden und es sind zur exakteren und besseren Handhabung *Beurteilungskriterien* formuliert worden.

Im folgenden soll der Beurteilungsbogen dargestellt werden. Jedes Item wird auf einer vierstufigen Ratingskala mit den Ausprägungen (nicht vorhanden, niedrig, mittel und hoch) beurteilt. Darüber hinaus gibt es eine Kategorie "nicht beurteilbar". Aus didaktischen Gründen sind Ankerbeispiele für die Items formuliert worden, die den Beurteilungsprozeß verbessern sollen.

Tabelle 1. Beurteilungsbogen

Instruktion

Bitte schätzen Sie für jede einzelne Variable die Ausprägung (niedrig, mittel, hoch) ein, die auf den Patienten am ehesten zutrifft. Im folgenden sind Ankerbeispiele für die jeweiligen Ausprägungsgrade der verschiedenen Merkmalsbereiche angeführt. Weitere Erläuterungen entnehmen Sie bitte dem Glossar. Bitte tragen Sie für jede Einschätzung Ihre Kodierung auf dem Ratingbogen "Krankheitserleben und Behandlungsvoraussetzungen" ein. Im Beurteilungsbogen wird "nicht vorhanden" mit 0 geratet und es es steht noch eine Rubrik "nicht beurteilbar" zur Verfügung.

	Graduierung				
Dimensionen	nicht vorhanden (0)	niedrig (1)	mittel (2)	hoch (3)	nicht beurteilbar (4)
1. Beurteilung des Schweregrads des somatischen Befundes					
2. Beurteilung des Schweregrads des psychischen Befundes					
3. Leidensdruck		der Pat. leidet insgesamt wenig unter seiner Erkrankung	der Pat. leidet in mittlerem Ausmaß unter seiner Erkrankung	der Pat. leidet insgesamt sehr unter seiner Erkrankung	
4. Beeinträchtigung des Selbsterlebens		Funktionen des Selbst sind erhalten, die Krankheitsaspekte sind in die Persönlichkeit integriert	Funktionen des Selbst sind nur partiell erhalten, die Krankheitsaspekte sind nur teils in die Persönlichkeit integriert	das Selbst ist hochgradig gefährdet, die Krankheitsaspekte sind nicht integrierbar	
5. Ausmaß der körperlichen Behinderung		die körperlichen Funktionen sind geringgradig beeinträchtigt	die körperlichen Funktionen sind im mittleren Ausmaß beeinträchtigt	die körperlichen Funktionen sind hochgradig beeinträchtigt	
6. Sekundärer Krankheitsgewinn		psychosoziale Vorteile sind kaum erkennbar oder werden wenig angestrebt	psychosoziale Vorteile sind erkennbar oder werden angestrebt	psychosoziale Vorteile sind in hohem Maße erkennbar und/oder werden deutlich angestrebt	

7. Einsichtsfähigkeit für psychodyn. Zusammenhänge	der Pat. erkennt kaum Zusammenhänge zwischen der körperlichen Erkrankung und seiner psychischen Verfassung	der Pat. erkennt einige Zusammenhänge zwischen seelischen Belastungen und der Sympto-matik	der Pat. sieht in starkem Ausmaß Zusammenhänge zwischen seelischen Belastungen und der Symptomatik
8. Einsichtsfähigkeit für somatopsychische Zusammenhänge	der Pat. sieht kaum Zusammenhänge zwischen der körperlichen Erkrankung und seiner psychischen Verfassung	der Pat. sieht in mittlerem Ausmaß Zusammenhänge zwischen der körperlichen Erkrankung und seiner psychischen Verfassung	der Pat. sieht in starkem Ausmaß Zusammenhänge zwischen der körperlichen Erkrankung und seiner psychischen Verfassung
9. Einschätzung d. geeign. Behandlungsform (Psychotherapie)	der Pat. sieht eine Psychotherapie zur Bewältigung seiner Probleme als wenig geeignet an	der Pat. sieht eine Psychotherapie zur Bewältigung seiner Probleme als eventuell geeignet an	der Pat. sieht eine Psychotherapie zur Bewältigung seiner Probleme als sehr geeignet an
10. Einschätzung d. geeign. Behandlungsform (körperlich)	der Pat. sieht eine körperliche oder medizinische Behandlung als wenig geeignet an	der Pat. sieht eine körperliche oder medizinische Behandlung als evtl. geeignet an	der Pat. sieht eine körperliche oder medizinische Behandlung als sehr geeignet an
11. Motivation zur Psychotherapie	der Pat. hat kaum Interesse, an einer psychother. Behandlung teilzunehmen	der Pat. hat ein mittleres Interesse, an einer psychother. Behandlung teilzunehmen	der Pat. hat ein starkes Interesse, an einer psychother. Behandlung teilzunehmen
12. Motivation zur körperl. Behandlung	der Pat. hat kaum Interesse, an einer körperl. Behandlung teilzunehmen	der Pat. hat ein mittleres Interesse, an einer körperl. Behandlung teilzunehmen	der Pat. hat ein starkes Interesse, an einer körperl. Behandlung teilzunehmen
13. Compliance	niedrig	mittelgradig	hoch

14. Symptom-darbietung: a. somat. Symptom. steht im Vorder-grund b. psych. Sympt. steht im Vorder-grund	niedrig niedrig	mittelgradig mittelgradig	hoch hoch
15. Psycho-soziale Integration	der Pat. ist im soz. und berufl. Bereich schlecht integriert	der Pat. ist im soz. und berufl. Bereich mittelmäßig gut integriert	der Pat. ist im soz. und berufl. Bereich gut integriert
16. persön-liche Ressourcen	der Pat. hat ein nied-riges Ausmaß an Ent-wicklungsfähigkeit, Begabungen und Kompetenzen, die günstig sind für die Bewältigung seiner Erkrankung	der Pat. hat ein mittleres Ausmaß an Entwicklungs-fähigkeit, Bega-bungen und Kompetenzen, die günstig sind für die Bewältigung seiner Erkrankung	der Pat. hat ein hohes Ausmaß an Entwick-lungsfähigkeit, Begabungen und Kompetenzen, die günstig sind für die Bewältigung seiner Erkrankung
17. soziale Unter-stützung	der Pat. erfährt wenig soziale Unterstützung	der Pat. erfährt im mittleren Ausmaß Unterstützung	der Pat. erfährt im hohen Ausmaß soziale Unterstützung
18. Ange-messenheit der subjek-tiven Beein-trächtigung zum Aus-maß der Erkrankung	wenig angemessen	mittelgradig an-gemessen	sehr angemessen

Literatur

Basler HD (1990) Das Verhältnis der Compliance-Forschung zum Patienten. In: Schneider W (Hrsg) Indikationen zur Psychotherapie. Beltz, Weinheim Basel, S 167-182

Becker MH, Maimann LA, Kirscht JB, Häfner DP, Drachman RH, Taylor DW (1982) Wahrnehmungen des Patienten und Compliance: Neuere Untersuchung zum "Health Belief-Model". In: Haynes RB, Taylor DW, Sackett DL (Hrsg) Compliance-Handbuch. Oldenbourg, München Wien, S 94-132

Beckmann D (1984) Grundlagen der medizinischen Psychologie. Vandenhoeck & Ruprecht, Göttingen

Billing AG, Moos RH (1981) The role of coping responses and social resources in atenuating the impact of stressful life events. J Beh Med 4: 139-157

Carver CS, Scheier MF, Weintraub K (1989) Assessing coping strategies: A theoretically based approach. J Personal Soc Psychol 56: 267-283

Craig TK, Boardman AP (1990) Somatization in primary care settings. In: Bass CM (eds) Somatization: Physical symptoms and psychological illness. Blackwell, Oxford, pp 73-104

Filipp S H, Klauer T (1988) Ein dreidimensionales Modell zur Klassifikation von Formen der Krankheitsbewältigung. In: Kächele H, Steffens W (Hrsg) Bewältigung und Abwehr. Springer, Berlin Heidelberg New York, S 51-68

Franz C, Bautz M (1993) Das Interaktionsverhalten des Patienten mit "chronisch unbehandelbarem Schmerz". In: Basler HD (Hrsg) Psychologische Schmerztherapie. Springer, Berlin Heidelberg New York, S 431-447

Haan N (1972) Coping and defending. Academic Press, New York

Krause MS (1966) A cognitive theory of motivation for treatment. J Gen Psychol 75: 9-19

Künzel R (1979) Motivation zur Psychotherapie. In: Bastine R (Hrsg) Grundbegriffe der Psychotherapie. Beltz, Weinheim

Lazarus RS (1966) Psychological stress and the coping process. Book Company McGraw, New York

Lazarus R, Folkman S (1984) Stress, appraisal and coping. Springer, Berlin Heidelberg New York

Levine S (1983) Coping: An Overview. In: Ursin H, Mursin R (eds) Biological and psychological basis of psychosomatic disease. Pergamon, Oxford, pp 15-26

Muck M, Paal J (1968) Kriterien der Behandelbarkeit und ihre Feststellung im Interview. Psyche 22: 770-777

Nübling R (1992) Psychotherapiemotivation und Krankheitskonzept. Verlag für Akademische Schriften oHG, Frankfurt

Pennebaker JW, Watson D (1991) The psychology of somatic symptoms. In: Kirmayer LJ, Robbins JM (eds) Current concepts of somatization: Research and clinical perspectives. Am Psychiatric Press, London New York, pp 21-35

Rudolf G, Stille D (1984) Der Einfluß von Krankheitsbild und Krankheitsverhalten auf die Indikationsentscheidung in der Psychotherapie. Prax Psychother Psychosom 3: 115-128

Rüger U, Blomert AF, Förster W (1990) Coping. Verlag für Medizinische Psychologie. Vandenhoeck & Ruprecht, Göttingen

Schneider W, Basler H-D, Beisenherz B (1989) Fragebogen zur Psychotherapiemotivation (FMP). Beltz Test GmbH, Weinheim

Schneider W (1990) Die Psychotherapiemotivation - Behandlungsvoraussetzungen oder ein zu vernachlässigendes Konstrukt? In: Schneider W (Hrsg) Indikationen zur Psychotherapie. Beltz, Weinheim, S 183-203

Schüßler G (1993) Bewältigung chronischer Krankheiten. Vandenhoeck &Ruprecht, Göttingen

Selye H (1974) Streß-Bewältigung und Lebensgewinn. Piper, München

Simon GE (1991) Somatization and psychiatric disorders. In: Kirmayer LJ, Robbins JM (eds) Current concepts of somatization: Research and clinical perspectives. Am Psychiatric Press, London, pp 37-62

Steffens W, Kächele H (1988) Abwehr und Bewältigung - Mechanismen und Strategien. Wie ist eine Integration möglich? In: Kächele W, Steffens W (Hrsg) Bewältigung und Abwehr. Springer, Berlin Heidelberg New York

Steptoe A (1991) Psychological coping, individual differences and physiological stress responses. In: Cooper CL, Payne R (eds) Personality and stress: Individual differences in the stress process. Wiley, Chichester, pp 205-233

Thoits P (1983) Dimensions of life events that influence psychological distress: An evaluation and synthesis of the literature. In: Kaplan L (ed) Psychological stress. Trends in theory and research. Academic Press, New York

Vaillant GE (1971) Theoretical hierarchy of adaptive ego mechanisms. Arch Gen Psychiatry: 107-118

Operationalisierte Psychodynamische Diagnostik (OPD): Beziehungsdiagnostik

G. Frevert, M. Burgmeier-Lohse, M. Cierpka (Koordinator), R. W. Dahlbender, S. Davies-Osterkamp, T. Grande, P. Joraschky, H. Schauenburg, M. Strack und B. Strauß

Um zu einem psychodynamischen Verständnis der Entstehung und Aufrechterhaltung psychischer Störungen zu gelangen, achten Therapeuten besonders auf die bewußten und unbewußten Zusammenhänge zwischen der geschilderten Symptomatik eines Patienten und seiner konflikthaften Beziehungsgestaltung. Freuds (1912) Vorstellung von einem überdauernden Muster, nach dem ein Individuum seine Beziehungen gestaltet, ist in der wechselvollen Geschichte klinischer Konzeptbildungen immer von hoher Relevanz geblieben. Jedoch hätte eine Theorie relativ stabiler Beziehungsmuster, wie überzeugend sie im einzelnen auch immer sein mag, im klinischen Alltag kaum praktische Bedeutung, wenn es nicht gelänge, diese Muster zuverlässig zu identifizieren.

Die Beziehungsdiagnostik im Rahmen der operationalisierten psychodynamischen Diagnostik (OPD-I) bildet die für einen Patienten *charakteristischen* Erlebens- und Verhaltensweisen ab, wie sie sich in seinen gegenwärtigen und vergangenen sozialen Beziehungen *typischerweise* ereignen bzw. ereignet haben. Die Diagnostik beschränkt sich dabei auf die *dysfunktionellen* Beziehungsgestaltungen des Patienten.

In diesem Beitrag werden wir zunächst auf einige theoretische Aspekte der intrapsychischen Organisation von Beziehungserfahrungen und der interpersonellen Ausgestaltung intrapsychischer Konflikte und Strukturen eingehen. Danach folgt eine ausführliche Darstellung der Beziehungsdiagnostik. Das Anliegen unserer Arbeitsgruppe war es, eine Beziehungsdiagnostik zu entwickeln, die die Identifizierung von subjektiv bedeutsamen Elementen der Beziehungsaufnahme erlaubt, sie auf spezifische Weise strukturiert und in eine systematische psychodynamische Beschreibung überführt. Der Beitrag schließt mit einer kurzen Fallvignette.

Intrapsychische Organisation von Beziehungserfahrungen

Einen Zugang zum Verständnis der intrapsychischen Organisation von Beziehungserfahrungen bietet die Objektbeziehungstheorie. Beziehungserfahrungen, insbesondere mit relevanten Bezugspersonen der Kindheit und Jugend, kristallisieren sich auf der intrapsychischen Ebene zu verinnerlichten Vorstellungsbildern. Nach Strupp u. Binder (1991) bestehen innere Objektbeziehungen aus Vorstellungen von sich selbst - den Selbstrepräsentanzen -, aus Vorstellungen vom anderen - den Objektrepräsentanzen - und einer Reihe von Interaktionen, die zwischen ihnen ablaufen. Dabei sind diese verinnerlichten Bilder in einen Kontext von subjekt- und objektbezogenen Gefühlen, Wünschen, Erwartungen, Befürchtungen und habituellen interpersonellen Transaktionen eingebunden. Vorstellungen von sich selbst und von anderen gestalten sich so zu einer inneren "Landkarte" der interpersonalen und intrapsychischen Realität, wobei die verinnerlichten Schemata die subjektive Verarbeitung der zwischenmenschlichen Erlebnisse und Interaktionen darstellen. Sie sind "persönliche Theorien", die zu Wegweisern für gegenwärtige und zukünftige zwischenmenschliche Beziehungen werden. Als Kompromißbildungen können sie auch der Abwehr dienen, wenn bestimmte Beziehungen mit unangenehmen Affekten oder Ängsten verbunden sind.

Interpersonelle Ausgestaltung intrapsychischer Konflikte und Strukturen

Das Konzept der Übertragung bietet Erklärungshilfen für die interpersonelle Ausgestaltung intrapsychischer Konflikte und Strukturen. Der Übertragungsbegriff kennzeichnet das Erleben einer aktuellen Beziehung unter dem Blickwinkel überdauernder Muster vergangener Beziehungserfahrungen. Die subjektiv verarbeiteten Erfahrungen in zwischenmenschlichen Beziehungen werden als Bereitschaft verinnerlicht, bestimmte Übertragungskonstellationen zu realisieren (sog. Übertragungsbereitschaften, vgl. Kächele et al. 1994). Entsprechend dem Übertragungsmodell können sich in den zwischenmenschlichen Beziehungen des Patienten mit seinen Sozialpartnern, wie auch in den Beziehungen zum Therapeuten relevante Aspekte seiner internalisierten Beziehungserfahrungen wiederholen. Dabei wird dem Gegenüber eine bestimmte Übertragungsrolle zugewiesen, die der einer signifikanten Bezugsperson nachgebildet ist. Die unbewußten Konflikte mit dieser werden wiederholt. Krause und Mitarbeiter definieren Übertragung als "einen spezifischen Satz von Verhaltensweisen, mit denen Sozialpartner dazu gebracht werden, sich konkordant zu spezifischen unbewußten Erwartungen zu verhalten" (Hans et al. 1986). Sie betonen damit den interaktionellen Anteil der Übertragung.

Nach Gill u. Hoffmann (1982) ist die neurotische Übertragung dadurch gekennzeichnet, daß der Patient selektiv auf einen bestimmten Aspekt des Verhaltens und der Persönlichkeit bei anderen und besonders beim Therapeuten achtet. Auf seiten des Patienten handelt es sich oft um kompromißhaftes Verhalten, in das sowohl Wünsche und Impulse als auch Ängste und Befürchtungen eingehen. In zwischenmenschlichen Beziehungen kann das neurotische Verzerrungsmoment dazu beitragen, daß maladaptive interaktionelle Teufelskreise entstehen, persönliche Erwartungen von vorneherein zum Scheitern verurteilt sind, und eine negative Selbsteinschätzung resultiert (Strupp u. Binder 1991). Ein Konflikt besteht also ungeachtet seiner Kindheitsquellen in Form des Übertragungserlebens und -verhaltens fort, weil kreisförmig interpersonelle Muster den Patienten in seinen fehlangepaßten Erwartungen gegenüber anderen Menschen bestätigen und ihn in seinen problematischen Handlungen bestärken. Dadurch bedingt dauern die Ängste und Abwehrmanöver des Patienten fort. Verständlich wird damit die "scheiternfixierte" Beharrlichkeit und Starrheit der fehlangepaßten und stereotypen zwischenmenschlichen Interaktionen. Die therapeutische Aufgabe besteht darin, einen interpersonellen Raum zu schaffen, in dem der Therapeut eben nicht wie erwartet reagiert, dem Patienten evtl. seine Übertragungsbereitschaft deutet und ihm in einer geschützten Beziehung zu neuen Erfahrungen verhilft.

Beziehungsdiagnostik im Rahmen der operationalisierten psychodynamischen Diagnostik (OPD-I)

Wenden wir uns nach diesen theoretischen Ausführungen nun der klinischen Praxis zu. Der Therapeut wird schon beim Erstkontakt mit der Frage konfrontiert, welche Strukturierungsprinzipien er heranziehen kann, um sich in der Fülle der vom Patienten geschilderten Beziehungserfahrungen und der aktuellen Therapeut-Patient-Beziehung zurechtzufinden. Im folgenden wird die OPD-Beziehungsdiagnostik näher beschrieben. Beziehungsdiagnostik in dem von uns intendiertem Sinne umfaßt sowohl die Formulierung des vom Patienten erlebten habituellen Beziehungsverhaltens durch den Untersucher als auch die Mitteilung des Untersuchers, wie er das Beziehungsverhalten des Patienten und seine eigene Reaktion darauf erlebt.

Was verstehen wir unter Beziehungsverhalten?

Beziehungsverhalten verstehen wir als Ausdruck der Dynamik zwischen den mehr oder weniger bewußten Beziehungswünschen, den damit verbundenen intrapsychisch wirksam werdenden Ängsten eines Patienten und den Befürchtungen, wie das Gegenüber auf seine Wünsche reagieren könnte.

Was ist mit habituellem Beziehungsverhalten gemeint?

Das habituelle Beziehungsverhalten bezeichnet die für einen Patienten typische und sich wiederholende interpersonelle Einstellung, also jene Verhaltensweise, die nach außen hin als dominant und mehr oder weniger durchgängig wirksam erscheint. Das habituelle Beziehungsverhalten eines Patienten kann als überdauernde psychosoziale Kompromißbildung zwischen seinen Wünschen und seinen Befürchtungen in Beziehungen verstanden werden.

Was verstehen wir unter einem dysfunktionellen habituellen Beziehungsmuster?

Ansatzpunkt therapeutischen Handelns ist in erster Linie das gewohnheitsmäßige und mehr oder minder ungünstige Beziehungsverhalten eines Patienten; erzeugt doch gerade dieses beim Betroffenen und in seiner Umgebung leidvolle Erfahrungen. Als dysfunktionelles habituelles Beziehungsmuster bezeichnen wir jene redundante interpersonelle Konstellation, die sich aus den typischen und sich wiederholenden interpersonellen Verhaltensweisen eines Patienten - seinem habituellen Beziehungsverhalten - und den für ihn ebenso typischen Reaktionsweisen seiner Sozialpartner ergibt.

Als erstes *Zwischenergebnis* können wir nun festhalten: Ein konflikthaftes interpersonelles Beziehungsmuster kann als spezifische Konstellation des habituellen Verhaltens des Patienten und den typischen Reaktionsweisen anderer hierauf zusammengefaßt werden. Die diagnostische Einschätzung der Beziehungsdynamik erfolgt somit anhand der folgenden beiden interpersonellen Positionen: *Der Patient erlebt sich immer wieder so, daß er....* Gefragt wird hier nach dem habituellen Beziehungsverhalten des Patienten gegenüber seinen Sozialpartnern. Beschrieben wird dasjenige interpersonelle Verhalten, das bei einem Patienten nach außen hin als dominant und mehr oder weniger durchgängig wirksam erscheint. *Der Patient erlebt andere immer wieder so, daß sie....* Hier wird auf die Verhaltensweisen der Objekte gegenüber dem Patienten fokussiert. Es wird dasjenige interpersonelle Verhalten beschrieben, das andere Personen im Erleben des Patienten als Antwort auf sein eigenes Verhalten mehr oder weniger durchgängig zeigen.

Welche Informationsquellen und Erlebensperspektiven berücksichtigt der Therapeut ?

Im klinischen Erstgespräch erhält der Therapeut diagnostische Informationen über die konflikthafte Beziehungsgestaltung eines Patienten zunächst aus den von ihm selbst geschilderten Beziehungserfahrungen. In den Erzählungen des Patienten über tatsächlich erlebte bedeutsame Interaktionen mit 'signifikanten anderen' erschließen sich das subjektive Erleben und die eigene Wahrnehmung des Patienten auf anschauliche Weise und werden gleichzeitig für den Therapeuten der direkten Beobachtung zugänglich. Für den Therapeuten ist es auch möglich, gezielt derartige Beziehungsepisoden zu erfragen, indem er den Patienten auffordert, möglichst konkrete Beispiele zu erzählen. Darüber hinaus wird in der klinischen Situation das Beziehungsverhalten, das der Patient mehr oder weniger unbewußt inszeniert, aufgrund von Übertragungsprozessen für den Therapeuten erlebbar. Die für den Therapeuten aktuell beobachtbare Beziehungsgestaltung mit dem Patienten, sein eigenes Erleben und seine eigenen Reaktionen stellen zusätzlich diagnostisch relevante Informationen bereit. Anhand seines Gegenübertragungserlebens kann der Therapeut Rückschlüsse darauf ziehen, wie andere das Beziehungsverhalten des Patienten erleben, wie sie sich ihrerseits in der Interaktion mit ihm fühlen und eventuell verhalten, wie sie ihr eigenes Verhalten ihm gegenüber verstehen.

Damit kommen wir zu einem weiteren *Zwischenergebnis:* Die diagnostische Einschätzung der Beziehungsdynamik erfolgt entsprechend den unterschiedlichen Informationsquellen aus zwei unterschiedlichen Erlebensperspektiven: Aus der *Erlebensperspektive des Patienten* ergibt sich, welche innere Vorstellung er selbst von seiner Beziehungsgestaltung hat. Sie erschließt sich dem Therapeuten in den Erzählungen des Patienten von Beziehungsepisoden mit seinen Sozialpartnern. Den Schilderungen des Patienten kann entnommen werden, welche Beziehungsaspekte er selbst in seinem eigenen Verhalten und dem seiner Interaktionspartner erleben und benennen kann. Die *Erlebensperspektive des Therapeuten* verdeutlicht seine Sicht vom Beziehungsverhalten des Patienten. Der Therapeut beobachtet die aktuelle Beziehungsgestaltung des Patienten in der Erstgesprächssituation und das eigene Erleben sowie die eigenen Reaktionen. Er beschreibt, wie er den Patienten und sich selbst in der Interviewsituation erlebt. Die unter Umständen divergente Wahrnehmung des Therapeuten kann die subjektive Sicht des Patienten im Sinne einer Außenperspektive relativieren. Sie kann sich mit dem Erleben des Patienten decken, jedoch auch weitere Aspekte enthalten und somit von ihr abweichen.

Kategorien interpersonellen Verhaltens

Wenden wir uns nun der Frage zu, welche Möglichkeiten der Therapeut hat, um zu einer systematischen Beschreibung dieser interpersonellen Positionen zu gelangen. In dem von unserer Arbeitsgruppe entwickelten diagnostischen Ansatz wird die Beurteilung interpersonellen Verhaltens anhand vorgegebener Kategorien vorgenommen. Die Kategorien knüpfen an circumplexe Modelle interpersonellen Verhaltens an, die in der Klinischen Psychologie eine lange Tradition haben (zusammenfassend Wiggins 1991). Zu nennen ist hier z. B. der traditionelle interpersonelle Kreis von Kiesler (1983) oder das SASB-Modell (Structural Analysis of Social Behavior) von Benjamin (1988, 1993). Diese Modelle implizieren, daß in sozialen Beziehungen Interaktionspartner ihr Beziehungsverhalten jeweils über die Definition des Status und die gewünschte Nähe ausrichten.

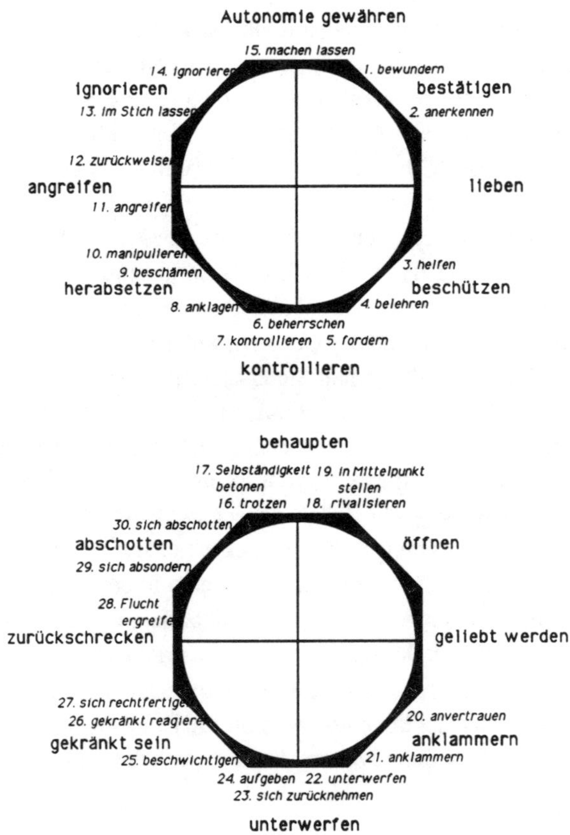

Abb. 1. Die aktive u. reaktive Ebene des interpersonellen Kreismodells (n. Benjamin 1974)

Gemeinsam ist diesen Modellen eine Anordnung interpersonellen Verhaltens auf einer Kreisfläche. Abbildung 1 zeigt die *aktive* und die *reaktive* Ebene des Beziehungsverhaltens in zwei Kreisen. Die Anordnung interpersonellen Verhaltens auf der Kreisfläche ist durch zwei orthogonale und bipolare Dimensionen bestimmbar:

Die waagrechte Achse stellt die Dimension der *Affiliation* dar: Hier geht es um die Thematik der freundlichen Zuwendung auf dem rechten Pol versus feindseligen Abwendung auf dem linken Pol. Die senkrechte Achse stellt die Dimension der *Interdependenz* oder *Kontrolle* dar: Hier geht es um Autonomie und Kontrolle auf dem oberen Pol versus Abhängigkeit und Unterwerfung auf dem unteren Pol.

Die genaue Betrachtung zeigt eine innere Ordnung der Kreismodelle, in der einander gegenüberliegende interpersonelle Verhaltensweisen auch faktisch gegensätzliches Verhalten zeigen. So ist auf der aktiven Ebene ein Verhalten von Entwertung und Beschämung das Gegenteil von Idealisierung und Bewunderung. Auf der reaktiven Ebene steht Trotz und Widerstand-Leisten dem Sich-Unterwerfen und Sich-Zurücknehmen entgegen. Die dazwischen liegenden Kategorien ergeben jeweils Mischungen der beiden Dimensionen Affiliation und Kontrolle.

Die Beurteilung der Strukturelemente anhand der Items des Fragebogens

Die diagnostische Einschätzung der Strukturelemente wird vom Therapeuten anhand eines Fragebogens vorgenommen. Auf der Grundlage des interpersonalen Kreismodells wurden insgesamt 30 Items (jeweils 15 auf der aktiven und reaktiven Ebene) formuliert. Jedes Item des Fragebogens repräsentiert somit eine spezifische Beziehungsqualität interpersonellen Verhaltens. Dabei werden die auf dem Kreismodell angeordneten thematisch übergeordneten Verhaltensmodalitäten jeweils durch ein breites Spektrum klinischer Nuancierungen differenziert. Die Items des Fragebogens sind für die beiden Strukturelemente analog konzipiert und formuliert. Da nur das für den Patienten dysfunktionelle habituelle Beziehungsverhalten beschrieben werden soll, wurde bereits bei der inhaltlichen Formulierung der Items die pathologische Grundorientierung hervorgehoben, und zwar bei einigen Items durch die Qualität (der Patient erlebt sich immer wieder so, daß er andere *mißtrauisch* kontrolliert) und bei anderen Items durch die Ausprägung (der Patient erlebt sich immer wieder so, daß er sich *besonders* anvertraut und anlehnt).

Als *Endergebnis* können wir festhalten: Im Rahmen der operationalisierten psychodynamischen Beziehungsdiagnostik muß der Therapeuten für jede interpersonelle Position - also für das habituelle Beziehungsverhalten des Patienten gegenüber seinen Sozialpartnern und deren typische Reaktionen auf das

Beziehungsverhalten des Patienten - diejenigen Items im Fragebogen markieren, die am prägnantesten das dysfunktionelle habituelle Beziehungsmuster des Patienten beschreiben. Dabei wird das dysfunktionelle habituelle Beziehungsmuster sowohl aus der Sicht des Patienten - die diagnostische Einschätzung orientiert sich hier an der Frage, wie der Patient seine Beziehungsgestaltung erlebt - als auch aus der Sicht des Therapeuten beurteilt, wobei sich die diagnostische Einschätzung an dem Gegenübertragungserleben des Therapeuten orientiert. Dies ermöglicht Schlußfolgerungen, wie die Sozialpartner das Beziehungsverhalten des Patienten erleben. In die Auswertung werden nur die wichtigsten Items aufgenommen, die Teil der abschließenden interpersonellen Diagnose sind. Abschließend kann eine (optionale) psychodynamische Formulierung des dysfunktionellen Beziehungsverhaltens vorgenommen werden. Diese klinische Formulierung ergibt sich aus der Summe der beiden Erlebensperspektiven, indem die einzelnen Items sequentiell zu einer klinisch sinnvollen Formulierung verbunden werden (vgl. Fallbeispiel).

Klinische Fallvignette

Abschließend möchten wir die Formulierung eines dysfunktionellen habituellen Beziehungsmusters an einer klinischen Fallvignette lebendig werden lassen.

Eine 44jährige schwer depressive Patientin beklagt sich darüber, daß sie zuhause alles machen muß. Sie müsse sich um jede Kleinigkeit kümmern, dabei käme sie selbst aber ständig zu kurz. Sie fühlt sich von ihren Kindern im Stich gelassen, denn keines der Kinder würde die zugeteilten Aufgaben im Haushalt übernehmen. Sie beschwert sich auch über den Ehemann, den sie im Beruf unterstützen und für den sie alle möglichen Entscheidungen treffen muß.

Für die *Erlebenssperspektive der Patientin* kommt der Therapeut auf der Grundlage der von der ihr geschilderten Beziehungserfahrungen mit ihrer Familie zu folgender diagnostischen Einschätzung der Beziehungsdynamik: Die Patientin erlebt sich in ihrer Familie in einer zentralen Position. Sie ist es gewohnt, ihrer Familie zu helfen, sie zu versorgen und zu beschützen. Die Patientin fühlt sich überfordert, beklagt sich in depressiver Weise und beschuldigt andere wegen ihrer Ansprüche und Ignoranz.

Hinsichtlich der aktuellen Interaktion im Gespräch schildert der Therapeut, daß die Patientin fast ohne Pause spricht, wobei sie sich ängstlich immer wieder vergewissert, ob sie die Aufmerksamkeit des Therapeuten besitzt. Kurz vor Ende der Stunde schaut sie erwartungsvoll auf den Therapeuten, weil sie sich jetzt einen Rat verspricht.

Erlebensperspektive des Therapeuten: Aus seinem eigenen Erleben der aktuellen Interaktion mit der Patientin kommt der Therapeut zu folgender diagnostischen Einschätzung: Unbewußt füttert und versorgt die Patientin den Therapeuten mit Informationen. Erst gegen Ende der Stunde spürt sie, daß sie wohl möglich zu kurz kommt, wenn sie nicht auch etwas vom Therapeuten zurückbekommt. Nach der Stunde beschreibt der Therapeut, daß er immer wieder "abgeschaltet" hat, weil ihm der Redeschwall der Patientin zuviel wurde.

Die wichtigsten Beziehungsaspekte dieses Fallbeispiels sind im Auswertungsblatt notiert. Abschließend wurde für die Patientin die folgende *psychodynamische Formulierung des konflikthaften Beziehungsverhaltens* abgeleitet: Die Patientin fühlt sich in ihrer versorgenden, helfenden Haltung überfordert. Sie beschuldigt andere wegen ihrer Ansprüche und ihrer Ignoranz. Die Beziehungspartner ziehen sich zurück, was bei der Patientin möglicherweise zu einem anklammernden Verhalten führen kann.

Auswertung Fallbeispiel

Bitte wählen Sie aus den Itemlisten für jede Position nur die zwei wesentlichsten Items aus. Tragen Sie die Itemnummern und die Formulierungen zunächst in den Kasten der Perspektive A und dann in B ein.

Perspektive A: Das Erleben der Patientin

Die Patientin erlebt sich immer wieder so, daß sie	Die Patientin erlebt andere immer wieder so, daß sie
1. (3) hilft, versorgt, beschützt (Nr. Text)	1. (5) Ansprüche, Forderungen (haben) (Nr. Text)
2. (8) beschuldigt, anklagt (Nr. Text)	2. (14) ignorieren (Nr. Text)

Bitte Rangreihe bilden!

Perspektive B: Das Erleben des Therapeuten

Der Therapeut erlebt, daß die Patientin (ihn) immer wieder	Der Therapeut erlebt sich gegenüber der Patientin immer wieder so, daß er
1. (6) bestimmt, beherrscht (Nr. Text)	1. (30) sich abschottet (Nr. Text)
2. (21) anklammert (Nr. Text)	2. (Nr. Text)

Bitte Rangreihe bilden!

Mögliche beziehungsdynamische Formulierung (optional)

Die Patientin erlebt sich in ihrer versorgenden, helfenden Haltung (3) überfordert. Sie beschuldigt (8) andere wegen ihrer Ansprüche (5) und ihrer Ignoranz (14). Es ist ihr wahrscheinlich unbewußt, daß sie andere dabei bestimmt (6). Die anderen Beziehungspartner ziehen sich zurück (30), was bei der Patientin möglicherweise zu anklammerndem Verhalten (21) führt.

Abb. 2. Auswertung des Fallbeispiels

Abschließend noch einige Bemerkungen, die für die Anwendung der Beziehungsdiagnostik im Rahmen der operationalisierten psychodynamischen Diagnostik von Relevanz sind. Voraussetzung für die Einschätzung der zentralen Beziehungsgestaltung eines Patienten ist ein eingehendes klinisch-diagnostisches Gespräch. Erst auf dieser Grundlage kann die Formulierung des habituellen dysfunktionalen Beziehungsmusters erfolgen. Zu beachten ist weiterhin, daß sich die Beziehungsdiagnostik weitgehend auf beobachtbares und beschreibbares Beziehungsverhalten stützen sollte und auf tiefliegende unbewußte Deutungen auf der Grundlage klinischer Theorien weitgehend zu verzichten ist. Trotz der Klarheit der Methode bedarf es eines intensiven Trainings, um die operationalisierte Beziehungsdiagnostik mit ausreichender Reliabilität und Validität anwenden zu können.

Literatur

Benjamin LS (1974) Structural analysis of social behavior. Psychol Rev 81: 391-425

Benjamin LS (1988) Adding social and intrapsychic descriptors to axis I of DSM-III. In: Millon T, Klerman G (eds) Contemporary issues in psychopathology, Guilford, New York London

Benjamin LS (1993) Interpersonal diagnosis and treatment of personality disorders. Guilford , New York London

Freud S (1912) Zur Dynamik der Übertragung. GW Bd 8, S 364-374

Gill MM, Hoffman JZ (1982) A method for studying the analysis of aspects of the patients experience of the relationship in psychoanalysis and psychotherapy. J Am Psychoanal Assoc 30: 137-176

Hans G, Krause R, Steimer E (1986) Interaktionsprozesse bei Schizophrenen. In: Nordmann E, Cierpka M (Hrsg) Familienforschung in Psychiatrie und Psychotherapie. Springer, Berlin Heidelberg New York

Kächele H, Cierpka M, Geyer M (1994) Das Repertoire der Übertragungsbereitschaften psychoneurotisch-psychosomatisch gestörter junger Frauen. DFG-Forschungsantrag

Kiesler DJ (1983) The interpersonal circle: A taxonomy for complementarity in human transactions. Psychol Rev 90: 185-211

Strupp HH, Binder JL (1991) Kurzpsychotherapie. Klett-Cotta, Stuttgart

Wiggins JS (1991) Circumplex models of interpersonal behavior in clinical psychology. In: Kendall PC, Butcher JN (eds) Handbook of Research Methods in Clinical Psychology. Wiley & Sons, New York

Operationalisierte Psychodynamische Diagnostik (OPD): Konfliktdiagnostik

G. Schüßler, G. Heuft, S. O. Hoffmann, E. Mans und S. Mentzos

Konflikt (lateinisch: "Zusammenstoß") meint in seiner allgemeinen Bedeutung, daß Zusammentreffen unterschiedlicher Positionen innerhalb einer Person (innerer Widerstreit von Motiven, Wünschen, Werten und Vorstellungen) oder zwischen mehreren Personen. Konflikte sind ein universelles Phänomen. In der Psychologie wird der Konflikt übereinstimmend als das Aufeinandertreffen entgegengesetzter Verhaltenstendenzen (Motivation, Bedürfnisse, Wünsche) definiert. Die Entstehung von Konflikten wird in unterschiedlichen Theorien wie z. B. der biologischen Verhaltenstheorie, der feldtheoretischen Konflikttheorie oder der Theorie der kognitiven Dissonanz begründet. Die Psychoanalyse ist in ihrem Kern eine Konfliktpsychologie.

Seit Freud wird im psychodynamischen Denken, den inneren Konflikten eines Menschen ein zentraler Stellenwert zugewiesen. Zusammen mit Breuer beschreibt Freud in den Studien über die Hysterie (1895) Konflikte als den ursächlichen Faktor in der Entstehung von Neurosen, wobei Konflikte als "Unverträglichkeit im Vorstellungsleben", also mit den Normen, Werten und Gedanken nicht zu vereinbarende Vorstellungen beschrieben wurden. Unbewußte intrapsychische Konflikte verstehen wir seitdem als unbewußte innerseelische Zusammenstöße entgegengerichteter Motivationsbündel, also z. B. stehen einander entgegen der Wunsch nach Versorgung und der Wunsch autark zu sein.

Die traditionelle psychoanalytische Theorie versuchte einige wenige Konflikte zu beschreiben, ihre Entstehung einer psychosexuellen Entwicklungsstufe zuzuordnen und letztendlich damit zu einer spezifischen Beziehung von Triebkonflikten und Neurosentypen zu gelangen. Dieser Versuch muß heute als gescheitert angesehen werden, zumindest was die eindeutige Zuordnung von Konflikten zu einer Entwicklungsstufe anbelangt. Wir können nicht davon ausgehen, daß Abhängigkeitskonflikte nur in der sog. "oralen" Entwicklungsphase entstehen, bzw. in der "analen" Entwicklungsphase nur Aggressions- bzw. Autonomiekonflikte. Auch "ödipale" Konflikte sind nicht auf die phallisch-ödipale Phase begrenzt, sondern beginnen bereits mit der Symbolisierungs- und Rollenfähigkeit des Kindes (Dornes 1993; Hoffmann u. Hochapfel 1995; Schüßler u. Bertl-

Schüßler 1992). Das Vorhandensein innerer unbewußter zeitüberdauernder Konflikte ist an bestimmte Ich-strukturelle Voraussetzungen geknüpft, ohne die ein solcher Konflikt- und Verarbeitungsprozeß nicht möglich ist. Konflikt und Struktur stellen also eine Ergänzungsreihe dar (Mentzos 1991).

Die Identifizierung psychodynamischer Konflikte benötigt sowohl induktives als auch deduktives Vorgehen. Induktiv meint ausgehend von beobachtbaren Phänomenen, eine Anzahl von sich wiederholenden Erlebens- und Verhaltenseigenschaften, die durch den Lauf der Erkrankung des Patienten und seine persönliche Geschichte zurück verfolgt werden können. In der Lebensgeschichte des Patienten bildet sich sein Bemühen ab, diese Konflikte adaptiv (gelungene Lebensanpassung, Arbeitsproduktivität, persönliche Beziehungen) und maladaptiv (mit der Entstehung von Symptomen und Charakterpathologie) zu lösen.

Ein verinnerlichter, unbewußter, zeitüberdauernder Konflikt manifestiert sich im Erleben, in den Verhaltensweisen und in den Symptomen, in der Untersuchungssituation verdeutlicht er sich in Übertragung und Gegenübertragung.

Auf dem Hintergrund theoretischer und empirischer Grundlagen wurden die folgenden Definitionen "zeitlich überdauernder Konflikte" ausgearbeitet:

1. Abhängigkeit versus Autonomie.
Suche nach Beziehung (jedoch nicht Versorgung) mit ausgeprägter Abhängigkeit (passiv) oder dem Aufbau einer emotionalen Autarkie (aktiv) mit Unterdrückung von Bindungswünschen (Familie, Partnerschaft, Beruf). Erkrankungen schaffen "willkommene" Abhängigkeit oder sind existentielle Bedrohung.

2. Kontrolle versus Unterwerfung.
Gerhorsam/Unterwerfung versus Kontrolle/Sich-Auflehnen bestimmen die interpersonellen Beziehungen und das innere Erleben (Selbstkontrolle). Erkrankungen werden "bekämpft" oder sind ein zu akzeptierendes Schicksal, dem man sich (wie auch dem Arzt) "fügen" muß.

3. Versorgung versus Autarkie.
Die Wünsche nach Versorgung und Geborgenheit führen zu starker Abhängigkeit (depending and demanding) oder werden als Selbstgenügsamkeit und Anspruchslosigkeit kompensiert (altruistische Grundhaltung). Bei Krankheit erscheinen diese Menschen passiv-anklammernd oder wehren Hilfe ab.

4. Selbstwertkonflikte (Selbst- versus Objektwert).
Die Aufrechterhaltung des Selbstwertgefühls ist konflikthaft und erfordert übermäßige Anstrengungen oder ist erfolglos. Erkrankungen führen zu Selbstkrisen, können aber auch einen restitutiven Charakter für das Selbstbild haben.

5. Über-Ich und Schuldkonflikte.
Diese Menschen nehmen bereitwillig alle Schuld auf sich (bis hin zu Masochismus) und neigen zu Selbstvorwürfen (passiver Modus), oder es fehlt jegliche Form von Schuldgefühlen (aktiver Modus) und Krankheit ist die Schuld der anderen.

6. Ödipale und sexuelle Konflikte.
Erotik und Sexualität fehlen in der Wahrnehmung, Kognition und Affekt (passiver Modus), oder bestimmen alle Lebensbereiche, ohne das Befriedigung gelingt (aktiver Modus).

7. Identitätskonflikte.
Es bestehen hinreichend Ich-Funktionen (ansonsten Struktur, Identitätsdiffusion) bei gleichzeitig konflikthaften Selbstbereichen (Identitätsdissonanz): Geschlechtsidentität, Eltern-/Kind-Identität, religiöse, soziale und Kulturelle Identität u. a.. Der Identitätsmangel steht dem aktiven Bemühen, Unsicherheiten und Brüche zu überspielen, entgegen.

8. Fehlende Konflikt- und Gefühlswahrnehmung.
Gefühle und Bedürfnisse bei sich und den anderen werden nicht wahrgenommen und Konflikte übersehen (passiver Modus) oder durch sachlich-technische Beschreibung ersetzt (aktiver Modus).

Diese Konfliktdefinitionen beziehen sich nicht auf entwicklungspsychologische Annahmen, und obwohl inter- wie auch intrasystemische Konflikte angesprochen werden, beziehen sie nicht auf das klassische psychoanalytische Drei-Instanzenmodell (Es, Ich und Über-Ich). Traditionelle psychoanalytische Termini werden aufgrund dieser Loslösung von entwicklungspsychologischen Annahmen und aufgrund schulenspezifischer Vieldeutigkeit soweit wie möglich vermieden (z. B. analer oder oraler Konflikt). Das hier vertretene Konfliktmodell benutzt als Grundeinheit die konflikthafte Interaktionserfahrung eines Menschen, also die konflikthaften Erfahrungen. Diese Erfahrungen können von der Phänomenologie (Oberfläche) erschlossen werden, hin zu ihrer unbewußten Bedeutung.

In Ergänzung stehen zu diesen "zeitlich überdauernden Konflikten" auf dem Hintergrund von einschneidenden Lebensveränderungen und Belastungen entstehende "Konflikthafte äußere Lebensbelastungen". Angesprochen sind hier Belastungen, die aufgrund ihrer Schwere häufig einen Widerstreit von Gefühlen, Vorstellungen und Erleben auslösen, als "konflikthaft" erscheinen, ohne daß aber ein überdauernder unbewußter Konflikt vorliegt. Diese Belastungen sind begleitet von inneren Verarbeitungsprozessen, die häufig einen Widerstreit von Gefühlen, Vorstellungen und Erleben auslösen, ohne daß aber ein zur zeitlich überdauernden unbewußten Konflikt vorliegt. Diese Operationalisierung der Konflikte versucht die Aufgabe zu erfüllen, psychoanalytische Konstrukte beobachtungsnah zu beschreiben und für die Ausbildung und Praxis nutzbar zu machen. Die Konfliktachse ist ein wesentlicher Baustein in dem Gesamtentwurf einer umfassenden Operationalisierten Psychodynamischen Diagnostik (Cierpka et al. 1995).

Literatur

Cierpka M, Buchheim P, Freyberger HJ, Hoffmann SO, Janssen P, Muhs A, Rudolf G, Rüger U, Schneider W, Schüßler G (1995) Die erste Version einer Operationalisierten Psychodynamischen Diagnostik (OPD). Psychotherapeut 40: 69-78

Dornes M (1993) Der kompetente Säugling. Fischer, Frankfurt aM

Hoffmann SO, Hochapfel G (1995) Einführung in die Neurosenlehre und Psychosomatische Medizin, 4. Aufl. Schattauer, Stuttgart

Mentzos S (1992) Neurotische Konfliktverarbeitung. Fischer, Frankfurt aM

Schüßler G (1995) Lehrbuch der psychosomatischen Medizin und Psychotherapie. Uni-Med, Lorch

Schüßler G, Bertl-Schüßler A (1995) Neue Ansätze zur der Psychoanalytischen Entwicklungstheorie. Z Psychosom Med 38: 77-87 und 101-114

Operationalisierte Psychodynamische Diagnostik (OPD): Die Einschätzung des Strukturniveaus

Gerd Rudolf

Die diagnostische Situation

Die diagnostische Aufgabe des Psychotherapeuten, seelische Vorgänge eines anderen Menschen zu verstehen, gestaltet sich oft schwierig. Aber die Aufgabe, die der Therapeut an seinen Patienten heranträgt, sich selbst zu verstehen, ist womöglich noch schwieriger zu bewältigen. In dem Thema, diagnostische Erfassung von Struktur, wird wiederholt von beidem die Rede sein: Wie erfährt der einzelne die Welt des anderen und wie gewinnt er ein Bild von sich selbst?

Am Ausgangspunkt jeden Verstehens, sei es Verstehen der eigenen Person oder der anderen, steht die Wahrnehmung, das Beobachten, und ihr wiederum geht voraus das Sich-Öffnen für Beobachtungen, das Sich-Einlassen auf das Beobachtete. In jeder wissenschaftlichen Disziplin, auch in der psychodynamischen Diagnostik muß das Beobachtete innerhalb eines theoretischen Rahmens interpretiert werden. Dabei sollten beide Schritte, die Beobachtung und die Interpretation, möglichst voneinander getrennt erfolgen. Bei einem geübten Untersucher geschieht die Interpretation des Beobachteten meist ziemlich rasch, so daß der Vorgang des Beobachtens hinter dem des Interpretierens scheinbar ganz zurücktritt. Wir alle wissen aber, daß die ideale Abfolge, "erst das vorurteilsfreie Beobachten, dann das Interpretieren aufgrund theoretischer Annahmen" nicht wirklich zu realisieren ist. Das Hase- und Igel-Prinzip setzt sich durch: Die Theorie war immer schon vorher da, sie ist es, die bereits den beobachtenden Blick auf die Gegenstände ihres Interesses lenkt.

So ist auch der Psychotherapeut durch seine Theorie und deren tägliche praktische Anwendung in seiner scheinbar vorurteilsfreien Beobachtung von vornherein auf das ausgerichtet, was für ihn wichtig ist: Die Selbstdarstellung eines anderen Menschen in der Begegnung mit ihm. Er erlebt, daß ein Patient, der angeklopft hat, nicht eintritt, sondern wartet, bis ihm geöffnet wird; er registriert, daß der Patient sich beim Eintreten kurz nach beiden Seiten umschaut; er nimmt wahr, daß er beim Sprechen immer wieder kurz innehält und prüfend herüberblickt; er hört Geschichten, in denen davon die Rede ist, daß sich andere Menschen dem Patienten gegenüber unerwartet und v. a. unerwartet feindselig verhalten, so daß er allen Grund hat, auf der Hut zu sein. Wenn der Therapeut seine Beobachtung zur Selbstbeobachtung erweitert, registriert er womöglich, daß er von Beginn der Begegnung an gewissermaßen den Atem anhält und bemüht ist, dem Patienten besonders vorsichtig, korrekt und abgegrenzt zu begegnen. In seiner eigenen Körperhaltung stellt er eine gewisse Angespanntheit fest, genauso wie der Patient auf seiner Seite auf dem Sprung zu sein scheint.

Solche Fakten der Beobachtung und des Erlebens bilden das Rohmaterial der Diagnostik, das nun Schritt für Schritt vom Therapeuten reflektiert, in gewissem Umfang dem Patienten mitgeteilt und schließlich interpretiert werden muß. Das Verhältnis von theoretischen Annahmen und diagnostischen Beobachtungen wird uns gerade im Umgang mit Struktur beschäftigen.

Nehmen wir nun weiterhin an, der Therapeut hat das Ergebnis seiner diagnostischen Bemühungen in einem schriftlichen Protokoll niedergelegt, vielleicht, um es für einen Psychotherapieantrag zu verwenden oder es gar zum Gegenstand einer Veröffentlichung zu machen, dann stoßen wir auf die selbstverständliche Tatsache, daß er dafür fachsprachliche Begriffe verwendet. Er gebraucht die Formulierungen, die er von seinen Weiterbildern gelernt oder in seinen Büchern gelesen hat. Hier beginnt eine weitere Schwierigkeit der psychodynamischen Diagnostik: Es gibt für sie keine einheitliche Sprache, und daher können wir nie ganz sicher sein, ob wir verstehen, was der einzelne Kollege oder die einzelne Kollegin meint, wenn sie bestimmte Begriffe verwenden.

Nehmen wir das heutige Thema - Struktur -, so wird beim Lesen von Fallberichten deutlich, daß dieser Begriff in vielen unterschiedlichen Variationen verwendet wird. In Verbindung mit dem am häufigsten verwendeten Adjektiv "depressiv", kann es etwa heißen "depressive Struktur"; wahrscheinlich ist damit dasselbe gemeint wie mit "depressive Neurosenstruktur", aber meint das aber auch dasselbe wie "depressive Persönlichkeitsstruktur" und unterscheidet sich das wiederum von "depressiver Persönlichkeit" oder von "depressiver Persönlichkeitsstörung" oder von "depressiver Persönlichkeitsentwicklung" oder von "depressiver Entwicklung" oder "depressiver Störung"? Ein anderer redet nicht von "depressiver Struktur", sondern von "depressiven Strukturanteilen" oder "depressiven Strukturmerkmalen", wahrscheinlich um deutlich zu machen, daß nicht das Ganze gemeint ist, sondern Teile davon. Eine wieder andere Begrifflichkeit spricht nicht von Struktur, sondern von "Ich-Struktur" und in diesem Zusammenhang von "ich-strukturellem Defekt, ich-struktureller Defizienz, ich-struktureller Störung". Was aber unterscheidet Ich-Struktur von Neurosenstruktur, Persönlichkeitsstruktur oder gar Charakterstruktur? Und schließlich stoßen wir noch auf den Begriff Strukturniveau, der nochmals eine ganz andere Betrachtungsweise einführt: Hier geht es offensichtlich um Entwicklung, Reifung oder

Integration von Struktur, nicht um ihre typologische Ausprägung. Jeder von uns weiß, was man unter Struktur zu verstehen hat, aber möglicherweise meinen wir alle etwas Verschiedenes.

Diese babylonische Sprachsituation und die daraus resultierende Schwierigkeit, sich im wissenschaftlichen Austausch auf vergleichbare Daten zu beziehen, begründete das Engagement der OPD (Arbeitsgemeinschaft für eine Operationalisierte Psychodynamische Diagnostik), einen Standardisierungsvorschlag zu erarbeiten (Arbeitskreis OPD 1996; Cierpka et al. 1995; Rudolf et al. 1995; Schneider et al. 1995). Es geht dabei um die Erfassung des zentralen neurotischen Konflikts, der strukturellen Verfassung des Patienten, der zentralen Beziehungsmuster und des subjektiven Krankheitserlebens in Ergänzung zur Erfassung der Syndrome. Aus diesem System soll im folgenden die Achse Struktur dargestellt werden.

Zu Beginn will ich die geläufigen Strukturkonzepte und ihre theoretischen Grundlagen rekapitulieren. Im nächsten Schritt werde ich den OPD-Vorschlag zur Erfassung der Struktur vorstellen und abschließend Fragen des praktischen Vorgehens aufgreifen, wie im diagnostischen Gespräch ein Bild von der Struktur des Patienten gewonnen werden kann.

Strukturkonzepte

Die diagnostische Aufmerksamkeit richtet sich in der Psychoanalyse traditionell zunächst auf die Triebentwicklung: Welche Entwicklung nahm die Libido, welchen Ausgang hat der Ödipuskomplex genommen, wie haben sich die präödipalen Triebregungen entwickelt (Aggressivität, Analität, Oralität)? Das sind eigentlich keine Themen der Struktur, sondern solche des zentralen neurotischen Konflikts, der hier als Trieb-Triebabwehr-Konflikt verstanden ist. Gleichwohl knüpft hier das viel verwendete Konzept der Neurosenstruktur an, wie es von Schultz-Hencke in den 50er Jahren entwickelt wurde (Schultz-Hencke 1951). Dieser betont die Tatsache, daß es nicht der ursprüngliche Triebkonflikt ist, der das klinische Erscheinungsbild prägt, sondern seine Folgeerscheinungen, so z. B. die auf der Grundlage von Verdrängungen entstandenen Lücken der Wahrnehmung und des Erlebens oder die unbewußten Haltungen, in denen Anteile des Verdrängten spürbar werden. Die so entwickelten Bilder einer depressiven, zwanghaften, hysterischen oder schizoiden Neurosenstruktur können, was selten ist, beim einzelnen Patienten in reiner Form auftreten, meist lassen sich mehrere Strukturanteile nebeneinander beobachten. Die Formulierungen lauten dann z.B. "depressive Struktur mit hysterischen Anteilen" oder "schizoid-zwangsneurotische Struktur" oder - wenn das Nebeneinander vieler Anteile benannt werden soll - wird von "Mischstruktur" gesprochen. So wird in diesem Strukturbegriff die konfliktneurotisch bedingte Entwicklung der Gesamtpersönlichkeit v. a. im Hinblick auf das Zusammenspiel von bewußtem Verhalten und unbewußten, weil verdrängten Triebimpulsen, beschrieben. Schwidder hat zwischen Hemmungsstruktur und Haltungsstruktur unterschieden, je nachdem ob die neurotische Einengung des Verhaltens oder die kontraphobische überkompensatorische Seite das Bild bestimmt (Schwidder 1964). Fritz Riemann (1961) hat in zahlreichen Arbeiten, z. B. in den "Grundformen der Angst" dieses Strukturmodell zugrundegelegt und erstmals auch auf die Passung zwischen der Struktur des Patienten und der des Therapeuten aufmerksam gemacht (Riemann 1961, 1964). Wahrscheinlich ist dieses Modell von Neurosenstruktur deshalb so beliebt, weil es erlaubt, viele diagnostische Fäden zu verknüpfen. Depressive Neurosenstruktur z. B. umfaßt das äußerlich sichtbare klinische Bild des depressiven Erlebens und der depressiven Symptomatik ebenso wie die spezifische Konfliktdynamik der depressiven Objektbedürftigkeit und die ungelebte Latenz der oralen Gier. Die Möglichkeit von "Anteilen" zu sprechen, kommt der klinischen Erfahrung entgegen, daß sich häufig weitere Modi der neurotischen Verarbeitung beobachten lassen.

Zugleich wird jedoch deutlich, daß dieses Modell keine Trennung von Struktur und Konflikt, sondern gerade seine Verknüpfung intendiert. Im Kommentar zu den Psychotherapie-Richtlinien (Faber u. Haarstrick 1991) heißt es dazu (S. 26):

"Struktur und Konflikt haben jedes einen ätiologischen Rang in der seelischen Krankheitsentstehung. Die Struktur bildet die "passiv-kausale" Matrix der Krankheit im Sinne einer "Materialursache" (der klassischen Ursachenlehre), die durch ihre Eigengesetzlichkeit den Charakter der Neurose entscheidend mitbestimmt, z. B. als depressive zwangsneurotische oder narzißtische Neurosenstruktur. Der Konflikt dagegen prägt das Krankheitsgeschehen im Sinne eines "aktiv-kausalen" Faktors, der die Gleichförmigkeit struktureller Gestörtheit durchbricht, verändert, aktualisiert, auch provoziert - z. B. als akut wirksame, angstneurotische oder phobische Störung oder als aktueller Beziehungskonflikt. Das strukturelle Moment muß auf aktuelle Konflikterlebnisse warten, die es in der seelischen Krankheit zur Geltung bringen; die Konflikte bedürfen der Anlehnung an die Struktur, um intrapsychisch zur Wirkung zu kommen."

Das Zitat verweist auf einen für das Verständnis von Struktur zentral wichtigen Sachverhalt. Struktur wird als Matrix verstanden, als Bereitliegendes, als Material, welches anfällig werden läßt für Störungen und somit eine Disposition begründet für in aktuellen Belastungen auftretende Störungen.

Nahe bei dem eben beschriebenen Begriff der Neurosenstruktur steht jener der *Persönlichkeitsstruktur* oder *Charakterstruktur*. Vor allem Ende der 20er Jahre entstanden viele psychoanalytische Arbeiten zum Thema Charakter und Charakterstruktur (Abraham 1925; Alexander 1928). Darin wurde der Gegensatz zwischen der Symptomneurose einerseits und der Charakterneurose andererseits hervorgehoben. Während in der Symptomneurose die Symptomatik als ichfremd erlebt und erlitten wird und sich aus diesem Leidensgefühl die Therapiemotivation speist, ist in der Charakterneurose die neurotische Entwicklung so in die Persönlichkeit integriert, daß es - wie Wilhelm Reich (1928) sagt - den Anschein hat, der Betreffende sei so geboren worden. Ein Krankheitsgefühl und eine Krankheitseinsicht bestehe nicht, die Konfliktabwehr erfolgt alloplastisch, also im Außen - wie Alexander (1928) betont. Der Begriff der Charakterneurose unterstreicht also die Abwehrfunktion des Charakters: Der Charakter als Ganzes fungiert als Schutz gegen innere Ängste und äußere Konflikte. Die behandlungstechnische Konsequenz der so gestalteten Charakterabwehr ist beispielsweise die von Wilhelm Reich vorgeschlagene Charakteranalyse.

Nach der Neurosenstruktur und der Charakterstruktur sei als dritter Gesichtspunkt das klassische *psychoanalytische Strukturmodell* erwähnt, welches mit Ich, Es und Über-Ich die wichtigen Substrukturen des psychischen Apparats (heute würden wir sagen des psychischen Systems) benennt (Freud 1908, 1923). Hierbei wären ferner der topographische Aspekt von bewußt und unbewußt sowie der dynamische, ökonomische und genetische Aspekt zu nennen. Dieses Konzept bildet bekanntlich die Rahmentheorie für jede Art von psychoanalytischer Betrachtung. Innerhalb dieses großen Rahmens entwickelten einige Teilbereiche zunehmend große Bedeutung für die strukturelle Diagnostik. Es sind dies die Konzepte des Ich (seit den 40er Jahren als Ich-Psychologie herausgehoben) (Hartmann 1939) sowie die Konzepte des Selbst und der Objektbeziehungen (in den 60er und 70er Jahren ausdifferenziert). Die Begriffe *Ich, Selbst und Objektbeziehungen* markieren den 4. und für unsere Ziele einer strukturellen Diagnostik besonders wichtigen Gesichtspunkt (Lohmer et al. 1992). In der Vorlesungsreihe, die ich 1992 und 1993 auf den Lindauer Psychotherapiewochen halten durfte, wurde das Thema ausführlich behandelt; eine darauf basierende schriftliche Darstellung findet sich in unserem Lehrbuch "Psychotherapeutische Medizin" (Rudolf 1995). Heute will ich das Erarbeitete nur stichwortartig wiederholen. Das genügt, denn die OPD-Achse Struktur, die anschließend dargestellt wird, greift diese Elemente auf und führt sie in einem integrativen Ansatz zusammen (Rudolf et al. 1995).

Die Konzepte, welche die Ich-Psychologie entwickelt hat, die Lehre von der Struktur und den Funktionen des Ich, bildeten für lange Zeit den Kern struktureller Betrachtung in der Psychoanalyse (strukturell gleich ich-strukturell). Es geht dabei zum einen um die nach innen gerichtete Aufmerksamkeit für eigene Bedürfnisse und Affekte und die Notwendigkeit, diese so zu steuern (durch Abwehr), daß das innere Gleichgewicht und die äußere Handlungsfähigkeit gewahrt bleiben. Eine weitere zentrale Aufgabe des Ich ist die nach außen gerichtete

Adaptation mit Hilfe der Ich-Funktionen. Den dritten Aufgabenschwerpunkt bildet die Integration des Ich, das sich selbst aufbauen und zum Nicht-Ich hin abgrenzen muß.

Kernberg spricht 1976 erstmals von struktureller Analyse und von der Möglichkeit, das Funktionsniveau einer Persönlichkeitsstruktur abzustufen (neurotische, borderline, psychotische Organisation). Er stützt sich dabei bevorzugt auf Ich-Kriterien wie Reife der Abwehr, Fähigkeit zur Realitätsprüfung und Anzeichen der Ich-Schwäche wie Impulskontrolle, Angsttoleranz, Sublimationsfähigkeit. Kernbergs therapeutische Ansätze wie auch z. B. die von Blanck u. Blanck (1978) stellen weitgehend eine angewandte Ich-Psychologie dar (wenngleich natürlich auch Aspekte von Objektbeziehung eine wichtige Rolle spielen).

Neben diesen Aspekten des Ich werden wir in der OPD-Strukturdiagnostik Aspekte des Selbst einbeziehen. Die Begriffe Ich und Selbst, früher weitgehend synonym verwendet, erfuhren in den 70er Jahren eine Differenzierung in den Arbeiten von Jakobson und besonders von Kohut (Kernberg 1976; Kohut 1971). Aufgabe des Selbst ist die Gewinnung eines Selbstbilds und in dessen Konstanzhaltung die Erfahrung von Identität, ferner die Gewinnung und Aufrechterhaltung des Selbstwerts. Erst ein differenziertes, von den Objekten sicher abgegrenztes Selbst, das sich seiner Identität und seines Wertes bewußt ist, vermag eine tragfähige Beziehung zum anderen herzustellen.

Dieses Thema - die *Objektbeziehung* - bildet einen weiteren Schwerpunkt struktureller Diagnostik. Hier können wir uns auf die Konzepte der Objektbeziehungspsychologie stützen. Sie machen deutlich, wie aus den Beziehungserfahrungen der Kindheit durch Internalisierung Struktur entsteht. Aus der internalisierten, zur Struktur gewordenen Erfahrung resultiert die Gestaltung und Regulierung jeder neuen Beziehung. Verinnerlichte positive Erfahrungen haben eine Sicherheit gebende und stützende Funktion. War es nicht möglich, ausreichend gute innere Objekte zu internalisieren, dann kann sich die Struktur unter äußeren und inneren Belastungen nicht selbst stabilisieren, sie gerät unter den Erregungsdruck negativer Affekte und destruktiver Impulse und erlebt ihre inneren Objektbilder (und entsprechend die realen anderen Menschen) als bedrohend, strafend oder verfolgend. Umgekehrt scheint eine Sicherheit schaffende frühe Bindung des Kleinkinds einen starken positiven Entwicklungsanreiz für den Aufbau einer intrapsychischen Struktur zu geben. Es wird gewissermaßen eine seelische Bühne errichtet, auf der die Vorstellungen von den wichtigen anderen entstehen und affektiv besetzt werden können. Hier kann das Ich seine Beziehungserfahrungen zu den wichtigen anderen durchspielen.

OPD: Die operationalisierte Erfassung der psychischen Struktur

Die bisher im einzelnen beschriebenen Aspekte von Struktur des Ich, des Selbst und der Objektbeziehung werden im folgenden integriert: *Das Selbst in der Beziehung zum anderen.* Um diese ganzheitliche Struktur zu beschreiben, haben wir uns in der Arbeitsgruppe Struktur [1] darauf verständigt, 6 strukturelle Ebenen zu unterscheiden, auf die sich die diagnostische Aufmerksamkeit richtet. Im folgenden werden stichwortartig die wichtigsten strukturellen Fähigkeiten benannt und die darauf bezogenen strukturellen Störungen erwähnt.

Die Ebene der Selbstwahrnehmung

Untersucht wird die Fähigkeit, ein Bild des eigenen Selbst zu gewinnen (durch Selbstreflexion) und dieses Bild kohärent zu halten (Identität). Damit verknüpft ist die Fähigkeit zur Introspektion, d. h. die differenzierte Selbstwahrnehmung v. a. von affektiven Vorgängen. Strukturelle Störungen manifestieren sich in der Unvertrautheit mit dem eigenen Selbstbild, der Unsicherheit bezüglich der eigenen Identität und der Schwierigkeit, eigene psychische Vorgänge registrieren zu können.

Strukturell verankerte Fähigkeiten	Fähigkeit zur Selbstreflexion, Fähigkeit zur Gewinnung von Selbstbild und Identität, Fähigkeit zur Introspektion und Differenzierung eigener Affekte.
Strukturelle Störungen	Selbstreflexion und Introspektion eingeschränkt, Unvertrautheit mit dem eigenen Selbstbild, Unsicherheit bezüglich der eigenen Identität, Schwierigkeit, eigene Affekte zu differenzieren.

[1] P. Buchheim, W. Ehlers, J. Küchenhoff, A. Muhs, G. Rudolf (Moderator), U. Rüger, G. H. Seidler, F. Schwarz

Die Ebene der Selbststeuerung

Diese organisierende und steuernde Funktion umfaßt vieles von dem, was oben als Ich-Funktionen beschrieben wurde. Es geht um die Fähigkeit, sich selbst zu organisieren, Bedürfnisse, Affekte und den Selbstwert zu regulieren. Ein gut integriertes Selbst erlebt sich als Urheber des eigenen Wollens, Empfindens und Handelns und verknüpft damit das Gefühl von Kompetenz. Strukturelle Störungen zeigen sich darin, daß der einzelne von seinen Handlungsimpulsen überrollt wird und daß er seine Affekte, v. a. negative, nicht tolerieren kann. Schließlich unterliegt das Selbstwertgefühl starken Schwankungen und kann schlecht einreguliert werden.

Strukturell verankerte Fähigkeiten	Fähigkeit, eigene Impulse zu steuern und zu integrieren, Fähigkeit, den Selbstwert zu regulieren, Toleranz für eigene Affekte, das Selbst als Urheber eigenen Wollens und Handelns Fähigkeit zur Antizipation.
Strukturelle Störungen	Impulse: Übersteuerung oder Durchbruch, Selbstentwertende, autoaggressive, selbstbestrafende Tendenzen, Selbstwertregulierung schwierig, hohe Kränkbarkeit, Unverträglichkeit belastender Affekte, wenig Urheberschaft eigenen Handelns.

Die Ebene der Abwehr

Aus dem weitgefaßten Sektor der Selbststeuerung greifen wir den der Abwehr gesondert heraus. Es geht darum, daß bestimmte Abwehrmechanismen eingesetzt werden können, um das seelische Gleichgewicht in inneren und äußeren Konfliktsituationen aufrechtzuerhalten. Ausdruck struktureller Störung ist die Tatsache, daß spezifische (sog. unreife) Abwehrmechanismen vorherrschen (Spaltung, Projektion, Idealisierung etc.).

Strukturell verankerte Fähigkeiten	Fähigkeit, seelisches Gleichgewicht in inneren und äußeren Konflikten durch bestimmte Abwehrmechanismen zu erhalten oder wiederherzustellen.
Strukturelle Störungen	Abwehr unflexibel, versagend, Vorherrschen "unreifer" Abwehrmechanismen, (Abwehr stärker interpersonell statt intrapsychisch).

Die Ebene der Objektwahrnehmung

Das gut entwickelte Selbst ist in der Lage, zwischen sich und den äußeren Objekten sicher zu unterscheiden und damit innere und äußere Realität zu differenzieren. Zugleich wird der andere als ganzheitliche Person mit eigenen Absichten und Rechten erlebt, und es ist möglich, sich ihm empathisch anzunähern. Eine strukturelle Störung manifestiert sich in der Unsicherheit der Grenzen zwischen dem Selbst und dem anderen. Der andere wird bevorzugt als bedürfnisbefriedigendes oder bedrohliches Objekt wahrgenommen, es fällt schwer, ihm eigene Absichten zuzugestehen und sich in diese empathisch einzufühlen.

Strukturell verankerte Fähigkeiten	Fähigkeit der Selbst-Objekt-Differenzierung, Empathiefähigkeit, Fähigkeit, äußere Objekte ganzheitlich, kohärent, mit eigenen Absichten und Rechten wahrzunehmen, Fähigkeit, objektbezogene Affekte zu erleben (Sorge, Anteilnahme, Schuld).
Strukturelle Störungen	Unsichere Grenzen zwischen Selbst und anderen, fehlende empathische Einfühlung in den anderen, dem anderen keine eigenen Absichten und Rechte zuerkennen können, den anderen bevorzugt als bedürfnisbefriedigend/ verfolgend erleben, wenig objektbezogene Affekte erleben.

Die Ebene der Kommunikation

Um den anderen verstehen zu können und sich mit ihm auszutauschen, muß der einzelne in der Lage sein, sich emotional auf den anderen auszurichten, emotionale Mitteilungen zu machen und affektive Signale des anderen zu entschlüsseln. Strukturelle Störung manifestiert sich in der Beeinträchtigung dieser kommunikativen Funktionen. Eigene emotionale Mitteilungen bleiben lückenhaft, Signale des anderen werden nicht verstanden. Es entstehen Verwirrungen und Kontaktabbrüche.

Strukturell verankerte Fähigkeiten	Fähigkeit, sich emotional auf andere auszurichten, Fähigkeit, sich anderen emotional mitzuteilen, Fähigkeit, affektive Signale des anderen zu entschlüsseln, Erleben von Reziprozität.
Strukturelle Störungen	Fehlendes emotionales Interesse für andere, Schwierigkeit der emotionalen Mitteilungen an andere, Schwierigkeit des emotionalen Verstehens anderer.

Die Ebene der Bindung

Die Fähigkeit, innere Repräsentanzen des anderen zu errichten und sie affektiv zu besetzen, ist ein Kriterium gut entwickelter Struktur, ebenso die Fähigkeit, zwischen Bindung und Lösung wechseln zu können. Liegen strukturelle Störungen vor, ist der andere nur in Realpräsenz wirklich, bei Abwesenheit droht er verlorenzugehen. Es besteht ein Mangel an positiven inneren Objektbildern, statt dessen herrschen Bedrohungsgefühle durch innere Leere oder verfolgende innere Objekte vor.

Strukturell verankerte Fähigkeiten	Fähigkeit, innere Repräsentanzen des anderen zu errichten und affektiv zu besetzen, Fähigkeit, Objekte loszulassen und zu trauern, Fähigkeit, variable und triadische Bindungen einzugehen, Fähigkeit, Interaktionsregeln zum Schutz von Bindungen entwickeln zu können.

Strukturelle Störungen	Eingeschränkte Fähigkeit zu Bindung und Lösung, der andere ist nur in Realpräsenz wirklich, der andere ist in seiner emotionalen Bedeutung austauschbar, wunschgeleitete und dyadische Beziehungen herrschen vor, Mangel an internalisierten positiven Objekten, Vorherrschen strafender, entwertender innerer Objekte, Bedrohung durch innere Leere.

Unterschiedliche Strukturniveaus

Eine strukturelle Störung liegt vor, wenn in der Persönlichkeitsentwicklung bestimmte Integrationsschritte der Struktur nicht erfolgen konnten. Das führt dazu, daß bestimmte Funktionen der intrapsychischen und interpersonellen Regulation nicht verläßlich zur Verfügung stehen. Häufig handelt es sich dabei um eine Anfälligkeit im Sinne der strukturellen Vulnerabilität, also eine Störanfälligkeit im strukturellen Bereich, wo Regulationsprozesse in Belastungssituationen versagen und affektive Spannungszustände resultieren. Im Extremfall kann es sich um ein Defizit handeln in dem Sinne, daß bestimmte Funktionen sich nicht entfalten konnten. Nicht selten handelt es sich um eine regressive Labilisierung der Struktur.

Strukturelle Störung soll also nicht einfach als defizitäre Schwäche in Analogie zum Begriff der Ich-Schwäche verstanden werden. Es ist wichtig, die strukturelle Störung psychodynamisch zu lesen, d. h. sich zu fragen, was hier möglicherweise an früheren Erfahrungen reinszeniert wird, was durch die strukturelle Besonderheit abgewehrt wird und inwieweit in der klinisch sichtbaren strukturellen Störung in Wahrheit ein Aspekt der Selbststrukturierung liegt. Schließlich ist es wichtig darauf hinzuweisen, daß strukturelle Störung nicht gleichbedeutend ist mit aktueller Symptomatik. Das Integrationsniveau der Struktur soll vielmehr im zeitüberdauernden Erleben und Verhalten des Patienten (Zeitraum der letzten Jahre) erfaßt werden.

Die gut integrierte, funktionsfähige Struktur und die strukturelle Störung sind einander als zwei qualitative Pole gegenübergestellt. Um eine Abstufung der strukturellen Auffälligkeiten vornehmen zu können, wurden vier Integrationsniveaus operational definiert: gute, mäßige, geringe Integration und Desintegration.

Gute Integration bedeutet, daß die oben erwähnten Funktionen prinzipiell verfügbar sind und über Belastungssituationen hinweg erhalten oder wiedergewonnen werden können. Die Struktur stellt den psychischen Innenraum zur Verfügung, in dem intrapsychische Konflikte ausgetragen werden. In der Gegenübertragung werden jene deutlichen Gefühlsregungen spürbar, welche durch die Übertragung von Konflikten mit historisch erlebten Personen ausgelöst werden.

Mäßige Integration: Die Verfügbarkeit über die genannten Funktionen ist erhalten, doch situativ herabgesetzt. Die intrapsychischen Konflikte haben archaischere Inhalte und heftigere Affekte. Es werden überhöhte Idealvorstellungen und rigide Strafinstanzen sichtbar. Die Gegenübertragung ist durch gelegentlich schwer aushaltbare Affekte gekennzeichnet, die sich auf relevante Beziehungserfahrungen zurückführen lassen.

Geringe Integration: Die Verfügung über die intrapsychisch und interpersonell regulierenden Funktionen ist deutlich eingeschränkt. Ein seelischer Binnenraum ist wenig entwickelt, unbewußte Bedürfnisregungen richten sich direkt an den anderen, was dazu führt, daß nicht intrapsychische Konflikte, sondern interpersonelle Probleme vorherrschen. Die Gegenübertragung ist durch die Heftigkeit und anhaltende Wirkung von Gefühlsregungen gekennzeichnet.

Desintegration: Ein kohäsives Selbst konnte nicht ausgebildet werden, bei Belastungen besteht die Gefahr der psychotischen Desintegration und psychotischen Restituierung. Die fragile Struktur erlangt ihre Stabilität dadurch, daß wesentliche Triebimpulse und narzißtische Bedürfnisse abgespalten oder verleugnet werden.

Das OPD-Manual zur Struktureinschätzung gibt detaillierte klinische Beispiele für diese vier Integrationsniveaus in den oben genannten 6 strukturellen Dimensionen. Um ein Beispiel zu nennen: Die Fähigkeit, ein Identitätsgefühl zu entwickeln, ist in der gut integrierten Struktur grundsätzlich vorhanden, jedoch evtl. durch neurotische Konflikte eingeschränkt; in der mäßig integrierten Struktur ist die Identität unsicher, in der gering integrierten Struktur besteht Identitätsdiffusion und in der desintegrierten Struktur handelt es sich um eine weitgehend fehlende soziale und sexuelle Identität oder die Überidentifizierung mit bestimmten sozialen Rollen.

Fallbeispiel

Um das Vorgehen anschaulicher zu machen, sei ein Fallbeispiel angeführt: Ich beginne mit der Ebene der *Selbstwahrnehmung*, die gleichzeitig wichtige Auswirkungen auf den Umgang mit den anderen hat.

Ein Patient mit einer Persönlichkeitsstörung meint von sich, er sei bemüht, in Ausübung seines Berufs und in seiner Partnerschaft immer nur das Gute zu erreichen. Daß er dem Guten gelegentlich mit einer Schrotflinte und ähnlichen Mitteln zur Geltung verhilft und daß dieses von anderen als bedrohlich aggressiv erlebt und entsprechend beantwortet wird, kann er nicht verstehen. Er ist v. a. narzißtisch gekränkt, daß seine Anstrengungen nicht honoriert werden und leitet daraus wiederum die Rechtfertigung ab, Vergeltungsmaßnahmen zu üben. Wenn ich mit diesem Patienten über seine Introspektion und über sein Bild von sich selbst zu reden versuche, wird deutlich, daß er seine Innenbefindlichkeit nur als relativ grobes Raster erlebt: Er hat berechtigte Interessen, und er erlebt eine verhaltene Wut auf Leute, die ihm diese Interessen streitig machen. Ein Bild von sich selbst kann er dabei nicht entwickeln, am ehesten wehrt er sich empört gegen das falsche Bild, das andere sich von ihm machen, "ich bin nicht so, wie andere mich darstellen". Selbst wenn er davon spricht, daß die Polizei wegen begründeten Verdachts eine Hausdurchsuchung bei ihm durchführte, kann er sich nicht vorstellen, welches Bild dadurch möglicherweise bei seinen Mitmenschen entstanden ist. Sehr lebhaft spricht er jedoch von seiner Überzeugung, daß die Polizisten ihn zu bestehlen versuchten, als sie angebliche Beweisstücke sicherstellten.

Das Bild von sich selbst und das Bild des anderen (Selbstrepräsentanz und Objektrepräsentanz) entsprechen einander bekanntlich und so ist auch das *Bild*, das der Patient *von seinen Mitmenschen* zeichnet, relativ schlicht an zwei Extrempolen angesiedelt:

"Es gibt Menschen, die mir nützlich sind, und es gibt Menschen, die mir schaden wollen". Auf der Grundlage dieser Alternative gestaltet er seine Beziehung zu ihnen. Er bedient sich der Nützlichen ganz selbstverständlich und bekämpft die Schädlichen mit großem Aufwand an Ausdauer, List und aggressiver Energie. Dabei verwischen sich die Grenzen zwischen seinem Selbst und den anderen. Geld und Besitz der positiven Objekte gehören ihm wie selbstverständlich, so daß über seine wirklichen Besitzverhältnisse kein Bild zu gewinnen ist. Aber auch die bedrohlichen Objekte sind unabgegrenzt, die anderen versuchen ihn nach seiner Überzeugung auszuspähen und abzuhören, aber - so seine Logik - er schlägt sie mit den eigenen Waffen und kommt ihnen zuvor. Die Frage nach dem Selbstbild und dem Bild der anderen kann stets nur ex negativo beantwortet werden. "Ich bin nicht das, was ich scheine und die anderen sind es auch nicht".

Wie steht es mit der *zweiten* strukturellen Ebene der *Selbststeuerung* ? Seinen Selbstwert hat der Patient durch narzißtische Grandiosität stabilisiert, aber diese ist äußerst störbar, der Patient wirkt höchst verletzlich und kränkbar.

Er berichtet auf Befragen, daß er Kränkungen schlechterdings nicht ertragen kann. Das heißt mit anderen Worten auch generalisiert, daß er negative Affekte sehr schlecht erträgt. Im weiteren Sinne ist hier auch seine Steuerungsfähigkeit betroffen, die nicht nur für erlebte Affekte, sondern v. a. für andrängende Impulse wichtig ist. Seine eigenen Impulse kann der Patient aufgrund seiner geringen Introspektivität schwer differenzieren, er fühlt sich jedoch massiv unter Druck und in innerer Unruhe, er hält es unter Menschen und in geschlossenen Räumen kaum aus und ist am liebsten in motorischer Bewegung allein im Wald mit seinen Hunden. Bei anderen Patienten sehen wir Impulshandlungen hereinbrechen in Gestalt von Eßanfällen, Selbstverletzungen oder dranghaften sexuellen Handlungen. Der Umgang mit aggressiven Impulsen stellt einen besonders wichtigen Indikator der strukturellen Integration dar. Von der sozial angemessenen Handhabung aggressiver Impulse über ihre autoaggressiv-selbstschädigende Verarbeitung bis zum Überrolltwerden von destruktiven Regungen, die dann aber nicht mehr als die eigenen erlebt werden, sondern sich scheinbar draußen ereignen, reicht die Abstufung.

Am Beispiel des Patienten wurde bisher die beeinträchtigte Fähigkeit zur Selbstwahrnehmung, die geringe Introspektionsfähigkeit, die gespaltene Identität ebenso wie die reduzierte Fähigkeit zur Selbststeuerung und Integration beschrieben. Darin wurden gleichzeitig, bezogen auf die strukturelle Dimension der Abwehr auch unreife Abwehrmechanismen erkennbar (Projektion und Spaltung).

Die *Objektwahrnehmung* erweist sich, wie schon oben angedeutet, als auffällig. Selbst und Objekte sind schlecht voneinander abgegrenzt und geraten ständig durcheinander. Den anderen werden wenig eigene Rechte eingeräumt, es besteht eine deutlich oral ausbeuterische Orientierung gegenüber den Objekten. Sofern sie nicht benutzt werden können, sind die Objekte verfolgend und bedrohlich. Sich in sie empathisch einzufühlen, ist dem Patienten kaum möglich.

Es liegt auf der Hand, daß diese Formen der Selbstwahrnehmung und des Objekterlebens die Vorgänge der *Kommunikation* deutlich erschweren. In einer solchen vermischten Situation kann es keinen Austausch von Nachrichten geben, sondern nur projektiv identifikatorische Verwirrungen. Wie steht es um die letzte Kategorie der *Objektbindung*? Es hat den Anschein, daß der Patient die stärkste emotionale Bindung zu seinem Hund und zu seiner Waffensammlung hat, aber auch diese Objekte scheinen ebenso wie Menschen keine wirklichen anderen, sondern Teile von ihm selbst. Wunschgefühle, Sehnsüchte, Verliebtheiten kennt er nicht, ebensowenig Trauer und Schmerz um verlorene Menschen. Eine nach kurzer Ehe erfolgte Scheidung kann er nur kopfschüttelnd und achselzuckend kommentieren, ohne dafür Worte zu finden. Zu den beiden Kindern aus dieser

Ehe hat er keine innere Beziehung. Wenn wir die im Manual niedergelegten Beispiele für die vier Strukturniveaus im einzelnen zugrunde legen, können wir das Strukturniveau für diesen Patienten als mäßig bis gering integriert einschätzen, d. h. es besteht eine ausgeprägte strukturelle Störung.

Aber wozu sollten wir uns überhaupt diese Mühe machen? Der Vorteil dieser präzisen Diagnostik wird erkennbar, wenn wir auf sie verzichten und lediglich die Diagnose narzißtische Neurose stellen würden. Diese Diagnose gibt wenig Hilfe für die prognostische Einschätzung und Indikationsstellung. Dagegen weist die Einbeziehung der strukturellen Elemente den therapeutischen Weg: Fehlendes Selbstbild und Identitätsgefühl, große Kränkbarkeit, projektive Zuschreibungen eigener starker Aggressivität, Vorherrschen oral-ausbeuterischer oder paranoid-verfolgender Objektbeziehungen erfordern eine teils stabilisierende, teils konfrontierende Therapie, die genau diese strukturellen Themen zum Fokus nimmt. Andernfalls bestünde die Gefahr der Verwechslung: Die reichlichen Realkonflikte werden als Ausdruck intrapsychischer Konflikte mißverstanden, und es wird vergeblich versucht, sie deutend zu bearbeiten. Die therapeutische Zielsetzung im beschriebenen Fall ist nicht die Konfliktbearbeitung, sondern der Aufbau und die Stabilisierung von Struktur.

Praktische Durchführung des diagnostischen Gesprächs

Wie gewinnt der Untersucher ein Bild vom strukturellen Niveau seiner Patienten? Bekanntlich hat Kernberg vor längerer Zeit eine Form des Untersuchungsgesprächs entwickelt, das er als *strukturelles Interview* bezeichnete. Von dem klassischen psychoanalytischen Interview unterscheidet es sich durch seine größere klarifizierende und konfrontierende Aktivität des Untersuchers. Dieser prüft gewissermaßen die Belastbarkeit der Struktur und die Fähigkeit zur Selbstreflexion unmittelbar im Gespräch mit dem Ziel, das strukturelle Organisationsniveau (Neurose/Borderline/Psychose) zu differenzieren. Die strukturelle Diagnostik der OPD ist demgegenüber etwas stärker zum neurotischen Pol hin verschoben. Hier steht ein relativ reifes neurotisches Niveau einem mehr prägenital-neurotischen und einem stärker "frühgestörten" Niveau gegenüber, das vierte desintegrierte (psychotische) Niveau bildet den Abschluß.

Wie erfährt man vom Patienten etwas über das Selbstbild, das Bild des anderen, die emotionale Bindung und die Kommunikation zu ihm? Nachdem das diagnostische Gespräch sich über die Symptomatik, das subjektive Erleben, die aktuellen Beziehungen und die darin liegenden Konflikte - die drei vorausgegangenen OPD-Achsen - bewegt hat, wird es möglich, mit dem Patienten darüber zu sprechen, wie er sich selbst und andere erlebt, welches Gesamtbild er von sich gewonnen hat, wie stabil dieses ist und wie er sich bewertet. Der Patient wird dabei als Experte seiner selbst angesprochen: "Sie kennen sich ja und wissen, wie sie in solchen Situationen reagieren; wenn so etwas passiert, was bekommen Sie gefühlsmäßig von sich mit; was sind dabei Ihre starken und Ihre schwachen Seiten; wie gehen Sie damit um, daß sie so ganz verschiedene Seiten haben?" Ähnliche Fragen, wie sie hier auf das Selbstbild und die Introspektion gerichtet sind, lassen sich auf die Wahrnehmung der wichtigen anderen, die Gefühlseinstellung zu ihnen, die Verständigung mit ihnen und die Gefühlsbindung an sie formulieren. Um einige Beispiele aus dem Bereich der Bindung zu nehmen: "Fühlen Sie sich ganz unabhängig oder haben Sie manchmal das Gefühl, von wichtigen anderen Menschen abhängig zu sein? Verlieren Sie die Erinnerung und das Gefühl für eine wichtige Person, wenn Sie sie längere Zeit nicht mehr gesehen haben ? Wie reagieren Sie auf Trennungen? Können Sie Traurigkeit über einen Verlust erleben, oder schaffen Sie es, das zu vermeiden usw.?" Die Beispiele sollen nicht den Gedanken nahelegen, es gehe darum, den Patienten mit Fragen zu überschütten, anstatt ihm wie in einem üblichen diagnostischen Gespräch eher zuzuhören und zum Weiterreden zu ermuntern. Es kommt vielmehr darauf an, an entscheidenden Stellen des Gesprächs einzelne dieser Fragen zu formulieren, um den Patienten zur Selbstreflexion und Reflexion seiner Beziehungen anzuregen. Oft sind es aber gar nicht einmal Fragen, sondern Feststellungen, "mir fällt bei Ihnen auf, daß ..." oder Fremdbeispiele: "die meisten Menschen würden in so einer Situation folgendermaßen reagieren..."). Hier werden also aktiv dritte Standpunkte eingeführt, mit denen der Patient sich auseinandersetzen kann.

Zum Abschluß komme ich nochmals auf das Thema des Anfangs zurück, das Verhältnis von Beobachtung und Interpretation. Die strukturelle Diagnostik und die Einschätzung des Strukturniveaus erfolgen in folgenden Schritten:

- Freie Beobachtung dessen, was sich im interaktionellen Raum spontan entwickelt ("was mir auffällt").
- Klinische Beobachtung, die gezielt auf bestimmte Elemente im Verhalten des Patienten oder im Bericht des Patienten achtet ("was mir wichtig ist zu erfahren").
- Die introspektive Beobachtung dessen, was die Begegnung mit dem Patienten und Untersucher auslöst (die Einbeziehung der Gegenübertragung).
- Die vorläufige Sammlung und Ordnung dieser Fakten und damit die Bildung einer ersten Hypothese über strukturelle Aspekte des Patienten (was als repetitives Muster sichtbar geworden ist).
- Diese Hypothesen werden im Gespräch mit dem Patienten weiter geklärt, v. a. werden sie ihm zur eigenen Reflexion übergeben ("mir ist das und das aufgefallen, wie sehen Sie das selbst ?").

- Die abschließende diagnostische Einschätzung anhand der im OPD-Schema vorgegebenen strukturellen Kategorien (eine Expertise, die der Untersucher allein vornimmt).
- Eine abschließende Gesamteinschätzung des Strukturniveaus des Patienten (gleichfalls eine Expertise des Therapeuten).

Der Vorteil dieses Vorgehens liegt in folgenden Punkten:

- Nutzung des psychodynamisch-diagnostischen Wissens: Wir tun das, was wir diagnostisch immer getan haben: zuhören, hinschauen, zwischen Beobachtung und Introspektion wechseln, das Beobachtete mit dem Patienten zusammen klären, es in einer psychodynamischen Hypothese interpretieren.
- Operationalisieren: Wir einigen uns auf die standardisierte Erfassung bestimmter struktureller Dimensionen; diese werden sprachlich in eine Terminologie gefaßt, die wegen der möglichen Mißverständnisse herkömmliche psychoanalytische Begriffe vermeidet.
- Skalierung: Nachdem die Beobachtung auf bestimmte standardisierte strukturelle Qualitäten gerichtet wurde, erfolgt eine Abstufung der Befunde, die ansatzweise quantitativ ist (gut integriert, mäßig integriert, gering integriert, desintegriert).

Der OPD-Vorschlag läuft also darauf hinaus, daß sich unterschiedliche Untersucher über bestimmte psychische Qualitäten und über das Ausmaß ihrer Auffälligkeiten verständigen können.

Erste Untersuchungen zur Praktikabilität des Systems haben gezeigt, daß diese von den Untersuchern als gut eingeschätzt wird und daß beim Rating der gleichen Videoaufzeichnungen gute Übereinstimmung in der strukturellen Beurteilung erzielt werden konnte. Es besteht also Hoffnung, daß das psychodynamisch-diagnostische Wissen, das wegen der eingangs geschilderten Begriffsverwirrung zur Zeit wissenschaftlich kaum genutzt werden kann, unter Zuhilfenahme einer solchen diagnostischen Konvention wieder den Platz einnehmen wird, den es aufgrund seiner hohen klinischen Validität verdient.

Literatur

Abraham K (1925) Psychoanalytische Studien zur Charakterbildung. Int Psychoanal Bibliothek 16: 1 - 64

Alexander F (1928) Der neurotische Charakter. Seine Stellung in der Psychopathologie und in der Literatur. Int Z Psychoanal 14: 26 - 44

Arbeitskreis zur operationalisierten psychodynamischen Diagnostik (Hrsg) (1996) Operationalisierte psychodynamische Diagnostik (OPD). Huber, Bern

Blanck G, Blanck R (1978) Angewandte Ich-Psychologie. Klett-Cotta, Stuttgart

Cierpka M, Buchheim P, Freyberger HJ, Hoffmann SO, Janssen P, Muhs A, Rudolf G, Rühe U, Schneider G, Schüssler G (1995) Die erste Version einer operationalisierten psychodynamischen Diagnostik (OPD 1). Psychotherapeut 40: 69 - 78

Faber FR, Haarstrick R (1991) Kommentar Psychotherapierichtlinien. Jungjohann, Neckarsulm Stuttgart

Freud S (1908) Charakter und Analerotik. GW Bd 7

Freud S (1923) Das Ich und das Es. GW Bd 13

Hartmann H (1939) Ich-Psychologie und Anpassungsprobleme. Int Z Psychoanal 24: 62 - 135

Jacobson E (1973) Das Selbst und die Welt der Objekte. Suhrkamp, Frankfurt aM

Kernberg OF (1976) Object relations theory and clinical psychoanalysis. Aronson, NY

Kernberg OF (1981) Structural interviewing. Psychiatr Clin North Am 4: 163 - 195

Kohut H (1971) The analysis of the self. Int Univ Press, New York

Lohmer M, Klug G, Herrmann B, Pouget D, Rauch M (1992) Zur Diagnostik der Frühstörungen. Versuch einer Standortbestimmung zwischen neurotischem Niveau und Borderlinestörung. Prax Psychother Psychosom 37: 243 - 255

Reich W (1928) Über Charakteranalyse. Int Z Psychoanal 14: 180 - 196

Riemann F (1961) Grundformen der Angst. Reinhardt, München

Riemann F (1964) Die Struktur des Analytikers und ihr Einfluß auf den Behandlungsverlauf. In: Salzmann L, Schwidder W, Westermann-Holstijn A (Hrsg) Fortschritte der Psychoanalyse. Hogrefe, Göttingen

Rudolf G (1995) Psychotherapeutische Medizin. Ein einführendes Lehrbuch auf psychodynamischer Grundlage, 2. Aufl. Encke, Stuttgart

Rudolf G, Buchheim P, Ehlers W, Küchenhoff J, Muhs A, Pouget D, Rüger U, Seidler GH, Schwarz F (1995) Struktur und strukturelle Störung. Z Psychosom Med 41: 197 - 212

Schneider W, Buchheim P, Cierpka M, Freyberger HJ, Hoffmann SO, Janssen P, Muhs A, Rudolf G, Rüger U, Schüssler G (1995) Entwicklung eines Modells der operationalisierten psychodynamischen Diagnostik (OPD). Z Psychother Med Psychol 40: 121 - 130

Schultz-Hencke H (1951) Lehrbuch der analytischen Psychotherapie. Thieme, Stuttgart

Schwidder W (1964) Hemmung, Haltung, Symptom. Fortschr Psychoanal 1: 115 - 128

Operationalisierte Psychodynamische Diagnostik (OPD): Psychische und Psychosomatische Störungen nach Kapitel V (F) der ICD-10 im multiaxialen System

Harald J. Freyberger, Wolfgang Schneider, Barbara Dierse, Jörn von Wietersheim, Aribert Muhs und Sven Olaf Hoffmann

Operationale Diagnosensysteme in der Psychiatrie, Psychosomatik und Psychotherapie

Aus naheliegenden Gründen sind operationale Diagnosensysteme, wie die ICD-10 (WHO 1993a-c; Dilling et al. 1993, 1994a) und das DSM-IV (APA 1994) unter psychoanalytisch denkenden Psychotherapeuten umstritten. Die mit ihnen vollzogene Eliminierung des Neurosen- und Endogenitätsmodells und die Beschränkung auf vorwiegend symptomatologische und beobachtungsnahe diagnostische Merkmale hat zu einer weithin kritischen Rezeption geführt (Schneider u. Freyberger 1990; Schneider et al. 1993). Bei aller Kritik an der daraus resultierenden möglichen Verarmung der Befunderhebung und -interpretation im Hinblick auf den Verzicht auf komplexere und abstraktere diagnostische Merkmale stellt zumindest für die Psychiatrie dieser Ansatz aber auch einen bedeutsamen methodischen Fortschritt dar. Nicht zuletzt vor dem Hintergrund der deutlich verbesserten Reliabilität (Freyberger et al. 1990a, b; Schneider et al. 1992; Freyberger et al. 1995) führen diese Systeme zu einer besseren Kommunizierbarkeit von Diagnosen und zu einer präziseren Erfassung der Symptomatologie (Stieglitz et al. 1992; Freyberger et al. 1992). Für die wissenschaftliche Anwendung folgt hieraus eine bessere Vergleichbarkeit von psychiatrischen und psychotherapeutischen Stichproben (Stieglitz u. Freyberger 1996). Nicht vergessen werden darf allerdings in diesem Zusammenhang, daß diese stark an biologisch-psychiatrischen Paradigmen orientierten Systeme die Gültigkeit (Validität) diagnostischer Kategorien gegenüber der Anwendungsübereinstimmung (Reliabilität) vernachlässigen (Schneider u. Hoffmann 1992; Schneider et al. 1995).

Trotz dieser Einschränkungen ist davon auszugehen, daß mit der operationalisierten syndromalen Diagnostik auch Variablen erfaßt werden, die für die Psychotherapieindikation, den Verlauf und die Prognose von einiger Bedeutung sind. So operationalisiert die ICD-10 den Bereich psychischer Störungen nach deskriptiven Prinzipien im wesentlichen nach psychopathologischen Symptomen, deren

Schweregrad sowie zusätzlichen Zeit- und Verlaufskriterien. Bestimmte Kombinationen dieser Kriterien konstituieren unter Befolgung von Verknüpfungsregeln (Algorhithmen) einzelne Diagnosen.

Für unterschiedliche Anwendungsbereiche wurden dabei verschiedene ICD-10-Manuale und Instrumente entwickelt:

1. Die *klinisch-diagnostischen Leitlinien* für den klinischen Gebrauch, die aufgrund relativ offen formulierter diagnostischer Kriterien ("Leitlinien") dem Anwender einigen diagnostischen Spielraum lassen.
2. Die *Forschungskriterien* für die wissenschaftliche Anwendung, die, vergleichbar dem DSM-III-R (APA 1987) bzw. dem DSM-IV (APA 1994), über striktere diagnostische Kriterien zu einer stärkeren Stichprobenhomogenisierung beitragen sollen.
3. Die *Kurzfassung* für den Gebrauch in der Verwaltung im Rahmen des *systematischen Verzeichnisses der gesamten ICD-10* (WHO 1993c; DIMDI 1994). In diesem Text sind neben kurzgefaßten Beschreibungen des Kapitels V (F) die diagnostischen Kategorien für die anderen (somatischen) Kapitel der ICD-10 zu finden, so daß hierdurch die Verschlüsselung somatischer Erkrankungen möglich wird.
4. *Die Primary Health Care Classification (PHC)* für die Verwendung in der primären Gesundheitsversorgung (WHO 1993d; Müßigbrodt et al. 1994, 1996). In diesem Manual werden für 24 diagnostische Hauptgruppen neben diagnostischen Kriterien therapeutische Richtlinien formuliert.

Tabelle 1. Erhebungsinstrumente in der operationalisierten Diagnostik nach ICD-10 (Auswahl)

Instrument	Autoren	Art	Diagnostik
Schedules for Clinical Assessment in Neuropsychiatry (SCAN)	WHO, 1993e Gülick-Bailer u. Maurer 1995	strukturiertes Interview	ICD-10 DSM-III-R
Composite International Diagnostic Interview (CIDI)	WHO, 1991 Wittchen u. Semler 1992	standardisiertes Interview	ICD-10 DSM-III-R
Strukturiertes Interview zur Erfassung von Demenzen (SIDAM)	Zaudig et al. 1992	strukturiertes Interview	Demenzen nach ICD-10 und DSM-III-R
International Personality Disorder Examination (IPDE)	WHO, 1995 Mombour et al. 1995	strukturiertes Interview	Persönlichkeitsstörungen nach ICD-10 (DSM-IV)
Internationale Diagnosenchecklisten für ICD-10 (und DSM-IV)	Hiller et al. 1995	Symptom-Checkliste	ICD-10 (DSM-IV)
Aachener Merkmalsliste für Persönlichkeitsstörungen (AMPS)	Saß et al. 1995	Symptom-Checkliste	Persönlichkeitsstörungen u. a. nach ICD-10 u. DSM-IV
ICD-10 Merkmalsliste (ICD-ML)	Dittmann et al. 1995	Symptom-Checkliste	ICD-10

Zum jetzigen Zeitpunkt liegen darüber hinaus eine Reihe von Erhebungsinstrumenten vor (vgl. Tabelle 1, Stieglitz u. Freyberger 1996). Neben strukturierten (SCAN) oder standardisierten (CIDI) Interviewverfahren für den Gesamtbereich psychischer Störungen oder ausgewählte Störungsgruppen (SIDAM, IPDE) liegen sog. Symptomchecklisten vor, mit denen sich symptomatologische Aspekte auch im Anschluß an Erstinterviews erheben lassen. Kann der Interview- bzw. Symptomchecklistenansatz für wissenschaftliche Untersuchungen nicht zu verleugnende Vorteile bringen, so führt die besondere Symptomorientierung bei der Erfassung diagnostischer Merkmale zu einer Bedeutungsminderung psychodynamischen Materials, z. B. einer mindestens partiellen Ausgrenzung des Beziehungsaspekts mit den entsprechenden Folgen für den Behandlungsprozeß und die Ausbildung. Dennoch stellt die Ebene der Symptomatik durchaus auch eine relevante diagnostische Dimension dar. Sie erlaubt uns die Formulierung von Hypothesen über die Art der Erkrankung und ist im Kontext der Psychotherapie eine wichtige zu reflektierende Variable. Auch wenn wir in unserem therapeutischen Handeln nicht primär symptomorientiert arbeiten, stellt auch innerhalb der psychoanalytisch orientierten Psychotherapie die Symptomreduktion ein relevantes Ziel der Behandlung dar. Darüber hinaus kommt der Symptomatik u. U. im therapeutischen Prozeß eine verlaufsmodifizierende Funktion zu.

Die ICD-10 folgt entsprechend dieser Symptom- und Syndromorientierung auch in ihrer inneren Struktur dem deskriptiven Ansatz. Klassifiziert wird mit einem alphanumerischen System: Während der Buchstabe F das Kapitel zu den psychischen Störungen innerhalb der Gesamt-ICD-10 kennzeichnet, werden mit einer ersten Ziffer (Fx) die Abschnitte beschrieben, in denen unter theoretischen oder phänomenologischen Aspekten die Störungsgruppen angeordnet sind:

F0 organische einschließlich symptomatischer psychischer Störungen
F1 psychische und Verhaltensstörungen durch psychotrope Substanzen
F2 Schizophrenie, schizotype und wahnhafte Störungen
F3 affektive Störungen
F4 neurotische, Belastungs- und somatoforme Störungen
F5 Verhaltensauffälligkeiten mit körperlichen Störungen und Faktoren
F6 Persönlichkeits- und Verhaltensstörungen
F7 Intelligenzminderung
F8 Entwicklungsstörungen
F9 Verhaltens- und emotionale Störungen mit Beginn in Kindheit und Jugend

Mit der dritten Stelle (Fxx) wird die diagnostische Hauptgruppe (z. B. F40 phobische Störung), mit der durch einen Punkt abgetrennten vierten Stelle die diagnostische Kategorie (z. B. F40.0 Agoraphobie) und mit einer fünften Stelle eine weitere Differenzierung, häufig anhand von Schweregradmerkmalen, gekennzeichnet (z. B. F40.00 Agoraphobie ohne Panikstörung).

Adaption der ICD-10 für die Verwendung als Achse V in der OPD

Für die diagnostische Abbildung auf Syndromebene innerhalb des OPD-Ansatzes (Arbeitskreis OPD 1996) wurde ein an die Verhältnisse in der Psychosomatik und Psychotherapie adaptiertes Konzept zur Diagnosenstellung und Dokumentation nach ICD-10 erarbeitet. Ohne die mit dem operationalen Ansatz angestrebte bessere Kommunizierbarkeit und Vergleichbarkeit der Diagnosen zu gefährden, wurden zudem problematische diagnostische Kategorien differenziert.

Diagnosenstellung und Komorbiditätsprinzip

Die ICD-10 folgt der generellen Regel, so viele Diagnosen zu verschlüsseln, wie für die vollständige Beschreibung des klinischen Bilds notwendig sind. Als Hauptdiagnose soll dabei die Kategorie verschlüsselt werden, der die größte aktuelle Bedeutung zukommt oder die als sog. "Lebenszeitdiagnose" die höchste Relevanz besitzt. Weitere Diagnosen im Sinne von Zusatz- oder Nebendiagnosen sind damit explizit erwünscht (vgl. Dilling et al. 1993).

Im Kontext des Komorbiditätsprinzips bedeutet dies, wie breitere Anwendungsstudien zur ICD-10 zeigen (vgl. u. a. Dittmann et al. 1992; Schneider et al. 1993; Freyberger et al. 1995), daß je Patient im Mittel etwa 3-4, in Extremfällen sogar 8-10 deskriptive Diagnosen gestellt werden müssen, ohne daß diese in einem theoretischen Bezugsrahmen miteinander in Beziehung gebracht werden. Problematisch erscheint dies z. B. im Bereich der Persönlichkeitsstörungen, bei denen infolge überlappender Kriterien häufig gleich mehrere Diagnosen zutreffen und so zahlreiche Zusatzdiagnosen gestellt werden müssen, die nach klassischem Verständnis der betreffenden Störung zusammengehören.

Tabelle 2. OPD - Achse V: Diagnosendokumentationsbogen

Im Rahmen der diagnostischen Beurteilung nach ICD-10 (Forschungskriterien) und optional nach DSM-IV sollte für jede PatientIn nur *eine* Hauptdiagnose abgegeben werden. Die Hauptdiagnose ist die Diagnose mit der höchsten Relevanz für die derzeitige Behandlung. Drei weitere zusätzliche Diagnosen können kodiert werden. Dieses sollten Störungen sein, die zusätzlich zur Hauptdiagnose vorhanden sind und nicht in Konkurrenz mit ihr stehen oder bereits impliziert sind. Bitte tragen Sie Ihre Diagnosen nach ICD-10 (und optional nach DSM-IV), soweit möglich, in der gleichen Reihenfolge sowohl in Reinschrift als auch in Form der Kodierungsziffern in die dafür vorgesehenen Kästchen ein. Achten Sie bitte darauf, daß eine Reihe von psychosomatischen Erkrankungen (F54) mit ICD-10 doppelt, d. h. sowohl mit Kodierungen psychischer als auch körperlicher Störungen zu klassifizieren sind.

Persönlichkeitsstörungsdiagnosen nach ICD-10 sind ausschließlich auf Achse Vb zu verschlüsseln. Geben Sie bitte bei Vorliegen von Diagnosen auf Achse Va und Vb in der dafür vorgesehenen Einschätzung an, welche Störung klinisch im Vordergrund steht.

Achse Va: Diagnosen für psychische Störungen nach den Forschungskriterien der ICD-10:

Hauptdiagnose:	□ □ □ . □ □
weitere Diagnose 1:	□ □ □ . □ □
weitere Diagnose 2:	□ □ □ . □ □
weitere Diagnose 3:	□ □ □ . □ □

Diagnosen für psychische Störungen nach DSM-IV (optional):

Hauptdiagnose:	□ □ □ . □ □
weitere Diagnose 1:	□ □ □ . □ □
weitere Diagnose 2:	□ □ □ . □ □
weitere Diagnose 3:	□ □ □ . □ □

Tabelle 2. OPD - Achse V: Diagnosendokumentationsbogen (Fortsetzung)

Achse Vb: Persönlichkeitsstörungen nach ICD-10 (Kategorien F60.xx oder F61.x):	
Hauptdiagnose:	☐☐☐.☐☐
weitere Diagnose 1:	☐☐☐.☐☐
Bei Diagnosen sowohl auf Achse Va als auch Vb: Welche Störung steht klinisch im Vordergrund (1 = Achse Va, 2 = Achse Vb)	☐
Persönlichkeitsstörungen nach DSM-IV (optional)	
Hauptdiagnose:	☐☐☐.☐☐
weitere Diagnose 1:	☐☐☐.☐☐
Bei Diagnosen nach DSM-IV (sowohl psychische als auch Persönlichkeitsstörungen): Welche Störung steht klinisch im Vordergrund (1 = psychische, 2 = Persönlichkeitsstörung)	☐
Achse Vc: Körperliche Erkrankungen nach ICD-10:	
Hauptdiagnose:	☐☐☐.☐☐
weitere Diagnose 1:	☐☐☐.☐☐
weitere Diagnose 2:	☐☐☐.☐☐
weitere Diagnose 3:	☐☐☐.☐☐

Tabelle 2. OPD - Achse V: Diagnosendokumentationsbogen (Fortsetzung)

Körperliche Erkrankungen nach DSM-IV (optional):

Hauptdiagnose:	□□□.□□
weitere Diagnose 1:	□□□.□□
weitere Diagnose 2:	□□□.□□
weitere Diagnose 3:	□□□.□□

Für die Dokumentation von Haupt- und Zusatzdiagnosen im Bereich der Psychosomatik/ Psychotherapie sollten vor diesem Hintergrund für den *klinischen und wissenschaftlichen Gebrauch* neben einer Hauptdiagnose nicht mehr als 3 weitere Diagnosen verschlüsselt werden (vgl. Tabelle 2). Als Hauptdiagnose sollte dabei prinzipiell die Diagnose gelten, die unter klinischen und psychodynamischen Gesichtspunkten die höchste Relevanz besitzt. Weitere Diagnosen sollten nur dann verschlüsselt werden, wenn sie zum Verständnis des Gesamtbildes entscheidend beitragen oder verlaufsmodifizierende Aspekte abbilden. Für *Forschungsfragestellungen*, bei denen eine konsequente syndromale Diagnostik gewünscht wird, kann es u. U. notwendig sein, weitere Diagnosen zu verschlüsseln und nach streng deskriptiven Prinzipien vorzugehen.

Für die Dokumentation körperlicher Erkrankungen steht das systematische Verzeichnis der ICD-10 zur Verfügung (DIMDI 1994).

Im Gegensatz zum DSM-III-R und DSM-IV (APA 1994) sieht die ICD-10 für den klinischen Gebrauch die gleichzeitige Verschlüsselung der Diagnosen psychischer und somatischer Erkrankungen auf einer Achse vor, während das DSM-System die somatischen Störungen und die Persönlichkeitsstörungen auf eigenständigen Achsen abbildet. Um v. a. für den wissenschaftlichen Gebrauch eine Vergleichbarkeit mit dem DSM-Ansatz zu gewährleisten, werden nach dem OPD-Konzept die ICD-10-Diagnosen der psychischen und psychosomatischen Erkrankungen auf Achse Va, die Persönlichkeitsstörungen nach ICD-10 auf Achse Vb und die körperlichen Erkrankungen auf Achse Vc verschlüsselt. Zu beachten ist, daß in der ICD-10 für die Persönlichkeitsstörungen restriktive und die Anzahl möglicher Diagnosen begrenzende diagnostische Eingangskriterien entwickelt wurden, die vor Stellung der Diagnose überprüft werden müssen. Dabei sind nicht mehr als zwei Persönlichkeitsstörungen der ICD-10-Kategorien F60 und F61 abzubilden, wobei auch hier zwischen Haupt- und weiterer Diagnose zu differenzieren ist. Dieser Ansatz ist mit den Entwicklungen im Bereich der (psychiatrischen) multiaxialen ICD-10-Diagnostik kompatibel, da sich dort zunehmend eine diesbezügliche Klassifikation durchzusetzen scheint. In dem Dokumentationsbogen (Tabelle 2) ist dabei gesondert zu spezifizieren, ob klinisch die Achse Va- oder die Achse Vb-Hauptdiagnose im Vordergrund steht. Es muß allerdings darauf hingewiesen werden, daß die Persönlichkeitsstörungsdiagnosen nach ICD-10 rein deskriptiv verwendet werden sollten, so daß diese parallel zu den Strukturdiagnosen auf Achse IV zu erfassen sind. Mit diesen deskriptiven Diagnosen werden nach psychoanalytischem Verständnis im wesentlichen persistierende Störungen des Sozialverhaltens erfaßt. Inwieweit und in welchem Ausmaß die strukturdiagnostischen Einschätzungen und die Verschlüsselung von Persönlichkeitsstörungen korrelieren, wird sich in empirischen Studien zeigen.

Um v. a. für Forschungsfragestellungen eine gleichzeitige Erfassung von DSM-IV-Diagnosen zu ermöglichen, wurde in den Dokumentationsbogen die Option aufgenommen, zusätzlich Diagnosen nach DSM-IV zu verschlüsseln. Berücksichtigt wurden hierbei die psychischen (Achse I des DSM-IV) und die Persönlichkeitsstörungen (Achse II des DSM-IV). Bei der Reihenfolge und Gewichtung der Diagnosen sollte dabei genauso vorgegangen werden wie bei der Stellung der ICD-10 Diagnosen.

Differenzierung diagnostischer Kategorien für die Psychosomatik und Psychotherapie

In zwei Bereichen wurden ICD-10 Kategorien für die Verwendung im Rahmen der OPD modifiziert. Nachdem bereits in verschiedenen Anwendungsstudien die Nichtberücksichtigung der narzißtischen Persönlichkeitsstörungen innerhalb des ICD-10 Ansatzes kritisiert worden war (Freyberger et al. 1990b; Schneider et al. 1993), wurde für den OPD-Ansatz diese Diagnose unter der Kodierung F60.81 entsprechend der optional in den Forschungskriterien definierten diagnostischen Merkmale ergänzt (vgl. Tabelle 3).

Tabelle 3. Diagnostische Kriterien für die ICD-10 Diagnose narzißtische Persönlichkeitsstörung (F60.81) (nach Dilling et al. 1994)

Diagnostische Kriterien:

A. Die allgemeinen Kriterien für eine Persönlichkeitsstörung (F60) müssen erfüllt sein.

B. Mindestens fünf der folgenden Merkmale:

1. Größengefühl in bezug auf die eigene Bedeutung (z. B. die Betroffenen übertreiben Leistungen und Talente, erwarten, als bedeutend angesehen zu werden ohne entsprechende Leistungen);
2. Beschäftigung mit Phantasien über unbegrenzten Erfolg, Macht, Scharfsinn, Schönheit oder ideale Liebe;
3. Überzeugung, "besonders" und einmalig zu sein, nur von anderen besonderen Menschen oder solchen mit hohem Status (oder von höheren Institutionen) verstanden zu werden oder mit diesen zusammen sein zu können;
4. Bedürfnis nach übermäßiger Bewunderung;
5. Anspruchshaltung; unbegründete Erwartung besonders günstiger Behandlung oder automatische Erfüllung der Erwartungen;
6. Ausnutzung von zwischenmenschlichen Beziehungen, Vorteilsnahme gegenüber anderen, um eigene Ziele zu erreichen;
7. Mangel an Empathie; Ablehnung, Gefühle und Bedürfnisse anderer anzuerkennen oder sich mit ihnen zu identifizieren;
8. häufiger Neid auf andere oder Überzeugung, andere seien neidisch auf die Betroffenen;
9. arrogante, hochmütige Verhaltensweisen und Attitüden.

Ein zweiter kritischer Aspekt des ICD-10 Ansatzes, der in den Anwendungsstudien herausgearbeitet worden war, betraf die unzureichende Abbildung der psychosomatischen bzw. somatopsychischen Störungen innerhalb des Manuals. Auf der Ebene diagnostischer Kategorien werden zwar eine Reihe der unter diesen Begriffen zusammengefaßten Störungen, wie etwa die Eßstörungen (F50) oder die somatoformen Störungen (F45) abgebildet, eine systematische Klassifikation wurde jedoch nicht erreicht. Statt dessen verfolgt die ICD-10 mit der Kategorie F54 (psychische Faktoren und Verhaltenseinflüsse bei andernorts klassifizierten Erkrankungen) das Konzept, die zugehörigen Erkrankungen primär in den somatischen Kapiteln zu klassifizieren und die nicht weiter unterteilte Kategorie F54 als Zusatzkodierung zu verwenden, wenn psychische Störungsanteile vorliegen, die nicht die Kriterien einer anderen psychischen Störung aus dem Kapitel V erfüllen. Das von uns in Anlehnung an einen Vorschlag von v. Wietersheim u. Jantschek (1994) entwickelte Konzept sieht vor, mit den ersten drei Ziffern die Kategorie F54 zu nutzen, mit der 4. Stelle die Symptomwahl zu kennzeichnen und mit der 5. Stelle die Art der psychosomatischen Wechselwirkung zu klassifizieren (vgl. Tabelle 4). Hiermit sollen auf deskriptivem Niveau differenziertere diagnostische Aussagen sowohl über die Symptomatik wie auch über ätiologische und pathogenetische Aspekte gewonnen werden. Empirische Untersuchungen werden zeigen, ob hiermit eine Annäherung an biopsychosoziale und psychodynamische Modelle gelingt.

Tabelle 4. Subkategorisierung für F54 psychische und Verhaltenseinflüsse bei andernorts klassifizierten Erkrankungen

Diese Kategorie (F54) soll verwendet werden, um psychologische und Verhaltenseinflüsse zu erfassen, die eine wesentliche Rolle in der Ätiologie (oder im Verlauf) körperlicher Erkrankungen spielen, die in anderen Kapiteln der ICD-10 klassifiziert werden. Diese psychischen Störungen sind meist unspezifisch und langanhaltend (wie Sorgen, emotionale Konflikte, ängstliche Erwartung etc.), und rechtfertigen nicht die Zuordnung zu einer anderen Störung im Kapitel V. Eine zusätzliche Kodierung ist zur Bezeichnung der körperlichen Störung zu verwenden. (In den seltenen Fällen, in denen eine psychiatrische Störung vermutlich die Ursache für eine körperliche Störung darstellt, ist für die psychiatrische Störung eine zweite zusätzliche Kodierung anzugeben.)

Fortsetzung nächste Seite

Tabelle 4. Subkategorisierung für F54 psychische und Verhaltenseinflüsse bei andernorts klassifizierten Erkrankungen (Fortsetzung)

Beispiele für die Verwendung dieser Kategorie sind:
- Adipositas (F54.xx und E66)
- Asthma bronchiale (F54.xx und J45)
- Dermatitis und Ekzem (F54.xx und L23-L25)
- Urticaria (F54.xx und L50)
- Ulcus ventriculi (F54.xx und K25)
- Ulcus duodeni (F54.xx und K26)
- Ulcus pepticum (F54.xx und K27)
- Gastritis und Duodenitis (F54.xx und K29)
- Colitis mucosa (F54.xx und K58)
- Colitis ulcerosa (F54.xx und K51)
- Colon irritable (F54.xx und K58)
- essentielle Hypertonie (F54.xx und H10)
- Hypotonie (F54.xx und I95)
- Synkope und Kollaps (F54.xx und R55)
- Torticollis spasticus (F54.xx und G24.3)
- multiple Sklerose (F54.xx und G35)
- Migräne (F54.xx und G43.x)
- sonstige Kopfschmerzen (F54.xx und G44.x)
- Rückenschmerzen (F54.xx und M54.x)
- Tinnitus (F54.xx und H93.1)
- prämenstruelles Syndrom (F54.xx und (N94.3)
- primäre und sekundäre Dysmenorrhoe (F54.xx und N94.4 bzw. N94.5)
- Störungen im Zusammenhang mit der Menopause (F54.xx und N95.1)

Mit der 4. Stelle kennzeichnen Sie bitte die Art der psychischen Symptomwahl:

F54.0x	vorwiegend ängstliche Symptomatik
F54.1x	vorwiegend depressive Symptomatik
F54.2x	vorwiegend hypochondrische Befürchtungen/körperbezogene Symptomatik
F54.3x	multiple psychische Symptome
F54.4x	präpsychotische oder psychoseähnliche Symptomatik
F54.5x	keine psychische Symptomatik erkennbar
F54.8x	andere
F54.9x	nicht näher bezeichnete

Tabelle 4. Subkategorisierung für F54 psychische und Verhaltenseinflüsse bei andernorts klassifizierten Erkrankungen (Fortsetzung)

Mit der 5. Stelle wird die Art der psychosomatischen Wechselwirkung gekennzeichnet:	
F54.x0	psychosoziale Faktoren wirken kausal
F54.x1	psychosoziale Faktoren wirken verlaufsstabilisierend
F54.x2	psychosoziale Faktoren sind Folge der Erkrankung
F54.x3	psychosoziale Faktoren wirken kausal und verlaufsstabilisierend
F54.x4	psychosoziale Faktoren wirken kausal und sind gleichzeitig als Folge der Erkrankung aufzufassen
F54.x5	psychosoziale Faktoren wirken verlaufsstabilisierend und sind als Folge der Erkrankung aufzufassen.
F54.x6	alle Wirkmodi stehen in Verbindung

Voraussetzungen für die Achse V-Diagnostik

Wie die bisherigen Anwendungs- und Reliabilitätsstudien gezeigt haben (vgl. etwa Freyberger et al. 1990 a, b; Dittmann et al. 1992; Schneider et al. 1993; Freyberger et al. 1995; Freyberger et al. im Druck), ist für die angemessene und reliable Verwendung der deskriptiven Diagnostik nach ICD-10 ein Training notwendig. Dieses kann innerhalb von Arbeitsgruppen selbstorganisiert geleistet werden, wobei unter der Voraussetzung der genauen Kenntnis des entsprechenden Manuals exemplarisch Patienten anhand von Life-Interviews oder Videoaufzeichnungen diagnostischer Gespräche für jeden einzelnen ICD-10-Abschnitt diagnostisch eingeschätzt und diskutiert werden sollten. Hierfür liegen inzwischen eine Reihe ergänzender Materialien vor, die innerhalb von Seminaren berücksichtigt werden können (vgl. Freyberger u. Dilling 1993; Freyberger et al. 1993a, b; Schneider u. Freyberger 1994). Darüber hinaus werden von verschiedenen Arbeitsgruppen ICD-10-Trainingsseminare angeboten (Ansprechpartner: H.J. Freyberger oder W. Schneider), in denen die deskriptive Diagnostik nach einem entwickelten Curriculum systematisch trainiert werden kann.

Darüber hinaus setzt eine angemessene und reliable Verwendung der Achse V voraus, daß die entsprechenden syndromatischen Abschnitte der ICD-10 in den diagnostischen Interviews auch systematisch erfragt werden. Innerhalb des OPD-Gesamtkonzepts wurde hierzu ein Interviewleitfaden entwickelt (vgl. Arbeitskreis

OPD 1996), mit dem der Zugang zu den verschiedenen Störungsbereichen durch die Abfrage der zentralen Symptomatik erleichtert wird (Tabelle 5).

Tabelle 5. Eingangsschlüssel zur Diagnostik psychischer Störungen nach ICD-10 (nach Dittmann et al. 1992)

ICD-10 Abschnitt	zu überprüfende Kernsymptome
F0	- nachweisbare organische Ursache der psychischen Störung oder - Beeinträchtigung von Gedächtnis und Denkvermögen - Bewußtseinsstörung
F1	- Einfluß psychotroper Substanzen
F2	- Wahn, Halluzinationen, Ichstörungen, Denkstörungen oder - katatone Symptome oder - inadäquater, verflachter Affekt oder - schwere Verhaltensstörung
F3	- Störungen von Affektivität, Antrieb
F4	- Angst, Phobie, Zwang oder - dissoziative (Konversions-) Symptome oder - Reaktion auf Belastung, Fehlanpassung oder - somatoforme Symptome oder - Depersonalisation/Derealisation
F5	- Eß- oder Schlafstörung oder - sexuelle Funktionsstörung oder - psychosomatische Störung
F6	- deutlich anhaltende Störung von Einstellung und Verhalten mit negativen sozialen oder persönlichen Konsequenzen oder - selbst- oder fremdschädigende impulsive Handlungen oder - Störungen von Geschlechtsidentität oder Sexualpräferenz
F7	Intelligenzminderung

Literatur

American Psychiatric Association (APA) (1987) Diagnostic and statistical manual of mental disorders (3rd edn. rev.) DSM-III-R. Washington DC: APA. Deutsche Bearbeitung und Einführung von Wittchen HU, Saß H, Zaudig M, Koehler K (1989) Beltz, Weinheim

American Psychiatric Association (APA) (1991) DSM-IV options book. Work in progress. Task Force on DSM-IV. APA, Washington DC

American Psychiatric Association (APA) (1993) DSM-IV draft criteria. Task Force on DSM-IV. APA, Washington DC

American Psychiatric Association (APA) (1994) Diagnostic and statistical manual of mental disorders (4th edn.) DSM-IV. APA, Washington DC.

Arbeitskreis OPD (Hrsg) (1996) Operationalisierte Psychodynamische Diagnostik. Grundlagen und Manual. Huber, Bern

Deutsches Institut für medizinische Dokumentation und Information (DIMDI) (Hrsg) (1994) Internationale statistische Klassifikation der Krankheiten und verwandter Gesundheitsprobleme. 10. Revision (ICD-10). Amtliche deutschsprachige Ausgabe, Bd 1, Systematisches Verzeichnis. Huber, Bern

Dilling H, Mombour W, Schmidt MH (Hrsg) (1993) Internationale Klassifikation psychischer Störungen. ICD-10, Kapitel V (F). Klinisch-diagnostische Leitlinien, 2. Aufl. Huber, Bern

Dilling H, Mombour W, Schmidt MH, Schulte-Markwort E (Hrsg) (1994a) Internationale Klassifikation psychischer Störungen. ICD-10, Kapitel V (F). Forschungskriterien. Huber, Bern

Dilling H, Schulte-Markwort E, Freyberger HJ (Hrsg) (1994b) Von der ICD-9 zur ICD-10. Neue Ansätze der Diagnostik psychischer Störungen in der Psychiatrie, Psychosomatik und Kinder- und Jugendpsychiatrie. Huber, Bern

Dittmann V, Dilling H, Freyberger HJ (Hrsg) (1992) Psychiatrische Diagnostik nach ICD-10. Klinische Erfahrungen bei der Anwendung. Ergebnisse der ICD-10-Merkmalslistenstudie. Huber, Bern

Dittmann V, Freyberger HJ, Stieglitz RD, Mombour W, Dilling H (1995) Die ICD-10 Merkmalsliste. Instrument und Manual. Huber, Bern

Freyberger HJ, Dittmann V, Stieglitz RD, Dilling H (1990a) ICD-10 in der Erprobung: Ergebnisse einer multizentrischen Feldstudie in den deutschsprachigen Ländern. Nervenarzt 61: 109-127

Freyberger HJ, Stieglitz RD, Berner P (1990b) Neurotic, stress-related and somatoform disorders: Results of the ICD-10 field trial in German-speaking countries. Pharmacopsychiatry 23: 165-169

Freyberger HJ, Stieglitz RD, Dilling H (1992) Ergebnisse multizentrischer Diagnosenstudien zur Einführung des Kapitels V (F) der ICD-10. Fundamenta Psychiatrica 6: 121-127

Freyberger HJ, Dilling H (Hrsg) (1993) Fallbuch Psychiatrie. Kasuistiken zum Kapitel V (F) der ICD-10. Huber, Bern

Freyberger HJ, Schulte-Markwort E, Dilling H (1993a) Referenztabellen der WHO zum Kapitel V (F) der 10. Revision der Internationalen Klassifikation der Krankheiten (ICD-10): ICD-9 vs. ICD-10. Fortschr Neurol Psychiatrie 61: 109-127

Freyberger HJ, Schulte-Markwort E, Dilling H (1993b) Referenztabellen der WHO zum Kapitel V (F) der 10. Revision der Internationalen Klassifikation der Krankheiten (ICD-10): ICD-10 vs. ICD-9. Fortschr Neurol Psychiatrie 61: 128-143

Freyberger HJ, Schneider W, Malchow CP (1995) The assessment of comorbidity in the diagnosis of psychosomatic and neurotic disorders - results from the ICD-10 field trials with the Diagnostic Criteria for Research (DCR) in Germany. Psychother Psychosom 63: 90-98

Freyberger HJ, Dierse B, Schneider W, Strauß B, Heuft G, Schauenburg H, Pouget-Schors D, Seidler GH, Küchenhoff J, Janssen PL, Hoffmann SO (im Druck) Operationalisierte Psychodynamische Diagnostik (OPD) in der Erprobung - Ergebnisse einer multizentrischen Anwendungs- und Praktikabilitätsstudie. Psychother Psychosom Med Psychol

Gülick-Bailer M v, Maurer K (1994) Deutsche Übersetzung der "Schedules for Clinical Assessment in Neuropsychiatry (SCAN)". Unveröffentlichtes Manuskript, Zentralinstitut für Seelische Gesundheit, Mannheim

Hiller W, Zaudig M, Mombour W (1995) Internationale Diagnosen-Checklisten für DSM-IV und ICD-10 (IDCL). Huber, Bern

Mezzich JE, Schmolke MM (1995) Multiaxial diagnosis and psychotherapy planning: On the relevance of ICD-10, DSM-IV and complementary schemas. Psychother Psychosom 63: 71-80

Mombour W, Zaudig M, Berger P, Gutierrez K, Berner W, Berger K, Cranach M v, Giglhuber O, Bose M v (1994) Deutsche Übersetzung und Adaption des International Personality Disorder Examination (IPDE), Version 1.2. Unveröffentlichtes Manuskript für Feldstudien, Max-Planck-Institut für Psychiatrie, München

Müßigbrodt H, Kleinschmidt S, Schürmann A, Freyberger HJ, Dilling H (1994) Deutsche Übersetzung und Bearbeitung der ICD-10 (Kapitel V) Fassung für die primäre Gesundheitsversorgung (ICD-10 PHC, Primary Health Care Classification). Unveröffentlichtes Manuskript für Feldstudien, Klinik für Psychiatrie der Medizinischen Universität zu Lübeck

Müßigbrodt H, Kleinschmidt S, Schürmann A, Freyberger HJ, Dilling H (1996) Psychische Störungen in der Praxis. Leitfaden zur Diagnostik und Therapie in der Primärversorgung nach Kap. V (F) der ICD-10. Huber, Bern

Saß H, Herpertz S (1995) Aachener Merkmalsliste für Persönlichkeitsstörungen (AMPS). Unveröffentlichtes Manuskript, Psychiatrische Klinik der RWTH Aachen

Schneider W, Freyberger HJ, Muhs A, Schüßler G (Hrsg) (1993) Diagnostik und Klassifikation nach ICD-10, Kapitel V (F). Eine kritische Auseinandersetzung. Ergebnisse der ICD-10-Forschungskriterienstudie aus dem Bereich Psychosomatik/Psychotherapie. Vandenhoeck & Ruprecht, Göttingen

Schneider W, Freyberger HJ (1990) Diagnostik in der psychoanalytischen Psychotherapie unter besonderer Berücksichtigung deskriptiver Klassifikationsmodelle. Forum Psychoanal 6: 316-330

Schneider W, Hoffmann SO (1992) Diagnostik und Klassifikation neurotischer und psychosomatischer Störungen. Fundamenta Psychiatrica 6: 137-142

Schneider W, Freyberger HJ (1994) Diagnostik nach ICD-10 - Möglichkeiten und Grenzen für die Psychotherapie/Psychosomatik. Psychotherapeut 39: 269-275

Schneider W, Heuft G, Freyberger HJ, Janssen PL (1995) Diagnostic concepts, multimodale and multiaxial approaches in psychotherapy and psychosomatics. Psychother Psychosom 63: 63-70

Siebel U, Michels R, Freyberger HJ, Dilling H (1994) Deutsche Übersetzung und Bearbeitung des multiaxialen Systems zum Kapitel V (F) der ICD-10. Unveröffentlichtes Manuskript für Feldstudien, Klinik für Psychiatrie der Medizinischen Universität zu Lübeck

Stieglitz RD, Dittmann V, Mombour W (1992) Erfassungsmethoden und Instrumente zur ICD-10. Fundamenta Psychiatrica 6: 128-136

Stieglitz RD, Schüßler G (1995) Instruments in the assessment of psychosomatic and neurotic disorders. Psychother Psychosom 63: 81-89

Stieglitz RD, Freyberger HJ (1996) Klassifikation und diagnostischer Prozeß. In: Freyberger HJ, Stieglitz RD (Hrsg) Kompendium der Psychiatrie und Psychotherapie. Karger, Basel, S 24-45

Wietersheim J v, Jantschek G (1994) Darstellung und erste Ergebnisse eines erweiterten Diagnosenschlüssels für psychosomatische Erkrankungen in ICD-9 und ICD-10. Z Psychosom Med Psychoanal 40: 266-273

Wittchen HU, Semmler G (1992) Composite International Diagnostic Interview (CIDI). Interview, Manual und computerisiertes Auswertungsprogramm. Beltz, Weinheim

World Health Organization (1991) Composite International Diagnostic Interview (CIDI). WHO, Geneva (deutsch, Wittchen HU, Semler G (1992) Composite International Diagnostic Interview (CIDI). Interviewheft und Manual. Beltz, Weinheim

World Health Organization (1993a) The ICD-10 Classification of Mental and Behavioural Disorders. Clinical Descriptions and Diagnostic Guidelines. WHO, Geneva

World Health Organization (1993b) The ICD-10 Classification of Mental and Behavioural Disorders. Diagnostic Criteria for Research (DCR). WHO, Geneva

World Health Organization (1993c) The ICD-10 Classification of Mental and Behavioural Disorders. Short Glossary. WHO, Geneva

World Health Organization (1993d) The ICD-10 Classification of Mental and Behavioural Disorders. Primary Health Care Classification (PHC). WHO, Geneva

World Health Organization (1993e) Schedules for Clinical Assessment in Neuropsychiatry (SCAN). WHO, Geneva

World Health Organization (1993) ICD-10, Chapter V (F), Multiaxial schema. WHO, Geneva

World Health Organization (1994) International Personality Disorder Examination (IPDE). WHO, Geneva

Zaudig M, Mittelhammer J, Hiller W (1993) SIDAM: Strukturiertes Interview für die Diagnose der Demenz vom Alzheimer-Typ, der Multiinfarkt-Demenz und Demenzen anderer Ätiologie. Huber, Bern

Qualitätssicherung und Evaluation der Weiterbildungsveranstaltungen der Lindauer Psychotherapiewochen 1995*

Wolfgang Lutz, Matthias Richard und Horst Kächele

Das Ziel der Evaluations- und Organisationsstudie EOS 4 war es, eine Evaluation der Veranstaltungen der Lindauer Psychotherapiewochen 1995 durchzuführen. Dafür wurden für Seminare, Kurse und Übungen spezifische Auswertungen vorgenommen. Den Mitarbeiterinnen und Mitarbeitern der Lindauer Psychotherapiewochen 1995 wurde eine grafisch aufbereitete Rückmeldung zu den Ergebnissen ihrer Veranstaltung zugesandt. Diese Art einer grafischen Rückmeldung an die Mitarbeiterinnen und Mitarbeiter kann als Fortführung des Projektes EOS 3 (Lutz et al. 1995) verstanden werden, welches den Teilnehmerinnen und Teilnehmern eine individuumsorientierte Rückmeldung ermöglichte.

Im folgenden soll die Entwicklung und das Konzept der Evaluations- und Qualitätssicherungsstudie EOS 4 während der Lindauer Psychotherapiewochen 1995 vorgestellt werden. Anschließend werden die Gesamtergebnisse der 4397 eingegangenen Rückmeldebögen und die Bewertung der 1995 neueingeführten Weiterbildungs-Module vorgestellt.

Entwicklung des Evaluationsbogens

Aufgabenstellung

Während der Lindauer Psychotherapiewochen 1994 war im Abschlußplenum der Mitarbeiterinnen und Mitarbeiter der Wunsch geäußert worden, während der Lindauer Psychotherapiewochen 1995 alle Veranstaltungen mit Hilfe eines kurzen Fragebogens zu evaluieren. Weiterhin sollten die bereits von Mitarbeiterinnen und

---

* Evaluations- und Organisationsstudie - EOS 4 der Forschungsstelle für Psychotherapie Stuttgart. Unser besonderer Dank gilt dem Sekretariat der Lindauer Psychotherapiewochen, welches die Erhebung der Evaluationsbögen organisierte und durchführte. Wir danken ferner den beiden studentischen Hilfskräften cand. psych. Marion Schowalter und cand. psych. Matthias Richard, die die umfangreiche Dateneingabe und Datenauswertung sowie die Versendung der Rückmeldungen unterstützten.

Mitarbeitern entwickelten und in einzelnen Veranstaltungen eingesetzten Evaluationsbögen mitberücksichtigt werden. Das Evaluationskonzept sollte ferner die Veranstaltungen, die mehr informativen Charakter haben und andererseits solche, deren Schwerpunkt eher im Bereich der Selbsterfahrung liegen, unterschiedlich akzentuieren. Nicht zuletzt sollten die Bögen möglichst kurz sein, um schnell und unkompliziert ausgefüllt werden zu können.

Realisierung

Entsprechend war es das Ziel, einen nicht über zweiseitigen Erhebungsbogens zu erstellen, der den entsprechenden Anforderungen genügt. Zur Entwicklung des Evaluationsbogen zu den Veranstaltungen der Lindauer Psychotherapiewochen wurde daher die sog. Delphi-Technik eingesetzt. Die Delphi-Technik ist ein Verfahren zur expertengestützten Entscheidungsfindung (vgl. z. B. Wottawa u. Thierau 1990; Wittmann 1985), welches hier zur Entwicklung eines Evaluationsbogen adaptiert wurde. Das bedeutet, daß auf der Basis der vorhandenen Vorerfahrungen zur Evaluation während der Lindauer Psychotherapiewochen (EOS 2, Kächele u. Otto 1993), Erfahrungen zur Untersuchung von "Consumer"- bzw. Patientenzufriedenheit (Schmidt et al. 1989) sowie ein Inventar zur Evaluation von universitären Lehrveranstaltungen (Rindermann u. Amelang 1994), ein Ausgangskonzept entwickelt wurde, welches den für die Lindauer Psychotherapiewochen Verantwortlichen vorgelegt wurde. Dieser Bogen wurde entsprechend den Rückmeldungen der Leitung der Lindauer Psychotherapiewochen modifiziert und erweitert. Dieser Feedbackprozeß wurde zweimal mit dem Ziel durchlaufen, den Evaluationsbogen immer besser an die spezifischen Bedingungen der Lindauer Psychotherapiewochen anzupassen. Ein Exemplar des auf diese Weise konstruierten Evaluationsbogens befindet sich in Anhang 1.

Der Evaluationsbogen beginnt zunächst mit allgemeinen Angaben zu Alter, Geschlecht, Beruf usw., danach folgt ein Frageblock zu unterschiedlichen Gründen bzw. Zielen des Veranstaltungsbesuchs. Der nächste Fragekomplex befaßt sich mit allgemeinen Fragen zur Evaluation der Veranstaltung und wurde zur Evaluation jeder Veranstaltung eingesetzt, gleichgültig, ob es sich um ein Informationsseminar oder eine Veranstaltung mit einem Schwerpunkt im Bereich der Selbsterfahrung handelte. Anschließend hatten die Teilnehmerinnen und Teilnehmer die Möglichkeit in einer offenen Frage anzugeben, inwieweit sie mit einem ganz speziellen Punkt unzufrieden waren. Nach den offenen Fragen folgt der Fragenkomplex zu den Veranstaltungen, welche ihren Schwerpunkt mehr im Selbsterfahrungsbereich haben. Abschließend wurden noch Fragen zur Evaluation der neu eingeführten Weiterbildungs-Module gestellt.

Die Evaluationsbögen wurden vom Sekretariat der Lindauer Psychotherapiewochen an die Leiterinnen und Leiter der Veranstaltungen ausgeteilt. Diese wiederum gaben die Evaluationsbögen an die Teilnehmerinnen und Teilnmehmer weiter, sammelten die Rückmeldungen am Ende jeder Woche ein und gaben die Bögen an das Sekretariat der Lindauer Psychotherapiewochen zurück. Die Auswertung und Versendung der Rückmeldungen erfolgte durch die Forschungsstelle für Psychotherapie Stuttgart.

Das Rückmeldekonzept

Im folgenden Schritt des Evaluationsprojektes galt es, ein geignetes Konzept für die Rückmeldung der Ergebnisse an die Mitarbeiterinnen und Mitarbeiter zu erstellen. Dieses Konzept sollte vergleichbar einer praxisbezogenen Qualitätssicherung in der Psychotherapie auf einem grafischen Rückmeldemodell aufbauen (vgl. z. B. Kordy 1992; Kächele u. Kordy 1992; Lutz et. al. 1995; Howard u. Lueger 1994). Den Mitarbeiterinnen und Mitarbeitern sollte auf der Basis der Einschätzungen der Teilnehmerinnen und Teilnehmer eine empirisch gestützte Anregung für ihre zukünftige Veranstaltungsplanung gegeben werden.

Ziel war es demnach nicht, wie etwa in der Grundlagenforschung, Hypothesen zu überprüfen und eine Kontrolle von Störvariablen vorzunehmen. Dies wäre, berücksichtigt man die vielen möglichen Einflüsse auf die Beurteilungen (z.B. das Austeilen und Einsammeln der Fragebögen durch die Kursleiterinnen und Leiter) auch nicht möglich gewesen. Vielmehr hatte die Auswertung und grafische Rückmeldung das Ziel, entsprechend dem Paradigma einer angewandten Evaluationsforschung (vgl. Wottawa u. Thierau 1990; Wittmann 1985), empirisch gestützte Argumente bzw. Anregungen bereitzustellen. Zur Unterstützung einer angewandten Evaluation im obigen Sinne sind relativ leicht verstehbare grafische Hilfsmittel der Evaluations- und Qualitätssicherungsforschung zur Kommunikation der Ergebnisse außerordentlich hilfreich und werden hier auch immer häufiger angewendet (vgl. zu diesem Thema auch Kächele u. Kordy 1992; Kordy u. Lutz 1995; Selbmann 1992; Kamiske u. Brauer 1992; Grawe u. Braun 1994).

Im Anhang 2 befindet sich ein Beispiel für das eingesetzte grafische Rückmeldekonzept an die Mitarbeiterinnen und Mitarbeiter.

Das Feedbackkonzept beruht auf zwei unterschiedlichen Herangehensweisen, die für die unterschiedlichen Fragenblöcke (Frageblock 1: allgemeine Fragen; Frageblock 2: Fragen zu Veranstaltungen mit einem überwiegend Selbsterfahrungscharakter [1]) beibehalten wurden. Erstens wurden die positiven Angaben (ja, eher ja) zusammengefaßt und deren Häufigkeit in Prozent für die Gesamtgruppe sowie die jeweilige Veranstaltung vergleichend in einer Grafik (sog. Dot-Charts) dargestellt (vgl. auch Cleveland 1985). Auf diese Weise konnte jede(r) Veranstaltungsleiter(in) den Prozentsatz positiver Rückmeldungen zu seiner Veranstaltung mit den positiven Rückmeldungen zu allen Veranstaltung vergleichen. Wobei allerdings die Aussagekraft für Veranstaltungen mit nur wenigen Rückmeldebögen eingeschränkt ist.

In einem weiteren Schritt wurde von den positiven Bewertungen abgesehen und der Fokus auf negative Rückmeldungen für die jeweilige Veranstaltung gelegt. Das bedeutet, daß die Angaben (weder noch, eher nein, nein) für die spezifischen Fragen zusammengefaßt wurden. Die geringe Anzahl von "eher nein" und "nein"-Anworten ließ es gerechtfertigt erscheinen, auch die "weder noch" Antworten zu den Antworten in negative Richtung zu zählen

Zur grafischen Darstellung wurden sogenannte Pareto-Diagramme herangezogen (vgl. etwa Kamiske u. Brauer 1992; Berwick et al. 1990). Solche Pareto-Analysen sind besonders dann sinnvoll, wenn, wie im vorliegenden Fall, mit einem überwiegenden Teil an positiven Antworten zu rechnen ist und die Gefahr besteht, daß Unterschiede zwischen den Fragen nivelliert werden und Problembereiche so nicht identifiziert werden können. Pareto-Diagramme erleichtern die schnelle Identifikation von Fragen, die für einen Großteil der Antworten in negative Richtung verantwortlich sind.

In einem Pareto-Diagramm werden gemäß der Häufigkeit von Antworten in eine negative Richtung, die Fragen in eine Rangreihe gebracht. Das heißt, bei den Fragen, die auf der waagrechten Achse ganz links stehen, wurde am häufigsten in negative Richtung geantwortet. Die linke senkrechte Achse zeigt die Anzahl der Antworten in negative Richtung und die rechte Achse zeigt die entsprechenden kumulierten Häufigkeiten in Prozentangaben.

Mit Hilfe dieser Grafik können die Mitarbeiterinnen und Mitarbeiter auf einfache Weise die Fragen bzw. Items identifizieren, bei denen am häufigsten in negative Richtung geantwortet wurde. Das bedeutet allerdings nicht zwangsläufig, daß der Kurs in diesen Bereichen schlecht war. Es kann sich auch besonders bei den Fragen zum Selbserfahrungsanteil um Dimensionen handeln, welche gar nicht im Fokus der Veranstaltung lagen und daher nicht als Ziel für die spezifische Veranstaltung anzusehen sind.

---

[1] Der zweite Fragenblock zu den Veranstaltungen mit Selbsterfahrungscharakter war für einige Teilnehmerinnen und Teilnehmer sowie Mitarbeiterinnen und Mitarbeiter etwas mißverständlich, da sie davon ausgingen, daß eigentlich die meisten Veranstaltungen Selbsterfahrungscharakter haben. Eine Rückmeldung zu dem Selbsterfahrungsteil erhielten nur die Mitarbeiterinnen und Mitarbeiter, deren Veranstaltung explizit so ausgeschrieben war und für eine Mindestanzahl an Rückmeldungen vorlegen (N > 7).

Mit dieser Art der Darstellung sollte nicht nachträglich die positive Bewertung eines Kurses herabgesetzt werden, vielmehr sollte den Kursleiterinnen und -leitern die Möglichkeit gegeben werden, die Blickrichtung zu wechseln und solche Fragen zu betrachten, bei denen am häufigsten in negative Richtung d. h. mit "weder noch", "eher nein" und "nein" geantwortet wurde.

Ergebnisse über alle Veranstaltungen hinweg

Evaluation der Veranstaltungen der Lindauer Psychotherapiewochen 1995

Fragekomplex 1: Allgemeine Fragen zu den Veranstaltungen. Im folgenden sollen die Ergebnisse über alle Veranstaltungen hinweg dargestellt werden, um einen Gesamteindruck der Einschätzungen der Teilnehmerinnen und Teilnehmer zu den Lindauer Psychotherapiewochen 1995 zu geben.

Insgesamt wurden 4397 Rückmeldebögen abgegeben. Dabei handelte es sich um 62% Frauen und 38% Männer. Die Altersangaben lagen im Durchschnitt bei 41.4 Jahren (Standardabweichung = 9.0), mit einem Maximum von 82 Jahren und einem Minimum von 21 Jahren. [2]

---

[2] Diese Angaben gelten allerdings so nur für die Stichprobe von EOS4 und lassen sich nicht ohne weiteres auf die Lindauer Psychotherapiewochen 1995 verallgemeinern, da die Teilnehmerinnen und Teilnehmer in der Regel an mehreren Veranstaltungen teilgenommen haben und daher die Möglichkeit hatten, mehrere Bögen abzugeben

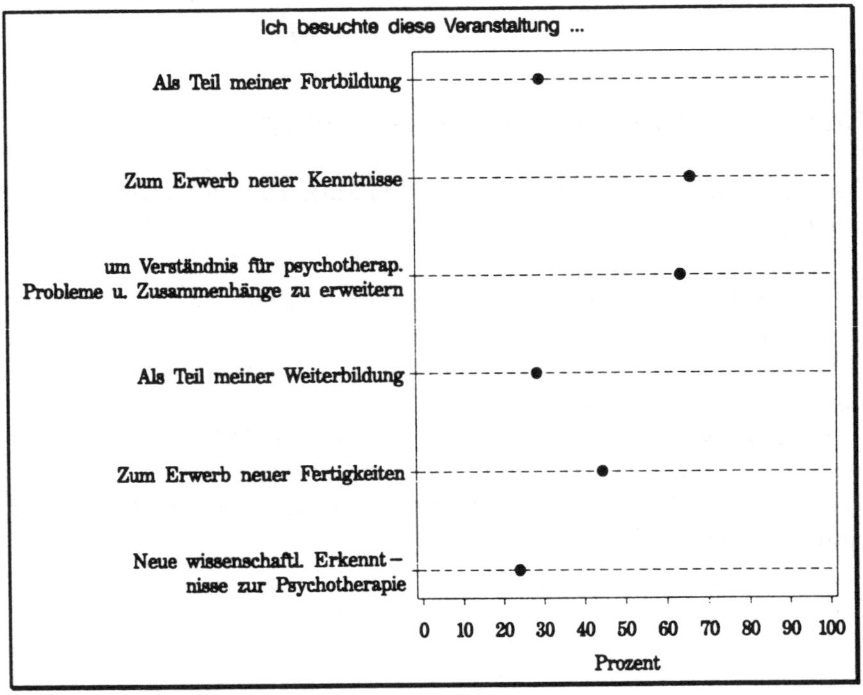

Abb. 1. Häufigkeit der Nennungen in Prozent auf die Frage "Ich besuchte diese Veranstaltung ..." (Mehrfachnennungen waren möglich)

Die Abbildung 1 zeigt die Ergebnisse zur Frage nach den Zielen des Veranstaltungsbesuchs. Die Frage lautete: "Ich besuchte diese Veranstaltung ...". Bei dieser Frage waren Mehrfachnennungen möglich, d. h. die Teilnehmerinnen und Teilnehmer konnten angeben, inwieweit gegebenenfalls mehrere der angegebenen Gründe für sie ausschlaggebend waren, die Veranstaltung zu besuchen.

In der Grafik läßt sich ablesen, daß 29.5% der Teilnehmerinnen und Teilnehmer, welche einen Evaluationsbogen abgegeben haben, diese Veranstaltung als Teil ihrer Fortbildung besuchten; 66.1% war der Erwerb neuer Kenntnisse wichtig; 63.6% wollten ihr Verständnis für psychotherapeutische Probleme und Zusammenhänge erweitern; 28.4% gaben an, daß der Besuch auch Teil ihrer Weiterbildung sei, 44.4% war der Erwerb neuer Fertigkeiten wichtig und 23.9% besuchten die Veranstaltung, um Informationen über neue wissenschaftliche Erkenntnisse zur Psychotherapie zu erhalten.

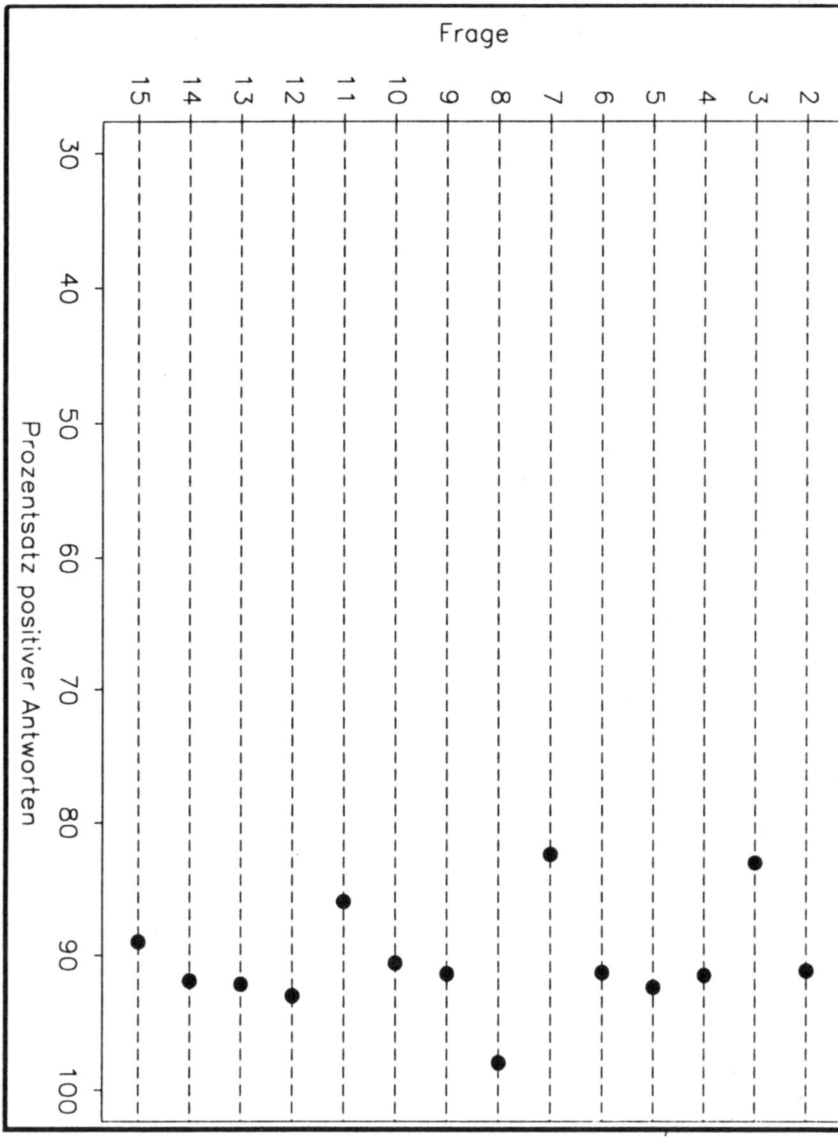

Abb. 2. Prozentsatz der positiven Antworten zu den Fragen des allgemeinen Teils des EOS 4 Evaluationsbogens

Der erste Fragenkomplex zur Veranstaltungsevaluation beschäftigte sich mit allgemeinen Fragen zu der spezifischen Veranstaltung und wurde für alle Veranstaltungen, soweit Rückmeldungen vorlagen, ausgewertet.

Die Abbildung 2 zeigt in einem Dot-Chart zusammenfassend die Ergebnisse zu den einzelnen Fragen. Auch hier wurden die positiven Angaben (ja, eher ja) zusammengefaßt und der Prozentsatz der positiven Antworten ermittelt. Frage 15 war in negative Richtung gestellt. Entsprechend wurde diese Frage umkodiert, d. h. hier wurden die "nein" und "eher nein" -Angaben als positive Antworten berücksichtigt. Die Tabelle 1 gibt eine kurze Erläuterung zu den einzelnen Fragen; der vollständige Wortlaut kann in Anhang 1 nachgesehen werden.

Deutlich wird in dieser Grafik, daß die Veranstaltungen durchweg positiv beurteilt wurden (ja, eher ja). Keine der Fragen wurde nicht zu über 80% mit "ja" oder "eher ja" durch die Teilnehmerinnen und Teilnehmer beurteilt. Frage 8 (Der/die Leiter/in verfügte (m. E.) über gutes Fachwissen) wurde mit 98.0% am deutlichsten positiv eingeschätzt. 92.9% gaben an, daß die Leiterin bzw. der Leiter versuchte, die Teilnehmer/innen miteinzubeziehen (Frage 12) und in 92.0% der Rückmeldungen wurde vermerkt, daß die Leiterin bzw. der Leiter auf Erfahrungen und Einwände einging (Frage 13). Frage 7 (Es wurde versucht, an bereits bekannten Inhalten anzuknüpfen) und Frage 3 (Die Veranstaltung war, wie ich sie mir -aufgrund der Ankündigung- vorgestellt hatte) hatten hier mit 81.9% und 82.8% den geringsten Prozentsatz (zum Vergleich: Frage 2 = 91.1%; Frage 4 = 91.4%; Frage 5 = 92.3%; Frage 6 = 91.1; Frage 9 = 91.3%; Frage 10 = 90.5%; Frage 11 = 85.7; Frage 14 = 91.8; Frage 15 = 91.5).

Tabelle 1. Kurzfassung der Fragen des allgemeinen Teils des EOS 4 Evaluationsbogens

2	Insgesamt habe ich in der Veranstaltung die Ziele erreicht	9	Die Veranstaltung war lebendig und engagiert
3	Die Veranstaltung war, wie ich sie mir vorgestellt hatte	10	Die Veranstaltung vermittelte mir neue Einsichten
4	Die Verantstaltung wirkte gut vorbereitet	11	Der/die Leiter/in war offen für andere Auffassungen
5	Der/die Leiter/in erklärte die Sachverhalte deutlich	12	Der/die Leiter/in versuchte, die Teilnehmer miteinzubeziehen
6	Der/die Leiter/in benutzte häufig anschauliche Beispiele	13	Der/die Leiter/in ging auf Einwände u. Erfahrungen ein
7	Es wurde versucht, an bekannten Inhalten anzuknüpfen	14	Das Klima war kooperativ
8	Der/die Leiter/in verfügt (m. E.) über gutes Fachwissen	15	Mir ist unklar, welche Bedeutung der angebotene Inhalt für Psychotherapie hat

Die Abbildung 4 zeigt ein Pareto-Diagramm zu den Fragen des allgemeinen Teils. Zur Erstellung dieser Analyse wurden die Fragen (weder noch, eher nein, nein) als Antworten in eher negative Richtung zusammengefaßt und die Häufigikeit des entsprechenden Auftretens dieser Antworten untersucht (Frage 15: weder noch, eher ja, ja). Dargestellt wird eine Rangreihe der Fragen, bei denen am häufigsten in negative Richtung (weder noch, eher nein, nein) geantwortet wurde. Die linke Achse zeigt die Anzahl der negativen Antworten für die entsprechenden Fragen, die rechte Achse zeigt die kumulierte Häufigkeiten der negativen Antworten in Prozent. Auf den Balken über den Items ist die Häufigkeit der Antworten in negative Richtung für die jeweilige Frage abgetragen.

Ganz links befindet sich demnach die Frage, bei der am häufigsten in die entsprechende Richtung geantwortet wurde und ganz rechts die Frage, bei der am wenigsten häufig in die entsprechende Richtung geantwortet wurde. Die Pareto-Analyse ermöglicht also die Identifikation von Fragen, welche hauptsächlich für die Angaben in negative Richtung verantwortlich sind. Man sieht, daß leicht über 50% der Antworten in negative Richtung durch die ersten fünf Fragen (7, 3, 11, 15, 10) zustande kommen:

- 7. Es wurde versucht, an bereits bekannten Inhalten anzuknüpfen.
- 3. Die Veranstaltung war, wie ich sie mir (aufgrund der Ankündigung) vorgestellt hatte.
- 11. Der / die Leiter/in war offen für andere Auffassungen.
- 15. Mir ist unklar, welche Bedeutung der angebotende Inhalt für Psychotherapie hat.
- 10. Die Veranstaltung vermittelte mir neue Einsichten.

Zu den ersten beiden Fragen bleibt anzumerken, daß diese beiden Punkte nicht unbedingt negativ für die entsprechende Veranstaltung sind bzw. von dem/der entsprechenden Teilnehmerin oder Teilnehmer erlebt werden mußten. Auffallend ist weiterhin, daß bei den Fragen 7 und 11 die Kategorie "weder noch" ausschlaggebend für den hohen Rangplatz war. Bei diesen beiden Fragen wurde verhältnismäßig häufig "weder noch" angegeben [3] Frage 15 war die einzige Frage dieses Fragekomplexes, welche in negative Richtung gestellt worden war. Der relativ hohe Anteil an "eher ja" und "ja" Angaben zu dieser Frage könnte auch damit zusammenhängen, daß einige Teilnehmerinnen und Teilnehmer die Richtung dieser Frage mißverstanden haben.

Bei den Fragen (2, 6, 9, 4, 14, 13, 5, 12, 8) wurde wenig in negative Richtung geantwortet. Hervorzuheben ist hier wieder die Frage 8 (Der / die Leiter/in ver-

[3] Frage 7: weder noch: N = 481; Frage 11: weder noch: N = 400. Zum Vergleich: Frage 3: weder noch: N = 266; Frage 8: weder noch: N = 58

fügte über gutes Fachwissen). Diese Frage wurde äußerst selten mit "weder noch", "eher nein" oder "nein" beantwortet. Die Teilnehmerinnen und Teilnehmer bestätigten also praktisch durchweg den Mitarbeiterinnen und Mitarbeitern eine hohe fachliche Kompetenz.

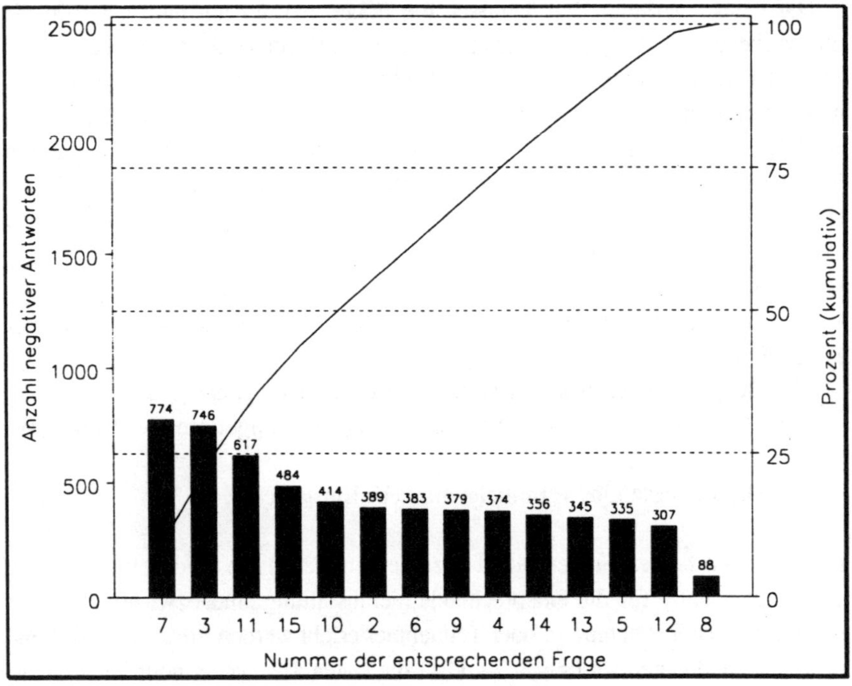

Abb. 3. Pareto-Diagramm zu den Fragen des allgemeinen Teils des Evaluationsbogens EOS 4

Fragekomplex 2: Fragen zu Veranstaltungen mit einem höheren Selbsterfahrungsanteil. Das oben beschriebene Auswertungskonzept wurde auch für die Ergebnisse des zweiten Fragekomplexes "Fragen zu Veranstaltungen mit einem höheren Selbsterfahrungsanteil" angewandt. Dazu sind einige Vorbemerkungen notwendig. Ausgewertet wurden alle von den Teilnehmerinnen und Teilnehmern gemachten Angaben. Das bedeutet, daß dieser Teil auch von Teilnehmerinnen und

Teilnehmern beantwortet wurde, welche nicht unbedingt an Seminaren oder Kursen mit einem größeren Selbsterfahrungsteil teilgenommen hatten. Dies ist auch sinnvoll, da in vielen Veranstaltungen die Selbsterfahrung eine große Rolle spielte, auch wenn sie nicht expliziet im Programm genannt wurde. Daher wurden für die folgenden Auswertungen alle entsprechenden Angaben ausgewertet. Rückmeldungen zu den entsprechenden Angaben des Selbsterfahrungsteils für eine Veranstaltung wurden allerdings nur denjenigen Mitarbeiterinnen und Mitarbeitern zugesandt, welche Veranstaltungen mit

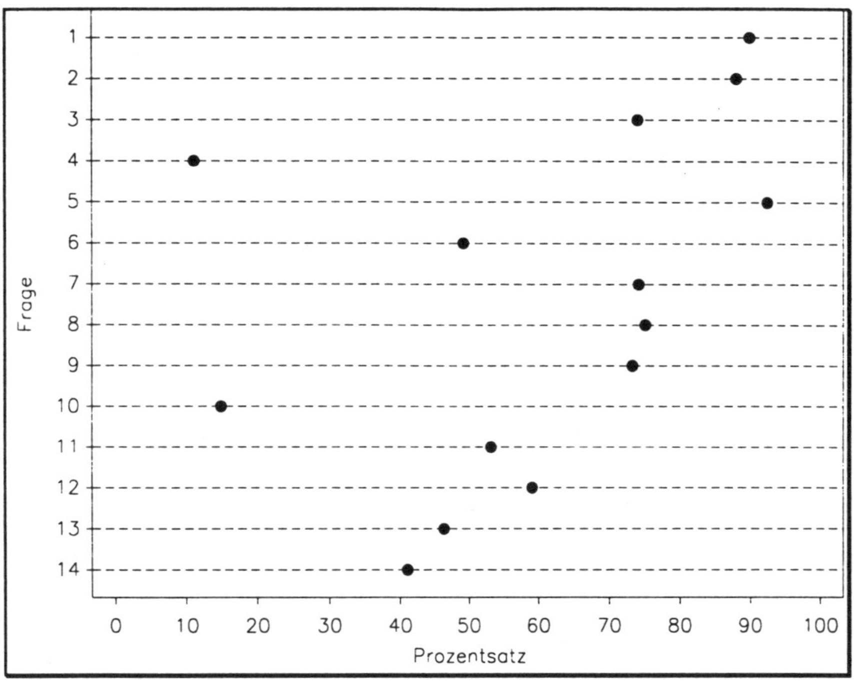

Abb. 4. Dot-Chart der Ergebnisse zum Fragekomplex Selbsterfahrung

explizitem Selbserfahrungsschwerpunkt durchführten (entsprechend im Programm ausgeschrieben). Die Auswertung basierte demzufolge auf zwischen 1881 (Frage 1) und 1803 (Frage 10) Angaben von Teilnehmerinnen und Teilnehmern.

Die Fragen zum Bereich "Selbsterfahrung" sind zum Teil auf die Veranstaltung und zum Teil auf die Ziele der Teilnehmerinnen und Teilnehmer bezogen. Vor allem letztere Fragen müssen bei der Interpretation der positiven und negativen Antworttendenzen differenziert betrachtet werden.

Tab. 2. Kurzbeschreibung der Fragen zum Selbsterfahrungsteil

1	Ich habe viel gelernt	8	Es war mir wichtig, daß ich ein besseres Verständnis von meiner eigenen Person bekomme
2	Ich konnte viel für mich persönlich profitieren	9	Es war mir wichtig, daß viel Raum zum Selbsterleben vorhanden sein wird
3	Ich haben neue emotionale Erfahrungen gemacht	10	Es war mir wichtig, daß ich Bekannte wiedertreffe
4	Ich erhielt leider zu wenig persönliche Rückmeldung	11	Es war mir wichtig, daß ich mich in meinen Beziehungskonflikten erlebe
5	Der /die Leiter/in konnte m. E. einfühlsam mit der Gruppe umgehen	12	Es war mir wichtig, daß ich Kenntnisse über die Arbeit dieses Verfahrens mit spezifischen Krankheitsbildern bekomme
6	Es war mir wichtig, daß ich Entscheidungskriterien zur Auswahl eines zu erlernenden Verfahrens bekomme	13	Es war mir wichtig, daß ich persönliche Schwierigkeiten bearbeiten kann
7	Es war mir wichtig, daß ich frischen Wind für meine psychotherapeutische Arbeit bekomme	14	Es war mir wichtig, daß ich Gelegenheit habe, mich zu entspannen

Die Abbildung 4 zeigt ein Dot-Chart [4] zu den Ergebnissen aller Rückmeldungen des Fragenkomplexes "Selbsterfahrung". Eine Kurzbeschreibung der Fragen befindet sich in Tabelle 2. Auffallend ist, daß die Fragen 4 und 10 besonders niedrig liegen. Das ist allerdings nicht weiter verwunderlich.

In nur 11.1% der Rückmeldungen wurde die Frage " Ich erhielt leider zu wenig persönliche Rückmeldung" mit ja oder eher ja beantwortet (Frage 4). Den Teil-

[4] Bei der Rückmeldung dieser Graphik an einige Kursleiterinnen und Kursleiter ist leider ein Fehler bei der Behandlung der Missing-Werte passiert, so daß die Prozentangaben für die Gesamtgruppe der Rückmeldungen hier zu hoch ausfielen. An der Relation der Fragen zueinander ändert sich allerdings dadurch nichts. Ebenso ändert sich nichts an den Angaben zu der jeweiligen Veranstaltung

nehmerinnen und Teilnehmern scheint es auch nicht besonders wichtig gewesen zu sein, Bekannte wiederzutreffen (Frage 10); hier antworteten 14.9% mit ja oder eher ja. Imposant ist wiederum, daß 92.4 % der Teilnehmerinnen und Teilnehmer die/den Leiter/in als einfühlsam im Umgang mit der Gruppe bezeichneten (Frage 5). Wichtig war den Teilnehmerinnen und Teilnehmern, daß sie "ein besseres Verständnis für die eigene Person bekommen" (Frage 8: 75.1%); sie "frischen Wind für die eigene psychotherapeutische Arbeit" bekommen (Frage 7:74.2%) sowie, daß "viel Raum zum Selbsterleben vorhanden sein wird" (Frage 9: 73.3%).

Weniger wichtig schien es den meisten zu sein "persönliche Schwierigkeiten zu bearbeiten" (Frage 13: 46.4%) sowie "Gelegenheit zu haben, sich zu entspannen" (Frage 14: 41.1%).

Die weiteren Angaben zum Vergleich: Frage 1: 89.8%; Frage 2:88.0%; Frage 6: 49.2%; Frage11: 53.2%; Frage 12: 59.1%).

Die Pareto-Analyse (Abb. 5) ergibt hier natürlich ein ähnliches Bild. Die Fragen 4 und 10 werden am häufigsten mit "weder noch", "eher nein" und "nein" beantwortet. Interessanter ist hier die rechte Seite des Diagramms. Neben der Frage 5 (s. oben) werden die Fragen 1 und 2 im Vergleich äußerst selten mit "weder noch", "eher nein" oder "nein" beantwortet. Das bedeutet, daß die überwiegende Anzahl der Teilnehmerinnen und Teilnehmer angab, viel für sich persönlich profitiert und viel gelernt zu haben.

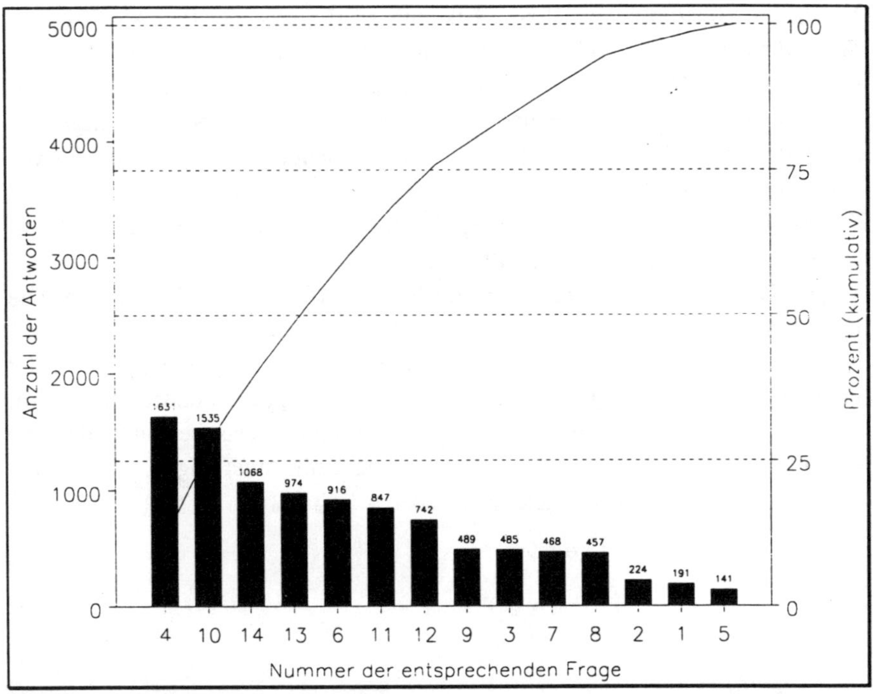

Abb. 5. Pareto-Diagramm der Fragen zum Selbsterfahrungsteil des Evaluationsbogens EOS 4

Einschätzung der Weiterbildungs-Module durch die Teilnmehmerinnen und Teilnehmer

Der Fragebogen EOS 4 enthielt als dritten Fragekomplex Fragen zu den 1995 neu eingeführten Weiterbildungsmodulen. Diese Module sind als Veranstaltungsreihen konzipiert, die sich über die ganze Woche erstrecken und bestimmte Krankheitsbilder sowie entsprechende Therapiekonzepte zum Gegenstand haben. Im folgenden wird keine Auswertung der einzelnen Module oder einzelner Veranstaltungen vorgenommen, vielmehr soll ganz allgemein der Frage nachgegangen werden, wie die Idee von Weiterbildungs-Modulen bei den Teilnehmerinnen und Teilnehmern angekommen ist.

Tabelle 3. Evaluationsfragen zu den Weiterbildungs-Modulen

1.	Waren Sie mit der Zusammenstellung der Veranstaltungen zum Modul-Thema zufrieden?
2.	Fanden Sie die Vermittlung der Inhalte ansprechend?
3.	Konnten Sie neue Kenntnisse oder Fertigkeiten erwerben?
4.	Wie praxisnah fanden Sie die Veranstaltungsinhalte?
5.	Wie gut schätzen Sie die Möglichkeit ein, in den Modulen neue Erfahrungen zu machen?
6.	Wie gut schätzen Sie die Möglichkeit ein, neue Erfahrungen in die Praxis umzusetzen?

Die Abbildung 6 zeigt das entsprechende Dot-Chart der Ergebnisse zu den Weiterbildungsmodulen. In die Auswertung gingen zwischen 374 (Frage 1) und 365 (Frage 4) Rückmeldebögen ein.

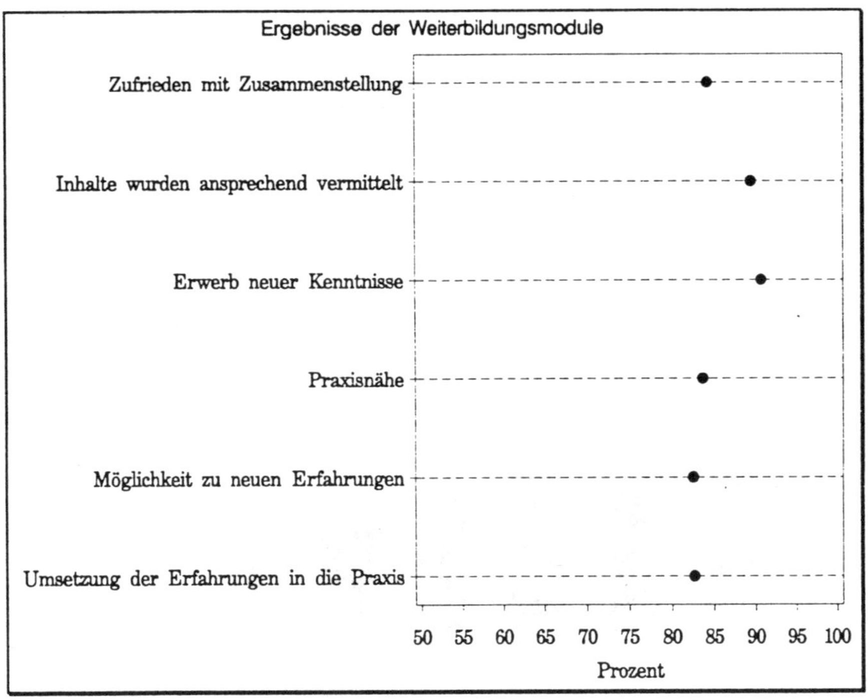

Abb. 6. Dot-Chart zu den Ergebnissen der Weiterbildungs-Module

Die Ergebnisse der Evaluationsbögen zeigen eine positive Aufnahme der Weiterbildungs-Module bei den Teilnehmerinnen und Teilnehmern. Auf die Frage: "Konnten Sie neue Kenntnisse oder Fertigkeiten erwerben?" (Frage 3), antworteten 90.7% mit "ja" oder "eher ja". Die Angaben zu den weiteren Fragen dieses Abschnitts liegen ebenfalls hoch (zum Vergleich: Frage 1: 84.2%; Frage 2: 89.2%; Frage 4: 83.7%; Frage 5: 82.5%; Frage 6: 82.6%).

Betrachtet man die zugehörige Pareto-Analyse ergibt sich, daß die meisten verneinenden Bemerkungen auf die Frage 5 ("Wie gut schätzen Sie die Möglichkeit ein, in den Modulen neue Erfahrungen zu machen") und Frage 6 fielen ("Wie gut schätzen Sie die Möglichkeit ein, neue Erfahrungen in die Praxis umzusetzen?). Besonders positiv wurde neben dem Erwerb neuer Kenntnisse und Fertigkeiten (Frage 3) die Vermittlung der Inhalte erlebt (Frage 2).

Interessant erscheint eine genauere Analyse der Frage 6. Es zeigt sich nämlich hier, daß ein eindeutiges "ja" nur in 28% der Fälle gegeben wird. Im Vergleich dazu wird auf die Frage 3 zu 54.9% mit "ja" geantwortet. 54.6% antworteten mit "eher ja" auf die Frage 6. Die Teilnehmerinnen und Teilnehmer scheinen bezüglich der Möglichkeit, die neuen Erfahrungen und Erkenntnisse auch in die Praxis umsetzen zu können, noch etwas unsicher. Andererseits fand sich kein einziges "nein" auf den entsprechenden Rückmeldeblättern. Die 64 nicht positiven Rückmeldungen sind auf die Kategorien "weder noch" (N = 34) und "eher nein" (N = 30) zurückzuführen.

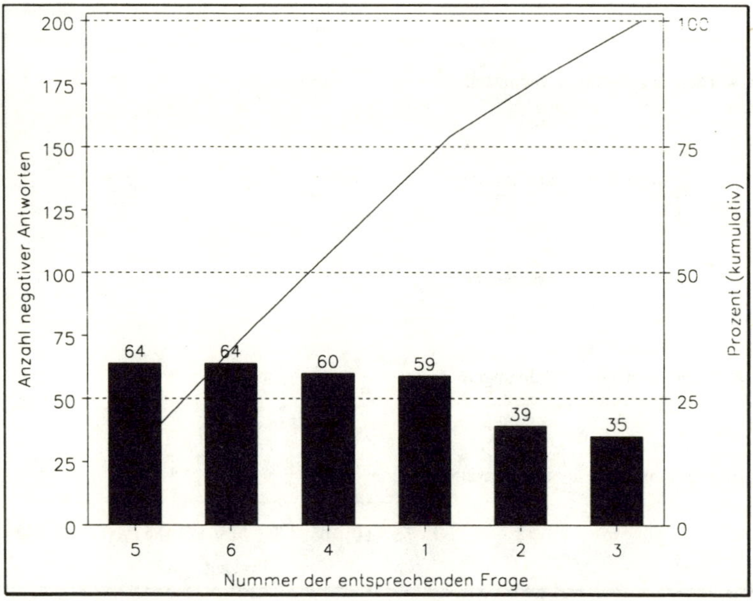

Abb. 7. Pareto-Diagramm zu den Ergebnissen der Weiterbildungs-Module

Abschließende Bemerkungen

Bei der Evaluationsstudie EOS 4 handelt es sich um die erste Studie welche zum Ziel hatte, praktisch alle Veranstaltungen der Lindauer Psychotherapiewochen mit Hilfe eines kurzen Evaluationsbogens durch die Teilnehmerinnen und Teilnehmer einschätzen zu lassen. Die Durchführung dieser Evaluations- und Qualitätssicherungsstudie EOS 4 kann als Erfolg betrachtet werden. Das Evaluationskonzept wurde für das Herbstmodul 1995 der Lindauer Psychotherapiewochen fortgesetzt und es gibt Anfragen von Veranstaltern weiterer großer Psychotherapiekongresse, die auf dieses Evaluationskonzept zurückgreifen wollen. Auch das Feedback der Mitarbeiterinnen und Mitarbeiter zu den Rückmeldungen im Rahmen von EOS 4 war positiv.

Es sind allerdings auch einige Verbesserungen des Konzepts möglich. Zum Beispiel könnte der Evaluationsbogen und die Rückmeldung bezüglich des Fragenkomplexes "Selbsterfahrung" verbessert werden. Auch gab es einige kritische Stimmen, die das Einsammeln der Evaluationsbögen durch die Kursleiterinnen und Kursleiter und einen gegebenenfalls stattfindenden Einfluß auf die Angaben der Teilnehmerinnen und Teilnehmer zum Gegenstand hatten.

Unabhängig von diesen Punkten zeigt das Ergebnis der Evaluationsstudie EOS 4 jedoch deutlich die breite Akzeptanz der Lindauer Psychotherapiewochen sowie der angebotenen Veranstaltungen durch die Teilnehmerinnen und Teilnehmer. Dies bezieht sich sowohl auf die Seminare und Kurse, deren Schwerpunkt in der Informationsvermittlung liegt sowie auf die Veranstaltungen mit einem größeren Selbsterfahrungsanteil und die neu eingeführten Weiterbildungs-Module.

Literatur

Berwick D M, Godfrey A B, Roessner J (1990) Curing Health Care. Jossey-Bass, San Francisco

Cleveland WS (1985) The elements of graphing data. Wadsworth, Monterey

Grawe K, Braun U (1994) Qualitätskontrolle in der Psychotherapiepraxis. Z Klin Psychol 23: 242-267

Howard KI, Lueger R (1994) The Outpatient Psychotherapy Report Card: The Technology of Evaluation. Paper presented at the Annual Meeting of the Society for Psychotherapy Research, York

Kächele H, Kordy H (1992) Psychotherapieforschung und therapeutische Versorgung. Nervenarzt 63: 517-526

Kächele H, Otto H (1992) Evaluation von Veranstaltungen mit einem musiktherapeutischen Schwerpunkt während der Lindauer Psychotherapiewochen. Unveröfftlichtes Manuskript

Kamiske, Brauer (1993) Qualitätsmanagement von A bis Z: Erläuterungen moderner Begriffe des Qualitätsmanagements. Hanser, München Wien

Kordy H (1992) Qualitätssicherung: Erläuterung zu einem Reiz- und Modewort. Z Psychosom Med 38: 310-324

Kordy H, Lutz W (1994) Das Heidelberger Modell: Von der Qualitätskontrolle zum Qualitätsmanagement stationärer Psychotherapie durch EDV-Unterstützung. Psychotherapie Forum 3: 197-206

Lutz W, Czogalik D, Kächele H (1995) Ansätze zur Qualitätssicherung auf der Basis des Common Core Questionnaire. In: Buchheim P, Cierpka M, Seifert Th (Hrsg) Lindauer Texte. Springer, Berlin Heidelberg New York Tokyo, S 286-304

Lutz W, Stammer H, Leeb B, Dötsch M, Bölle M, Kordy H (im Druck) Das Heidelberger Modell der Aktiven Internen Qualitätssicherung stationärer Psychotherapie. Psychother

Rindermann H, Amelang M (1994) Das Heidelberger Inventar zur Lehrveranstaltungsevaluation (HILVE). Asanger, Heidelberg

Schmidt J, Lamprecht F, Wittmann WW (1989) Zufriedenheit mit der stationären Versorgung. Entwicklung eines Fragebogens und erste Validitätsuntersuchungen. Psychother Psychosom Med Psychol 39: 248-255

Selbmann HK (1992) Qualitätssicherung in der ambulanen Versorgung. Fortschr Med 110: 183-186

Wittmann WW (1985) Evaluationsforschung. Aufgaben, Probleme und Anwendungen. Springer, Berlin Heidelberg New York

Wottawa H, Thierau H (1990) Lehrbuch Evaluation. Huber, Bern

Anhang 1

EOS 4

EVALUATIONS- UND ORGANISATIONS-STUDIE
DER FORSCHUNGSSTELLE FÜR PSYCHOTHERAPIE STUTTGART
Horst Kächele unter Mitarbeit von Wolfgang Lutz, Matthias Richard und Marion Schowalter
im Auftrag der Lindauer Psychotherapiewochen

Das Ziel von EOS 4 ist die Evaluation und Qualitätssicherung von Veranstaltungen. Ihre Einschätzungen werden in die zukünftige Programmgestaltung der Lindauer Psychotherapiewochen eingehen und dienen den Mitarbeiterinnen und Mitarbeitern als Orientierungshilfe.

Die Fragen im ersten Teil beziehen sich allgemein auf Seminare, Kurse und Übungen. Bitte füllen Sie diese **auf jeden Fall** aus! Der zweite Fragenblock bezieht sich gezielt auf Veranstaltungen mit einem größeren **Selbsterfahrungs**anteil. Der dritte Fragenkomplex zielt auf eine Bewertung der neu eingeführten **Weiterbildungs-Module**. Diese beiden Fragenbereiche sollten Sie nur ausfüllen, wenn die entsprechende Veranstaltung einen größeren Selbsterfahrungsanteil hatte (Frageblock 2) bzw. Sie an einem Weiterbildungs-Modul teilgenommen haben (Frageblock 3).

Vielen Dank für Ihre Mitarbeit!!

Alter: **Geschlecht:** ☐ **weiblich** ☐ **männlich**
☐ **Ärztin/Arzt** ☐ **Psychologin/Psychologe** ☐ **anderer Beruf**_______________
Ich habe schon ____ mal an den Lindauer Psychotherapiewochen teilgenommen.
Bezeichnung der Veranstaltung: |___| |___|
(Bitte geben Sie nur die Abkürzung aus dem Begleitprogramm an; z.B.: B 14 oder CC 91)

1. Ich besuchte diese Veranstaltung, ... *(Bei dieser Frage ist eine Mehrfachnennung möglich)*

☐ als Teil meiner Fortbildung
☐ als Teil meiner Weiterbildung
☐ zum Erwerb neuer Kenntnisse
☐ zum Erwerb neuer Fertigkeiten
☐ um mein Verständnis für psychotherapeutische Probleme und Zusammenhänge zu erweitern
☐ um Information über neue wissenschaftliche Erkenntnisse zur Psychotherapie zu erhalten.

	Treffen folgende Aussagen auf Sie zu?	ja	eher ja	weder noch	eher nein	nein
2.	Insgesamt habe ich in der Veanstaltung meine Ziele erreicht.	☐	☐	☐	☐	☐
3.	Die Veranstaltung war, wie ich sie mir (aufgrund der Ankündigung) vorgestellt hatte.	☐	☐	☐	☐	☐
4.	Die Veranstaltung wirkte gut vorbereitet.	☐	☐	☐	☐	☐
5.	Der / die Leiter/in erklärte die Sachverhalte deutlich.	☐	☐	☐	☐	☐
6.	Der / die Leiter/in benutzte häufig anschauliche Beispiele.	☐	☐	☐	☐	☐
7.	Es wurde versucht, an bereits bekannten Inhalten anzuknüpfen.	☐	☐	☐	☐	☐
8.	Der / die Leiter/in verfügte (m. E.) über gutes Fachwissen.	☐	☐	☐	☐	☐
9.	Die Veranstaltung war lebendig und engagiert.	☐	☐	☐	☐	☐
10.	Die Veranstaltung vermittelte mir neue Einsichten.	☐	☐	☐	☐	☐
11.	Der / die Leiter/in war offen für andere Auffassungen.	☐	☐	☐	☐	☐
12.	Der / die Leiter/in versuchte, die Teilnehmer/innen miteinzubeziehen	☐	☐	☐	☐	☐
13.	Der / die Leiter/in ging auf Erfahrungen und Einwände ein.	☐	☐	☐	☐	☐
14.	Das Klima war kooperativ.	☐	☐	☐	☐	☐
15.	Mir ist unklar, welche Bedeutung der angeboten Inhalt für Psychotherapie hat.	☐	☐	☐	☐	☐

Waren Sie mit einem ganz speziellen Punkt unzufrieden? *(Bitte hier vermerken)*

___

Welchen Wert würden Sie der gesamten Veranstaltung geben, wenn 1 „sehr gut", 3 „mittelmäßig" und 6 „sehr schlecht" bedeutet? *(Sie können auch Zwischenwerte vergeben, z.B. 1.5, 4.8, etc)*

___________ *(Bitte hier eintragen)*

Den nächsten Frageblock bitte **nur** ausfüllen, wenn es sich um eine Veranstaltung **mit Selbsterfahrungscharakter** handelt.

Treffen folgende Aussagen auf Sie zu ?		ja	eher ja	weder noch	eher nein	nein
1.	Ich habe viel gelernt.	☐	☐	☐	☐	☐
2.	Ich konnte viel für mich persönlich profitieren.	☐	☐	☐	☐	☐
3.	Ich habe neue emotionale Erfahrungen gemacht.	☐	☐	☐	☐	☐
4.	Ich erhielt leider zu wenig persönliche Rückmeldung.	☐	☐	☐	☐	☐
5.	Der / die Leiter/in konnte m.E. einfühlsam mit der Gruppe umgehen.	☐	☐	☐	☐	☐
Es war mir wichtig, daß ...		wichtig	eher w.	weder noch	eher unw.	unwichtig
6.	ich Entscheidungskriterien für die Wahl eines zu erlernenden Verfahrens bekomme.	☐	☐	☐	☐	☐
7.	ich frischen Wind für meine psychotherapeutische Arbeit bekomme.	☐	☐	☐	☐	☐
8.	ich ein besseres Verständnis von meiner eigenen Person bekomme.	☐	☐	☐	☐	☐
9.	viel Raum zum Selbsterleben vorhanden sein wird.	☐	☐	☐	☐	☐
10.	ich Bekannte wiedertreffe.	☐	☐	☐	☐	☐
11.	ich mich in meinen Beziehungskonfliktfeldern erlebe.	☐	☐	☐	☐	☐
12.	ich Kenntnisse über die Arbeit dieses Verfahrens mit spezifischen Krankheitsbildern bekomme.	☐	☐	☐	☐	☐
13.	ich persönliche Schwierigkeiten bearbeiten kann.	☐	☐	☐	☐	☐
14.	ich Gelegenheit habe, mich zu entspannen.	☐	☐	☐	☐	☐

Falls Sie an einem **Weiterbildungs- Modul** teilgenommen haben, beantworten Sie bitte noch folgende Fragen: (Diese Fragen beziehen sich auf alle Veranstaltungen des Weiterbildungs-Moduls. Füllen Sie bitte daher diesen Fragenkomplex insgesamt nur einmal aus. Wenn Sie diesen Fragekomplex schon in einer anderen Veranstaltung beantwortet haben, brauchen Sie dies hier nicht erneut zu tun.)

		ja	eher ja	weder noch	eher nein	nein
1.	Waren Sie mit der Zusammenstellung der Veranstaltungen zum Modul-Thema zufrieden?	☐	☐	☐	☐	☐
2.	Fanden Sie die Vermittlung der Inhalte ansprechend?	☐	☐	☐	☐	☐
3.	Konnten Sie neue Kenntnisse oder Fertigkeiten erwerben?	☐	☐	☐	☐	☐
4.	Wie praxisnah fanden Sie die Veranstaltungsinhalte?	☐	☐	☐	☐	☐
5.	Wie gut schätzen Sie die Möglichkeit ein, in den Modulen neue Erfahrungen zu machen?	☐	☐	☐	☐	☐
6.	Wie gut schätzen Sie die Möglichkeit ein, neue Erfahrungen in die Praxis umzusetzen?	☐	☐	☐	☐	☐

Vielen Dank für Ihre Mitarbeit!!

Anhang 2

EOS 4
EVALUATIONS- UND ORGANISATIONSSTUDIE
DER FORSCHUNGSSTELLE FÜR PSYCHOTHERAPIE STUTTGART
im Auftrag der Lindauer Psychotherapiewochen

Horst Kächele, Wolfgang Lutz, Matthias Richard, Marion Schowalter

An
Dr. XX
XXstraße. 23
Stadt

Sehr geehrte(r) Herr/Frau ....,

anbei möchten wir Ihnen auf der Basis der Evaluationsstudie (EOS 4) eine Rückmeldung zu Ihrer Veranstaltung während der Lindauer Psychotherapiewochen 1995 geben. Die Rückmeldung soll Ihnen als eine Art „empirisch gestützte Anregung" dienen. Diese Rückmeldung beruht hauptsächlich auf zwei unterschiedlichen Grafiktypen und den Angaben der TeilnehmerInnen zu der offenen Frage.
Die zentralen Informationen, die den einzelnen Grafiken zu entnehmen sind, werden jeweils beschrieben. Die Bewertung der Information bleibt völlig Ihnen überlassen. Manche Ergebnisse werden Ihnen eher selbstverständlich erscheinen, andere, so hoffen wir, könnten anregend für Ihre weitere Seminargestaltung sein.
Wir haben diesen Unterlagen einen unausgefüllten Fragebogen hinzugelegt, auf dem Sie den Wortlaut der Fragen nochmals nachlesen können.

Viel Spaß mit der Rückmeldung
und vielen Dank für Ihr Interesse!

Auswertung für Veranstaltung: AA01
„Titel der Veranstaltung"

Im folgenden finden Sie die Anzahl der für Ihre Veranstaltung abgegebenen Bögen und die entsprechende Geschlechterverteilung:

Abgegebene Bögen für diese Veranstaltung : **14**

Falls nur wenige TeilnehmerInnen an Ihrer Veranstaltung teilgenommen haben, bzw. wenige Rüchmeldebögen abgegeben wurden, schränkt dies die Interpretation der Ergebnisse ein.

Geschlechterverteilung:

	Gesamt %	Veranstaltung %
weiblich	60,3	71.4 (N=10)
männlich	37,0	28.6 (N=4)
keine Angabe	2,7	N=0

Diese Grafik zeigt Ihnen die von den TeilnehmerInnen angegebenen Gründe für den Besuch der Veranstaltung (hier waren Mehrfachnennungen möglich).

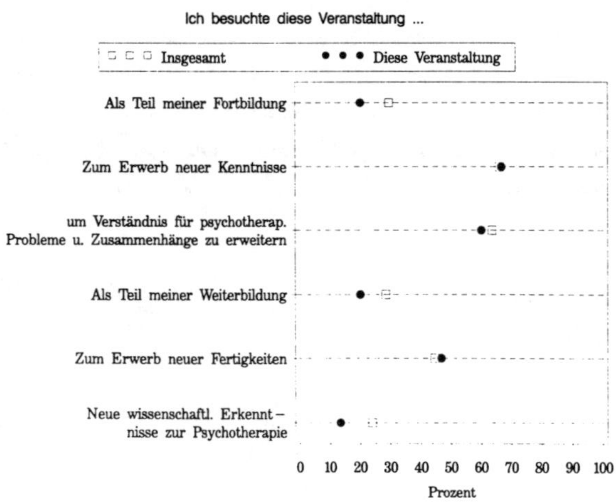

Die folgende Grafik zeigt Ihnen den Anteil der positiven Antworten (ja, eher ja[5]) in Prozent für die Fragen, die sich allgemein auf Seminare, Kurse und Übungen bezogen. Sie können die Angaben zu Ihrem Kurs (kleiner Kreis) mit dem Prozentsatz der Angaben für alle Veranstaltungen vergleichen. Auf der senkrechten Skala befinden sich die Nummern der entsprechenden Fragen. Eine Kurzfassung der Fragen befindet sich in der Legende am unteren Ende der Seite.

Allgemein können Sie sehen, daß Ihr Kurs sowie die Veranstaltungen insgesamt deutlich positiv bewertet wurden.

Frageblock 1:
Allgemeine Fragen zu der Veranstaltung

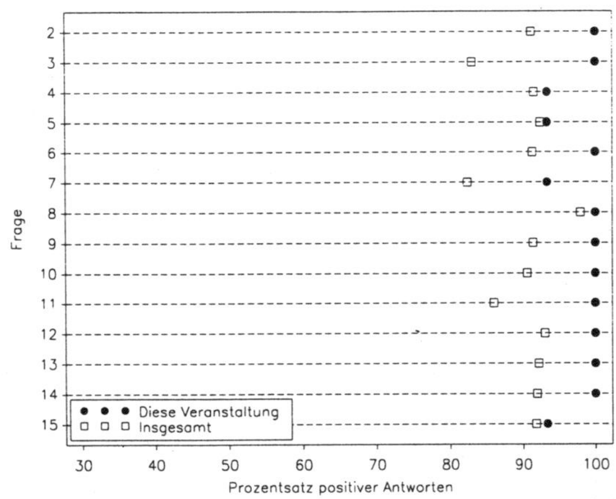

2	Insgesamt habe ich in der Veranstaltung die Ziele erreicht	9	Die Veranstaltung war lebendig und engagiert
3	Die Veranstaltung war, wie ich sie mir vorgestellt hatte	10	Die Veranstaltung vermittelte mir neue Einsichten
4	Die Verantstaltung wirkte gut vorbereitet	11	Der/die Leiter/in war offen für andere Auffassungen
5	Der/die Leiter/in erklärte die Sachverhalte deutlich	12	Der/die Leiter/in versuchte, die Tln. miteinzubeziehen
6	Der/die Leiter/in benutzte häufig anschauliche Beispiele	13	Der/die Leiter/in ging auf Einwände u. Erfahrungen ein
7	Es wurde versucht, an bekannten Inhalten anzuknüpfen	14	Das Klima war kooperativ
8	Der/die Leiter/in verfügt (m. E.) über gutes Fachwissen	15	Mir ist unklar, welche Bedeutung der angebotene Inhalt für Psychotherapie hat

[5] Frage 15 wurde umkodiert.

Das folgende Diagramm zeigt Ihnen die Ergebnisse aus einer andere Perspektive. Auf der waagrechten Achse befindet sich eine Rangreihe der Fragen. Ganz links finden Sie die Frage, bei der am häufigsten „nein“, „eher nein“ oder „weder noch“ angekreuzt wurde[6]. Ganz rechts sehen Sie demnach die Fragen, bei denen am seltensten in die entsprechende Richtung geantwortet wurde.

Die Linie von links unten nach rechts oben zeigt Ihnen die entsprechenden kumulierten Häufigkeiten in Prozenten. Die dazugehörigen kumulativen Prozentangaben finden Sie auf der rechten senkrechten Achse. Sie sehen hier, daß ein großer Anteil der „nicht positiven“ Antworten auf nur wenige Fragen zurückzuführen sind.

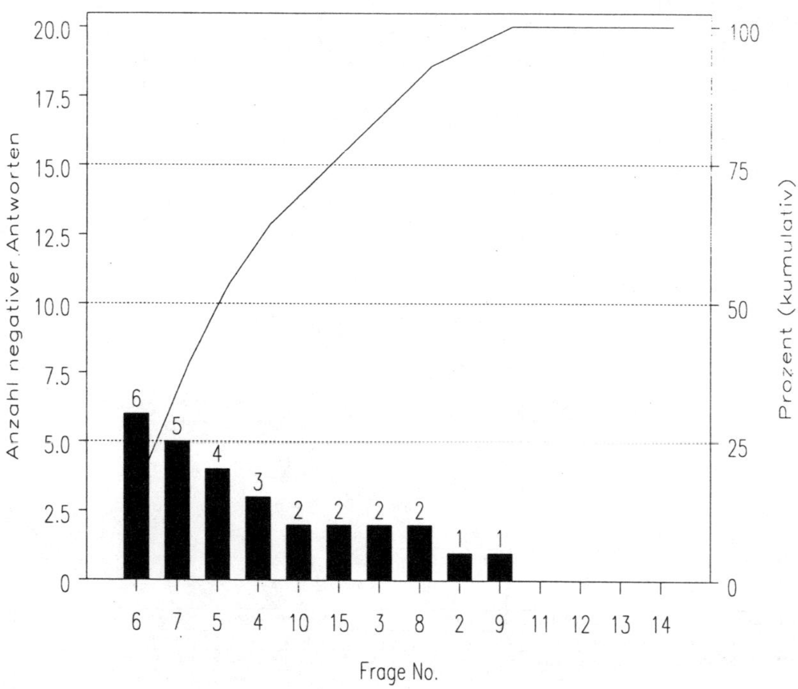

[6] Frage 15 wurde umkodiert.

Frageblock 2:
Fragen zu den Veranstaltungen mit einem größeren Selbsterfahrungsanteil

Die folgende Grafik zeigt Ihnen den Anteil der positiven Antworten (ja, eher ja) in Prozent für die Fragen, die sich mehr auf den Selbsterfahrungsaspekt der Veranstaltung beziehen. Sie können die Angaben zu Ihrem Kurs (kleiner Kreis) mit dem Prozentsatz der Angaben für alle Veranstaltungen vergleichen. Auf der senkrechten Skala befinden sich die Nummern der entsprechenden Fragen. Eine Kurzfassung der Fragen befindet sich in der Legende am unteren Ende der Seite.

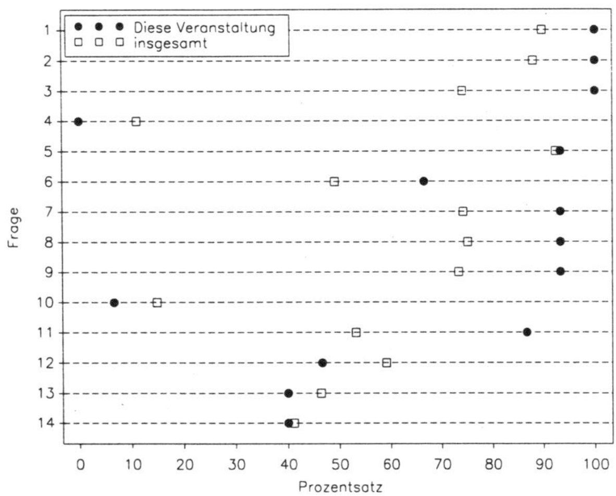

1	Ich habe viel gelernt	8	Es war mir wichtig, daß ich ein besseres Verständnis von meiner eigenen Person bekomme
2	Ich konnte viel für mich persönlich profitieren	9	Es war mir wichtig, daß viel Raum zum Selbsterleben vorhanden sein wird
3	Ich haben neue emotionale Erfahrungen gemacht	10	Es war mir wichtig, daß ich Bekannte wiedertreffe
4	Ich erhielt leider zu wenig persönliche Rückmeldung	11	Es war mir wichtig, daß ich mich in meinen Beziehungskonflikten erlebe
5	Der /die Leiter/in konnte m. E. einfühlsam mit der Gruppe umgehen	12	Es war mir wichtig, daß ich Kenntnisse über die Arbeit dieses Verfahrens mit spezifischen Krankheitsbildern bekomme
6	Es war mir wichtig, daß ich Entscheidungskriterien zur Auswahl eines zu erlernenden Verfahrens bekomme	13	Es war mir wichtig, daß ich persönliche Schwierigkeiten bearbeiten kann
7	Es war mir wichtig, daß ich frischen Wind für meine psychoherapeutische Arbeit bekomme	14	Es war mir wichtig, daß ich Gelegenheit habe, mich zu entspannen

Auf der waagrechten Achse der folgenden Grafik befindet sich eine Rangreihe der Fragen. Ganz links finden Sie die Frage, bei der am häufigsten „nein“, „eher nein“ oder „weder noch“ angekreuzt wurde. Ganz rechts sehen Sie demnach die Fragen, bei denen am seltensten in die entsprechende Richtung geantwortet wurde.
Die Linie von links unten nach rechts oben zeigt Ihnen die entsprechenden kumulierten Häufigkeiten in Prozenten. Die dazugehörigen kumulativen Prozentangaben finden Sie auf der rechten senkrechten Achse.

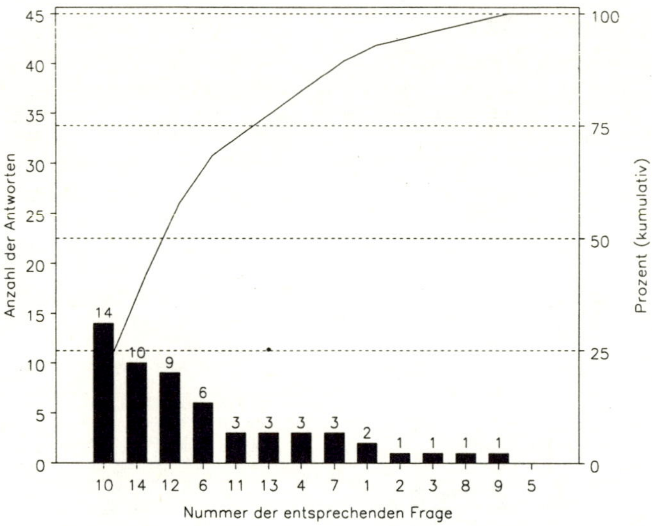

Falls Sie noch Fragen zur Auswertung oder allgemein zu EOS 4 haben, können Sie sich gerne an uns wenden!
Rückfragen bitte an:[7]

Dipl. Psych. Wolfgang Lutz
Forschungsstelle für Psychotherapie
Christian-Belser Str. 79a
70597 Stuttgart
Tel.: 0711/ 6781 413 Fax: 0711-6876902

[7] Bei dem vorliegende Beispiel einer kursspezifischen Rückmeldung handelt es sich **nicht** um einen Veranstaltung während der Lindauer Psychotherapiewochen 1995. Es wurden vielmehr verschiedene Grafiken aus unterschiedlichen Veranstaltungen zusammenkopiert.

Sachregister